Johannes Franzen

WUT UND WERTUNG

Warum wir über Geschmack streiten

S. FISCHER

MIX
Papier | Fördert gute Waldnutzung
FSC® C014496

2. Auflage 2025
Erschienen bei S. FISCHER

Satz: Denise Sterr, Dornbirn
Druck und Bindung: GGP Media GmbH, Pößneck
978-3-10-397620-5

Kontaktadresse nach EU-Produktsicherheitsverordnung:
produktsicherheit@fischerverlage.de

»People want to have fun.«

(Theodor W. Adorno: *On Popular Music*)

INHALT

Prolog – Tote und Verletzte

S. 17 1. Streit, Schuld und Enttäuschung – Wie entstehen Konflikte über Kunst?
Ästhetische Intoleranz 17 – *Guilty Pleasure* 22 – *Ökonomische Konflikte* 28 – *›Das hätte mein Kind malen können‹* 31 – *Kunst und Enttäuschung* 36 – *Ästhetische Feindschaft* 44 – *Die Wahrheit des Geschmacks* 49

S. 55 2. Elitäre Moderne – Der Aufstieg des Kunstparadigmas
Publikumsbeschimpfung 55 – *Oprah Winfrey vs. Jonathan Franzen* 63 – *Tyrannei des Publikums* 73 – *Die Disziplinierung der Rezeption* 79 – *Kunst als Gemüse* 84 – *Ästhetischer Populismus* 91 – *Midcult als Problem der Gegenwartskultur* 97

S. 105 3. Digitale Gegenwart – Die Emanzipation des Publikums
Autorschaft für alle 105 – *Dunkle Partizipation* 113 – *Wer darf werten?* 118 – *Fan-Armeen* 124

S. 132 4. Verachtung und Erziehung – Der Hass auf schlechte Kunst
Der nervigste Song aller Zeiten 132 – *Ästhetische Lebensmittelvergiftung* 139 – *Kitsch und Ekel* 145 – *Warum lesen wir Verrisse* 150

S. 162 5. Ästhetische Schadenfreude – Lachen über misslungene Kunst
Rezeption und Mobbing 162 – *Der schlechteste Film aller Zeiten* 170 – *Alberne Anti-Genies* 177 – *Hate-Watching* 184

S. 188 **6. Pflichtrezeption – Kanon und Druck**
Zwangslektüre Effi Briest 188 – *Kanon und Konflikt* 193 – *Die Schule des Ressentiments* 199 – *Kanon ist überall* 206 – *Kunst als Qual* 210 – *Wertung und Widerstand* 215 – *Digitale Machtverschiebung* 220

S. 226 **7. Lyrik als Demütigung – Rezeption und Rache**
›Scheiß drecks Gedicht‹ 226 – *Das Trauma der Schullektüre* 232 – *Des Kaisers neue Lyrik* 236 – *Hurz und Krawehl* 242 – *Julia Engelmann als Schimpfwort* 249

S. 255 **8. Verbotene Wut – Die Trennung von Ästhetik und Moral**
Halbnackte Kinder und ein Jesus in Pisse 255 – *Die Heldengeschichte der Kunstfreiheit* 262 – *Eine neue Zensurdebatte* 268 – *Phantomzensur* 272

S. 280 **9. Starke Emotionen – Kunst als Empörungsmaschine**
Der Hass auf Prinz Joffrey 280 – *Ziellose Emotionen* 287 – *Schlechte Fans* 294 – *Fiktion macht uns zu Psychopathen* 300

S. 308 **10. Verbotene Liebe – Die moralische Verschmutzung der Kunst**
Ästhetische Verlustangst 308 – *Parasoziale Beziehungen* 313 – *Michael Jacksons Armee* 320 – *Der vergiftete Paratext* 326 – *Kevin Spacey will wieder Frank sein* 331 – *RIP J. K. Rowling* 340

S. 352 **11. Trotzrezeption – Kunst und Politik**
›Keep your politics out of my games!‹ 352 – *Politische Unschuld* 359 – *Agonale Rezeption* 365 – *Kulturkonsum des ›Jetzt-erst-recht‹* 372 – *Weinen um Winnetou* 384

S. 394 **Schluss – Die Produktivität des Konflikts**

S. 403 **Anmerkungen und Quellen**

S. 422 **Register**

PROLOG – TOTE UND VERLETZTE

Am Abend des 10. Mai 1849 versammelte sich vor dem Astor-Place-Opernhaus in New York City eine aufgebrachte Menschenmasse. Es herrschte eine feindselige Stimmung. Steine wurden auf das Theater geworfen, das von Polizei und Miliz abgeriegelt worden war. Politische Scharfmacher peitschten die Menge mit Parolen auf wie: »Zündet die Bude der Aristokratie an!« Als die Protestierenden versuchten, das Theater zu stürmen, eröffnete die Miliz das Feuer. Über 20 Menschen kamen zu Tode, über 100 wurden verletzt.[1]

Man mag kaum glauben, dass der Ausgangspunkt der Unruhe ein Streit über William Shakespeare gewesen war, der sich aus der öffentlichen Rivalität zweier Schauspieler entsponnen hatte – dem Amerikaner Edwin Forrest und dem Engländer William Macready, der am Abend des Aufruhrs im Astor-Place-Theater aufgetreten war. Beide waren prominente Darsteller der Dramen Shakespeares, verkörperten allerdings sehr unterschiedliche Darstellungsstile. Während Macready einen intellektuellen, zurückgenommenen, verfeinerten Stil zum Einsatz brachte, war Forrest für seine virile, laute und ausdruckstarke Darstellung bekannt.

Aus der zunächst harmlos, ja eigentlich bedeutungslos anmutenden Geschmacksfrage (Wer ist der bessere Shakespeare-Darsteller?) entwickelte sich in der Folge ein Konflikt, in dem sich ästhetische Urteile, soziale Verwerfungen und politische Ressentiments auf eine explosive Art und Weise vermengten. Forrest inszenierte sich als genuin amerikanischer Schauspieler, als Patriot, der sich nicht nur stilistisch, sondern auch politisch von einem ›aristokratischen‹ englischen Geschmack abgrenzte. Macready dagegen wurde – auch in den USA – von einer kulturellen Oberschicht geschätzt, die ihre Überlegenheit dadurch zum Ausdruck brachte, dass sie die Subtilität seiner Figuren der polternden Theatralität Forrests vorzog.

Ob man sich für Macready oder Forrest begeistern konnte, entschied über die Zugehörigkeit zu einer sozialen Identität. Geschmack wirkte vergemeinschaftend, drängte die Zuschauer:innen in unterschiedliche Lager, die sich immer mehr verfestigten. Die Dramen Shakespeares waren zu diesem Zeitpunkt in den USA kein reines Elitenphänomen, sondern ein fester Bestandteil der klassenübergreifenden Volkskultur. Shakespeare war populär. Menschen aller Klassen besuchten die Stücke, identifizierten sich mit den Figuren, folgten den spannungsreichen Handlungen.[2]

Die Astor-Place-Unruhen bilden den Höhepunkt eines historischen Geschmackskonfliktes, der furchtbar entgleiste. Bereits der Ort selbst war umstritten. Er wurde als ein Theater der Oberschicht wahrgenommen, in dem die Mitglieder anderer Gesellschaftsschichten nicht willkommen waren. Für Unmut sorgte nicht nur das künstlerische Programm, das durch einen Schauspieler wie Macready verkörpert wurde, sondern auch die Tatsache, dass man in Abendgarderobe erscheinen musste. So entstand der (berechtigte) Eindruck, dass eine mächtige Gruppe beträchtliche Mittel einsetzt, um ihre künstlerischen Vorlieben durchzusetzen und andere davon fernzuhalten.

Für einen Teil der Stadtöffentlichkeit wirkte die ganze Institution wie ein Affront gegen den demokratischen Geist der jungen Republik. Shakespare sollte allen gehören, nicht nur einer verfeinerten Geldaristokratie, die den Zugang zu

Kunst und Kultur über den Besitz weißer Handschuhe regeln wollte. In der Wut auf Macready wurden die sozialen Ressentiments und politischen Bruchlinien der amerikanischen Gesellschaft konkret. In dieser Wut kanalisierte sich ein Patriotismus, der sich in Abgrenzung zu allem Englischen vor allem auch kulturell definierte und damit auf den schwelenden geopolitischen Konflikt zwischen den beiden Mächten reagierte.

Der Fall zeigt, wie stark und effektiv sich die Emotionen, die um die Begeisterung oder Ablehnung für eine bestimmte Kunst entstehen, politisieren lassen. Vor diesem Hintergrund muss man sich die Frage stellen, ob der Konflikt überhaupt noch etwas mit Kunst zu tun hatte. War Shakespare für die Menschen, die im Mai 1849 vor dem Theater randalierten, nicht nur ein Vorwand, um ihrer Frustration Luft zu machen? Hatte sich das politische Ereignis in diesem Moment nicht schon längst von jeder Diskussion über künstlerische Qualität gelöst? War hier nicht schlicht ein Mob am Werk, der sich von zynischen Demagogen hatte aufhetzen lassen? Die Fragen verweisen auf eine grundsätzliche Kontroverse darüber, wessen Urteil über Kunst überhaupt legitim ist. Es war ja gerade der Vorwurf mangelnder Kennerschaft gewesen, der die Gegner des Astor-Place-Publikums zur Weißglut gebracht hatte.

In diesem Buch will ich der Wut nachspüren, die mit einer ästhetischen Meinungsverschiedenheit beginnt und mit Toten und Verletzten enden kann. Es geht im Wesentlichen um die Frage, warum wir über Geschmack streiten – über die Frage, was gute und was schlechte Kunst ist – und warum dieser Streit so heftig eskalieren kann. Nicht jede Auseinandersetzung über Kunst und Kultur endet so blutig wie die Astor-Place-Unruhen. Das Ereignis zeigt aber, wie groß das Verletzungspotential ist, das darin liegt, dass Menschen bestimmte Vorlieben haben, bestimmte Kunstwerke anderen vorziehen. Dieses Verletzungspotential ist dafür verantwortlich, dass die Kulturgeschichte eine Geschichte von Skandalen und Kontroversen, von Fehden, Streitereien und Rivalitäten darstellt.

Dieses Buch handelt davon, wie Konflikte über Kunst entstehen und welche Funktion sie einnehmen – vor allem in unserer Gegenwart. Ich werde die kulturellen Orte besichtigen, wo sich diese Konflikte abspielen. Dazu gehören die Kulturteile etablierter Zeitungen genauso wie die Kommentarspalten unter Videos im Internet; der Streit um ein Gedicht oder ein klassischer Kunstskandal um erotische Gemälde, aber eben auch die kollektive Wut der Fans über das Verhalten einer Autorin in den Sozialen Medien. Gerade dort, wo sich Meinungen ineinander verhaken, wo unterschiedliche Welten der ästhetischen Wertung aufeinanderstoßen, explodieren diese Konflikte besonders eindrucksvoll.

Die Kapitel in diesem Buch bauen aufeinander auf und beziehen sich aufeinander, allerdings können sie auch einzeln gelesen werden, als Studien über Aspekte des Geschmacks, die eine besondere Volatilität besitzen. Gemeinsam bieten sie einen Streifzug durch die Konfliktzonen der Gegenwartskultur. Irritation entsteht schon bei der grundsätzlichen Frage, was Kunst überhaupt sein darf. Der Respekt, zu dem das moderne Kunstparadigma die Menschen erzogen hat, führt dazu, dass ausgerechnet die Frage nach unseren persönlichen Vorlieben unter starkem gesellschaftlichem Druck steht. Was dürfen wir überhaupt lesen, hören, anschauen? Und woher kommt die kulturelle Hierarchie, die uns die Hochkultur aufdrängen und den Massengeschmack, der hedonistischen Bedürfnissen folgt, abtrainieren möchte (Kapitel 2)?

Diese Fragen haben gerade im Verlauf der letzten Jahrzehnte an Bedeutung gewonnen. Wir erleben die unmittelbaren Auswirkungen der digitalen Medienrevolution in allen Bereichen unseres Alltagslebens. Dazu gehört – vielleicht in besonderer Weise – auch, wie wir Musik, Literatur, Filme etc. auswählen und bewerten. Die Digitalisierung hat einen ungeheuren Schub an Teilhabe freigesetzt, der eine Emanzipation des Publikums zur Folge hatte – eine Entwicklung, die, wie ich zeigen werde, auch ihre dunklen Seiten haben kann, wenn etwa wütende Fans über Kritiker:innen herfallen oder wenn riesige Wertungsgemeinschaften in einer organisierten Form ästhetischer Feindschaft aufeinander losgehen (Kapitel 3).

Die negativen Emotionen, die wir in Bezug auf die Kunst anderer Menschen entwickeln können, sind ein wichtiger Motor der Kultur. Ärger über grässliche Musik, Ekel vor kitschigen Bildern, Enttäuschung über schlechte Romane – all das sind Gefühle, die genauso produktiv sein können wie Begeisterung. Die Frage, die man sich stellen muss, lautet: Woher kommt der Hass auf schlechte Kunst? Warum können wir Geschmack, der von unserem abweicht, nicht einfach ignorieren oder tolerieren (Kapitel 4)? Stattdessen sind wir oft regelrecht besessen vom ästhetischen Versagen der anderen, machen einen Volkssport daraus, uns darüber lustig zu machen, wenn ein besonders misslungener Song oder ein besonders inkompetenter Film ins Licht der Öffentlichkeit gerückt wird (Kapitel 5).

Dieses Verhalten stellt ein Rätsel dar, dessen Lösung man näherkommt, wenn man sich mit den Mechanismen beschäftigt, die Druck auf unseren Geschmack ausüben. Bereits in der Schule wird man zu Lektüren gezwungen, auf die man eigentlich keine Lust hat. So kann ein Roman wie *Effi Briest*, der Generationen von Schüler:innen mit Langeweile erfüllt, zum Inbegriff einer quälenden Pflichtrezeption werden. Das Internet bietet mittlerweile allerdings auch einen Ort, wo sich die Opfer dieser Zwangslektüre gegen den herrschenden Kanon zur Wehr setzen können (Kapitel 6). Dabei lassen sich eigentümliche Phänomene beobachten. Ausgerechnet Lyrik scheint Menschen besonders wütend zu machen, wie mehrere Fälle zeigen, in denen Gedichte und Autor:innen aufs heftigste beschimpft wurden. Eine Frage, die ich in diesem Buch beantworten möchte, ist: Warum lassen wir uns von so etwas scheinbar Harmlosem wie einem Gedicht demütigen (Kapitel 7)?

Konflikte über Kunst und Kultur sind eminent politisch – ein ständiger Schauplatz gesellschaftlicher Konflikte darüber, was gesagt und gezeigt werden darf. Gerade in den letzten Jahren wurde immer wieder erbittert darüber gestritten, ob eine neue Zensur im Namen einer sich progressiv gebenden ›Cancel Culture‹ stattfindet. In diesem Kontext wurde Wut auf Kunst selbst zu einem Gegenstand der Empörung. Wer sich über provokative Werke aufregt, wer ihren Sexismus oder Rassismus kritisiert, erscheint aus dieser Perspektive als emotional unkontrollierter Kunstfeind (Kapitel 8). Diese Abwertung starker moralischer Emotionen in Bezug auf Kunst erscheint allerdings ausgesprochen seltsam, wenn man sich vergegenwärtigt, wie lustvoll sich die Menschen ihrer Empörung über erfundene Figuren hingeben können. Diese Gefühle haben eine Tendenz, aus dem Ruder zu laufen, was etwa dazu führen kann, dass Schauspieler:innen für die Sünden ihrer Figuren öffentlich beschimpft werden (Kapitel 9).

Das Verletzungspotential, das unseren ästhetischen Vorlieben eingeschrieben ist, zeigt sich auch dort, wo Künstler:innen schreckliche Vergehen vorgeworfen werden. Die Skandale um die Vorwürfe sexualisierter Gewalt gegen Michael Jackson, Woody Allen oder Kevin Spacey haben zu hitzigen Debatten über die Trennung von Werk und Schöpfer geführt. Dabei lassen gerade die starken Emotionen, mit denen die Fans auf diese Vorwürfe reagieren, diese Trennung ziemlich fragil erscheinen. Was mich an diesen Fällen interessiert, ist nicht die konkrete Frage, ob die Vorwürfe zutreffen oder ob man diese Kunst noch rezipieren darf, sondern welche Verlustängste durch die tiefe Bindung nicht nur zu den Werken einer Künstler:in, sondern auch zu ihrer Person erzeugt werden und wie diese Verlustängste öffentlich ausgelebt werden (Kapitel 10).

Die Paranoia, jemand könnte einem die Kunst, die man liebt, wegnehmen, führt in vielen Fällen zu einer Wagenburgmentalität, die jede Kritik wütend von sich weist. Man möchte sich die Lieblingsfilme, die Lieblingssongs, die Lieblingscomputerspiele nicht verderben lassen. Es handelt sich doch nur um unschuldige Vorlieben, die man mit seinen Freunden teilt! Am Ende des Buches möchte ich zeigen, wie ausgerechnet dieses Beharren auf der Unschuld des Geschmacks effektiv politisiert werden kann. Aus dem Trotz heraus, sich eine bestimmte Kunst nicht von Außenstehenden zerstören zu lassen, entsteht eine Energie, die ein teils ziemlich bedrohliches politisches Potential entwickeln kann (Kapitel 11).

Die Art und Weise, wie Geschmackskonflikte im Alltag der Gegenwartskultur ausgetragen werden, erscheint auf den ersten Blick oft irritierend, unsauber und anarchisch – gerade seit sie durch die Digitalisierung eine neue und für viele Menschen erschreckende Qualität der Sichtbarkeit erlangt haben. Klassiker der Weltliteratur werden offen beschimpft, Kritiker:innen niedergeschrien, beliebte Serien und Filme ausgelacht, Musiker:innen gemobbt, und der Hass auf fiktive Figuren verfolgt deren Schöpfer:innen bis ins reale Leben. Das sind nur einige Beispiele für die Phänomene, die in diesem Buch analysiert werden, um der Frage näherzukommen, warum wir über Geschmack streiten. Eine Antwort sei an dieser Stelle aber schon einmal angedeutet: Menschen streiten so heftig nur über Dinge, die ihnen wirklich wichtig sind. Und so entbergen diese Fälle irritierender Rezeption, in denen Wut und Wertung ineinanderspielen, vor allem eines: wie groß die soziale und emotionale Bedeutung ist, die Menschen der Kunst zuschreiben.

1 STREIT, SCHULD UND ENTTÄUSCHUNG – WIE ENTSTEHEN KONFLIKTE ÜBER KUNST?

Ästhetische Intoleranz

Man befindet sich auf einer Party, wo zu fortgeschrittener Stunde in einer größeren Gruppe über Filme diskutiert wird. Man wagt sich hervor und nennt den eigenen Lieblingsfilm, mit der ehrlichen Begeisterung, die mit einem solchen Geständnis einhergeht. Man beginnt zu schwärmen, nennt den Film ein ›Meisterwerk‹ und spricht über die heftigen Emotionen, die Figuren und Handlung bei einem ausgelöst haben. In diesem Moment verzieht sich die Miene eines Gesprächspartners aus der Runde zu einem ungläubigen, höhnischen Grinsen. Vor allen anderen fällt diese Person einem ins Wort. Das könne man doch nicht ernst meinen, es handele sich doch wohl um einen der schlechtesten Filme aller Zeiten, ein Machwerk, peinlicher Kitsch. Nicht nur das: Der Film sei auch politisch reaktionär, die Darstellung von Frauen stereotyp. Es sei unverständlich, wie man diesen Film ernsthaft mögen, geschweige denn als ›Meisterwerk‹ feiern könne.

Was passiert in diesem Moment? Man muss davon ausgehen, dass sich eine gewisse Spannung auf die Gruppe der Diskutierenden legt. Bei der Person, deren Lieblingsfilm auf diese Art und Weise attackiert wurde, regt sich ein Unwille, der sich langsam zu einer beleidigten Wut steigert. Man nimmt den Angriff auf den Film als persönlichen Angriff wahr. Offenbar möchte die Person, die den eigenen

Lieblingsfilm heruntermacht, dadurch in der Runde sozial punkten, sich als jemanden darstellen, der sich besser auskennt, einen besseren Geschmack hat, kurzum: der etwas Besseres ist. Die Attacke ist aber vor allem deshalb besonders herabsetzend, weil man sich durch das Geständnis einer ästhetischen Zuneigung persönlich verletzlich gemacht hat. Das emotionale Investment in den Film, von dem man in der Runde mit glasigen Augen erzählt, erscheint aus der Perspektive der harschen Kritik wie das Resultat einer billigen Manipulation.

Manche Menschen würde ein solcher Angriff beschämen; sie würden sich peinlich berührt aus dem Gespräch zurückziehen, die Autorität der anderen Person anerkennen, eingestehen, dass man sich gar nicht so gut auskennt, dass es sich eben um eine subjektive Vorliebe handele, um ein ›Guilty Pleasure‹. Viele andere Menschen werden allerdings mit Wut reagieren, den Film verteidigen, den Geschmack der anderen Person in Frage stellen oder zumindest auf ihr Recht pochen, das gut finden zu dürfen, was man gut findet. Ein Streit um Kunst beginnt. Dieser Streit über eine zunächst unwichtig anmutende Frage zeichnet sich durch eine gewisse Unversöhnlichkeit aus. Was man in solchen Konflikten einmal gesagt hat, ist schwer wieder zurückzunehmen.

Ästhetische Urteile haben ein hohes Verletzungspotential. Unser Geschmack ist eine Erzählung darüber, wer wir sind, vor allem aber darüber, wer wir nicht sein wollen. Und gerade in dieser Funktion der Abgrenzung liegt der Zündstoff für die heftigen Konflikte, die sich um die scheinbar unschuldige Frage, was gute und was schlechte Kunst eigentlich ist, entwickeln. Die Geschmacksoziologie nennt dieses soziale Bedürfnis sich aufzuwerten, indem man andere abwertet, ›Distinktion‹. Geschmacksäußerungen, die sich rechtfertigen müssen, schreibt Pierre Bourdieu in *Die feinen Unterschiede*, behaupten sich »durch die Ablehnung und durch die Abhebung von anderen Geschmacksäußerungen«. Bourdieu spricht in diesem Zusammenhang von einer grundsätzlichen *ästhetischen Intoleranz*, die zu einem regelrechten Ekel vor dem Geschmack der anderen ausarten kann.[1]

Diese Negativität erklärt sich durch die Tatsache, dass ästhetische Vorlieben ein wichtiger Bestandteil des ›Habitus‹ sind, unserer sozialen Selbsterzählung, aus der heraus wir unsere Stellung in der Gesellschaft legitimieren. Dazu gehört eben nicht nur die Art und Weise, wie wir uns anziehen, wie wir uns die Haare schneiden lassen, welche Möbel wir in unsere Wohnung stellen, sondern auch die Romane, die wir lesen, die Musik, die wir hören, die Filme und Serien, die wir schauen. Der Kultursoziologie haben wir die Erkenntnis zu verdanken, dass auch und gerade der Bereich der Kunst, der sich doch eigentlich den Niederungen gesellschaftlicher Grabenkämpfe entziehen sollte, eine wichtige Rolle in diesen Kämpfen spielt.

Es handelt sich bei der Selbsterzählung des Geschmacks eben nicht nur um eine Sphäre der persönlichen Hingerissenheit, in der ein frei gewähltes Wohlgefallen als Modus des Konsums herrscht, sondern vor allem auch um ein weiteres Instrument in einem ständigen gesellschaftlichen Kampf um ›kulturelles Kapital‹. Dieses Kapital ist aus der Perspektive Bourdieus ähnlich bedeutsam wie das ökonomische oder soziale Kapital. Der gesellschaftliche Wert einer Person definiert sich nicht nur darüber, wie viel Geld man auf dem Konto hat und wen man kennt, sondern auch darüber, ob man die richtigen Bücher liest und im Konzertsaal an der richtigen Stelle klatscht.

Allerdings geht das Konfliktpotential über den Ärger, sozial herabgesetzt worden zu sein, weit hinaus. Die Verletzung, die im Streit über Kunst entsteht, ist eine entwertende Erfahrung, die das Zentrum der eigenen Identität berührt. Über die Songs, die wir bei Liebeskummer hören, die literarischen Figuren, zu denen wir eine fast familiäre Verbindung aufbauen, die Filme, bei denen wir geweint haben, konstruieren wir das, was unsere Persönlichkeit im Innersten ausmacht. Das emotionale Investment, das mit dieser Art der Rezeption einhergeht, lädt jeden Angriff auf unseren Geschmack mit einem besonderen Verletzungspotential auf. Nur so lässt sich erklären, warum Menschen mit Schmerz und Empörung reagieren, wenn ihre Kunst kritisiert wird. Wer die Kunst angreift, die wir lieben, der attackiert den Kern dessen, was wir sind.

Kunst als Konzept wird geläufig mit positiven Emotionen assoziiert, allen voran mit Liebe. Wir lieben Bücher, haben Lieblingsfilme. Wir schwärmen für bestimmte Maler:innen oder sind Fans von Bands, wir sind süchtig nach Serien. Die Sprache, mit der wir im Alltag über Kunst sprechen, ist eine Sprache der Zuneigung. Liebe kann allerdings enttäuscht werden, und enttäuschte Liebe ist bekanntlich eine der intensivsten Emotionen.

Die Frage nach der Rolle, die Liebe und Zuneigung zu bestimmten Kunstwerken in unserem Leben spielen, gehört zu den Fragen, die von der Kulturwissenschaft lange Zeit vernachlässigt wurden. Rita Felski forderte in ihrem Buch *The Limits of Critique* von 2015, dass das Nachdenken über Kunst endlich eine ›Theorie der Zuneigung‹ (›theory of attachment‹) liefern muss, die die alltägliche Rezeption von Kunst erklären kann. Warum fühlen sich Menschen von Kunst angezogen? Felski fragt herausfordernd: »But what about love«, und meint damit einen Aspekt der Rezeption, den ein strenger, auf Distanz und Analyse aufgebauter wissenschaftlicher Habitus nicht integrieren kann: dass die meisten Menschen eine tiefe, emotionale, oft unkritische Verbindung zu *ihrer* Kunst entwickeln.[2]

In diesem Buch soll die Kehrseite dieser Frage untersucht werden: Aber was ist mit Hass? Warum werden durch Kunst, durch ihre Rezeption, durch das Reden, das Streiten darüber Wut, Scham, Enttäuschung oder Ekel ausgelöst? Welche Theorien der Abneigung lassen sich aus Fällen ableiten, in denen diese Emotionen eskalieren? Die Person, die offenherzig ihren Lieblingsfilm lobt, hat – wie die meisten Menschen – keine ausgearbeitete Theorie der Zuneigung, aber trotzdem ganz selbstverständlich eine Antwort auf Felskis Frage nach der Liebe. Diese Liebe wird allerdings durch die harsche Kritik an dem Film unmittelbar in Frage gestellt. Sie zeigt zwar auch ihre Beharrungskraft, erweist sich aber gleichzeitig als fragil, als anfechtbar. Unsere ästhetischen Vorlieben versetzen uns in einen Zustand ständiger Defensive.

In der empörten Verteidigung einer solchen Zuneigung wird man sich der Bedeutung des eigenen Geschmacks besonders bewusst, man gerät in Erklärungsnot, bemerkt, wie wichtig die Selbsterzählung ästhetischer Hingerissenheit eigentlich ist. Das gilt natürlich auch für die Person, die den Film angreift, denn hinter dieser Attacke steht eine eigene Welt der Zuneigung, die durch die Zuneigung der anderen Person entwertet wird. Wie kann dieser Mensch das mögen? Was sagt das über den Wert von Kunst, über die Verlässlichkeit von Geschmack im Allgemeinen? Was sagt das über mich und über die Kultur? Das Geheimnis der ›ästhetischen Intoleranz‹ beruht darauf, dass die Liebe der einen die Liebe der anderen in Frage stellt.

Der Grund, warum wir über Kunst und Kultur streiten, liegt darin, dass es sich bei unserem Geschmack um eine Selbsterzählung handelt, die einen zutiefst persönlichen Anspruch mit einer sozialen Identität verbindet, die vor dem Publikum einer (Teil-)Öffentlichkeit inszeniert wird. Geschmack bildet gleichzeitig einen Schutzraum des Privaten *und* eine Bühne der Selbstdarstellung. In diesem Widerspruch liegt das Konfliktpotential unserer ästhetischen Vorlieben und Abneigungen – sie dienen einerseits dazu, den gesellschaftlichen Wert einer Ich-Erzählung öffentlich auszuhandeln, sollen andererseits aber vor dieser Aushandlung auch ihre Unschuld bewahren.

Guilty Pleasure

Die seltsame Unschuld unserer ästhetischen Vorlieben führt dazu, dass Werturteile über Kunst im Alltag einen prekären Status besitzen. Die sprichwörtliche Beteuerung, dass man über Geschmack nicht streiten kann, dient vor allem dazu, das Konfliktpotential ästhetischer Urteile zu befrieden. Es geht doch nur um Theater, um Romane, um Filme oder Musik! Kann nicht jeder das gut finden, was er möchte? Solche Befriedigungsversuche können das Verletzungspotential von Geschmacksäußerungen vermindern. Sie übernehmen damit eine wichtige kulturelle Funktion, denn unsere Vorlieben stehen unter dem ständigen Druck der ›ästhetischen Intoleranz‹. Die scheinbar individuelle Rezeption findet in einer Atmosphäre des unablässigen Urteilens und Beurteiltwerdens statt – ein Chaos innerer und äußerer Stimmen –, die die Frage aufwirft, wie man im Alltag überhaupt einen Roman, einen Film, ein Gedicht, einen Song in Ruhe genießen kann.

Es handelt sich um ein Problem, das tiefe Spuren in der Theoriegeschichte der Ästhetik hinterlassen hat. Immanuel Kant etwa unterschied in seiner *Kritik der Urteilskraft* zwischen individuellen Geschmacksurteilen, die nur das betreffen, was man als Einzelperson angenehm findet, und dem, was für schön gehalten werden kann. Die einen mögen die Farbe Violett, die anderen finden sie furchtbar, die einen mögen Blasinstrumente, die anderen Saiteninstrumente. Das sind Urteile, über deren Richtigkeit zu streiten, laut Kant, eine ›Torheit‹ wäre. In dem Moment, in dem man sagt, ›etwas ist *mir* angenehm‹, entzieht es sich als Ausdruck eines individuellen Sinnesgeschmacks jeder Streiterei.[3]

Mit dem *Schönen* allerdings verhält es sich, schreibt Kant, ganz anders. Wenn jemand sagt, etwas sei schön, »so mutet er andern eben dasselbe Wohlgefallen zu: er urteilt nicht bloß für sich, sondern für jedermann«. Wer diesem Urteil widerspricht, handelt sich den Ärger des Urteilenden ein: »Er tadelt sie, wenn sie anders urteilen, und spricht ihnen den Geschmack ab, von dem er doch verlangt, daß sie ihn haben sollen; und sofern kann man nicht sagen: ein jeder hat seinen besondern Geschmack.«[4] Damit ist das Konfliktpotential ästhetischer Urteile pointiert bestimmt. Jede Wertung, die den Anspruch auf Allgemeinheit erhebt, ist eine Zumutung insofern, als sie von anderen herrisch einfordert, diese Wertung auch zu teilen.

Kants Unterscheidung zwischen dem, was man ›nur für sich selbst‹ angenehm findet, und dem, was man für allgemein schön hält, teilt die Rezeption in zwei Bereiche ein, nämlich einen, in dem man nicht streiten kann, und einen, in dem Streit sich kaum vermeiden lässt. Ob diese Unterscheidung theoretisch aufgeht, möchte ich hier nicht diskutieren.[5] Für die Frage nach dem Konfliktpotential des Geschmacks ist sie vor allem deshalb bedeutsam, weil sie einen theoretisch einflussreichen Versuch darstellt, in ästhetischen Fragen den Schutzraum des Individuellen vom Kampfplatz des Allgemeinen zu trennen. Auf den Alltag der Rezeption übertragen, bedeutet das vor allem, dass unsere Urteile zwischen der Bescheidenheit des Subjektiven und dem Selbstbewusstsein eines Geschmacks changieren, den man anderen zumuten möchte. Wie die Bewertung ausfällt, scheint allerdings vom Kontext des Urteils abhängig zu sein.

So kann man sich – wie etwa im Streit um den Lieblingsfilm – darauf zurückziehen, dass man den Film eben persönlich gerne mag, weil man damit eine subjektiv angenehme Erfahrung gemacht hat. Man ist aber auch bereit, anzuerkennen, dass andere den Film schlecht finden. So entgeht man einem unangenehmen Konflikt, degradiert allerdings auch das eigene Urteil in den Bereich reiner Subjektivität. Die Person, die den Film höhnisch vor einem Publikum kritisiert, beansprucht dagegen die Autorität eines Urteils, das Menschen, die anders urteilen, tadelt, ihnen den Geschmack abspricht. Wann ein Urteil nur subjektiv ist und wann es Anspruch auf Allgemeinheit stellen kann, ist also oft eine Frage der Macht und damit eine weitere Quelle für soziale Konflikte.

Diese Konflikte kann man vermeiden, indem man ein negatives Urteil in eine schwammige Ich-Botschaft kleidet. Unsere Sprache kennt eine ganze Reihe von Formulierungen, deren einzige Funktion es ist, eine ästhetische Abneigung nicht verletzend wirken zu lassen. Dabei muss man persönlich werden, um das Werturteil nicht persönlich werden zu lassen: ›Das ist nicht so meins.‹ ›Da bin ich nicht reingekommen.‹ ›Das hat mich nicht wirklich angesprochen.‹ ›Das ist natürlich gut gemacht, aber holt mich irgendwie nicht ab.‹ ›Dafür bin ich nicht die Zielgruppe.‹

Es handelt sich um Höflichkeitsformen, die das Verletzungspotential widerstreitender Urteile abmildern sollen. Man erreicht diesen Effekt, indem man auf die Subjektivität der Abneigung verweist (›nichts für *mich*‹) oder indem man sogar die formalen Qualitäten (›Es ist gut gemacht‹) lobt und die eigene Meinung als Unvermögen verkauft, sich davon persönlich berühren zu lassen. Allein dass diese Formulierungen zum festen Bestand kommunikativer Instrumente gehören, zeigt, wie heftig das unterschwellige Konfliktpotential unterschiedlicher Meinungen zu Filmen, Büchern, Songs etc. brodelt. Es wird als offene Aggression gesehen, einer anderen Person ins Gesicht zu sagen, dass die Kunst, die diese Person liebt, nicht gut ist. Wenn es dann doch zu Konflikten kommt, bedeutet das also, dass jemand bewusst auf die Instrumente kommunikativer Befriedung verzichtet hat. In diesem Fall wird der eigene Geschmack universell verstanden und damit ein Autoritäts- und Machtanspruch gestellt.

Ein Konzept, an dem sich die Ambivalenz von Geschmacksurteilen illustrieren lässt, ist das *Guilty Pleasure*. Es handelt sich dabei um eine Form des ästhetischen Schuldbewusstseins, die man öffentlich inszeniert, um die eigene Rezeption vor dem tadelnden Urteil anderer zu bewahren. Man gesteht, dass man gerne kitschige Liebesromane liest, dass man mit diesen Büchern eine angenehme Erfahrung gemacht hat (pleasure); man gibt aber auch zu erkennen, dass man weiß, dass diese Erfahrung auf minderwertigen

Kunstwerken beruht (guilt). Hier wird der Anspruch auf ein individuelles Vergnügen mit dem sozialen Druck vermittelt, der auf dem öffentlichen Geschmack lastet. Indem man scherzhaft eingesteht, dass Teile des eigenen Geschmacks minderwertig sind, entzieht man diesen Geschmack dem allgemeinen Urteil: ›Ich mag es eben, lass mich in Ruhe!‹

Die Tatsache, dass wir überhaupt Konzepte wie *Guilty Pleasure* benötigen, zeigt, wie groß der gesellschaftliche Druck ist, der auf unseren Vorlieben lastet. Das halb ironische Eingeständnis einer Geschmacksverirrung verweist darauf, wie wenig individuell und eigenständig ästhetisches Wohlempfinden eigentlich ist. Das betrifft nicht nur die Dinge, die wir lieben und weiter lieben wollen, sondern auch – und vielleicht vor allem – die Dinge, die wir nicht lieben, aber lieben sollen. Ein nicht unwesentlicher Teil unserer Rezeption ist *Pflichtrezeption*, die auf einem institutionellen und kulturellen Druck beruht (Kapitel 6). Die Verwirrung, die sich in Bezug auf institutionell verordnete Ästhetik ergibt, ist die Scham über ein ästhetisches Missvergnügen, ein *Guilty Displeasure*. Man müsste ein Buch, einen Film, ein Musikstück eigentlich mögen, aber es gelingt einfach nicht.

So begleitet den ästhetischen Geschmack in modernen Gesellschaften ein konstitutionelles Schuldbewusstsein, das eine Quelle ständiger sozialer Konflikte darstellt. Wenn wir uns fragen, warum man sich für seine Vorlieben schämt, warum die Vorlieben der anderen zu einer Demütigung werden können, dann liegen die Antworten in dieser sozialen Konstellation. Gerade weil unser Kunstgeschmack einen so wichtigen Teil unserer Selbsterzählung darstellt, mit der Distinktionsgewinne erzielt werden können, ist er auch besonders schambesetzt. Denn wo man sich durch die Erzählung der eigenen Rezeption aufwerten kann, da kann man auch abgewertet werden. Wer in der falschen Situation den falschen Film lobt, wird bemerken, dass zum Spiel der Abgrenzung eben auch die Möglichkeit des Distinktionsverlustes gehört.

Das führt dazu, dass unser ästhetischer Geschmack von einer starken Unaufrichtigkeit geprägt ist. Ausgerechnet in einem Bereich, in dem es um persönliche Vorlieben geht, um emotionale Bindung und individuelle Bedürfnisse, herrscht eine besonders große Unsicherheit darüber, was man wirklich mag und was nicht. Wenn man z. B. behauptet, einen Film zu lieben, weil das soziale Umfeld das erwartet, dann handelt es sich um eine spezifische Form der Selbstverleugnung. In diesem Moment werden die wenigsten einfach offen lügen, sondern sich einreden, dass diese Vorliebe wirklich existiert.

Die meisten Menschen werden diese Unaufrichtigkeit empört leugnen: ›Ich lasse mir nicht vorbeschreiben, was ich schauen, lesen, hören darf!‹ Diese Beteuerung der eigenen ästhetischen Freiheit gehört bereits wieder zu den wichtigen Strategien geschmacklicher Selbsterzählungen. Man zieht sich trotzig auf eine persönliche ästhetische Unabhängigkeitserklärung zurück. Man mag, was man mag, und was andere denken, spielt keine Rolle! In diesem Buch soll es unter anderem darum gehen, dass solche Beteuerungen zweifelhaft erscheinen müssen. Wenn Geschmack eine stabile Kategorie darstellen würde, dann würden wir nicht darüber streiten.

Wenn jemand unseren Geschmack öffentlich angreift, dann wirkt das deshalb so verletzend, weil wir es als Angriff auf unsere existentielle Selbsterzählung wahrnehmen. Gleichzeitig betrifft die Frage, was gute und was schlechte Kunst ist, aber auch ganz handfeste Verteilungskämpfe. Howard Becker schreibt in seinem einflussreichen Buch *Art Worlds*: »Die Hitze in den Diskussionen über Ästhetik entsteht in der Regel, weil es nicht nur um eine abstrakte philosophische Frage geht, sondern auch um die Verteilung wertvoller Ressourcen.«[6]

Eine *Kunstwelt* ist eine Gruppe von Menschen und Institutionen, die die Macht hat, darüber zu entscheiden, was gute und was schlechte Kunst ist und was überhaupt die Weihen einer echten ästhetischen Erfahrung bekommen kann. Diese Fragen sind weder rein theoretisch noch rein subjektiv. Von den Antworten ist abhängig, wer gerühmt wird und wer verachtet, wer davon leben kann (oder sogar Reichtum erwirbt) und wer in der Versenkung verschwindet. Es geht also immer auch um Geld, um Aufmerksamkeit und um Posten.

Kunstwelten regeln die Frage nach der Zugehörigkeit über Geschmack. Wer den richtigen Geschmack hat, gehört dazu, wer den falschen hat, muss draußen bleiben. Ihre Mitglieder sind *Gatekeeper* – Türsteher zu einer Sphäre, in der kulturelles und ökonomisches Kapital verteilt wird. Die Wortführer:innen in diesen sozialen Sphären haben, wie Becker schreibt, die Macht, bestimmte Praktiken in die Tradition des Künstlerischen einzuordnen und so ihren Anspruch auf bestimmte Ressourcen zu legitimieren. Was das konkret bedeutet, illustriert er am Beispiel des Jazz, der sich im Verlauf seiner Geschichte einen Platz im Reich der Hochkultur erst erkämpfen musste:

»Wenn ich überzeugend argumentieren kann, dass Jazz aus ästhetischen Gründen genauso ernst genommen werden sollte wie andere Formen der Kunstmusik, dann kann ich als Jazzmusiker um Stipendien des National Endowment for the Arts und um Dozentenstellen an Musikschulen konkurrieren, in denselben Sälen wie Sinfonieorchester auftreten und die gleiche Aufmerksamkeit für die Nuancen meiner Arbeit verlangen wie der ernsthafteste klassische Komponist oder Interpret.«[7]

Eine Ästhetik hat demnach die Funktion, zu zeigen, dass eine Aktivität zur gleichen Klasse gehört wie andere Aktivitäten, »die bereits die Vorteile der ›Kunst‹ genießen«. Ästhetik ist damit vor allem eine Waffe im Kampf um Legitimität. Das Beispiel illustriert, was in Geschmackskämpfen auf dem Spiel steht, nämlich konkrete finanzielle und aufmerksamkeitsökonomische Ressourcen. Die Erfolgsgeschichte von Kunstformen wie Jazz, die sich nach und nach in der offiziellen Kunstwelt der bürgerlichen Hochkultur etablieren konnten, erzählt aber auch eine andere, dunklere Geschichte von Kunstformen, die verdrängt und kleingehalten wurden, die von den Gatekeepern der Kunstwelten davon abgehalten wurden, überhaupt das Licht der Öffentlichkeit und damit ein echtes Publikum zu erreichen. Es ist natürlich schwer, vielleicht unmöglich, die Geschichte von etwas zu erzählen, das von Anfang an verhindert wurde. Gerade das Beispiel Jazz, der bis weit ins 20. Jahrhundert hinein angegriffen und verfolgt wurde, deutet aber die Brutalität an, mit der herrschende Kunstwelten gegen missliebige ästhetische Erfahrungen vorgehen können.

Diese ökonomischen Hintergründe muss man bei allen Konflikten, die in diesem Buch analysiert werden, immer mitbedenken. Es geht um Verteilungskonflikte. Was wir gerne lesen, hören oder schauen, unterliegt einem gesellschaftlichen Druck, der unmittelbar an die Verteilung von Geld und Macht gebunden ist. Die Ressourcenkämpfe im kulturellen Feld betreffen nicht nur die Künstler:innen, sondern auch – vielleicht sogar in erster Linie – die Rezipient:innen. Wenn unsere Vorlieben von den Gatekeepern einer Kunstwelt abgelehnt werden, kann sich der Zugang zu den ästhetischen Erfahrungen, die wir lieben, verschlechtern. Wenn etwa das städtische Opernhaus weiter in großem Umfang gefördert wird, während der kleine Indie-Club zumachen muss, dann handelt es sich um eine kulturpolitische Entscheidung, die eine konkrete Auswirkung auf die Rezeption zahlreicher Menschen hat.

Wütend werden wir in Wertungskonflikten also vor allem dann, wenn diese Ressourcenkämpfe *unsere* Kunst bedrohen. Diese Bedrohung geht oft von fremden Konsumentscheidungen aus. Die ästhetischen Vorlieben der anderen können konkrete negative Folgen für die eigene Rezeption haben. Auf einer ganz basalen Ebene bedroht die Nicht-Rezeption eines Werkes, das man liebt, dessen ökonomische Existenz. Wenn eine Autorin aufhören muss zu schreiben, weil die Menschen ihre Bücher nicht kaufen, oder wenn eine Film-Franchise eingestellt wird, weil die Zuschauer:innen sich weigern, ins Kino zu gehen, dann ist das auf den Einfluss des Publikums zurückzuführen, das als eine Gruppe von Konsument:innen versagt hat – zumindest aus der Perspektive derjenigen, die darunter leiden. Und das sind nicht nur die Künstler:innen, die um ihre Existenz bangen müssen, sondern auch die Fans, die nun auf ihre Kunst verzichten müssen; nur weil das unverständige, geschmacklose Publikum nicht genug Alben oder Bücher gekauft oder eine Serie verschmäht hat, die über den Status des ›Geheimtipps‹ nie hinausgekommen ist.

›Das hätte mein Kind malen können‹

Die Irritation, die Menschen in Bezug auf Kunstwerke entwickeln können, die unter Kenner:innen als besonders wertvoll gelten, kommt in einem Satz wie ›Das hätte mein Kind malen können‹ zum Ausdruck. Unter den Kenner:innen gilt dieser Satz als Zeichen eines ultimativen Spießertums, in dem sich der Unverstand der Betrachter:in zum Ausdruck bringt. Es lohnt sich aber, diesen Satz ernst zu nehmen – als Ausweis einer (nicht unberechtigten) Paranoia, dass es sich beim modernen Kunstbegriff um einen grundsätzlichen Schwindel handeln könnte.

Das Werturteil der Expert:innen wird hier in ein Zwielicht gerückt. Handelt es sich nicht um reine Distinktion? Erschöpft sich ein solches Urteil nicht in der puren Geste der Macht, mit der die Elite ein Werk zu Kunst ernennt und ein anderes ausschließt? Wolfgang Ullrich spricht in diesem Zusammenhang vom »Recht des Stärkeren«, das den modernen Kunstdiskurs prägt.[8] Die von Ullrich analysierte »Siegerkunst« etwa, die sich die Finanzeliten zeitgenössischer Kulturen in die Wohnungen und Firmenzentralen stellen, ist oft besonders irritierend oder hässlich, um die Macht unter Beweis zu stellen, die mit einem (durch riesige Geldsummen beglaubigten) Werturteil inszeniert werden soll.[9] Der Satz ›Das hätte mein Kind malen können‹ enthält also eine – wenn auch hilflose – Machtkritik, die sich gegen die wahrgenommene Willkür richtet, mit der die Eliten ihre ästhetische Überlegenheit festlegen.

Das ist auch einer der Gründe, warum moderne Kulturen von Kunstfälschungsskandalen besessen sind. Es gibt unzählige Bücher, Filme, Serien, die die Geschichte von Menschen erzählen, die sich durch falsche Kunstwerke haben hereinlegen lassen; über Sammler, die Unsummen für falsche Meisterwerke ausgeben, Museen, die diese Meisterwerke stolz an ihre Wände hängen, Experten, die sie beglaubigen.

Eine Figur wie der Fälscher Wolfgang Beltracchi befriedigt ein gesellschaftliches Bedürfnis nach kultureller Schadenfreude. Die Autoritäten, die den Anspruch erheben, zu wissen, was ›echte‹ Kunst ist, werden vorgeführt und erweisen sich als genauso blind wie die einfachen Rezipient:innen. Jeder Kunstfälschungsskandal hat eine karnevaleske Energie. Die Kenner:innen erscheinen in diesen Geschichten oft als ahnungslos und korrupt. Sie feiern billige Fälschungen als genuine Meisterwerke, weil ihr Gespür für Kunst gar nicht einem genuinen Verständnis, sondern einem profitgetriebenen Wunschdenken entspricht. Es wäre doch sehr gut, wenn die Bilder, die ich gekauft habe, Originale wären!

In einem Artikel aus dem *Atlantic* aus dem Frühjahr 2024 wird eine solche Geschichte erzählt.[10] Es geht darin um einen Schatz unentdeckter Bilder von Jean-Michel Basquiat, der nach Jahren zufällig gehoben wurde. Als die Echtheit der Bilder angefochten wurde, war das für die Akteure des kulturellen Feldes, die ihre Echtheit behauptet hatten, natürlich eine Katastrophe. Die Männer, denen vorgeworfen wurde, die Bilder gefälscht zu haben, behaupteten, sie hätten nur zwischen fünf und dreißig Minuten daran gearbeitet.

Es handelt sich um einen seltsamen Fall, in dem die ›Opfer‹ der Fälschung eine Tat leugneten, die von den ›Tätern‹ längst gestanden worden war. Einer der Sammler behauptete, es sei schlicht unmöglich, diese Bilder, die Meisterwerke seien, in so kurzer Zeit zu malen. Auch der Museumsdirektor, Aaron De Groft, der wegen des Fälschungsskandals vom Orlando Museum of Art gefeuert wurde, beharrte darauf, dass die angeblichen Fälscher gar nicht die Kompetenz und Subtilität besäßen, um solche Bilder herzustellen. Diese Aussage enthält eine wenig subtile Form der Selbstverteidigung: ›Diese Männer sind nicht talentiert genug, um mich zu täuschen, es kann sich nicht um echte Fälschungen handeln.‹ Wenn es tatsächlich möglich wäre, in fünf bis dreißig Minuten Bilder zu malen, die von Expert:innen nicht mehr von den echten Meisterwerken zu unterscheiden sind, was sagt das dann über ästhetischen Wert im Allgemeinen? Würde das nicht den Spießersatz ›Das hätte mein Kind malen können‹ bestätigen?

Kunstfälschungsskandale verweisen auf das Problem des ästhetischen Relativismus, der davon ausgeht, dass Urteile über Kunst hinfällig sind, da diese Urteile sich nicht auf stabile Kategorien beziehen können. Wenn wir sagen: Geschmack ist subjektiv, ist damit im Wesentlichen dieser Relativismus gemeint. Was wir gut oder schlecht finden, ist demnach von unzähligen persönlichen und gesellschaftlichen Faktoren abhängig. Der eine mag die Farbe Blau lieber als Rot, der andere möchte viel Geld verdienen oder seinen Job als Museumsdirektor behalten.

Ästhetischer Wert erscheint vor diesem Hintergrund als ein soziales Konstrukt, das keinen universalen Wert für sich beanspruchen kann. Dieser Wert entstehe, schreibt Becker in *Art Worlds*, aus einem Konsens der Mitglieder einer

 Kunstwelt. Kunst wird ›gut‹, wenn sich die Mitglieder dieser Welt darauf einigen, was nach bestimmten Kriterien gut sein darf, und diese Kriterien auf konkrete Fälle anwenden.[11] Ein Misstrauen gegen ästhetische Urteile ist also durchaus angemessen. Das führt dazu, dass Geschmacksfragen von einer grundsätzlichen Unsicherheit begleitet werden, die darauf beruht, dass wir uns unserer Wertungsfähigkeit nicht sicher sein können.

Ein Bild, von dem angenommen wird, es stamme von einem anerkannten ›Genie‹, kann auf dem Kunstmarkt Unsummen erzielen, verwandelt sich in dem Moment aber, in dem diese Urheberschaft in Frage gestellt wird, in Müll. Der Wert dieses Bildes beruht also nicht auf der ästhetischen Qualität, die durch die begeisterte Wahrnehmung der ersten Betrachter:innen beglaubigt wurde, sondern vor allem auf der Autorität des Künstlernamens und dem Konsens derjenigen, die diesen Namen mit Wert ausstatten konnten. Im Jahr 2018 wurde das Gemälde *Salvator mundi* für 450 Millionen Dollar verkauft, eines der spektakulärsten Beispiele für das, was Christina Dongowski »die Transformation von Schrottwert zu Meisterwerk« genannt hat.[12] Zuvor war das Bild für gerade einmal 1175 Dollar gekauft worden. Diese absurde Wertsteigerung hatte damit zu tun, dass sich in der Folge die Vorstellung etablierte, es handele sich um einen echten Leonardo da Vinci.

Der Fall ist ein Musterbeispiel für die Macht, die den Mitgliedern einer Kunstwelt in der Konstruktion von Wert zukommt. Der Status des Bildes ist bis heute umstritten, aber nicht umstritten genug, um den Verkauf für einen absurd hohen Preis zu verhindern. Bis es allerdings so weit kommen konnte, musste eine ganze Reihe von Sammlern, Experten, Museen, Auktionshäusern hart daran arbeiten, die

Realität seiner Echtheit zu manifestieren. Ästhetischer Wert erscheint aus dieser Perspektive nicht als etwas Absolutes, sondern als ein Gemeinschaftsprojekt von zweifelhafter Integrität. Man muss sich fragen, warum solche Geschichten die Kategorie des Geschmacks nicht schon längst verabschiedet haben. Warum streiten wir überhaupt noch über gute und schlechte Kunst, wenn jede Antwort auf die Frage zum einen ›subjektiv‹ bleiben muss und zum anderen von machtpolitischen Kämpfen kontaminiert ist?

Nur weil etwas ein soziales Konstrukt ist, heißt das nicht, dass es keine Bedeutung für den Alltag einer Gesellschaft hat. Im Gegenteil heizt gerade der Verdacht des ›ästhetischen Relativismus‹ die Konflikte, die sich um Kunst und Kultur herum entwickeln, sogar noch an.

Wut und Wertung sind in diesem Bereich vor allem deshalb so eng miteinander verbunden, weil dem ästhetischen Urteil eine wichtige gesellschaftliche Funktion zukommt, die mit heftigen Kämpfen um Macht und Status verbunden ist. Gleichzeitig erscheint dieser Status aber immer schon fragwürdig. Diese Mischung aus Bedeutsamkeit und Fragilität überträgt sich auf den individuellen Geschmack. In den Expert:innen, die aus Karrieregründen auf ein falsches Meisterwerk hereinfallen, spiegeln sich die einfachen Rezipient:innen, die sich fragen müssen, ob ihre persönliche Hingerissenheit nur auf der urteilenden Autorität einer Kunstwelt beruht, die es selbst aber eigentlich auch nicht besser weiß.

Gleichzeitig sind ästhetische Erfahrungen in gewisser Hinsicht unhintergehbar. Denn die Hingerissenheit, die man beim Betrachten eines Gemäldes empfindet, die Tränen, die man über einen traurigen Song weint, aber auch der Ekel oder Ärger, den man über einen schlechten Roman oder Film empfindet – all das sind Reaktionen, die auch durch die Erkenntnis, einem Wertungsfehler aufgesessen zu sein, nicht zurückgenommen werden können.

Man kann natürlich im Nachhinein peinlich berührt davon sein, was man früher gut fand. Dieser autobiographische Geschmacksrevisionismus ist ein wichtiges Instrument, um persönlichen Fortschritt zu erzählen. Das kann aber die genuine Zuneigung von damals nicht revidieren. Gerade darin liegt das grundsätzliche Konfliktpotential des Geschmacks. *Jede* ästhetische Erfahrung beruht auf einem Guilty Pleasure, weil das konkrete Vergnügen an dieser Erfahrung immer – und sei es noch so unterschwellig – von einem Zweifel an dessen Wert geprägt ist.

Kunst und Enttäuschung

Zu den wichtigsten negativen Reaktionen, die wir in Bezug auf ästhetische Erfahrungen entwickeln, gehört die Enttäuschung. Von einem Roman, einem Film, einer Serie oder einem Album enttäuscht zu sein ist eine Erfahrung, die für den Alltag der Rezeption prägend ist. Wir gehen an jedes Werk mit einer bestimmten Erwartungshaltung heran, und damit ist immer das Risiko verbunden, dass wir unbefriedigt zurückbleiben. Der neue Thriller unseres Lieblingsautors war langweilig und schematisch; ein Film aus einer Superheldenfranchise hat den wichtigsten Charakter verschwinden lassen; ein Computerspiel, auf das man lange gewartet hatte, hat keinen männlichen, sondern einen weiblichen Protagonisten. All das sind Erfahrungen, die zu Unzufriedenheit führen können – eine Unzufriedenheit, die schnell in Wut, Hass oder Ekel umschlägt.

Wenn etwa eine geliebte Figur in einer Erzählung ermordet wird, dann handelt es sich aus der Perspektive der Fans um einen doppelten Mord. Man ist wütend auf den fiktiven Mörder, der die geliebte Figur umgebracht hat. Man ist allerdings auch wütend auf die reale Mörder:in, die Autor:in nämlich, die man für diese narrative Entscheidung naheliegenderweise verantwortlich macht. Die meisten Rezipient:innen wissen, dass die erfundene Figur keinen eigenen Willen besitzt, dass sie keine Verantwortung übernehmen kann für ein Ereignis, das emotionalen Schaden bei ihnen ausgelöst hat.

Diese Wut auf die Autor:in stellt einen unmittelbaren Angriff auf ihre *Werkherrschaft* dar. Denn eigentlich würde man doch davon ausgehen, dass sie mit ihren Figuren machen kann, was sie will. Es gehört zu den wichtigsten Aspekten der Kunstfreiheit, dass Autor:innen ihre Geschichten so schreiben können, wie sie es für richtig halten. Die Fans haben allerdings eigene Erwartungen, die sich aus einem Gefühl der ästhetischen *Miteigentümerschaft* heraus rechtfertigen. Denn ohne ihre loyale Rezeption würde es das Werk doch gar nicht geben. In diesen Konflikten stellt sich die Frage: Wem gehört ein Roman, ein Film, eine Serie, ein Album? Das Eigentumsrecht an einem Werk erscheint schon auf der basalen Ebene der Kommunikation zwischen Produktion und Rezeption als umstritten.

Heinrich Bosse beschreibt ›Werkherrschaft‹ als ein Konzept, das sich seit dem 18. Jahrhundert als Begleiterscheinung des modernen Urheberrechts herausgebildet hat.[13] Vorher war die Frage, wem ein Werk gehört, wer davon finanziell profitieren sollte, alles andere als geklärt. Dass die Schöpfer:in als Herrscher:in über ihr Werk auftritt, deren Talent und Arbeit die Voraussetzung für dessen Qualität darstellt, ist natürlich eine Vorstellung, die es schon immer gegeben hat. Aber erst im Verlauf der Moderne etabliert sie sich auch als ein sozioökonomischer Anspruch. Dieser Anspruch bleibt bis heute umkämpft. Das zeigt sich etwa in Fällen, in denen Musiker:innen mit den Produktionsstudios um die Rechte an ihrer Musik kämpfen müssen.

Der Begriff ›Werkherrschaft‹ verweist vor allem auf einen grundsätzlichen Konflikt, nämlich dass es immer schon eine Streitfrage ist, wer die Kontrolle über die Kunst und ihre Rezeption beanspruchen darf. Wenn Menschen enttäuscht von einem Kunstwerk sind, dann wird dieser Konflikt aufgerufen: Die Künstler:in hätte es anders machen sollen! Enttäuschung vermittelt den Vorwurf, dass auf der Ebene der Produktion ein Fehler gemacht wurde, der auf der Ebene der Rezeption berechtigte Wut auslöst. Dieser Konflikt zeigt vor allem, dass das Verhältnis zwischen Kunst und Publikum zwar auf der Vorstellung eines produktiven Austauschs, eines Gebens und Nehmens beruht, dass dieses Verhältnis aber alles andere als harmonisch ist. Beide Seiten erscheinen oft fordernd, undankbar, enttäuscht und enttäuschend.

Im Frühling 2019 endete die Serie *Game of Thrones* nach acht Staffeln. Ein Teil der riesigen Fangemeinschaft war über die Art, wie das Ende erzählt wurde, dermaßen enttäuscht, dass eine Petition gestartet wurde, die forderte, die letzte Staffel noch einmal zu produzieren – diesmal mit »kompetenten Autoren«. Diese Petition erreichte über 1,8 Millionen Unterschriften.[14] Enttäuscht waren die Fans vor allem von der Handlungsführung und von der Art und Weise, wie die Figuren sich verhielten. So mutiert die Figur Daenerys Targaryen (›Mutter der Drachen‹), lange Zeit eine Identifikationsfigur, plötzlich zu einer psychotischen Massenmörderin.

Solche erzählerischen Gewaltstreiche wurden als Angriff auf die Erwartungen der Zuschauer:innen gewertet und lösten allgemeines Entsetzen aus. Auf der Rezensionsseite Rotten Tomatoes etwa sammelten sich Tausende von wutentbrannten Publikumsäußerungen. Repräsentativ für diese Reaktion ist eine Wortmeldung aus dem Sommer 2023, die eine langanhaltende Enttäuschung zum Ausdruck bringt:

»Vier Jahre später ist dies immer noch der am meisten enttäuschende, schlecht durchdachteste, faulste, unsinnigste und schlichtweg schrecklichste Abschluss einer einst fantastischen Fernsehserie, den ich je gesehen habe. Die Schauspieler und die Musik sind wie immer großartig, aber jede einzelne Entscheidung, die die Macher der Serie mit der Handlung und den Charakteren getroffen haben, ist eine Beleidigung für die Integrität der Serie und die Intelligenz der Fans. Diese letzte Staffel hat mein Fandom für die Serie und das Universum auf eine Weise ruiniert, die ich nicht für möglich gehalten hätte.«

Es handelt sich um ein eindrucksvolles Beispiel dafür, was ästhetische Enttäuschung für die Rezipient:innen konkret bedeuten kann. So nachhaltig wurde die Freude an der Serie verdorben, dass diese Zuschauerin nicht einmal mehr in der Lage ist, alte Folgen anzuschauen. Jeder Charakter sei durch die letzte Staffel für sie ruiniert worden. Diese Beschwerde ist keineswegs trivial. Rezeption kann ein jahrelanges emotionales und zeitliches Investment in ein erzählerisches Universum verlangen. Das Ende einer Figur gehört zu ihrer Entwicklungsgeschichte und färbt zwangsläufig das Bild, das man sich von ihr gemacht hat. Im Fall von *Game of Thrones* kontaminierte das Ende der Serie die Art und Weise, wie die Fans über viele Jahre die Charaktere wahrgenommen hatten. Wenn man weiß, dass aus Daenerys eine mörderische Tyrannin werden wird, dann liegt das wie ein Schatten über der Wahrnehmung der Figur.

Der Streit um das Ende von *Game of Thrones* ist ein Beispiel für einen Konflikt zwischen Produktion und Rezeption. Die Kommentare auf Seiten wie Rotten Tomatoes und die Petition stellen einen – wenn auch hilflosen – Versuch dar, eine gewisse *Agency* in diesem Konflikt zumindest durch eine feindselige kollektive Geste zurückzugewinnen. Aus der Perspektive der Macher:innen erschien die Petition wiederum als ungerechter Angriff auf ihre Werkherrschaft. Eine der Schauspieler:innen übte in einem Interview offene Publikumsschelte: »Es fühlt sich ein bisschen undankbar an. Man hatte so eine tolle Zeit, und dann ist man natürlich enttäuscht, weil es nicht genauso ausgeht, wie man es sich vorgestellt hat.«[15]

Im Vorwurf der Undankbarkeit wird der grundsätzliche Konflikt zwischen Produktion und Rezeption konkret. Wer im Verhältnis zwischen Werk und Publikum ist zu Dankbarkeit verpflichtet? Die Produzent:innen erwarten, dass die Zuschauer:innen dankbar für die Arbeit an der Serie sind und die narrativen Entscheidungen respektieren, die gemacht werden, um die Erzählung so gut wie möglich zu gestalten. Das Publikum wiederum erwartet, dass die Macher:innen ihren Bedürfnissen Respekt zollen, da erst die Tatsache, dass viele Menschen die Serie schauen, die Voraussetzung dafür ist, dass sie überhaupt existiert.

Was hier ausgefochten wird, ist ein Kampf um die Frage, wessen Imagination die Werkherrschaft bestimmen soll. Wenn den Zuschauer:innen vorgeworfen wird, dass sie zu Unrecht enttäuscht sind, weil die Serie nicht genauso ausgeht, »wie man es sich vorgestellt hat«, dann wird das Eigenrecht dieser Imagination in Frage gestellt. Allerdings wird auch anerkannt, dass die Zuschauer:innen eine seltsame Form von Ko-Autorschaft entwickeln, sich vorstellen, wie es weitergehen könnte und sollte, sich in den Welten der Serie eingerichtet haben, dort die Möbel verrücken.

In einem Artikel über ›Superfans‹ im *New Yorker* zitiert der Autor eine junge Frau namens Arin, die er auf der Comic-Con in San Diego antrifft. Sie ist als Daenerys verkleidet und wartet in der Schlange vor einer Nachbildung des eisernen Throns, um ein Foto zu machen. Arin gibt zu, dass auch sie vom Ende der Serie entsetzt gewesen sei, weil ihre Lieblingsfigur sich auf einmal als wahnsinnige Mörderin erweist, die von ihrem *love interest* John Snow ermordet wird. Für sie sei Daenerys aber immer ein Vorbild weiblicher Selbstermächtigung gewesen. Deshalb weigere sie sich schlicht, irgendetwas zu glauben, was in der letzten Staffel geschehen sei. »Ich weiß, was passiert ist, aber ich habe meinen eigenen Kanon.« In ihrer Vorstellung geht die Serie gut für Daenerys aus, sie lebt mit John Snow zusammen, und ihre Drachen sind auch wohlauf.[16]

In der Fankultur nennt man dieses Phänomen einen *Head Canon* – der sich der kanonischen Handlung, wie sie von den Macher:innen einer Erzählung vorgegeben wird, verweigert und im Kopf der Rezipient:in eine andere, bessere Welt aufbaut. Ein solcher ›Kopfkanon‹ ist ein Akt des Widerstandes gegen eine unangenehme narrative Entscheidung. Arins Weigerung, die ästhetischen Entscheidungen der Autor:innen von *Game of Thrones* anzuerkennen, stellt einen Angriff auf deren Werkherrschaft dar. Damit werden die Autor:innen auf eine paradoxe Art und Weise als Lügner:innen enttarnt, die der Wahrheit der Geschichte nicht gerecht geworden sind – einer Wahrheit, die ihre Plausibilität aus den Hoffnungen und Wünschen der Fans gewinnt.

In modernen Gesellschaften erweisen sich die Rezipient:innen oft als ›textuelle Wilderer‹ – eine Bezeichnung, die der Fanforscher Henry Jenkins geprägt hat.[17] Anstatt dankbar die Werke entgegenzunehmen, um sie passiv zu rezipieren, mischen sie sich mit ihren Wünschen und Forderungen in den kreativen Prozess ein. Für Jenkins sind Fans eigenständige Leser:innen, Akteure einer produktiven *Partizipationskultur*. Durch ihre begeisterte Rezeption, durch ihren obsessiven Austausch, durch ihre Loyalität machen sie sich die Kunst immer mehr zu eigen. Dieser Prozess ist naheliegenderweise nicht nur von Faszination und Bewunderung zu den Werken geprägt, sondern auch von Frustration und Antagonismus.[18] Konflikte über Werkherrschaft sind damit vorprogrammiert.

Enttäuschung ist in der Kommunikationssituation zwischen Rezeption und Produktion also kaum zu vermeiden. Die Wünsche, Hoffnungen, Bedürfnisse aller Beteiligten werden niemals vollständig deckungsgleich sein, und die daraus entstehende Diskrepanz ist eine ständige Quelle für ästhetische Konflikte. Denn auch wenn in den Sphären der Hochkultur nach wie vor ein passives Modell der Rezeption eingefordert wird, das sich, ohne zu murren, auf die ästhetischen Zumutungen eines Künstlergenies einlässt, sind wir am Ende doch alle Fans. Leser:innen von Hochliteratur können genauso enttäuscht werden wie die Fans einer populären Serie. Zwar werden Leser:innen, die vom neuen Roman Peter Handkes enttäuscht sind, nicht ins Internet strömen, um dort tausendfach ästhetische Trauerarbeit zu leisten, aber die Möglichkeit einer Irritation zwischen Produktion und Rezeption erscheint auch in diesem Fall unhintergehbar.

Die Zuneigung zu einer ästhetischen Erfahrung kann sich vom Konflikt um die Werkherrschaft nicht befreien, selbst wenn sie diese Herrschaft auf der Seite der Produktion vollständig anerkennen möchte. Dafür ist diese Art der Zuneigung einfach zu unkontrolliert, zu anarchisch. Wer Romane, Filme, Musik, Serien, Computerspiele liebt, der ist in gewisser Hinsicht dazu verdammt, ein ästhetischer Wilderer zu sein, der seine persönlichen Bedürfnisse und seine individuelle Imagination in das Kunstwerk einschreibt.

Ein Beispiel dafür, wie stark diese Form des Wilderns Teil der Kultur geworden ist, stellt die *Fanfiction* dar. Dabei handelt es sich um Texte, die sich aus einem vorhandenen erzählerischen Universum bedienen, die Figuren, die Orte und Handlungsstränge aufgreifen und weiterschreiben. Durch die Digitalisierung ist diese Kulturtechnik zu einem der bedeutsamsten Formen des literarischen Diskurses geworden. Unzählige Geschichten, die auf der Welt der Harry-Potter-Reihe oder dem Personal der *Twilight*-Romane beruhen, werden im Internet veröffentlicht und massenhaft gelesen und kommentiert.

Dieses riesige Korpus zeigt vor allem ein massives narratives Begehren, ein Bedürfnis, sich in die Welt des geliebten Werkes einzuschreiben und darüber hinauszugehen. Hier verlässt die wildernde Kreativität des Kopfkanons die Sphäre individueller Imagination und fordert öffentliches Interesse ein. Die Enttäuschung über ›falsche‹ erzählerische Entscheidungen oder Lücken in der fiktionalen Welt kann so kompensiert werden.

Das bedeutet natürlich nicht, dass es sich um ein konfliktfreies Reich entfesselter ästhetischer *Agency* handelt. George R.R. Martin etwa, der Autor der Romane, die zur Vorlage für die Serie *Game of Thrones* wurden, ist ein bekannter Gegner von Fanfiction.[19] Für ihn ist diese Form der Appropriation nicht nur Ausdruck eines Mangels an eigenständiger Kreativität, sondern auch ein Angriff auf das Eigentumsrecht der Autor:in, deren Charaktere ohne ihr Einverständnis geborgt werden. Für Martin ist Fanfiction also eine Form der narrativen Enteignung, die die Werkherrschaft der Schöpfer:in nicht respektiert.

Es gehört zu den besonderen Ironien des Konflikts, dass Martin selbst von den letzten Staffeln von *Game of Thrones* enttäuscht wurde. Ab einem bestimmten Zeitpunkt konnten die Autor:innen nicht mehr auf die Handlung der unvollendeten Buchreihe zurückgreifen. Ab der fünften Staffel sei er, berichtet Martin, immer mehr aus der Produktion der Serie verdrängt worden. Die Showrunner hätten die Geschichte, die er in den Romanen entworfen hatte, ohne ihn weitererzählt – mit den bekannten Folgen.[20] Martin ist nun in der seltsamen Situation, dass die Verfilmung seiner Romane die Romane überholt hat und jeder neue Band in Konkurrenz zur Serie stehen wird. Für zahlreiche Fans ist die Abkehr vom Material der Bücher der Grund für den Niedergang der Serie, deren Finale man nicht nur als Verrat an den Fans, sondern eben auch als Verrat am Autor verurteilen kann. Während also im Fall von Fanfiction der Autor im Konflikt mit den Fans steht, verbünden sich im Fall der Serie die Fans mit dem Autor. Die Geschichte zeigt, dass der Streit um Werkherrschaft durch einen komplexen Wechsel von Allianzen geprägt ist, in dem viele verschiedene Parteien um das Werk kämpfen.

Ästhetische Feindschaft

Die 1,8 Millionen Unterschriften unter der Petition gegen die letzte Staffel von *Game of Thrones* hatten vor allem die

Funktion, eine Gemeinschaft der Unzufriedenen sichtbar zu machen, die in der Enttäuschung über das misslungene Ende der Serie zusammengefunden hatten. Der gemeinsame Feind führte dazu, dass sich ein aggressives Wertungskollektiv ausbilden konnte. Die geteilte Zuneigung zu einer ästhetischen Erfahrung ist, wie etwa Antoine Hennion gezeigt hat, ein extrem effektives Mittel der Vergemeinschaftung. Geschmack ist demnach ein »group-maker«, der Gruppen in gemeinsam gelebten Praktiken, die Gefühle, Körper, Gesten betreffen können, zusammenschweißt.[21]

Man findet Gleichgesinnte, mit denen sich fast automatisch auch eine emotionale Nähe ergibt. Man stellt fest, dass die andere Person den gleichen Musikgeschmack hat, beginnt, sich begeistert auszutauschen, spricht in dieser geteilten Zuneigung bereits die Gefühle an, die ein bestimmter Song bei einem ausgelöst hat. In der emphatischen Zustimmung zu einer positiven Wertung werden dann auch die Emotionen anerkannt, die man bei der Rezeption empfunden hat. Man freundet sich an, verabredet sich zu einem gemeinsamen Konzertbesuch.

Vergemeinschaftung über einen geteilten Geschmack läuft allerdings selten nur harmonisch ab. Im Gegenteil beruht sie in den meisten Fällen auf einer Form der *ästhetischen Feindschaft*. Gerade im Streit über Kunst und Kultur bilden sich schnell militante Wertungskollektive, die gegen die Feinde *ihrer* Kunst vorgehen. Das können – wie bei *Game of Thrones* – die Produzent:innen dieser Kunst sein, die die gemeinsam geteilten Erwartungen der Fans enttäuscht haben. Das können aber auch politische Akteure sein, die die eigene Kunst einschränken oder verbieten wollen. Die Verteidigungshaltung von Gamern gegen jedes Anzeichen einer »Killerspieldebatte« etwa ist ein gutes Beispiel für diese Haltung. Man findet sich in einer Gemeinschaft der Unverstandenen zusammen, die sich gegen den Vorwurf zur Wehr setzen muss, dass die Spiele ihre Rezipient:innen gewalttätig machen.

Schließlich wenden sich diese militanten Wertungskollektive aber vor allem gegen andere Gruppen, die über einen falschen Geschmack zusammengekommen sind. Das können die Fans einer anderen Band sein oder die unverständigen Spießer der ›Mainstream‹-Kultur. Auf der anderen Seite eines kollektiven Geschmacks steht immer eine Gemeinschaft der Unverständigen, von der man sich abgrenzen muss. Der individuelle Distinktionsgewinn eines ›richtigen‹ Geschmacks ist ja als soziale Selbsterzählung immer schon an die kollektive Identität derjenigen gebunden, die gemeinsam entscheiden, was der richtige Geschmack eigentlich ist.

Subkulturen etwa, die sich über die gemeinsame Liebe zu einer bestimmten Kunst definieren, definieren sich ebenso stark durch die Ablehnung anderer Subkulturen. Die Fans einer Band hassen die Fans einer anderen Band. Im ›Battle of Britpop‹ in den 1990er Jahren wurde die Konkurrenz zwischen Oasis und Blur als öffentliche Feindschaft inszeniert, die nicht nur zwischen den Mitgliedern der Bands, sondern auch zwischen den Fans ausgetragen wurde. Solche Formen der ästhetischen Feindschaft lassen sich in so gut wie allen Bereichen der Rezeption beobachten – von der Konkurrenz unterschiedlicher Superheldenfranchises (DC. vs. Marvel) bis hin zu den Konflikten, die sich in der modernen Kulturgeschichte zwischen verschiedenen Programmatiken entwickelten (Ästhetizismus vs. Realismus etc.).

Die Vergemeinschaftung durch ästhetische Vorlieben ist durch ständige soziale Konflikte nach außen, aber eben auch nach innen geprägt. Zugehörigkeit zu einer Gruppe wird durch die Treue zu einem bestimmten Geschmack erkauft, bei Treulosigkeit droht aber auch die Exkommunikation. Man kann sich vorstellen, dass die beiden Personen, die sich über einen geteilten Musikgeschmack kennengelernt haben, einen Fanclub gründen, wo sich eine Gruppe von Menschen zusammenfindet, die ihre soziale Bindung vor allem über die geteilte Vorliebe aufbauen. Diese Bindungen strukturieren den Alltag der Mitglieder. Man trifft sich regelmäßig, zum Hören und Fachsimpeln; man geht gemeinsam auf Konzerte; man schließt Freundschaften; Paarbeziehungen entwickeln sich.

Dann allerdings erscheint ein Album der Band, in dem sie etwas Neues probieren will. Ein Teil des Fanclubs ist davon entsetzt. Das entspricht nicht mehr der Ästhetik, für die man sich begeistert hat! Das lässt einen emotional und künstlerisch kalt. Die Enttäuschung über diesen Bruch der eigenen Erwartung übersetzt sich bald in ein Gefühl, verraten worden zu sein. Ist das die Art, wie man die Treue der Fans belohnt? Ein Riss geht direkt durch das Wertungskollektiv des Fanclubs. Denn ein anderer Teil der Mitglieder ist begeistert, sieht in dem neuen Album eine Weiterentwicklung, ja Verbesserung der Band, der man nun eigentlich noch mehr die Treue halten will. Der Streit, der sich daraus entwickelt, betrifft nicht nur die gemeinsamen Vorlieben, sondern auch die sozialen Bindungen, die sich im Alltag dieser gemeinsamen Vorliebe entwickelt haben. Freundschaften, die durch den geteilten Geschmack entstanden, zerbrechen und entwickeln sich zu ästhetischen Feindschaften.

Dieses fiktive Beispiel wirkt auf den ersten Blick vielleicht etwas übertrieben. Man möchte hoffen, dass eine gute Freundschaft eine Meinungsverschiedenheit über eine

Band aushalten kann. Die Konfliktgeschichte der Kunst zeigt allerdings, dass der Streit über Geschmack durchaus gravierende soziale Folgen haben kann. Gerade im Zeitalter der Digitalisierung hat die Eskalationskraft dieser Streitfragen noch einmal eine neue Qualität angenommen.

So finden sich Fangemeinschaften populärer Stars zu Kollektiven zusammen, die sich immer weiter aufrüsten. Die Fans der K-Pop-Band BTS etwa nennen sich die ›BTS Army‹, um die Intensität ihrer Gefolgschaft zum Ausdruck zu bringen. Die kommunikative Infrastruktur des Internets hat dazu geführt, dass immer mehr populäre Künstler:innen ihre eigenen Armeen besitzen. Taylor Swift hat ihre ›Swifties‹, Nicki Minaj ihre ›Barbz‹. Diese Kollektive sind natürlich keine willenlosen Befehlsempfänger:innen, aber der schiere Umfang der Gemeinschaften macht sie ausgesprochen volatil. Das kann dazu führen, dass angebliche Feinde der Künstler:innen beschimpft und bedroht werden (Kapitel 3).

Nicht jede Künstler:in hat eine eigene Armee, aber die Beispiele illustrieren eine gewisse militante Tendenz der ästhetischen Vergemeinschaftung. Das liegt auch daran, dass ein negatives Urteil über ein Kunstwerk sich nicht nur gegen einen individuellen Geschmack richtet, sondern gegen die Gemeinschaft, die darauf aufbaut. Wer den Lieblingsfilm einer Person angreift, greift nicht nur ein Individuum an, sondern möglicherweise ein ganzes Netzwerk sozialer Bindungen. Die Fans Michael Jacksons, die im Internet als ›MJ's Army‹ auf Menschen losgehen, die dem Sänger sexualisierte Gewalt vorwerfen, verteidigen nicht nur ihren Künstler, sondern auch den Zusammenhalt der Gemeinschaft, die sich um die gemeinsame ästhetische Vorliebe gruppiert hat. Wer uns die Kunst verderben will, die wir lieben, bedroht nicht nur die soziale Identität, die wir über diese Liebe aufgebaut haben, sondern ganz konkret auch die sozialen Bindungen, die durch diese Liebe gestiftet wurden (Kapitel 10).

Die Wahrheit des Geschmacks

Ein Buch, das sich mit der Frage beschäftigt, warum wir über Kunstwerke streiten, kommt nicht umhin, zumindest ansatzweise zu definieren, was eigentlich Kunst ist. Die Theoriegeschichte, die von dieser Frage ausgeht, ist inzwischen unüberschaubar. Gerade die Ästhetik als philosophische Disziplin, die sich mit Phänomenen des Künstlerischen beschäftigt, erscheint oft besonders abstrakt und dunkel. Das liegt daran, dass Kunst im Verlauf ihrer Geschichte ein Sonderstatus zugeschrieben wurde, der teilweise fast sakrale Ausmaße angenommen hat. John Carey hat in seinem Buch *What Good Are the Arts?*, in dem er sich über diesen überspannten Anspruch lustig macht, eine ganze Reihe der extravaganten Behauptungen darüber, was Kunst sei und was sie leisten könne, zusammengetragen:

»Die Künste, heißt es, sind ›heilig‹, sie ›vereinen uns mit dem höchsten Wesen‹, sie sind ›die sichtbare Erscheinung des Reiches Gottes auf Erden‹, sie ›hauchen uns geistige Neigungen ein‹, sie ›inspirieren die Liebe im höchsten Teil der Seele‹, sie besitzen ›eine höhere Wirklichkeit und wahrhaftigere Existenz‹ als das gewöhnliche Leben, sie drücken das ›Ewige‹ und ›Unendliche‹ aus und sie ›offenbaren das innerste Wesen der Welt‹.«[22]

Solche teils absurden Vorstellungen davon, was Kunst alles vermag, sind natürlich wenig anschlussfähig für die

Frage nach dem konkreten Konfliktpotential ästhetischer Vorlieben. Das liegt vor allem daran, dass sich diese Tradition des Nachdenkens über Kunst und ihre Rezeption dadurch auszeichnet, dass sie ihren Gegenstand der schnöden Alltäglichkeit entziehen möchte. Kaspar Maase schreibt in seinem Buch *Schönes alltäglich erleben* dazu: »Ästhetisches hat im westlichen Denken eine Aura des Besonderen. Es schwebt über den Niederungen des täglichen Mühens, der Routinen und Anpassungen, in die wir uns Tag für Tag verstricken, um die sich stellenden Aufgaben anständig zu bewältigen.«[23]

Es sind aber gerade diese Regeln und Routinen, in denen ein Großteil des ästhetischen Lebens der meisten Menschen stattfindet. Im Anschluss an Maase möchte ich ›Alltäglichkeit‹ in diesem Buch als Sphäre der real gelebten Rezeption von Kunstwerken verstanden wissen. Die Konflikte, mit denen ich mich in diesem Buch beschäftige, spielen sich in dieser Sphäre ab. Der Begriff ›Kunst‹ deckt dementsprechend einen sehr weitläufigen Bereich von Phänomenen ab, die bei einem Publikum für eine ästhetische Erfahrung sorgen können. Es geht im Wesentlichen um das Lesen von Romanen und Gedichten, das Anschauen von Filmen, Serien oder Theaterstücken, das Hören von Musik oder Hörspielen, das Spielen von Computerspielen.

Was diese Formen des Lesens, Sehens oder Hörens gemeinsam haben, ist, dass Menschen sie aufsuchen, um eine irgendwie geartete angenehme Erfahrung zu machen. Es handelt sich, so Maase, um »eine ›außergewöhnliche‹, aus dem Strom der Eindrücke herausragende sinnliche Wahrnehmung, die vom Wahrnehmenden mit Bedeutungen verbunden und in der emotionalen Gesamtbilanz als angenehm, erfreulich, lustvoll empfunden wird«.[24]

Hier beginnt allerdings bereits der Konflikt, denn was genau ein angenehmes Erlebnis, etwa mit einem Buch oder Film, einem Song oder Computerspiel, sein kann, darüber gehen die Meinungen stark auseinander. ›Angenehm‹ bedeutet etwa nicht, dass man sich bei der Rezeption uneingeschränkt wohlfüllen soll. Ganze Genres wie der Thriller oder Horror beruhen darauf, dass man sich im Schutzraum des fiktionalen Erzählens erlaubt, auf eine intensive Art und Weise verunsichert, angeekelt oder erschreckt zu werden. Die grundsätzliche Motivation, die uns dazu bringt, solche Erfahrungen aufzusuchen, ist etwas, das ich vage als *ästhetischen Hedonismus* bezeichnen möchte, als die Freude an einer Erfahrung, die durch Kunstwerke ausgelöst wird und für die in unserem Alltag eine bestimmte Zeit vorgesehen ist. Diese Zeit für Kunst ist im Leben der meisten Menschen die ›Freizeit‹, der Bereich des Tages also, der nicht der Arbeit, sondern dem Spiel vorbehalten ist. Wann und wie diese Zeit stattfindet, ist aber bereits wieder umstritten.

Nicht zu bestreiten ist dagegen die hohe gesellschaftliche Relevanz und der Verbreitungsgrad solcher Erfahrungen. Fiktionale Geschichten – vom Fernsehkrimi bis zum hochliterarischen Roman – bestimmen das Freizeitleben der meisten Menschen. Das gilt auch für Bilder, die als generische Gemälde im Bahnhofscafé an der Wand hängen oder als Meisterwerke der Kunstgeschichte im Museum und dort Gegenstand alltäglicher Rezeption werden. Das gilt, sogar noch weitaus stärker, für Musik, der man in einer Vielzahl gesellschaftlicher Räume (vom Fahrstuhl bis ins Konzerthaus) ausgesetzt ist. Eine Untersuchung der Konflikte, die aus dieser Allgegenwart des Ästhetischen entstehen, muss natürlich einen möglichst breiten Kunstbegriff anlegen, der Comics und Romane, Computerspiele und experimentelles

Theater, Seifenopern und Qualitätsserien, Kunstfilme und Hörspiele miteinschließt.

Wenn man sich damit beschäftigt, warum wir über Kunst streiten, dann ist die Frage danach, was überhaupt dazu gehört, selbst schon Gegenstand der Untersuchung. Es handelt sich um eine Frage, die den Alltag der Rezeption bestimmt. In Bezug auf ästhetische Erfahrungen stehen moderne Menschen unter dem Druck ständiger »Wahlentscheidungen«.[25] Wie soll man knappe Ressourcen wie Aufmerksamkeit, Geld, Bewunderung, Konzentration und vor allem Zeit investieren?

Man entscheidet sich für das eine und gegen das andere, wertet das eine auf und das andere ab. Diese Konflikte nehmen zu, je stärker die ›Ästhetisierung‹ der Gesellschaft voranschreitet.[26] Es handelt sich um die kulturgeschichtliche Entwicklung einer ständig wachsenden Teilhabe am Diskurs des Künstlerischen. Maase spricht in diesem Zusammenhang von einem »Streben nach eindrucksvollen sinnlich-symbolischen Erfahrungen in möglichst vielen Daseinsbereichen«, ein »massives Bedürfnis nach ästhetischem Erleben«, das sich im Verlauf der Moderne immer weiter ausgebreitet hat.[27]

Die Theorie, die auf der Anti-Alltäglichkeit von Kunst beharrt, ist selbst Teil dieser Konfliktgeschichte. Sie steht in den meisten Fällen im Dienst des modernen Kunstparadigmas, das darauf ausgerichtet ist, den Sonderstatus von Kunst zu legitimieren (Kapitel 2). So erklärt sich die oft exzessive Subtilität, mit der in akademischen Kontexten häufig über Ästhetik gesprochen wird. Auch dabei handelt es sich um eine Frage des Habitus. Wenn es sich um einen Gegenstand handelt, den die meisten Menschen in ihrem Alltag selbstverständlich rezipieren, warum sollte man dann ganze Lehrstühle damit beauftragen, diesen Gegenstand zu erforschen? Deshalb wird die professionelle Rezeption aufgewertet und die alltägliche abgewertet. Nur Kunst, die so komplex ist, dass sie professionell erforscht werden muss, ist demnach wirklich der Rede wert.

Durch diese professionelle Selbsterzählung habe sich, schreibt Rita Felski, eine Kluft zwischen der allgemeinen Fähigkeit zur ästhetischen Reaktion und den teils sehr spezifischen Theorien in akademischen Texten aufgetan. Die meisten Menschen könnten einen Film, einen Roman oder ein Musikstück nennen, das sie tief berührt habe. Diese Form der Rezeption stehe allerdings in einem denkbar großen Kontrast zu akademisch geprägten Theorien, die Kunst vor allem mit kantianischer Interesselosigkeit oder mit provokanter Transgression gleichsetzen möchten.[28]

Bourdieu spricht in *Die feinen Unterschiede* von der »Wahrheit des Geschmacks«, gegen die sich »in einem ungeheuren Akt der Verdrängung die gesamte legitime Ästhetik konstituiert hat«. Dahinter steht die Vorstellung, dass die Art und Weise, wie in der akademischen Welt über die Rezeption von Kunst gesprochen wird, den Blick darauf verstellt, wie diese Rezeption tatsächlich aussieht. Dieses Buch steht in der Tradition dieses Kampfes um die Wahrheit des Geschmacks, womit bereits bei Bourdieu eine ironische Relativierung jeder auf Sauberkeit ausgelegten Theorie gemeint ist. Die philosophisch-literarische Ästhetik, gegen die sich Bourdieus Untersuchung des Geschmacks ›echter‹ Menschen richtet, geht von einer grundsätzlichen Teilbarkeit unserer Vorlieben in einen reinen und einen unreinen Geschmack aus. Bourdieu allerdings beharrt darauf, dass »Geschmack *unteilbar* ist«.[29]

Das bedeutet nicht, dass am Ende eine banale populistische Aussage stehen soll wie: Menschen lesen lieber Liebesromane oder Krimis statt *Ulysses*. Das würde im Wesentlichen das gleiche Sauberkeitsbedürfnis befriedigen wie der moderne Kunstbegriff. Die Konturen des ›wahren Geschmacks‹ zeigen sich gerade dort, wo dieser Geschmack besonders unsauber ist, wo unterschiedliche Wertungskategorien und Wertungskulturen aufeinanderstoßen und sich ineinander verhaken. Es geht mir also nicht darum, die Kunst von ihrer ›Aura des Besonderen‹ zu befreien, im Gegenteil. Erst in der dichten Beschreibung von Konflikten, die durch Fragen des Ästhetischen in der realen Welt alltäglicher Rezeption entstehen, zeigt sich die eigentliche kulturelle Bedeutsamkeit der Kunst.

2

ELITÄRE MODERNE – DER AUFSTIEG DES KUNST-PARADIGMAS

Publikumsbeschimpfung

Johann Wolfgang von Goethes Drama *Faust* beginnt mit einem berühmten Vorspiel auf dem Theater. Die Frage, die hier in heiter gereimten Versen verhandelt wird, verweist auf einen der wichtigsten Konflikte in der modernen Kulturgeschichte: Wie soll man mit dem Publikum umgehen? Der *Direktor* nimmt in diesem Austausch die Rolle des zynischen Produzenten ein: »Ich wünschte sehr der Menge zu behagen, / Besonders weil sie lebt und leben läßt. / Die Pfosten sind, die Bretter aufgeschlagen / Und jedermann erwartet sich ein Fest.«[1]

Das Publikum, das der *Direktor* beschreibt, ist leicht zu erstaunen, drängelt sich gierig (»wie in Hungersnot«) an der Kasse um ein Ticket. Allerdings ist es auch leicht ablenkbar und respektlos gegenüber der Kunst. Die Besucher:innen sind »an das Beste nicht gewöhnt«, werden von Langeweile und Neugier getrieben. Deshalb muss man sie auch durch Masse überwältigen. Der Direktor fordert: »Besonders aber laßt genug geschehn! / Man kommt zu schaun, man will am liebsten sehn.« Man solle der Menge nur genug zum Gaffen und zum Staunen geben, damit sie zufrieden nach Hause geht; aber vor allem, damit sie wiederkommt.

Diesem rezeptionstheoretischen Zynismus steht der *Dichter* ausgesprochen feindselig gegenüber. Er beklagt die Pfuscherei, die hier gefordert wird, um ein unverständiges, kunstfernes Publikum zufriedenzustellen (»Wie wenig das dem echten Künstler zieme!«). Statt das Genie durch Kompromisse mit dem Publikumsgeschmack zu beschmutzen, soll es sich ganz der wahren Kunst widmen: »Wer ruft das Einzelne zur allgemeinen Weihe? / Wo es in herrlichen Akkorden schlägt?« Der Dichter beschwört ein fast sakrales Bild der Kunst, die sich nur auf den höchsten Sphären menschlicher Veredelung bewegen darf.

Wie auch der manipulative Direktor ist dieser überspannte Dichter eine Parodie, in der Goethe zeitgenössische Konflikte über Kunst, Geschmack, Markt und Publikum aufgreift und verarbeitet. Beide – Direktor und Dichter – zerren an dem, was ästhetische Erfahrungen ausmachen soll: der eine nach unten, in Richtung des dumpfen Publikums, der andere nach oben, auf die transzendenten Gipfel einer abgehobenen Kunstreligion.

Das Vorspiel auf dem Theater zeigt, wie lange die Fronten im Konflikt zwischen echter und falscher Kunst, zwischen Hochkultur und Unterhaltungskultur bereits existieren. Diese Unterscheidung ist bis heute erstaunlich stabil und erzeugt bei den meisten Menschen einen unmittelbaren Wiedererkennungswert: Die einen wollen anspruchsvolle Kunst, die herausfordert und Sehgewohnheiten irritiert; die anderen wollen ohne viel Aufwand oder Mühe eine angenehme ästhetische Erfahrung machen. Die einen lesen James Joyce, hören Beethoven und sehen sich Bilder von Picasso an; die anderen lesen Fantasy, hören seichten Pop und hängen sich das Gemälde eines röhrenden Hirschs in ihr Wohnzimmer.

Wenn wir uns die Frage stellen, warum Menschen über Geschmack streiten, dann ist die Geschichte der Unterscheidung zwischen hoher und niedriger Kultur entscheidend. Die moderne Kunst hat ihren Charakter aus einem Prozess der fortgesetzten Publikumsbeschimpfung entwickelt. Das moderne *Kunstparadigma* beruht auf einer Demütigung und Unterwerfung der Rezipient:innen, die sich entweder zur echten Kunst bekennen oder aus dem Bereich der Verständigen exkommuniziert werden.

Auf dieser Abgrenzungsarbeit beruht die Entstehung der ›Hochkultur‹. Bourdieu spricht in *Die feinen Unterschiede* von einem kulturellen Schisma, das gesellschaftliche Gruppen auseinandertreibt. In dieser Trennung stehen auf der einen Seite die guten Rezipient:innen, die einen ›reinen‹ Blick auf die Kunst entwickeln können, auf der anderen Seite die Anhänger eines ›barbarischen‹ Geschmacks.[2] Diese Trennung vollzieht sich im Verlauf der Kulturgeschichte immer wieder aufs Neue und ist eine ständige Quelle für soziale Konflikte.

Die Forderung von Goethes Direktor etwa, genug geschehen zu lassen, spiegelt die moderne Vorstellung, dass das unverständige Massenpublikum vor allem durch spannende Handlungen zu fesseln sei – durch das fieberhafte Mitraten beim Krimi, die Cliffhanger eines Thrillers oder die sich immer weiter verknotenden Wirrungen einer romantischen Liebesgeschichte. In seinem einflussreichen Buch *Ansichten des Romans* von 1927 beschreibt der englische Romancier E. M. Forster die Handlung eines Romans als notwendiges Übel, um die Aufmerksamkeit der Leser:innen halten zu können.

Es handelt sich aus seiner Sicht aber eigentlich um eine steinzeitliche Form des ästhetischen Vergnügens, die bereits die Vorfahren der Spezies am Lagerfeuer praktizierten. Müde von der Mammutjagd, wurden sie nur durch die Spannung der Geschichte wach gehalten. Die moderne

Erzählkunst, der es um formale Meisterschaft und psychologische Tiefe geht, sollte diese reine Konzentration auf die Frage ›Was geschah als Nächstes‹ eigentlich überwunden haben. Und doch gibt es, wie Forster feststellen muss, nach wie vor Konsument:innen, die nichts anderes interessiert. Diese Leser:innen werden getrieben von einer »urtümlichen Neugierde«, und deshalb sind ihre literarischen Urteile lächerlich.[3]

Als besonders unangenehmes Exemplar eines Lesers, der das Erbe der narrationsgeilen Neandertaler nie abgeschüttelt hat, parodiert Forster einen spießigen Bürger auf dem Golfplatz, der einfach nur nach einer guten Story verlangt: »Was macht ein Roman? Er erzählt natürlich eine Geschichte, und wenn er das nicht täte, hätte ich keine Verwendung für ihn. Ja, das ist zweifellos Ausdruck meines ›schlechten Geschmacks‹, aber ich lese eben gern Geschichten. Gehen Sie weg mit Ihrer Kunst, mit Ihrer Literatur, mit Ihrer Musik – geben Sie mir einfach eine gute Geschichte. Ich mag es, wenn eine Geschichte eine Geschichte ist, und meine Frau sieht das genauso.«[4]

Dieser selbstbewusste Bürger erscheint als Inbegriff des dreisten Rezipienten, dem es nur um sein Vergnügen geht, dem die Kunst egal ist, solange sein Bedürfnis nach einfacher Spannung befriedigt wird. Interessant ist, dass Forster diesen schlechten Leser mit dem Bewusstsein ausstattet, man könnte diese reine Gier nach Geschichten für schlechten Geschmack halten. Aus seiner Beteuerung lässt sich ein gewisser Trotz herauslesen, der sich gegen die Vertreter des Kunstparadigmas zur Wehr setzen möchte, die auf seine narrativen Bedürfnisse herabschauen.

Es handelt sich um ein repräsentatives Beispiel für die Publikumsbeschimpfung, die den ästhetischen Diskurs der Moderne prägt. Es gibt demnach einen falschen Geschmack, der auf einfaches Vergnügen ausgerichtet ist. Alain Robbe-Grillet, der einflussreiche Theoretiker spätmoderner Literatur, schreibt in seiner Essaysammlung *Pour un nouveau roman* (*Argumente für einen neuen Roman*) von 1963, Handlung und die Charaktere seien überkommene Aspekte des Erzählens, die der neue Roman hinter sich lassen müsse. Auch Robbe-Grillet macht sich über den ›atemlosen Leser‹ (»au lecteur haletant«) lustig, der allein von narrativer Neugierde getrieben wird.[5]

Ein wichtiger Motor der Kulturgeschichte ist der ständige Krieg um die Frage, wessen ästhetische Vorlieben die richtigen sind, wessen Kunst rezipiert werden sollte und vor allem wie. Forster oder Robbe-Grillet hatten eine klare Vision des Romans der Zukunft, aber auch davon, wen diese Romane ansprechen sollten und wen nicht. Das Feindbild eines Publikums, das die falschen Bücher liest, steht beiden Autoren klar vor Augen.

Die Entstehung eines echten Marktes für Kunst im 19. und 20. Jahrhundert machte das populäre Publikum zum hauptsächlichen Schurken in der Selbsterzählung der ›Hochkultur‹. Was der Masse gefällt, wird abgewertet. Die zahlreichen Vorwürfe, die im Verlauf der Geschichte gegen Populärkultur gerichtet wurden, hat Thomas Hecken in seinem Buch *Das Populäre als Kunst?* versammelt.[6] Dazu gehört die Vorstellung, populäre Inhalte seien einer Standardisierung unterworfen oder nur darauf angelegt, die billigsten Reize zu erregen. Es handelt sich demnach um ästhetische Erfahrungen, die auf den kleinsten gemeinsamen Nenner ausgerichtet und gleichzeitig von ästhetischer Wahllosigkeit geprägt sind. Hauptsache, man erreicht möglichst viele Menschen.

Das unverständige Publikum bildet durch seinen schlechten Geschmack eine Nachfrage, die befriedigt werden muss. Zudem vernichtet es die ›echte‹ Kunst durch falsche Rezeption. Dieses Wissen führt bei Goethes Dichter zu Verzweiflung und beim Direktor zu Zynismus. Zwei sehr einflussreiche Figuren der modernen Kulturgeschichte sind hier bereits vorgezeichnet: der einsame, traurige Poet oder Künstler, der unverstanden bleibt und sich der Kunst opfert, und die Figur des geldgierigen Produzenten, der das Werk verstümmelt und verwässert, um es breitenwirksamer zu gestalten.

Der Konflikt zwischen dem Publikum der Hochkultur und seinen zahlreichen Feinden bildet die historische Grundlage dafür, warum bis in die Gegenwart heftig über Geschmack gestritten wird. Die Kunst der anderen wird als ständige Bedrohung wahrgenommen (Kapitel 11). Der Kampf um das Kunstparadigma ist einer der kulturgeschichtlichen Orte, wo dieser grundsätzliche Konflikt konkret und erbittert ausgefochten wird. Wir leben heute in einer Konfliktzone, die durch den modernen Kunstbegriff geschaffen wurde. Die Vorstellung davon, was echte Kunst und was guten Geschmack ausmacht, ist von einem allgemeinen Misstrauen gegen den schlechten Geschmack eines breiten Publikums – vielleicht des Publikums schlechthin – geprägt.

In einem Brief an Goethe aus dem Sommer 1799 brachte Friedrich Schiller diese programmatische Feindschaft auf den Punkt: »Das einzige Verhältnis gegen das Publikum, das einen nicht reuen kann, ist der Krieg, und ich bin sehr dafür, daß auch der Dilettantism mit allen Waffen angegriffen wird.«[7] Hier wird die ästhetische Verachtung, die den Kunstbegriff bis heute prägt, prägnant artikuliert. Das

Publikum muss mit Krieg überzogen werden, weil sein falscher Geschmack die echte Kunst nicht zulassen kann. Der Begriff ›Dilettantismus‹ hatte für Goethe und Schiller eine wichtige Funktion. Es ging darum, eine Form der dichterischen Betätigung zu vertreiben, die der eigenen Professionalität entgegenstand. Um der Kunst überhaupt den Status des Professionellen zu verleihen, um ihr Eigenständigkeit und Autonomie zu verschaffen, musste sie aus den Händen der Amateure befreit werden. Das Publikum dagegen musste erst bezwungen und dann einer ästhetischen Erziehung unterzogen werden (Kapitel 4).

Die *elitäre Moderne*, die aus diesem Gedanken heraus entstand, beherrschte auf die ein oder andere Art den ästhetischen Diskurs der nächsten 200 Jahre. Damit verbunden war eine Entmachtung des Publikums und eine Disziplinierung der Rezeption. Gleichzeitig gehört zu dieser Geschichte aber auch der unaufhaltsame Aufstieg des Massenpublikums, des Marktes und die Ausweitung der Teilhabe am Diskurs über Kunst und Kultur. Das Kunstparadigma der elitären Moderne lag also von Anfang an in einem ständigen Konflikt mit dem *hedonistischen Paradigma* der populären Kunst.

Im Rahmen dieses hedonistischen Paradigmas wurde Kunst vor allem nachfrageorientiert produziert, zur Befriedigung konkreter Rezeptionsbedürfnisse. Wenn das Publikum durch seine Nachfrage einen Hunger nach spannenden Geschichten zum Ausdruck brachte, dann wurde dieser Hunger durch die Produzenten gestillt. Statt Krieg gegen das Publikum zu führen, wurde um dessen Gunst gebuhlt. Die Frontstellungen in diesem Konflikt sind natürlich komplizierter, als theatralische Verlautbarungen vom ›Krieg gegen das Publikum‹ vermuten lassen. In seinen Dramen war Schiller selbstverständlich publikumsorientiert, oft genug sogar ein *crowd pleaser*. Die schlechtgelaunte Formulierung in seinem Brief wird auch damit zu tun gehabt haben, dass er zu diesem Zeitpunkt Besuch von seinem Schwager hatte, wie er im selben Brief berichtet – ein »fleißiger nicht ganz ungeschickter Philister«, der Schiller allem Anschein nach ziemlich auf die Nerven gefallen war.

Eine Frage, die man sich in Bezug auf die Gegenwart stellen muss, ist, wie viel Geltung die Unterscheidung von Hochkultur und Massenkultur überhaupt noch besitzt. In einem einflussreichen Aufsatz von 1992 behauptete Richard Peterson, dass die Vorstellung einer klar definierten Schicht, die Hochkultur konsumiere und sich von der Masse und ihrem dumpfen ›low brow‹-Geschmack abgrenze, ein Konstrukt sei, das einer Untersuchung realer Rezeptionspraktiken nicht standhalten könne. Ein Blick auf den Alltag des Medienkonsums und der Freizeitaktivitäten habe gezeigt, dass viele Menschen – gerade aus der bildungsbürgerlichen Oberschicht – inzwischen kulturelle Allesfresser (»omnivores«) seien, nicht mehr exklusive ›Snobs‹, die ausschließlich klassische Musik und Gedichte rezipieren. Das bedeutet zwar nicht, dass die Gesellschaft egalitärer geworden ist, allerdings kann die klare Einteilung des kulturellen Lebens in zwei Welten aus der Perspektive der ›Allesfresser‹-Theorie nicht aufrechterhalten werden.[8]

Ist die elitäre Moderne also nicht schon längst von einem demokratisierten Feld populärer Vielfältigkeit abgelöst worden, in dem das Kunstparadigma nur noch eines von zahlreichen Geschmacksprofilen darstellt, die man problemlos einnehmen kann? Sind die Zeiten, in denen man sich dafür schämen musste, Popmusik zu hören oder Fernsehen zu schauen, nicht schon lange vorbei? Befindet sich die rigide

Autonomieästhetik mit ihrer Forderung, dass Kunst Arbeit sein und weh tun muss, nicht in einem Abwehrkampf, der von Jahr zu Jahr vergeblicher erscheint?

Solche Fragen sind angesichts der kulturellen Entwicklungen der letzten Jahrzehnte durchaus berechtigt. Allerdings zeigen die Kontroversen und Skandale, die ich in diesem Buch untersuche, dass gerade der Zusammenbruch vormals stabiler kultureller Hierarchien ein besonderes Konfliktpotential besitzt. Das Kunstparadigma mag sich in einem Rückzugsgefecht befinden, aber gerade Rückzugsgefechte sind oft besonders blutig. Auch wenn die elitäre Moderne dem Untergang geweiht ist, werden die Kämpfe um Wertungsfragen in der Gegenwart nach wie vor in ihren Ruinen ausgefochten. Wie beim Zusammenbruch einer politischen Ordnung flammen auch bei kulturellen Umbrüchen zahlreiche Konflikte auf, die zuvor befriedet schienen.

Oprah Winfrey vs. Jonathan Franzen

Wolfgang Ullrich spricht in seinem Buch *Gesucht: Kunst!* vom »Imperativ« des modernen Kunstbegriffs. ›Kunst‹ sei keine Gattungsbezeichnung, schreibt er, sondern in erster Linie ein Wertbegriff. In der Bezeichnung schwingt also immer schon der Konflikt darum mit, wer und was überhaupt dazugehören darf und was nicht. In dem Moment, in dem ein Artefakt als ›Kunst‹ bezeichnet wird, wird es aufgewertet, nobilitiert, mit einem Sonderstatus ausgezeichnet. Die Zugehörigkeit zu einer *Kunstwelt* steuert die Verteilung von Ressourcen wie Geld und Aufmerksamkeit (Kapitel 1).

Der moderne Kunstbegriff, der sich in Bezug auf Hochkultur ausgebildet hat, ist das Musterbild eines solchen

Wertbegriffs. Er ist in der Lage, auf seine Anhänger:innen einen starken Druck auszuüben. Ullrich nennt dieses Phänomen ›Begriffsgehorsam‹. Damit ist gemeint, dass sich Menschen den Vorgaben, die mit dem Begriff assoziiert sind, unterwerfen.[9] Wenn wir zum Beispiel davon ausgehen, dass echte Kunst mit einer gewissen Anstrengung verbunden ist, dann wird man eher eine Zwölftonmusik-Aufführung anhören als ein André-Rieu-Konzert.

Dieser Begriffsgehorsam kann für seine Anhänger handfeste lebenswirkliche Folgen haben. Ullrich erzählt die Geschichte eines Künstlers, der über Jahrzehnte mit seinen Werken nur mäßigen Erfolg in der Kunstwelt hatte. Eigentlich hätte dieser Künstler als Skulpteur für reiche Menschen in den USA ein Vermögen verdienen und zu einigem Ruhm gelangen können. Allerdings hatte er so große Angst davor, dann nicht mehr in der Kunstwelt ernst genommen zu werden, dass er diese Arbeit, die für wenige geheime Wochen im Jahr seinen ganzen Lebensunterhalt einbrachte, peinlich berührt verschwieg. Für Ullrich handelt es sich um ein illustratives Beispiel dafür, welche Macht der moderne Kunstbegriff über Menschen haben kann. Der Verzicht auf Reichtum und Anerkennung, von dem hier erzählt wird, wäre ohne den Imperativ der Kunst, der dem Künstler den Eindruck vermittelt, seine lukrativen Skulpturen seien wertlos, ja sogar peinlich, kaum denkbar.

Ähnliche Mechanismen lassen sich in allen kulturellen Bereichen beobachten, in denen das moderne Kunstparadigma eine Rolle spielt. Verordnet werden eine gewisse Askese und Opferbereitschaft aufseiten der Produktion und Rezeption. Die Hochliteratur etwa ist ein Bereich, in dem sich die Wirkmächtigkeit dieses Gehorsams gut beobachten lässt. Carolin Amlinger hat in ihrem Buch *Schreiben. Eine*

Soziologie literarischer Arbeit gezeigt, wie die Autor:innen ihre Autorschaft als natürliche Veranlagung inszenieren, die mit einer gewissen Unbedingtheit einhergeht. Man *muss* schreiben, und die Freiheit, die man dafür braucht, ist mit lebensweltlichen Opfern verbunden, zu denen man durch das Kunstmachenmüssen gezwungen wird. Das Freiheitsbedürfnis der Kunst geht mit einem individuellen Freiheitsbedürfnis einher, das es zum Beispiel auch verbieten kann, eine geregelte Erwerbstätigkeit anzunehmen.[10]

Diese Haltung geht in vielen Fällen mit einer Abwehr des Populären einher. Man möchte sich nicht dem Markt unterwerfen, man leugnet die Marktförmigkeit der wahren Kunst. »Literatur«, schreibt Amlinger, »ist eine Ware und gleichzeitig doch keine.«[11] Diese Ambivalenz ist konstitutiv für den Konflikt, der das Kunstparadigma durch seine Geschichte hindurch geprägt hat. In *Die Regeln der Kunst* beschreibt Pierre Bourdieu die moderne Kulturgeschichte als einen Ort ständiger Konflikte um kulturelles und ökonomisches Kapital. Was die ›echte‹ Kunst im Verlauf des 19. Jahrhunderts immer mehr auszuzeichnen beginnt, ist eine antiökonomische Selbsterzählung, die den finanziellen Erfolg als Beweis für ästhetische Minderwertigkeit betrachtet. Autonomie als grundsätzlicher Wert dieser Kunst kommt vor allem durch Unabhängigkeit von einem breitenwirksamen Geschmack zustande. Es handelt sich um zwei Arten des Erfolgs, die sich gegenseitig ausschließen.[12]

Diese Vorstellung ist bis heute ausgesprochen einflussreich. Wenn ein Künstler etwa als *Sellout* beschimpft wird, steht dahinter der Vorwurf, dass er das kulturelle Kapital, das er sich durch seine Kunst erworben hat, gegen schnödes ökonomisches Kapital eintauscht. Die Assoziationen, die man mit diesem Vorwurf verbindet, sind bekannt: der politische Liedermacher, der seine authentische akustische Gitarre gegen den kapitalistischen Krach elektronischer Instrumente eintauscht; die Autorin, die auf einmal sentimentale Familienromane schreibt statt sperriger Lyrik; der Filmemacher, der seinen Status als Independent-Außenseiter aufgibt, um einen extravaganten Superheldenblockbuster zu drehen.

Diese ›Verräter‹ haben den Warencharakter der Kunst zu offen anerkannt, haben zu viele Kompromisse gemacht in einem Feld, in dem Kompromisslosigkeit zu den wichtigsten Selbsterzählungen gehört. Insbesondere Geld erscheint in dieser Erzählung als kontaminierende Gefahr, denn finanzieller Erfolg ist populärer Erfolg – und der ist von der Liebe eines Publikums abhängig, das aus der Perspektive des Kunstparadigmas als Gefahr für die Kunst verstanden wird.

Kaum ein Autor der Gegenwartsliteratur verkörpert diesen Konflikt so sehr wie Jonathan Franzen, der Anfang der 2000er Jahre mit seinem Roman *Die Korrekturen* einen Megaerfolg erlebte. Dieser Erfolg fand im Rahmen der sogenannten ›Rückkehr des Erzählens‹ in die Hochliteratur seit Mitte der 1990er Jahre statt, die sich (so zumindest das historische Konstrukt) zuvor in anstrengenden postmodernen Experimenten erschöpft hatte. Jetzt durfte man endlich wieder erzählen und sich erzählen lassen, sich in fiktionale Welten versenken, mit den Figuren mitfiebern – zumindest bis zu einem bestimmten Punkt.

Romane wie Jeffrey Eugenides' *Middlesex* oder Daniel Kehlmanns *Die Vermessung der Welt* gehören in diese Tradition, aber vor allem auch die gleichzeitig ausgerufene Revolution des ›Quality-TV‹, das ein vormals würdeloses Medium nutzte, um anspruchsvolle Geschichten zu erzählen. Franzens *Korrekturen* und die Serie *The Sopranos* stehen repräsentativ für diese Entwicklung. Der Roman wurde spannender, das Fernsehen anspruchsvoller, und in der Mitte traf man sich, um eine Renaissance des realistischen Erzählens zu feiern. Ein Artikel über die Serie *The Wire* in der *Frankfurter Allgemeinen Zeitung* von 2010 war überschrieben mit »Ein Balzac für unsere Zeit«.[13]

Gerade Jonathan Franzens schmerzhafte Legitimationsversuche in dieser Zeit sind allerdings auch ein gutes Beispiel dafür, wie konfliktträchtig die Aushandlungsprozesse beim Abstieg vom Olymp der elitären Modernen in die Niederungen des populären Erfolgs aussehen können. In seinem Essay *Mr. Difficult* von 2002 schreibt er, es gäbe zwei Modelle, wie Literatur sich zu seinen Leser:innen verhalten kann. Auf der einen Seite das *Status-Modell* (›status model‹), in dem die besten Romane große Kunstwerke sind und die Menschen, die sie schreiben, außerordentliche Anerkennung verdienen: »… wenn der Durchschnittsleser das Werk ablehnt, liegt das daran, dass der Durchschnittsleser ein Philister ist.« Diesem Modell steht das *Vertragsmodell* (›contract model‹) gegenüber, das von einem Vertrag zwischen Autor:in und Leser:in ausgeht, der regelt, welche Rechte beide Seiten haben.[14] Die Bedürfnisse der Rezipient:innen werden in diesem Modell als wichtiger Faktor anerkannt und respektiert.

Franzen macht deutlich, dass sich im Widerspruch dieser Modelle ein grundsätzlicher Konflikt abzeichnet: »Für einen Anhänger des Vertragsmodells sehen die Status-Anhänger wie eine arrogante Elite von Connaisseuren aus. Für einen wahren Anhänger des Status-Modells hingegen ist das Vertragsmodell ein Rezept für Anbiederung, ästhetische Kompromisse und ein Sammelsurium konkurrierender literarischer Untergemeinschaften.«[15]

Franzen nutzt diese Unterscheidung auch, um seine eigene Rolle als Romanautor zu reflektieren. Bevor er mit *Die Korrekturen* einen Welterfolg feierte, war er als Autor komplexer, mittelmäßig erfolgreicher postmoderner Romane bekannt. Erst der klassische Familienroman, der einen starken narrativen Sog bei der Lektüre bewirkte, verschaffte ihm den Verkaufserfolg. Das ist der Kontext, in dem Franzen über das Status-Modell und das Vertragsmodell nachzudenken begann und sich die Frage stellte, wo er sich selbst verortet und wie eine Konversion zum Publikumsliebling mit den eigenen Ansprüchen an die Kunst versöhnt werden konnte. Dem war ein öffentlicher Konflikt mit einer Person des öffentlichen Lebens vorausgegangen, die wie keine andere Person in den USA die Stimme des Vertragsmodells, die Bedürfnisse des Publikums verkörpert: Oprah Winfrey.

Als die erfolgreiche Moderatorin *Die Korrekturen* für ihren ungeheuer populären ›Book Club‹ auswählte, führte das zu einem Konflikt, der die Wirksamkeit populärer und anti-populärer Denkweisen eindrücklich illustriert. Boris Kachka erzählt in seinem Buch über Franzens Verlag Farrar, Straus, and Giroux, dass die Freude dort zunächst riesig gewesen sei. Eine Auswahl für den ›Book Club‹ bewirkte – lässt sich ein Mitarbeiter zitieren – mehr Verkäufe als ein Pulitzer-Preis. Der Pulitzer-Preis steht hier für die Sphäre der ästhetischen Autorität, in der eine Jury aus berufenen Kunstrichter:innen darüber entscheidet, welcher der beste Roman des Jahres ist.

Potentielle Machtkämpfe sind durch diese Konstellation vorgezeichnet. Franzen behauptet etwa, Winfrey sei verwundert gewesen, dass er und der Verlag nicht vor Dankbarkeit über die Auswahl auf die Knie gefallen wären. Er habe aber neun Jahre an dem Buch gearbeitet, und der Verlag habe ein Jahr investiert, um daraus einen Bestseller zu machen. Winfrey und ihre Produktionsfirma seien ihm dagegen wie Eindringlinge vorgekommen, die sich spät in den Publikationsprozess hineingedrängt, dabei aber unterwürfige Dankbarkeit und Verehrung eingefordert hätten.

Der Fall erscheint im Nachhinein wie eine Komödie über das literarische Feld der Gegenwart, in dem ›high‹ und ›low‹ eine unangenehme Zweckehe eingehen, die immer wieder von Missverständnissen gestört wird. Die Erwartung emotionaler Dankbarkeit entspricht dem Vertragsmodell von Autorschaft, das Franzen später in *Mr. Difficult* definierte: Das Publikum ist dankbar, dass der Autor dessen narrative Bedürfnisse befriedigt hat, und der Autor erwidert diese Dankbarkeit. Indem Franzen ausgesprochen zurückhaltend auf Winfreys Überschwang, der der medialen Rhetorik von Talkshows und Lebensratgeberformaten entspricht, reagierte, bekannte er sich in diesem Moment aber noch zum Status-Modell, in dem der Autor als Urheber eines Werkes auf seiner Unabhängigkeit vom Markt und von der Masse der Rezipient:innen beharrt.

Von hier aus eskalierte der Konflikt immer mehr. Für Verstimmung sorgte etwa die Frage, wo auf dem Cover man den Sticker anbringen würde, der darüber informiert, dass das vorliegende Buch für den ›Book Club‹ ausgewählt wurde. Der Sticker erscheint einerseits als Brandzeichen, mit dem Winfrey das Buch (oder zumindest seinen Erfolg) als Folge ihres populären Geschmacks markiert. Andererseits ist es dieses Zeichen, das den finanziellen Erfolg des Romans gewährleistet – ein Aspekt, der Franzen alles andere als kaltgelassen hatte. Kachka erzählt, der Autor habe in dieser Zeit zu sich selbst gesagt: »Mir ist gerade klar geworden, dass ich wahrscheinlich ein Millionär werde.«[16] Die Verlockungen des ökonomischen Kapitals kämpfen in dieser Geschichte also mit dem Bedürfnis, die Herrschaft über die Rezeption (und damit über das Werk) nicht zu verlieren.

Oprahs Sticker stellt in dieser Geschichte eine Form der paratextuellen Landnahme dar. Die gesamte Rezeption des Buches wird sichtbar vorgeprägt durch den Geschmack einer einzelnen Person. Die Aussage ›dieses Buch gefällt Oprah Winfrey‹ signalisiert allerdings auch, dass es sich um ein Werk handelt, das der Masse gefällt. Damit werden alle Ressentiments mitgeschleppt, die mit dem Aspekt des Populären einhergehen. Bedeutet das nicht, dass das Werk oberflächlich und kitschig ist, auf den kleinsten gemeinsamen Nenner hin geschrieben?

Die ungeheure Aufmerksamkeit, die den Autor reich machen könnte, erscheint auf einmal ziemlich teuer erkauft. Geschmack definiert sich durch Abgrenzung, und wer Oprah als begeisterte Leserin gewinnt, der droht eine ganze Reihe von anderen Leser:innen zu verlieren. Das mag aus der Perspektive angekündigter Millioneneinnahmen eine seltsame Befürchtung sein. Für Franzen, der in dieser Zeit gerade erst vom Status-Modell zum Vertragsmodell konvertierte, war das aber ein wichtiger Teil der Menschen, für die er seine Bücher geschrieben hatte.

Die Angst vor dem Verlust seines kulturellen Kapitals führte dazu, dass Franzen begann, den Erfolg, den ihm Winfreys Empfehlung beschert hatte, zu sabotieren. In Interviews meldete er immer mehr Zweifel an dem ganzen Prozess an. In einem Gespräch sagte er etwa: »Die Oprah-Auswahl wird wahrscheinlich die anderen Schriftsteller, mit denen ich meine Zeit verbringe, irritieren – und die Leser, die mein Kernpublikum bilden.« Deutlicher kann man den

Konflikt, der sich aus der Abgrenzungspraxis des modernen Kunstbegriffs ableitet, eigentlich nicht artikulieren.

Was Franzen hier im Wesentlichen sagt, ist: Diese Auswahl wird mich Anerkennung unter den Menschen kosten, die mir wirklich wichtig sind. In dieser Haltung bestätigt sich nicht nur die Gültigkeit der von Bourdieu analysierten ›Regeln der Kunst‹, sondern auch der von Wolfgang Ullrich diagnostizierte Begriffsgehorsam, der dazu führt, dass man die Aussicht auf Reichtum und Sicherheit mit einer gewissen Angst betrachtet, weil sie mit dem drohenden Verlust der Rolle als ernsthafter Schriftsteller verbunden sein könnte. Wie Ullrichs Künstler, dem sein finanzieller Erfolg so peinlich war, dass er ihn verschwieg, war auch Franzen das Erhörtwerden durch die Hohepriesterin des Massenpublikums so unangenehm, dass er ihn durch unfreundliche Statements aufs Spiel setzte.

Dieses Bedrohungsgefühl war nicht unberechtigt. In einer sehr lobenden Rezension des Romans in der *New York Times Book Review* heißt es an einer Stelle, man könnte das Buch als konventionelle realistische Familiensaga lesen, die gerade komplex und schwierig genug sei, um zu verhindern, dass Oprah sie auswählt und damit die ›Street Credibility‹ des Autors ruiniert.[17] Die Auswahl, die vier Tage später tatsächlich erfolgte, wurde also auch im literarischen Feld als Bedrohung wahrgenommen. Als ›Street Credibility‹ gilt in der Hip-Hop-Kultur die Glaubwürdigkeit eines Musikers, der das harte Leben in den Straßen einer Großstadt, über das er in seinen Songs berichtet, auch wirklich erlebt hat. Diese Forderung nach Authentizität wird in der doch eher Hip-Hop-fernen *New York Times Book Review* ironisch aufgegriffen, um den Glaubwürdigkeitsverlust zu unterstreichen, der Franzen durch eine Auswahl für den ›Book Club‹

drohen könnte – eine seltsame Form des ›Ruins‹, die durch einen finanziellen Erfolg ausgelöst werden kann.

Es erscheint vor diesem Hintergrund gar nicht so verwunderlich, dass der Autor in seinen Interviews versuchte, die Macht des populären Erfolgs, die durch Oprah verkörpert wurde, kleinzureden. In einer Stellungnahme beschrieb er das Verhältnis als Austauschgeschäft auf Augenhöhe. Durch die Auswahl habe Oprah schließlich auch kulturelles Kapital gewonnen, einen Anschluss an die Tradition der Hochliteratur. Diese und andere Wortmeldungen führten schließlich dazu, dass Franzen aus der Show wieder ausgeladen wurde. Das Statement dazu lautete: »Jonathan Franzen wird nicht in der Oprah-Winfrey-Show auftreten, weil er sich anscheinend unwohl und ambivalent damit fühlt, dass er für den Buchclub ausgewählt wurde.«[18] Zwar durfte das Buch den Aufkleber behalten, aber die Stimme des populären Publikums hatte damit klar gezeigt, dass sie sich Franzens hochkulturelles Händeringen nicht gefallen lassen würde.

Ein Beispiel dafür, dass man als Autor auch ohne Händeringen reich werden kann, ist ein Interview mit Ken Follett aus dem Jahr 2010. In diesem Interview vergleicht der Autor, der mit seinen historischen Romanen und Thrillern weltberühmt geworden ist, seinen Roman *Die Säulen der Erde* mit William Goldings *Der Turm der Kathedrale.* Zwar haben sich beide Bücher mit der Geschichte des mittelalterlichen Kirchenbaus beschäftigt, allerdings aus sehr unterschiedlichen Perspektiven und mit sehr unterschiedlichen Wirkungsabsichten: »Mein Roman und Goldings stehen an entgegengesetzten Enden des literarischen Spektrums. Das ist eigentlich wunderbar. Seine Belohnung ist der Nobelpreis und meine der Maserati.«[19]

Hier ist die Trennung von Hochkultur und Massenkunst ganz klar markiert und wird auch problemlos anerkannt. Die einen bekommen das kulturelle Kapital (Nobelpreis), die anderen das ökonomische (ein teures Auto). Follett erkennt die Hierarchien der modernen Kulturgeschichte in diesem Zitat vollständig an. Aus seiner Sichtweise sind die Grenzen klar gezogen. Erst in dem Moment, in dem sich diese Grenzen verschieben, kommt es zu Konflikten. Die Gegenwart unserer Kultur ist – wie die Beispiele aus diesem Buch zeigen – eine Zeit, in der diese Konflikte immer zahlreicher werden und immer härter eskalieren.

Die fast gemütliche Zufriedenheit, die ein wohlhabender Autor wie Follett noch verkörpern kann, weicht immer mehr dem nervösen öffentlichen Grübeln eines Jonathan Franzen, der es zunächst kaum ertragen konnte, als Romancier zum Millionär zu werden. Der Fall zeigt, dass der Zusammenbruch etablierter Hierarchien eben nicht zu einer allgemeinen Befriedigung von Geschmackskonflikten führt, sondern, im Gegenteil, zu einer Ausweitung der Kampfzone. Wenn wir über die Frage streiten, was richtigen und was falschen Geschmack eigentlich ausmacht, dann streiten wir immer auch über das historische Erbe des Kunstparadigmas.

Tyrannei des Publikums

Die Publikumsbeschimpfung, aus der sich das moderne Kunstparadigma entwickelte, beruht auf der Gewissheit, dass es minderwertige Formen der Freizeitbeschäftigung gibt, gegen die man die ›echte‹ Kunst verteidigen muss. Hochkultur definiert sich demnach vor allem durch das, was sie nicht ist. Das können sehr unterschiedliche Dinge sein: süßliches Popgedudel, idealisierte Porträts, Superheldenfilme, Groschenromane, Comics, Werbung, Kitsch, Pornographie. Was deren Minderwertigkeit ausmacht, ist in den meisten Fällen ihr populärer Status.

»Die negativen Bewertungen populärer Artefakte«, schreibt Thomas Hecken, »beruhen nicht selten genau darauf, dass viele andere diese Werke schätzen – sie beruhen auf der Annahme, dass die ›Menge‹ in jeder Hinsicht oder zumindest bei Fragen der Kunst zu falschen Einordnungen und Urteilen gelangt. Popularität dient so als sicherer Negativindikator: Ein populäres Artefakt ist aus dieser Sicht ein schlechtes Werk oder zählt erst gar nicht zur Kunst.«[20]

In kaum einem Text kommt diese Verachtung so sehr zum Ausdruck wie in Dwight Macdonalds *Masscult and Midcult* von 1962. Macdonald war Mitglied einer Gruppe von Intellektuellen, die zur Mitte des 20. Jahrhunderts kritisch über Kunst und Massenkultur nachdachten. Aus diesem Nachdenken entstanden Klassiker der Kulturkritik wie Clement Greenbergs *Avant-Garde and Kitsch* oder Theodor W. Adornos und Max Horkheimers ›Kulturindustrie‹-Kapitel aus der *Dialektik der Aufklärung*. Was bei diesen Theoretikern der Massenkunst allerdings noch im Gewand eines vornehmen intellektuellen Ekels artikuliert wurde, tritt den Leser:innen bei Macdonald als wutentbrannte Polemik entgegen.

Masscult and Midcult beginnt mit einer klaren historischen These: »Seit etwa zwei Jahrhunderten«, behauptet Macdonald, »besteht die westliche Kultur aus zwei Kulturen: der traditionellen – nennen wir sie Hochkultur –, die in den Lehrbüchern beschrieben wird, und einer neuen Kultur, die für den Markt produziert wird.«[21] Dieser für den Markt produzierten Kultur gilt Macdonalds unversöhnlicher Hass. Er bringt es noch nicht einmal übers Herz, von einer echten ›Kultur‹ zu sprechen. Stattdessen spricht er nur von ›Masscult‹. Damit ist der Ton seiner Kritik gesetzt. Masscult sind für ihn Dienstmädchen-Liebesromane, Rock'n'Roll, die Bilder von Norman Rockwell und vieles mehr, was die populäre Kultur bis in die Gegenwart des Autors charakterisiert. Das Massenpublikum habe eine Nachfrage geschaffen, die den Erfolg einer Nicht-Kunst, einer Anti-Kunst bewirkte, die die wahre Kunst zu verdrängen droht.

Was diese Anti-Kunst auszeichnet, schreibt Macdonald, ist die komplette Mühelosigkeit, mit der sie rezipiert werden kann. Eine echte ästhetische Erfahrung bedarf dagegen einer gewissen Arbeit. Masscult aber möchte nur ablenken, zerstreuen, vergnügen, er kann stimulieren oder narkotisch wirken, muss aber vor allem einfach zu konsumieren sein. Masscult lässt sich demnach charakterisieren durch eine totale Unterwerfung der Ästhetik unter die Bedürfnisse der Zuschauer:innen.

Diese Unterwerfung erscheint als Sündenfall der modernen Kulturgeschichte. Das Massenpublikum, das sich seit dem 18. Jahrhundert immer weiter ausbreitete, wurde nach und nach zu einer hegemonialen Macht, deren Anti-Geschmack die Anti-Kunst als Leitkultur inthronisierte. Macdonald bringt in seinem Essay das Glaubensbekenntnis der elitären Moderne auf den Punkt: Je mehr Menschen am kulturellen Leben teilnehmen können, desto mehr wird jeder ästhetische Wert verwässert. Wertung selbst wird durch den Aufstieg des Massenpublikums im eigentlichen Sinne unmöglich gemacht, weil die Kriterien, die eine solche Wertung abstützen würden, ihren Wert verloren haben.

Am Ende dieser Entwicklung droht eine Tyrannei des Publikums über die Kunst. Für Macdonald gibt es einen klaren

Zusammenhang zwischen der Ausweitung an Teilhabe am ästhetischen Diskurs und dessen Niedergang. »Heute sind in den USA«, schreibt er, »die Bedürfnisse des Publikums, das von einer kleinen Gruppe der Connaisseure zu einer Masse von Ignoranten angeschwollen ist, zum hauptsächlichen Kriterium für Erfolg geworden.«[22]

Man könnte diesen Prozess, wie Macdonald anerkennt, auch als ›Demokratisierung‹ der Kunst verstehen, die nun nicht mehr nur das Vorrecht einer aristokratischen oder bildungsbürgerlichen Elite darstellt, sondern für alle zur Verfügung stehen soll. Für diese angebliche Demokratisierung hat Macdonald allerdings nur Verachtung übrig: »Masscult ist sehr, sehr demokratisch«, kommentiert er sardonisch, »er weigert sich, irgendetwas oder irgendjemanden zu diskriminieren. Alles ist Futter für seine Mühle und alles wird fein gemahlen.«[23] Die demokratische Mühle der Massenkultur sei aber weit davon entfernt, eine – auch politisch – vorteilhafte Veränderung in der Kultur zu bewirken. Stattdessen sei sie eine zerstörerische Kraft, die im Namen einer populistischen Standardisierung alle ästhetischen Qualitätsunterschiede einebnet.

Macdonald verweist auf das Argument der »Fürsten des Masscult«, die sich darauf berufen, dass sie der Menge schlicht geben, was sie verlangt. Protest gegen diese Art der Argumentation würden oft als undemokratisch und snobistisch wahrgenommen. Diese Einwände will Macdonald aber nicht gelten lassen, denn die einfachen Leute, auf deren Geschmack sich die Hersteller von Massenkunst berufen, sind ein Produkt kapitalistischer Konditionierung. Sie bekommen die Massenkunst nicht, weil sie sie wollen, sondern sie wollen die Massenkunst, weil sie sie bekommen. Dieser Mechanismus sei deshalb so wirkmächtig, weil die

Massengesellschaft das Individuum, das einen eigenständigen Geschmack ausbilden könnte, nach und nach zerstört habe. Die Standardisierung des Wirtschaftssystems bringt eine Standardisierung des Menschen hervor, dem standardisierte Kunst gewinnbringend verkauft werden kann.

Macdonalds Essay steht in der einflussreichen Tradition der modernen Verachtung einer angeblich bedrohlichen Massenkultur. Diese Verachtung ist, wie John Carey in seinem Buch *Haß auf die Massen* gezeigt hat, geradezu konstitutiv für das Projekt der elitären Moderne. Die wirtschaftlichen, demographischen und kulturellen Veränderungen westlicher Gesellschaften im 19. Jahrhundert führten bei den prägenden Intellektuellen dieser Zeit zu einer ausgeprägten Abwehrreaktion, die – wie Carey eindrucksvoll zeigt – zu einer oft fast manischen aristokratischen Paranoia metastasieren konnte. Autor:innen wie D. H. Lawrence oder Virginia Woolf formulierten bittere Modernekritiken, die sich vom Konstrukt einer Massengesellschaft abzugrenzen versuchten. Das konnte bis in den Bereich von Euthanasie-Phantasien reichen.

Der Massengeschmack und die Massenkultur fungierten als Kontrastfolie einer modernistischen Ästhetik der Komplexität. Carey schreibt: »Die Intellektuellen konnten die Massen natürlich nicht wirklich daran hindern, Lesen und Schreiben zu lernen. Aber sie konnten sie daran hindern, literarische Werke zu lesen, indem sie es den Massen unmöglich machten, sie zu verstehen.«[24] Komplexität und experimentelle Formen sollten den Effekt einer Nicht-Rezeption bewirken. Die Revolution der Künste, die Ende des 19. Jahrhunderts begann, richtete sich also auch gegen einen einfach konsumierbaren Realismus, der eine breitenwirksame Rezeption überhaupt erst möglich machte.

Carey analysiert die experimentelle Kunst der Moderne also als Projekt des Ausschlusses, als großangelegter Versuch, die Ausweitung der kulturellen Teilhabe abzuwehren. Als Beispiel nennt er *Ulysses* von James Joyce, einen Klassiker des Modernismus. Zwar werde in der Handlung des Romans ein Mitglied der bürgerlichen Massengesellschaft in den Mittelpunkt gestellt, Leopold Bloom, und das ohne die konventionelle aristokratische Verachtung der elitären Moderne – allerdings handele es sich formal um ein Werk, das der Protagonist selbst nie hätte lesen können: »Die Komplexität des Romans, seine Avantgarde-Erzähltechnik, seine Unverständlichkeit schließen Menschen wie Bloom rigoros aus dem Kreis seiner Leser aus. Mehr als fast jeder andere Roman des zwanzigsten Jahrhunderts ist er ein Roman nur für Intellektuelle.«[25]

Es ist natürlich eine Provokation, die Meisterwerke des Modernismus, die in vielfacher Hinsicht bis heute die Vorstellung davon prägen, was große Kunst ist, in den Zusammenhang einer elitären Strategie der Abwehr von Teilhabe zu stellen. Das widerspricht der kunstpädagogisch geprägten Kultur der Gegenwart, die händeringend versucht, so viele Menschen wie möglich ins Museum zu bringen, oder die den Verlust von Leser:innen anspruchsvoller Literatur beklagt. Für die Hochphase der Moderne ist ein offener Elitismus aber eine geläufige Haltung, und es erscheint naheliegend, diesem Elitismus bis in die formale Faktur der Werke hinein zu folgen. Niemand wird bestreiten können, dass ein Roman wie *Ulysses* oder ein Gemälde wie Pablo Picassos *Les Demoiselles d'Avignon* voraussetzungsreicher und mühevoller in der Rezeption sind als ein realistisch erzählter Liebesfilm oder ein spannender Thriller.

Die Publikumsbeschimpfung des modernen Kunstparadigmas hatte nicht nur großen Einfluss darauf, was wir als echte Kunst anerkennen, sondern auch darauf, wie wir diese Kunst rezipieren. Nicht nur das ›Was‹, sondern vor allem auch das ›Wie‹ der Rezeption war und ist entscheidend dafür, ob man zur Elite oder zur Unterschicht des Geschmacks gezählt wird. Für eine Konfliktgeschichte der Kunst sind diese Fragen entscheidend, denn sie prägen bis heute den Alltag des Kulturkonsums.

Menschen, die in einem klassischen Konzert oder während eines Kunstfilms im Kino tuscheln oder husten, werden ermahnt. Wer zu spät zum zweiten Akt einer Oper kommt, wird zuweilen nicht mehr in den Saal gelassen, weil das die anderen Zuhörer:innen, aber vor allem das Orchester stören könnte. Wer im Museum laute Witze macht oder versucht, beim Betrachten der Kunstwerke ein Eis zu essen, der wird es schnell mit den Ordnern zu tun bekommen, die nicht nur die Werke selbst bewachen sollen, sondern deren Aufgabe es auch ist, unter den Besucher:innen für Disziplin zu sorgen.

Die Forderung nach Disziplin gehört zu den wichtigen Charakteristika der elitären Moderne. Man soll sich konzentrieren, sich physisch zusammenreißen, geistig präsent sein, allerdings ohne die Kunst durch diese Präsenz zu stören. Gerhard Schulze hat die »Zurücknahme des Körpers« als wichtigste Tendenz der hochkulturellen Rezeption beschrieben. Diese Zurücknahme bedeutet: »Konzentriertes Zuhören, stilles Betrachten, versunkenes Dasitzen – fast immer befindet sich der Organismus im Ruhezustand. Heftigere körperliche Reaktionen wie Klatschen, Pfeifen, Bravo-

oder Buhrufe sind nur im Anschluss an die Darbietung üblich, nicht mittendrin.« Es ist im Sinne des Kunstparadigmas also klar vorgegeben, wann man sich als Rezipient:in mit den eigenen Emotionen bemerkbar machen darf (und soll). Für eine bestimmte Kunst gelten allerdings in der Rezeption die Regeln der Zurückhaltung: »Tränen, Seufzen, laute Heiterkeitsausbrüche, Erröten, Mitsingen und andere körperliche Formen des Mitgehens verstoßen gegen den Kodex vergeistigter Empfangshaltung des kunstgenießenden Publikums.«[26]

Schulze zeigt, dass das Hochkulturschema bei der Beschreibung ästhetischer Erfahrungen die psychische Erlebnisqualität in den Vordergrund stellt: »Verklärung, Versenkung, Verinnerlichung, Betroffenheit, meditative Ruhe, Ergriffensein und ähnliches.« Diese Haltung entspricht der Rezeptionspraxis, die das Kunstparadigma vorgibt. Dahinter steht der Anspruch auf Respekt, den man durch die Art und Weise, wie man ein Kunstwerk konsumiert, zum Ausdruck bringt. Stille und Konzentration sind die beiden Voraussetzungen für einen Kunstgenuss, der dem Werk und seiner Schöpfer:in gerecht wird. Das Publikum muss in diesem Verhältnis also regelrecht zum Verschwinden gebracht werden, um der Kunst und der Künstler:in den Raum zur eigenständigen Entfaltung zu geben. Rezeption erscheint als ständiger potentieller Störfaktor der Kunst.

Diese Haltung musste dem modernen Publikum der Hochkultur allerdings erst in einem langen kulturgeschichtlichen Erziehungsprozesses eingebläut werden. Wie diese Disziplinierung konkret vonstattengehen konnte, beschreibt Lawrence Levine in seinem Buch *Highbrow/Lowbrow*, das sich mit der Entstehung kultureller Hierarchien in den USA beschäftigt. Am Beispiel des Theaters und der Oper zeigt er, wie die beiden Kunstformen, die zunächst als Massenkunst existierten, nach und nach zu einer abgezäunten Sphäre der bürgerlichen Oberschicht wurden. Der Fall, an dem Levine das deutlich macht, ist die Rezeption der Werke William Shakespeares, der zu einer Art Volksdichter der jungen Republik avancierte. »Shakespare *war* populäres Entertainment«, schreibt Levine: »Das Theater in der ersten Hälfte des 19. Jahrhunderts spielte die Rolle, die das Kino in der ersten Hälfte des 20. Jahrhunderts spielte: Es war eine kaleidoskopische, demokratische Institution, die eine reichhaltige Speisekarte für alle Klassen und sozioökonomischen Gruppen bot.«[27]

Diese breitenwirksame Rezeption war mit Verhaltensformen verbunden, die heutigen Vertreter:innen des Kunstparadigmas den Schweiß auf die Stirn treiben würden. Levine stellt eine lange Liste der Sünden vor, die dem Publikum des 19. und beginnenden 20. Jahrhunderts ausgetrieben werden mussten: »Flüstern, Reden, Lachen, Husten, Schreien, Schlurfen, zu spät kommen, zu früh gehen, vorzeitig die Oberbekleidung während der letzten Nummer anziehen, lautes Umblättern der Programmhefte, Aufstampfen mit den Füßen, ausschweifendes Klatschen, beharrliches Einfordern von Zugaben, heimliches Schmuggeln von Snacks, Kautabak, Spucken.«[28]

Die Disziplinierung des Publikums bezog sich zunächst auf die Orte sichtbarer Rezeption. Levine erzählt etwa, dass ein Streitgegenstand des späten 19. Jahrhunderts die Hüte waren, die Frauen zu festlichen Anlässen aufsetzten und die offenbar erst in einem Prozess der ästhetischen Zivilisation abgesetzt wurden, um anderen Zuschauer:innen die Sicht nicht zu versperren. Ähnliches galt für die Zigarren, die eine Zeitlang von den Herren in Konzert- und Theatersälen behaglich geschmaucht wurden. Diese Formen des Fehlverhaltens wurden im Dienste der Durchsetzung von neuen »Rezeptions-Idealen« immer mehr verdrängt.[29]

Eine wichtige Rolle bei der Disziplinierung des Publikums nahmen in dieser Zeit die Dirigenten ein, die als väterliche Autoritäten nicht nur über das Orchester, sondern auch über das Publikum zu wachen begannen. Aufführungen wurden unterbrochen, unruhige oder störende Zuschauer:innen ausgeschimpft, strenge Einlassregeln aufgestellt. Wenn das Publikum eine Komposition anstrengend oder irritierend fand, wurde diese Irritation mit eisiger Verachtung quittiert. Levine erzählt, wie der berühmte Dirigent Theodore Thomas gewarnt wurde, er habe in seinem Programm zu viele Stücke von Richard Wagner, was dem Publikum nicht gefallen könnte. Seine Reaktion: »Dann müssen sie sie hören, bis sie sie mögen.«[30]

Die Kategorien der kulturellen Bewertung sind historisch gewachsen; sie entstanden aus einem Prozess ständiger sozialer Konflikte. Die Disziplinierung des Publikums im Verlauf der modernen Kulturgeschichte war kein natürlicher Prozess der Zivilisation, sondern das Resultat einer machtgestützten Domestizierung. Levine zitiert etwa einen Museumsdirektor, der sich positiv über die Erziehungsmaßnahmen äußert, die durch Ermahnung und Exklusion erreicht worden seien. Menschen würden sich in den Ausstellungsräumen nicht mehr mit den Fingern die Nase schnäuzen, keine Hunde mehr ins Museum bringen, keinen Kautabak mehr auf den Boden spucken, nicht mehr laut pfeifen, singen oder herumschreien.[31]

Die Vorstellung, dass es eine Zeit gab, in der Menschen im Museum herumkrakeelt und auf den Boden gespuckt haben, erscheint uns heute sehr fremd. In den meisten Fällen betritt man den *White Cube* eines Ausstellungsraums mit schüchterner Stille, die zum einen durch den Respekt vor der Kunst, zum anderen durch die Angst vor den Ordnern, die wachsam durch die Räume patrouillieren, erzeugt wird. Der Kontrast zwischen diesen Erfahrungsbeschreibungen führt den ungeheuren Erfolg der Disziplinierung des Publikums vor Augen, das von einer anarchischen, selbstbewussten Menge von neugierigen, Zerstreuung suchenden Menschen zu kunstsinnigen Individuen erzogen wurde, die sich in den Räumen ästhetischer Erfahrung zu benehmen wissen.

Diese Disziplinierung ist maßgeblich für die Entstehung der Praktiken, die man unter dem Begriff der ›Hochkultur‹ zusammenfassen kann. Natürlich existierten die unkontrollierten, lauten, unzivilisierten Formen der Rezeption in anderen Feldern der Kultur weiter. Allerdings wurden sie im Verlauf des 19. und 20. Jahrhunderts aus den offiziellen bürgerlichen Institutionen nach und nach ausgeschlossen. Das führte dazu, dass unterschiedliche Schichten unterschiedliche Orte der Kunst bekamen und sich die Rezipient:innen immer mehr in homogene Gruppen einteilten.

»Theater, Opernhäuser, Museen, Auditorien«, schreibt Levine, »die einst ein gemischtes Publikum beherbergt hatten, das eine eklektische Mischung von Kultur erlebte, filterten zunehmend ihr Publikum und ihre Programme, so dass man immer seltener ein Publikum fand, das das gesamte soziale und wirtschaftliche Spektrum abdeckte und sich an einer Kultur erfreute, die gemischte Elemente von dem zusammenfügte, was wir heute als Hoch-, Niedere- und Volkskultur bezeichnen würden.«[32]

Diese Aufteilung des Publikums hatte auch Einfluss auf die Kunst selbst. Während Shakespeare zu Beginn des Jahrhunderts noch zu einer allgemein geteilten Volkskultur gehört hatte, verwandelte er sich im Laufe der Zeit immer mehr in den wichtigsten Vertreter einer angloamerikanischen Hochkultur – ein Autor, dessen Anspruch nicht ohne weiteres zu erfassen war und dessen Werk man ohne einen bestimmten Grad an Kultiviertheit und Bildung kaum genießen konnte. Damit ging dieses Werk in den Bereich des Kunstparadigmas über, das zwischen billigen und subtilen ästhetischen Vergnügen unterscheidet. »Shakespeare«, schreibt Levine, »wurde der Spinat des Theaters.«[33]

Die Rezeptionshaltung, die damit verbunden war, zeichnete sich vor allem durch Passivität aus, durch einen Verzicht auf Partizipation. Im Verlauf der modernen Kulturgeschichte, so lautet Levines Fazit, sei das Publikum immer weniger interaktiv geworden. »Kunst wurde zu einem einseitigen Prozess: Der Künstler kommuniziert, und das Publikum empfängt.«[34] Das Kunstparadigma bewirkte also eine fortschreitende Entmachtung des Publikums im Hochkultursegment. Der drohenden Tyrannei des Massenpublikums wurde die Tyrannei der Kunst entgegengesetzt. Ein Publikum, das die eigene Rezeption zum Spektakel macht, das durch seine lautstarke und selbstbewusste Präsenz Einfluss auf den Charakter der Kunst nehmen kann, wurde durch die Disziplinierung der elitären Moderne aus den Konzertsälen und Museen der Hochkultur verbannt.

Kunst als Gemüse

Für Dwight Macdonald war ein Charakteristikum echter Kunst, dass sie der Rezipient:in eine gewisse Mühe abverlangt. Mühelosigkeit dagegen erschien ihm als Ausdruck einer populären Anti-Kunst, die nur der Zerstreuung und dem billigen Vergnügen dient. Macdonald beruft sich unter anderem auf Theodor W. Adornos einflussreichen Essay *On Popular Music* von 1941, in dem populäre Musik als eine Form des einfachen Vergnügens charakterisiert wurde, die sich in der Funktion der Ablenkung erschöpft: »People want to have fun« (»Menschen wollen Spaß haben«), stellt Adorno mit resignativer Verachtung fest.[35]

Es handelt sich allerdings, wie er feststellt, keineswegs um ein natürliches Bedürfnis, sondern um eine Nachfrage, die durch die grausame Welt des Erwerbslebens, in der Stress und Unsicherheit herrschen, erst erzeugt werde. Populäre Musik ist aus dieser Perspektive ein Narkotikum, das keinen ästhetischen Eigenwert besitzt, sondern nur dazu dient, von der grausamen Realität des harten kapitalistischen Alltags abzulenken. Diese Musik ist auf ›Entspannung‹ ausgerichtet, die nicht die Anstrengung der Konzentration erfordert.

On Popular Music ist das repräsentative Beispiel einer einflussreichen Publikumsbeschimpfung, die sich vor allem durch die Ablehnung einer Kunst charakterisieren lässt, die es den Rezipient:innen zu leicht macht. Was sich hier abzeichnet, ist ein *ästhetischer Härtediskurs*, der sich in der programmatischen Spaltung von Hochkultur und Populärkultur ausgebildet hat. Wer einfach nur Spaß haben möchte, wer Romane, Filme, Musik als Freizeitbeschäftigung ansieht, sie in den Dienst alltäglicher Entspannung stellt, der ist kein echter Kunstliebhaber. Wer dagegen bereit ist, Mühe und Zeit, Konzentration und Respekt aufzubringen, wer sich auf die Vision der Künstler:in einlässt, auch wenn sie zunächst irritierend oder gar qualvoll erscheinen mag, der hat sich den Status einer wirklichen Kennner:in verdient, die echte ästhetische Erfahrungen macht. Dieser Härtediskurs definiert sich also vor allem dadurch, dass die Rezeption von Kunst im eigentlichen Sinne eine Form der Arbeit darstellt.

Wie stark diese Vorstellung bis in die Gegenwart fortwirkt, zeigt eine Kontroverse aus dem Jahr 2011. In einem vielbeachteten Artikel legte der Filmkritiker Dan Kois in der *New York Times* das Geständnis ab, dass sein Verhältnis zur Hochkultur sich im Laufe der Zeit gewandelt habe. Er verspüre, schreibt er, eine gewisse »culture fatigue« – eine Müdigkeit für Hochkultur. Er habe immer weniger Interesse daran, sein »kulturelles Gemüse« in Form von langsam erzählten, reflexiven Filmen zu sich zu nehmen, auch wenn er wisse, dass es eigentlich gut für ihn sei. Als Beispiel nennt er den Film *Meek's Cutoff*, einen langsam erzählten Film über das harsche Leben der amerikanischen Pioniere.[36]

Das Bild von Kunst als gesundes, aber nicht gerade leckeres Gemüse bringt das Konfliktpotential des ästhetischen Härtediskurses auf den Punkt. Rezeption wird zur Pflicht, die zwar der eigenen Kultivierung dient, aber keinen Spaß macht, kein hedonistisches Bedürfnis befriedigt. An dieser Stelle wird die Mehrfachbedeutung des Wortes ›Geschmack‹ sichtbar. Wir bewerten Nahrung danach, wie sie schmeckt, aber eben auch danach, was für eine Wirkung sie auf uns hat. Süßigkeiten und fettiges Fast Food sind zwar köstlich, aber ungesund; Brokkoli und Rosenkohl sind reich an Nährstoffen und gut für uns, allerdings handelt es sich eben auch um Speisen, mit denen man Kinder (und manche Erwachsene) jagen kann. Ähnlich verhält es sich auch mit Kunst und Kultur. Das hedonistische Bedürfnis nach einer spannenden Handlung, nach starken Emotionen, nach dem Gaffen und Staunen also, das Goethes Direktor dem populären Publikum unterstellt, ist mit Heißhunger zu vergleichen.

Dieses Misstrauen gegen ungesunde Kunst zieht sich durch die gesamte Geschichte der modernen Kultur (Kapitel 4). So löste die Vorstellung einer ›Lesesucht‹ und ›Lesewut‹, die das Publikum im letzten Drittel des 18. Jahrhunderts angeblich ergriffen hatte, unter Gelehrten und Intellektuellen in dieser Zeit einen paranoiden Diskurs über eine Bevölkerung aus, die sich an den falschen Büchern zu überfressen drohte. Albrecht Koschorke hat gezeigt, wie stark sich dieser Diskurs einer diätischen Sprache bediente, die darauf abzielte, dass »unkontrollierter Bücherkonsum der Phantasie allzu gemischte Nahrung zuführt, die ihre Verdauungskapazität übersteigt«. Ungeschulten Leser:innen wurde vorgeworfen, das Buch zu verschlucken, statt es zu lesen.[37] Es handelt sich um eine Rhetorik, die sich in der geläufigen Formulierung spiegelt, man habe ein Buch ›verschlungen‹ oder eine Serie ›gebingt‹.[38]

Diese kulturelle Praxis ist heute nicht mehr so negativ besetzt wie in den diätischen Polemiken des 18. Jahrhunderts. Wenn man sagt, man habe einen Roman ›verschlungen‹, dann ist damit auch das Lob einer immersiven Spannung assoziiert, die dazu führt, dass man ihn ›nicht weglegen‹ kann. Gleichzeitig ist damit aber auch das Eingeständnis einer schnellen und unkontrollierten Rezeption verbunden, die der würdevollen Lektüre, wie sie das Kunstparadigma vorschreibt, widerspricht. Dem rein hedonistischen ›Verschlingen‹ steht das bedächtige Feinschmeckertum des kunstbeflissenen Gourmets gegenüber, der, bedächtig kauend, der Subtilität des Gerichts gerecht werden kann. Im Konzept des Verschluckens und Verschlingens schwingt dagegen bis in die Gegenwart auch die Implikation einer drohenden Magenverstimmung mit.

Die Debatte über die ›Lesesucht‹ nimmt die Konflikte vorweg, die sich im Verlauf der modernen Kulturgeschichte immer dann entwickelten, wenn eine Ausweitung des Publikums als Bedrohung wahrgenommen wurde. Es ging auch in diesem Fall vor allem um kulturelle Macht. »Gelesen werden soll«, schreibt Koschorke, »worauf sich eine kleine Gruppe von Bildungsautoritäten verständigt.« Diese Autoritäten legitimieren sich durch den ästhetischen Härtediskurs: »den schnell konsumierten, die Einbildungskraft überfüllenden und auf diesem Weg die Sinnlichkeit reizenden Stoffen soll normativ eine langsame und intensive Wiederholungslektüre gegenübergestellt werden, die sich als intellektuelle *Arbeit* ausweist und deren Ziel das *Verstehen* ist.«[39]

Diese Vorstellung von echter Kunst als Arbeit, als antihedonistisches Vergnügen, das den Magen der Rezipient:innen nicht überstrapaziert, hat sich mehr oder weniger intakt bis in die Gegenwart erhalten. Wenn Dan Kois in seinem Artikel *Meek's Cutoff* als Inbegriff einer Kunst-als-Gemüse-Ästhetik beschreibt, dann spiegelt diese Analyse den Härtediskurs des Kunstparadigmas. Der Film wurde für seine spröde Ästhetik von der Kritik hochgelobt. Im *New Yorker* feierte man die Regisseurin als »Anti-Sensualistin«, deren Stil ›pleasureless‹ sei – ohne Vergnügen. Der Film evoziere, heißt es, bei den Zuschauer:innen den monotonen Alltag und die harte Arbeit vor allem von Frauen. Auch Kois beschreibt seine eigene Erfahrung mit *Meek's Cutoff* als zermürbend. Gerade deswegen sei er ja auch einer jener Filme, die man als ernstzunehmender Filmkritiker eigentlich loben müsse.[40]

Seine eigene Hochschätzung langsamer, spannungsloser, reflexiver Filme beschreibt Kois als Resultat einer ästhetischen Sozialisation, die vor allem auf Scham beruht. An der Universität hätte ihn ein Kommilitone mit arroganter Ungläubigkeit damit konfrontiert, dass er noch nie Andrei Tarkowskis *Solaris* gesehen habe. Der Film sei sehr langweilig, habe der Kommilitone mit sichtlicher Bewunderung gesagt. Er müsse ihn schauen, aber er werde ihn nicht verstehen. Die Vorstellung, einen Film, den Connaisseure kennen müssen, nicht gesehen zu haben, war zu viel für den jungen Dan Kois, und so setzte er sich in die Bibliothek und schaute *Solaris*, nur um dabei mehrfach einzuschlafen. Als ihn sein Bekannter später fragte, wie er den Film gefunden habe, sagte er trotzdem ›unglaublich‹ und nannte als Lieblingsmoment eine Szene, in der fünf Minuten lang eine Autofahrt gezeigt wird, was ihm ein anerkennendes Nicken seines Gegenübers einbrachte.

Diese Anekdote stellt eine geschmackssoziologische Modellstudie dar. Das ästhetische Urteil erscheint als Resultat einer sozialen Selbsterzählung, die auf einem Schwindel beruht. Die Hochschätzung von Langeweile wird hier als etwas beschrieben, das vor allem durch sozialen Druck erzeugt wurde. Der einschüchternd bewanderte Kommilitone befindet sich im Besitz des richtigen Geschmacks, der in der Lage ist, Scham bei anderen auszulösen. Er steht hier stellvertretend für die institutionelle Macht des Kunstparadigmas, das Menschen dazu bringen kann, die eigenen Vorlieben zu verleugnen.

Die Werke des Kunstparadigmas verweigern sich einer Rezeption, die Kunst als Vehikel für emotionale Effekte versteht. Diese Effekte zeigen ihren Erfolg vor allem dann, wenn sie bei einem Publikum ankommen, wenn etwa bei der Lektüre eines Romans geweint wird oder die Zuschauer:innen im Kino in schallendes Gelächter ausbrechen. Die Vertreter:innen des Kunstparadigmas betrachten solche

Effekte mit äußerstem Misstrauen. Noël Carroll führt diese Tradition der Kritik bis auf Platon zurück, der den Künsten, insbesondere dem Theater vorwarf, unangemessen starke Gefühle zu erzeugen, die die Rationalität der Menschen vernebeln würden. Carroll sieht diese platonische Strenge auch in der Geschichte der Abwertung von Massenkunst, die davon ausgeht, dass spannende Melodramen, herzzerreißende Plots, grässliche Horrorgeschichten die Rezipient:innen dermaßen in Wallung versetzen, dass sie sich selbst vergessen.[41]

Hier zeigt sich ein eigentümliches Sauberkeitsbedürfnis des modernen ästhetischen Diskurses. Die Autonomie der Kunst verwirklicht sich vor allem in ihrer Unabhängigkeit von emotionalen Rezeptionsbedürfnissen. Das Kunstparadigma beruht auf einer Vorstellung der Reinheit, die jede Form von Effekt, ja im eigentlichen Sinne jede Form von Wirkung abwehrt, die sich nicht allein auf den Kunstcharakter eines Werkes bezieht.

Es handelt sich um eine Programmatik, die oft auf Immanuel Kants Theorie des ›interesselosen Wohlgefallens‹ zurückgeführt wird. Kant versuchte in *Kritik der Urteilskraft*, den Sonderstatus des ›reinen‹ ästhetischen Urteils zu bestimmen, indem er es von einer Rezeption, die auf Reiz oder Rührung angelegt ist, abgrenzt. Solche Interessen an der Kunst ›verderben‹ das Geschmacksurteil, das durch starke Affekte kontaminiert wird und auf ›allgemeingültiges Wohlgefallen‹ keinen Anspruch mehr erheben kann. »Der Geschmack«, schreibt Kant, »ist jederzeit noch barbarisch, wo er die Beimischung der *Reize* und *Rührungen* zum Wohlgefallen bedarf, ja wohl gar diese zum Maßstabe seines Beifalls macht.«[42]

Natürlich wird man Kants hyperkomplexer Theorie nicht gerecht, wenn man sie auf den Aspekt der ›Interesselosigkeit‹ reduziert. Allerdings gilt dieses Konzept als wichtigste Voraussetzung einer angemessenen Rezeption im Sinne des modernen Kunstparadigmas. Es handelt sich um eine Forderung, die ihr Echo in zahlreichen vagen Vorstellungen davon findet, was den angemessenen Umgang mit Kunst charakterisiert. Pierre Bourdieu führt den ›Ekel vor dem Leichten‹, der den modernen Kunstdiskurs auszeichnet, auf diese Tradition zurück, auf Vorstellungen von Reinheit und Unreinheit. Die gesamte Sprache der Ästhetik sei, schreibt er »in einer fundamentalen Ablehnung des *Leichten* befangen«.[43] Gemeint sind ›unmittelbar zugängliche‹ Freuden, der ›Genuss‹ und das ›Angenehme‹, die sich von den vornehmen Konzepten der Ästhetik – ›Wohlgefallen‹ und ›Schönheit‹ – negativ unterscheiden, weil sie sich auf die reizenden und anreizenden Effekte eines Werkes einlassen.

Ästhetischer Populismus

Gegen das strenge, oft lustfeindliche Kunstparadigma regte sich im Verlauf der modernen Kulturgeschichte immer auch ein gewisser Widerstand. Bourdieu spricht in diesem Zusammenhang von einer antikantianischen Ästhetik, die sich gerade auf das »Interesse der Sinne« beruft, von dem Kant sich in seiner Definition des reinen Geschmacksurteils abzugrenzen versuchte. Der Forderung nach Autonomie und Zweckfreiheit der Kunst wird aus der Perspektive der ›einfachen‹ Rezipient:innen (der ›einfachen Arbeiter‹ oder ›niederen Angestellten‹) oft gerade die Funktionalität von Kunst gegenübergestellt. Kunst muss sich demnach in den (Arbeits-)Alltag der Menschen integrieren, als Mittel zu einem bestimmten Zweck. Einfache eskapistische Zerstreuung, seine Sorgen vergessen, in eine Welt eintauchen, Spannung erleben – das sind Bedürfnisse, die im Sinne einer zweckorientierten Ästhetik überhaupt erst die Existenz von Kunst rechtfertigen.

Aus dieser Perspektive muss die Vorstellung einer bewusst langweiligen, ja qualvollen Kunst als Inbegriff privilegierter Absurdität erscheinen. Man kann sich den golfspielenden Spießbürger, den E. M. Forster sich ausgedacht hatte, um sich über Menschen lustig zu machen, die von Literatur einfach eine spannende Story erwarten, dabei vorstellen, wie er den Artikel von Kois in der *New York Times* liest und den Kopf schüttelt. Dass ausgerechnet er als ›geschmacklos‹ gelten soll, muss ihm angesichts der seltsamen Art, wie die Mitglieder der kulturellen Elite ihren Geschmack konstruieren, noch abwegiger erscheinen. Will man sich von Menschen, die sich bewusst langweilen lassen und dann so tun, als hätte es ihnen gefallen, wirklich sagen lassen, was gute und was schlechte Kunst sei?

Kois macht sich durch sein Geständnis zumindest ansatzweise zum Anwalt der Menschen, die sich die Zumutungen des Kunstparadigmas nicht mehr gefallen lassen wollen. Gerade in den teilweise erbitterten Antworten auf den Text zeigt sich allerdings, wie stark die Argumentationsmuster der elitären Moderne in der Kultur nach wie vor verankert sind. Für A. O. Scott, ebenfalls Kritiker bei der *New York Times*, ist Kois' Artikel ein Beispiel für eine weitverbreitete Haltung, die jeden Versuch, in Filmen einen künstlerischen Anspruch umzusetzen, angreift und der Lächerlichkeit preisgibt. Filme seien die vielleicht einzige Kunstform, von deren Publikum weithin angenommen werde, dass es Ambition und Schwierigkeit feindselig gegenüberstehe, dass es alles ablehne, was zu viel Arbeit erfordern könnte.

»Aus irgendeinem Grund«, schreibt Scott, »muss immer und immer wieder behauptet werden, dass der Hauptzweck von Filmen die Unterhaltung sei, dass der Grund, warum Menschen ins Kino gehen, ist, dass sie Spaß haben wollen. Jede gegenteilige Meinung und jeder Film, der es wagt, auch noch so bescheiden von den Orthodoxien der eskapistischen Ideologie abzuweichen, wird abgetan und lächerlich gemacht.«[44]

Die Haltung, die Scott hier beschreibt, könnte man als *ästhetischen Populismus* bezeichnen. Es handelt sich um eine aggressive Abwehr des Kunstparadigmas, das aus der Perspektive dieses Populismus als elitär und snobistisch verdammt wird. Ästhetischer Populismus bezeichnet eine kämpferische Haltung, die das hedonistische Paradigma der Rezeption verteidigt. Scott spricht von einer ›eskapistischen Orthodoxie‹, die den Spaß an einem Film als einzig angemessene Wirkungsabsicht absolut setzt. Ein Schlagwort, das in diesem Kontext oft verwendet wird, ist ›prätentiös‹, ein Begriff, der sich direkt gegen die Anmaßung (Prätention) der Hochkultur richtet, etwas Besseres zu sein.

Der Vorwurf einer solchen Arroganz war etwa der Grund dafür, dass Jonathan Franzen öffentlich beschimpft wurde, als er sich von der Auswahl seines Romans für Oprah Winfreys ›Book Club‹ öffentlich distanzierte. Seine Konversion vom elitären Status-Modell der Autorschaft zum demokratischen Vertragsmodell kann in diesem Kontext als Abbitte für seine Mitgliedschaft im Club der elitären Moderne gelesen werden.

In Scotts Polemik erscheint das Kunstparadigma allerdings nicht als eine herrschende ästhetische Ideologie, sondern als eine bedrohte Position, die man gegen das mächtige hedonistische Paradigma der populären Blockbuster verteidigen muss. Diese Blockbuster spielen unglaubliche Mengen an Geld ein und werden von unzähligen Menschen angeschaut. Muss man diese in jeder Hinsicht siegreichen Filme nun auch noch gegen kleine Produktionen wie *Meek's Cutoff* verteidigen? Sind es nicht gerade diese ruhigen, anspruchsvollen Werke, die gegen die Schlachtschiffe des populären Kinos verteidigt werden müssen?

Die Frage, wer sich eigentlich in der Position der Schwäche befindet, bezeichnet einen grundsätzlichen Konflikt, der den ästhetischen Diskurs der Moderne stark geprägt hat. Wer hat mehr Macht? Die durch kulturelles Kapital geadelte Hochkultur, die darauf beruht, dass sie andere Kunstformen abwerten kann, und die durch Bildungsinstitutionen wie Schulen oder Universitäten vermittelt wird? Oder die Populärkultur, die finanziell und aufmerksamkeitsökonomisch erfolgreich ist und sich auf ein begeistertes Massenpublikum berufen kann? Die Tatsache, dass beide Seiten sich darauf berufen, zum Opfer des jeweils anderen Paradigmas zu werden, erzeugt eine seltsame Form von Wagenburgmentalität.

Es herrscht deswegen eine gewisse Blindheit für die reale Macht, die man dann doch besitzt. So können reiche und mächtige Verteter:innen der Populärkultur sich als Opfer einer ästhetischen Elite inszenieren, weil sie in Zeitungen nicht besprochen oder an Universitäten nicht unterrichtet werden. Gleichzeitig können sich Kritiker:innen in der *New York Times* als Verteidiger einer Kunst inszenieren, die vom Aussterben bedroht ist, als letzte Bastion in einem tragischen Kampf um den ästhetischen Anspruch.

In ihrer sardonischen Antwort auf Kois schrieb Manohla Dargis etwa, dass Menschen, die ihr kulturelles Gemüse nicht mehr essen wollen, sich beruhigen können, denn das amerikanische Kino biete ein reichhaltiges Buffet an Fast Food. Als Beispiel nennt sie den Film *Hangover 2*, der innerhalb kürzester Zeit über 130 Millionen Dollar eingespielt habe. Dargis' strenger Ton ist charakteristisch für die Verteidigung des Kunstparadigmas. Eingefordert wird, dass die Rezipient:innen sich etwas mehr Mühe geben sollen, etwas mutiger und weniger konventionell in ihrem Kulturkonsum zu sein. Dargis zitiert Andy Warhol, der beteuert habe, dass er die meisten populären Werke gar nicht zur Kenntnis nehme, weil sie ihn aufgrund ihrer Gleichförmigkeit langweilten. Hier wird der Spieß also umgedreht. Nicht die von Kois verschmähten Kunstfilme seien langweilig, sondern die hochgradig standardisierten Blockbuster.[45]

»Wenn man«, schreibt Dargis, »nur unterhalten wird, so die Logik, hat man keine Zeit und keinen Kopf dafür, um zu bemerken, wie schäbig, albern und vertraut der Film aussieht und wie schlecht er geschrieben ist, nachlässig inszeniert und gleichgültig gespielt. Und so rasen die Bilder an einem vorbei, die Töne klirren und die Schauspieler schreien, als wollten sie einem versichern, dass das Geld, das man für die Eintrittskarte ausgegeben hat, all dieses Getöse wert war, ein Getöse, das schon Monate, Jahre zuvor begann, als die Unternehmen die PR-Maschine in Gang setzten und die Medien sich einschalteten, um den Rummel zu verkaufen, bis er dem Publikum in den Ohren klingelt.«[46]

Als Beispiele für langsame Filme, die man diesem immergleichen Fast Food gegenüberstellen könnte, werden Warhols eigene Filme genannt, wie etwa *Empire*, ein Film, der acht Stunden lang das Empire State Building zeigt, oder Béla Tarrs sieben Stunden dauernder Film *Sátántangó*. Diese Filme würden auf die Unverständigen natürlich langweilig wirken, seien aber die eigentlich spannenden Kunstwerke, weil sie die Sehgewohnheiten des Publikums herausfordern und die Zuschauer:innen dazu bringen würden, nachzudenken.

Dargis schwärmt von Chantal Akermans Film *Jeanne Dielman, 23, quai du Commerce, 1080 Bruxelles* von 1975, in dem die gleichnamige Protagonistin, eine Prostituierte, deren banaler Alltag über drei Stunden lange gezeigt wird, unter anderem in Echtzeit Hackbraten zubereitet – ein mühsamer Vorgang, den auch Dargis schwer erträglich findet. Der Film habe, schreibt Dargis, die Absicht, für die Zuschauer:in die Langeweile und Mühsal einer farblosen Existenz spürbar zu machen, die man – wie Jeanne – ertragen muss und die einen zum Nachdenken bringt. Hier wird, ähnlich wie in den positiven Kritiken von *Meek's Cutoff*, ein Zusammenhang zwischen dem Leid, das der Film darstellt, und dem Leid, das die Zuschauer:innen empfinden müssen, hergestellt. Das billige Vergnügen des hedonistischen Paradigmas verschleiert demnach (ganz im Sinne der ›eskapistischen Othodoxie‹) die Schrecken der realen Welt, während wahre Kunst das Publikum leiden lässt.

Als 2022 das Magazin *Sight and Sound* seine einflussreiche Liste der »Top 100 Greatest Films of All Time« veröffentlichte, stand *Jeanne Dielman* auf Platz eins. Zuvor hatten auf der Liste, die seit 1952 alle zehn Jahre zusammengestellt wird, Filme wie *Citizen Kane* oder *Vertigo* ganz oben gestanden. Die Auswahl wurde einerseits als Ausdruck eines stärkeren Bewusstseins für den Beitrag von Regisseurinnen zur Filmgeschichte interpretiert, deren Arbeit lange Zeit von einem patriarchalen System unsichtbar gemacht wurde. Diese Würdigung kann man allerdings auch als Statement im Kampf um das Erbe des Kunstparadigmas in der Gegenwart lesen. Während mit *Vertigo* 2012 noch ein Film den ersten Platz belegte, der als Hollywood-Thriller zwischen dem hedonistischen Anspruch einer Genreerzählung und dem ästhetischen Anspruch eines Kunstfilms vermitteln konnte, wurde mit *Jeanne Dielman* ein Werk ausgezeichnet, das die Forderungen des modernen Kunstbegriffes auf eine radikale Art und Weise umsetzt. Damit senden die Menschen, die sich professionell mit der Frage beschäftigen, was einen guten Geschmack ausmacht, ein klares kämpferisches Signal dafür, dass die Geltung des Kunstparadigmas verteidigt werden muss, dass man nicht bereit ist, sich dem ästhetischen Populismus zu unterwerfen.

Midcult als Problem der Gegenwartskultur

Der Kampf darum, was Kunst ist und wie sie rezipiert werden sollte, spielt sich, wie ich in diesem Kapitel gezeigt habe, auch in der Gegenwartskultur nach wie vor in den Grenzbereichen zwischen Hochkultur und Massenkunst ab. Das zeigt sich etwa dort, wo der populäre Geschmack als Bedrohung für das Kunstparadigma wahrgenommen wird. Besonders bedrohlich erscheint dieser Geschmack vor allem dann, wenn er sich als echte Kennerschaft ausgibt, wenn Aspekte von ›high‹ und ›low‹ vermischt werden.

Die Gefahr dieser Vermischung beschwor bereits Dwight Macdonald in *Masscult and Midcult*. Erst die große kulturelle Verwirrung aller künstlerischen Werte durch den Aufstieg des Publikums als mächtige Größe im Feld des kulturellen Konsums habe eine bedrohliche Situation geschaffen, in der alle Standards zusammenbrechen. Wenn es nach wie vor eine klar definierte ›kulturelle Elite‹ geben würde, schreibt er an einer Stelle, dann könnte die Masse ihren Kitsch haben und die Kenner ihre Hochkultur, und alle wären *happy*.

Eine solche Harmonie stabiler kultureller Hierarchien existiere allerdings nicht mehr, denn: »… ein beträchtlicher Teil unserer Bevölkerung steht ständig vor der Wahl zwischen Fernsehen und alten Meistern, zwischen der Lektüre von Tolstoi und einem Krimi, d. h., das Muster ihres kulturellen Lebens ist ›offen‹ bis hin zur Durchlässigkeit. Für einige wenige Glückliche ist diese Offenheit der Wahl anregend. Aber für die meisten ist sie verwirrend und führt bestenfalls zu jenem mittelmäßigen Kompromiss, den man Midcult nennt.«[47]

Als ›Midcult‹ bezeichnet Macdonald Inhalte, die vordergründig dem Kunstparadigma verpflichtet sind, die aber eigentlich alle Charakteristika der Massenkultur aufweisen. Als Beispiele nennt er die Bücher des »Book of the Month Club«, die einem breiten Publikum den Eindruck vermitteln, an der Hochkultur zu partizipieren, ohne die Leser:innen zu überfordern; oder eine neue Version der englischen Bibel, die den Text auf Zugänglichkeit und Leserlichkeit hin trimmt. Midcult sei auch Ernest Hemingways *Der alte Mann und das Meer*, ein Buch, das auf eine aggressive Art und Weise den Anschein von Hochkultur erwecken möchte, allerdings keine hohen Ansprüche an die Leser:innen stellt. Das Buch sei, spottet Macdonald, in einem gleichermaßen idyllischen und würdevollen Ton gehalten, der dem Mittelstandspublikum als Ausdruck höchster Kunst erscheinen muss. Die Figuren sind leere universale Typen, einfach zu lesende Chiffren, die auf eine sentimentale und verschwatzte Art vor sich hin sprechen. Macdonald sieht darin eine unfreiwillige Parodie des meisterhaften Stils, der den jungen Hemingway zu Recht berühmt gemacht hatte.

Hier lässt sich also der Abstieg eines Autors der Hochliteratur zu einem Autor des Midcult beobachten.

Midcult erscheint aus dieser Perspektive als Phänomen eines Ausgleichs von Ansprüchen und Bedürfnissen. Auf der einen Seite wird das hedonistische Bedürfnis nach einer spannenden, eskapistischen Rezeptionserfahrung befriedigt. Auf der anderen Seite soll man (bis zu einem bestimmten Punkt) auch irritiert und intellektuell angeregt werden. Beispiele für diese Art der mittleren Kunst lassen sich schnell zusammentragen: ein mitreißender Thriller, der gleichzeitig aber auch soziale Probleme aufgreift; ein eingängiger Popsong, der aber auch auf eine interessante Art mit Dissonanzen spielt; ein Bild, das uns eine schöne Landschaft zeigt, die aber durch Andeutungen industrieller Zerstörung gebrochen wird. Es geht also um Kunst, die einen gleichzeitig zum Lachen und zum Weinen bringt, aber auch zum Nachdenken – etwas fürs Herz, aber auch für den Kopf. Die meisten Filme, die jedes Jahr für die Oscars nominiert sind, gehören in diese Kategorie; oder auch der gesamte Bereich des ›Quality-TV‹, in dem Genrekonventionen von Kriminalerzählungen oder Fantasy aufgegriffen werden, um anspruchsvolle, psychologisch tiefe Geschichten über die Gesellschaft zu erzählen.

Diese Kunst der Mitte tritt seit der zweiten Hälfte des 20. Jahrhunderts als neues Feindbild des Kunstparadigmas in den Vordergrund. ›Midcult‹, behauptet Macdonald, sei als Widersacher sogar gefährlicher als ›Masscult‹, weil er so viele Elemente der Avantgarde integrieren würde. Es handele sich um ›Kitsch für die Elite‹, ein ›kulturelles Feigenblatt‹, das die populären Begehrlichkeiten eines bürgerlichen Publikums verschleiern soll: »Midcult tut so, als würde er die Standards der Hochkultur respektieren, während er sie tatsächlich aber verwässert und vulgarisiert.«[48]

Was Midcult aus dieser Perspektive so gefährlich macht, ist, dass er die ästhetischen Grenzen zwischen echter Kunst und populärem Freizeitvergnügen gaunerhaft verschleiert. Umberto Eco schreibt in seinem Essay *Die Struktur des schlechten Geschmacks*, dass dem Midcult eine strukturelle Lüge zugrunde liegt, die darauf beruht, dass effekthascherischer Kitsch sich den Anschein der echten Kunst gibt. Es handelt sich also gerade nicht um Massenkunst, für die Eco durchaus Sympathie zeigt. Ein spannender Piratenroman will nicht mehr als bestimmte Effekte erzeugen. Das sei an sich nicht problematisch. Midcult dagegen reiße Stilmittel der Avantgarde, die mit dem hohen Prestige des Kunstparadigmas aufgeladen sind, aus ihrem Kontext heraus und verschiebe sie in Werke, die der Rezeption keine Mühe abverlangen.

Eco nennt diese Kunst »Boldinismus« nach dem Porträtmaler Giovanni Boldini, der zum Ende des 19. Jahrhunderts als Porträtmaler der Pariser Oberschicht reich und berühmt geworden war. Boldinis Bilder zeichneten sich dadurch aus, schreibt Eco, dass die Gesichter seiner Modelle auf eine realistische, schmeichelhafte Art gemalt seien: »Die Lippen dieser Frauen sind voll und feucht, der Anblick der Haut weckt taktile Empfindungen; die Blicke sind sanft oder provozierend, maliziös oder träumerisch, doch stets direkt und eindringlich auf den Beschauer gerichtet.«[49] Erst bei den Kleidern im unteren Teil der Bilder würde Boldini diese »kulinarische« Technik aufgeben und impressionistische Formen der Dekonstruktion anwenden, in denen sich die Gegenstände in Farbexplosionen auflösen.

Die Bilder sind also zweigeteilt. Der wichtige Vordergrund,

die Gesichter und der Torso schmeicheln der Eitelkeit der Modelle und befriedigen das hedonistische Bedürfnis, sich konventionell schöne Gesichter anzuschauen. Der Hintergrund der Bilder schmeichelt dem Geschmack der Rezipient:innen, die dadurch an den ästhetischen Strategien der Avantgarde partizipieren können. Die strukturelle Lüge des Midcult übernimmt also vor allem eine soziale Funktion. Die Selbsterzählung des Publikums als eines Publikums mit gutem Geschmack wird aufrechterhalten, ohne dass man sich die Mühe echter Kunst zumuten muss. Als ein besonders irritierendes Beispiel für diesen ›Boldinismus‹ gelten für Eco die Kurzgeschichten, die namhafte Autor:innen im *Playboy* veröffentlichen. Kunst wird in diesem Fall zu einem Alibi der Pornographie degradiert; und Pornographie erscheint als Inbegriff einer kulturellen Praxis, die allein auf Effekte ausgerichtet ist, sich bei einem ›Midcult‹-Magazin wie dem *Playboy* aber hinter dem geborgten Prestige der Hochliteratur verstecken möchte.

Bei Macdonald und Eco ist Midcult vor allem deshalb eine bedrohliche Erscheinung der modernen Kulturgeschichte, weil er die Trennung von Hochkultur und Massenkultur verwirrt, was am Ende immer auf Kosten der Hochkultur geht. In dem Moment, in dem ein Zeugnis des ›Boldinismus‹ Erfolg hat, wird die Vorstellung davon, was echte Kunst ist, weiter verwässert. Konkret bedeutet das, dass Midcult Einlass in die Kunstwelt des Kunstparadigmas bekommt. Wenn Kritiker:innen etablierter Zeitungen die falsche Kunst loben, wenn sie an Universitäten unterrichtet oder in Museen ausgestellt wird, dann handelt es sich um institutionelle Niederlagen. Midcult erscheint wie das trojanische Pferd einer anspruchslosen Massenkultur, die in die höheren Sphären der Kunst eingeschmuggelt werden soll.

Wo sich die Massenkultur mit ihrer kulturellen Rolle bescheidet, ist sie unproblematisch; wo sie aber den Anspruch stellt, selbst Kunst zu sein, wird sie zu einer Gefahr.

In den letzten Jahren hat vor allem Moritz Baßler diese Polemik aufgegriffen und daraus eine kritische Bestandsaufnahme unserer Gegenwartskultur abgeleitet. *Populärer Realismus* ist für Baßler die herrschende literarische Ästhetik unserer Gegenwart. Es handelt sich um die erfolgreichste Manifestation eines siegreichen Midcult. Konkret ist damit »der Mainstream des gehobenen Buchmarktes« gemeint, das, was Baßler den »Murakami-Franzen-Schlink-Knausgård-Ferrante-Kehlmann-Komplex« nennt.[50] Die Autor:innen, die hier aufgelistet werden, sind international erfolgreich, werden aber gleichzeitig auch in den Sphären der Kunstwelt hoch gelobt. Sie haben gleichermaßen kulturelles und finanzielles Kapital angehäuft.

Dieser doppelte Erfolg ist deshalb möglich, weil dieser Midcult seinen erschwindelten Kunstanspruch so effektiv in Szene setzen konnte, aber auch, weil der Siegeszug des Populären Realismus in allen Künsten unter den Gatekeepern eine Bereitschaft erzeugt hat, sich auf diese Feigenblatt-Ästhetik einzulassen. Ein Autor wie Daniel Kehlmann, dessen historischer Roman *Die Vermessung der Welt* 2005 ein riesiger Bestseller geworden war, der aber auch in den Feuilletons gelobt wurde und über den Doktorarbeiten geschrieben werden, ist für Baßler der Inbegriff eines ästhetischen Programms, das so tut, als würde es Anspruch liefern, dabei aber einfach konsumierbare Geschichten verkauft.

In diese Kategorie fällt auch Jonathan Franzen, dessen Konversion vom Status-Modell zum Vertragsmodell hier nicht als eine demokratische Hinwendung zu den Bedürfnissen einfacher Leser:innen erscheint, sondern als Ausverkauf des künstlerischen Anspruchs. Dass Franzen nach der Auseinandersetzung mit Oprah Winfrey seine Arroganz ablegte, um einfach mitreißende Geschichten zu erzählen, ist aus der Perspektive der Midcult-Kritik eine Legitimationsstrategie, die bereits wieder der ›strukturellen Lüge‹ dient, es handele sich trotzdem noch um anspruchsvolle Kunst. Weil dieser Populäre Realismus aber eigentlich weiß, dass seine ästhetischen Strategien durch die Avantgardemuster der Moderne überholt wurden, plage ihn, schreibt Baßler, ein ›schlechtes Gewissen‹, das durch ein ständiges ›Moderne-Bashing‹ kompensiert werden muss. Verfahren der literarischen Moderne würden als Ausdruck eines akademistisch verkrampften Härtediskurses heruntergemacht.

Baßler zitiert eine Passage aus dem ersten Band der autobiographischen Romanreihe *Min kamp* von Karl Ove Knausgård, in der der Erzähler sich daran erinnert, wie entfremdet er sein Kunstgeschichtsstudium erlebt habe. Er hatte dort gelernt, Kunst zu beschreiben und zu analysieren, aber nie über das einzig Wichtige sprechen dürfen, nämlich darüber, »wie man sie erlebt«. Die Gefühle, die durch Kunst in ihm aufgewühlt wurden, musste er für sich behalten, da sie allem widersprachen, »was ich darüber gelernt hatte, was Kunst war und wozu sie gut sein sollte«.[51]

Diese Stelle lässt sich als poetologische Polemik lesen, die gegen den antiemotionalen Kunstbegriff der elitären Moderne gerichtet ist. Die geschilderte Entfremdungserfahrung erinnert an die Anekdote aus dem Artikel von Dan Kois, der seine ästhetischen Vorlieben im Studium verleugnen musste, um nicht gegen die Regeln zu verstoßen, die den überlegenen Studierenden auszeichnen. Für Baßler handelt sich bei dieser Szene um ein Beispiel für das Moderne-Bashing des populären Realismus, der eine entlastende Funktion für das Publikum haben soll. Baßler fasst diese Haltung folgendermaßen zusammen:

»›Du musst nicht auf Krampf akademisch-experimentelles Zeug gut finden, du musst dir auch keine analytischen Kompetenzen draufschaffen, du kannst getrost darauf vertrauen, dass das, was dir gefällt, schon irgendwie gut ist, und stehst trotzdem nicht unter Trivialitätsverdacht, denn so ungefähr sagt einer, der Kunstgeschichte studiert hat, das auch.‹«[52]

Was hier kritisiert wird, ist eine besondere Form des ›ästhetischen Populismus‹. Die Anhänger:innen dieses Populismus sind nicht mehr die Rezipient:innen, die sich ihre einfache Freude an Actionfilmen nicht verderben lassen wollen, sondern selbst – zumindest vom Anspruch her – Mitglieder einer Kunstwelt, die sich über einen gewissen ästhetischen Anspruch definiert. Dieser Populismus ist aus der Perspektive des Kunstparadigmas vor allem deshalb besonders gefährlich, weil er nicht mit offenen Karten spielt. Stattdessen fungiert er als Instrument einer siegreichen populären Kultur, die die echte Kunst nun endgültig zu verdrängen droht, nicht durch ihre schiere Masse, sondern durch Betrug und Selbstbetrug. Midcult erscheint in diesem Zusammenhang als ästhetische Verwirrung, die den Zusammenbruch der Unterscheidung von Hoch- und Massenkultur ankündigt.

3 DIGITALE GEGENWART – DIE EMANZIPATION DES PUBLIKUMS

Autorschaft für alle

Das 21. Jahrhundert hat ganz neue Formen der ästhetischen Aggression hervorgebracht. So können Kunstwerke in der Gegenwart etwa zum Opfer einer *Review Bomb* werden. Diese Kunstwerke werden durch ein Flächenbombardement schlechter Rezensionen verheert zurückgelassen. Konkret bedeutet das, dass auf Plattformen wie Metacritic, Rotten Tomatoes oder Amazon massenhaft schlechte Bewertungen hinterlassen werden, die den Eindruck eines spektakulären ästhetischen Versagens vermitteln, das den Ruf des Kunstwerks beschädigen und seinen finanziellen Erfolg sabotieren soll. Die Gründe dafür, dass Review Bombs gezündet werden, sind zahlreich. Das kann die Enttäuschung über die schlechte Qualität eines Computerspiels oder Films sein oder der Vorwurf der Abzocke oder eine politische Beschwerde. Im Jahr 2021 wurde etwa das Adventure *Life is Strange: True Colors* von einer Masse chinesischer Spieler:innen angegriffen, weil es eine tibetanische Flagge enthält.

Die Review Bomb stellt eine effektive Waffe im öffentlichen Kampf um Geschmacksfragen dar. Es handelt sich um gemeinschaftliche ästhetische Verachtung, die für die Rezeption eines Kunstwerks ausgesprochen schädlich sein kann. Diese Form der kollektiven Wertung wurde erst durch die Digitalisierung möglich gemacht – ein spektakuläres Beispiel dafür, wie der Medienwandel der letzten dreißig Jahre die Machtverhältnisse im künstlerischen Feld verschoben hat.

Partizipation am öffentlichen Diskurs ist sehr einfach geworden. Mit nur wenigen Klicks ist ein Post veröffentlicht, der potentiell Tausende Menschen erreichen kann: auf Foren, Blogs und in den Kommentarspalten großer Medien, aber vor allem in den Sozialen Medien, auf Facebook, Instagram, Twitter (X), Reddit, Tumblr, Threads, Bluesky, Mastodon, zudem auf Social-Reading-Plattformen wie Goodreads oder eben auf Rezensionsplattformen wie Amazon, Metacritic oder Rotten Tomatoes. Die Publikationsmöglichkeiten für Meinungen sind im Zeitalter der Digitalisierung explodiert, was einen ungeheuren Schub an Teilhabe am öffentlichen Gespräch über Kunst und Kultur bewirkt hat.

Dieser Schub hat Folgen für das Verhältnis von Produktion und Rezeption. Wie ich in Kapitel 2 gezeigt habe, lässt sich der moderne Kunstbegriff durch eine fortschreitende Entmachtung des Publikums charakterisieren. Die Rezipient:innen wurden domestiziert – zu dankbaren Empfänger:innen großer Werke, die man mit Konzentration und Stille konsumieren soll. Die publizistische Infrastruktur des Internets hat nun zu einer *Emanzipation des Publikums* beigetragen.

Die Folgen der digitalen Revolution für das Mediensystem sind gravierend. Jürgen Habermas hat in diesem Zusammenhang sogar einen ›erneuten Strukturwandel der Öffentlichkeit‹ diagnostiziert. Die Digitalisierung, schreibt er, habe die vorherrschenden Kommunikationsmuster auf eine radikale Art und Weise verändert: »Denn sie ermächtigen alle potentiellen Nutzer prinzipiell zu selbstständigen und gleichberechtigten Autoren.«[1] Das bedeutet natürlich nicht, dass jeder Post die gleiche Aufmerksamkeit bekommt. Nur weil eine Mitteilung öffentlich ist, heißt das nicht, dass sie auch direkt eine Öffentlichkeit bekommt. Allerdings haben solche Äußerungen gerade in einer gewissen Masse einen entscheidenden Einfluss im Streit darüber, was gute und was schlechte Kunst ist.

Die von Habermas diagnostizierte *Autorschaft für alle* ist eine der wichtigsten Entwicklungen in der Mediengeschichte von Geschmackskonflikten. Diese mediengeschichtliche Revolution hat auch das Konfliktpotential ästhetischer Urteile extrem erhöht. Wenn wir uns die Frage stellen, wie und warum in der Gegenwart über Geschmack gestritten wird, dann muss man vor allem die digitale Öffentlichkeit und ihre Volatilität in den Blick nehmen. So hat die Digitalisierung dafür gesorgt, dass die Zusammenstöße zwischen Hochkultur und Massenkultur immer häufiger werden und immer stärker eskalieren. Die Grenzen zwischen den beiden Bereichen, die im Verlauf der modernen Kulturgeschichte porös geworden sind, brechen nun endgültig zusammen. Das liegt vor allem daran, dass die Öffentlichkeit des Internets eine Sphäre der sozialen Durchmischung darstellt.

Die Digitalisierung wird gerne für die Entstehung von ›Filterblasen‹ verantwortlich gemacht, in denen sich Menschen nur noch mit Meinungen umgeben, die ihrer eigenen entsprechen. Wie etwa Chris Bail in *Breaking the Social Media Prism* gezeigt hat, ist aber genau das Gegenteil passiert.[2] Ein Grund für die hohe Konfliktbereitschaft digitaler Gesellschaften liegt gerade darin, dass man ständig – ob man will oder nicht – mit den Urteilen und Ansichten anderer Menschen konfrontiert wird. Der berühmte ›Blick über den Tellerrand‹, der als Bildungskitsch immer wieder eingefordert wird, löst im Fall unfreiwilliger digitaler Horizonterweiterung vor allem Entsetzen und Verwunderung aus: Das denken, fühlen, lieben andere Menschen also! Das gilt – vielleicht sogar in besonderer Weise – auch für den kulturellen Diskurs. Die Digitalisierung hat mit dafür gesorgt, dass verschiedene Wertungskulturen voneinander erfahren und ungebremst aufeinanderstoßen. Die Segregation des Publikums, die sich im 19. und 20. Jahrhundert vollzogen hatte, wird durch die Digitalisierung zwar nicht vollständig zurückgenommen, aber doch heftig durcheinandergebracht.

Durch die publizistische Infrastruktur des Internets wurden Zusammenstöße verschiedener ästhetischer Welten zum Alltag des kulturellen Gesprächs. Welten, die bisher getrennt voneinander existierten, prallen auf- und ineinander und fordern sich gegenseitig heraus. Die Konflikte, die etwa auf Metacritic zwischen Kritik und Publikum ausgetragen werden, illustrieren diesen Prozess der Machtverschiebung. Dort werden die durchschnittlichen Bewertungen, die etablierte Kritiker:innen gegeben haben, direkt neben der Durchschnittsbewertung der einfachen Konsument:innen gezeigt. Im Kontrast von Meta- und Userscore lässt sich dann nicht nur die teilweise große Uneinigkeit zwischen professioneller und nichtprofessioneller Rezeption ablesen, sondern auch der oft riesige Unterschied in der Anzahl der urteilenden Stimmen.

Auf der Seite des *The Super Mario Bros. Movie* stehen 53 tendenziell schlechte Kritiken über 1800 User Ratings gegenüber, die dem Film eine gute Durchschnittsnote geben; bei *The Last Jedi* sind es 56 größtenteils positive Kritiken und über 10 000 User Ratings, die diesen Teil der *Star Wars*-Serie insgesamt stark abwerten.[3] Der Eindruck, der durch diesen Kontrast entsteht, ist der einer Wertungskultur, in der eine verschwindend geringe Anzahl von Kritiker:innen einem riesigen Publikum vorschreiben will, was es zu lieben oder zu hassen hat. Oder aber man deutet den Kontrast als Zeichen eines Niedergangs des populären Geschmacks, dem sich die professionelle Kritik heroisch entgegenstellt.

Der quantitative Aspekt des modernen Wertungskonflikts zeigt sich auf allen Ebenen der Kultur. Thomas Hecken hat gezeigt, wie sich Wertung von populären Künsten durch zahlenmäßige Kriterien (die sich etwa in Charts ablesen lassen) etabliert hat.[4] Dieses quantitative Regime wurde durch das Kunstparadigma lange Zeit erfolgreich zurückgedrängt und marginalisiert. Ein Befund, dass 50 professionellen Kritiken von 10 000 begeisterten Rezipient:innen widersprochen wird, wäre von den Hohepriestern des Kunstparadigmas noch selbstverständlich als Ausweis einer Bedrohung der wahren Kultur gewertet worden. Gerade die Tatsache, dass so viele Menschen sich geäußert haben, erscheint aus dieser Sicht als Beweis dafür, dass es schlecht sein muss (Kapitel 2).

Dieser Elitismus hat in der modernen Kulturgeschichte bis in die Gegenwart stark an Geltung verloren. Das Kunstparadigma steht unter dem Druck einer triumphalen Demokratisierung. Klassische Formate der Hochkultur werden im Rahmen einer Medienkonkurrenz immer mehr verdrängt – ein Prozess, den die Digitalisierung maßgeblich verstärkt hat. Der schiere Kontrast etwa zwischen der Masse derjenigen, die Computerspiele spielen, und der oft verschwindend geringen Leser:innenschaft eines hochliterarischen Romans kann als Zeichen einer kulturgeschichtlichen Verschiebung gewertet werden.[5]

Das *metrische Regime* der Gegenwart macht die Gewinner und Verlierer dieser Medienkonkurrenz überdeutlich. Heute existieren die technischen Möglichkeiten, um das Publikum quantitativ abzubilden. Man kann darstellen, welche Artikel eines Mediums besonders beliebt sind, wie viele Klicks oder Views ein Video bei Youtube bekommen hat, wie oft ein Song bei Spotify abgespielt wurde. Wo man ständig mit den teils absurden quantitativen Unterschieden in der Verbreitung und Beliebtheit von ästhetischen Erfahrungen konfrontiert wird, verfestigt sich der Eindruck einer siegreichen populären Kultur und einer schwächelnden Hochkultur.

Denn auch und gerade die Nichtrezeption von Kunst und Kultur lässt sich heute viel genauer und unmittelbarer messen. Kulturformate oder akademische Vorträge, die im öffentlichen Diskurs auf wenigen Dutzenden Klicks dahindümpeln, sehen im unmittelbaren Vergleich zu den Hundertausenden Klicks, die etwa Computerspiel- oder Comedyinhalte auf sich versammeln, natürlich ziemlich schlecht aus. Es kommt nicht von ungefähr, dass die konkreten Zahlen von Buchverkäufen – trotz Bestsellerliste – selten öffentlich genannt werden. Auf einer Plattform wie Steam dagegen kann man sich live ansehen, wie viele Spieler:innen gerade ein Computerspiel spielen.

Es ist kaum verwunderlich, dass das metrische Regime im Bereich des kulturellen Feldes große Besorgnis ausgelöst hat. Ein repräsentativer Kommentar stammt von Hannah Bethke, die im Winter 2022 in einem Gespräch mit dem Deutschlandfunk beklagte, Texte über Theater und Oper wären aufgrund eines Mangels an Klicks immer mehr in Gefahr. Das ›Gespenst der Nutzeroptimierung‹ gehe um und bedrohe alle Formate, die sich zahlenmäßig nicht legitimieren können.[6] Hinter dieser Warnung steht die berechtigte Angst, die digitale Messbarkeit von Aufmerksamkeit könne eine traditionsreiche Textsorte wie die Opernkritik obsolet erscheinen lassen. Die übergroße Sichtbarkeit aufmerksamkeitsökonomischer Verlierer im Zeichen des metrischen Regimes bedroht demnach einen wichtigen Bereich des ästhetischen Diskurses.

Gleichzeitig steht die hochkulturelle Ordnung auch durch die digitale Amateurkultur des Bewertens unter Druck. Es handelt sich um eine Machtverschiebung, die von den professionellen Gatekeepern des kulturellen Diskurses als naheliegende Bedrohung wahrgenommen wird. Sigrid Löffler etwa schimpfte in einem Kommentar aus dem Sommer 2020 über die »unerwünschte Konkurrenz«, die die professionelle Literaturkritik durch die Masse an digitalen Amateurrezensionen erhalten habe: »Da wird unter dem Deckmantel einer angeblichen Demokratisierung die Literaturkritik in Wahrheit entprofessionalisiert.«[7]

Die Entprofessionalisierung des ästhetischen Urteils erscheint in dieser Polemik als Folge der Emanzipation des Publikums durch die Digitalisierung. Die Masse an Geschmacksurteilen, die sich, folgt man Löffler, vor allem durch Subjektivität und Emotionalität charakterisieren lassen, kontaminiert den ästhetischen Diskurs. Wenn jeder sich daran beteiligen kann, dann verwässert das die allgemeine Qualität des Wertens. In seinem Essay *Der neue Midcult* von 2021 schreibt Moritz Baßler, der Wandel der Leser:innenschaft sei eine Herausforderung für die Kritik, denn in den Räumen des digitalen Austauschs hätten sich Wertungskollektive gebildet, die auf die Expertise professioneller Wertungsinstanzen (Kritik, Universität) nicht mehr angewiesen sind. Baßler übernimmt von Jochen Venus den

Begriff der ›Stilgemeinschaft‹, um diese Kollektive zu beschreiben: »Die Stilgemeinschaften von Fantasy oder Quality-TV-Serien verständigen sich erfolgreich über das, was an den jeweils neuen Produkten gut ist.«[8]

Diese Stilgemeinschaften tauschen sich über ihre Vorlieben auf eine Art und Weise aus, die vor allem auf Affirmation beruht. Es handelt sich um eine Art des Wertens, die vom distanziert analytischen Urteil professioneller Rezipient:innen denkbar weit entfernt ist. Das führt laut Baßler dazu, dass ästhetischer und politischer Kitsch ins Zentrum der Kultur gespült wird: »Eine auf geringes ›investment‹ gestützte Selbstbestätigung, die zuvor allenfalls nischige, von außen eher belächelte Szenen prägte, drängt auch hier neuerdings in Richtung eines populären Mainstreams.«[9]

Ein Beispiel ist für ihn die Dichterin Rupi Kaur, die mit ihren naiven und kunstlosen Gedichten auf Instagram zu einem Superstar werden konnte, allein durch die Loyalität ihrer Fans, die ihren Ruhm und Erfolg vorbei an den etablierten Gatekeepern der literarischen Kunstwelt erzwungen haben. Solche Stilgemeinschaften zeigten, schreibt Baßler, durchaus Ähnlichkeiten mit der »Armee der selbsternannten Querdenker und geistigen Exilanten, der Aluhütchenträger und Rechtsausleger«, die über die »Verachtung von Bildungseliten, Wissenschaft und generell durch Ausbildung qualifizierter Positionen« zusammenfinden.

Die Emanzipation des Publikums wird hier also als kulturelle Bedrohung wahrgenommen, die sich mit der antiwissenschaftlichen Tendenz von Querdenkern vergleichen lässt. Das vermittelt natürlich ein ziemlich dunkles Bild zeitgenössischer Wertungskollektive. Dem steht eine optimistische Sichtweise gegenüber, die die Demokratisierung des ästhetischen Diskurses eher als wichtige Energiequelle für die Kultur begreifen möchte. Gerhard Lauer etwa spricht in seinem Buch *Lesen im digitalen Zeitalter* von einer »popkulturellen Dehierarchisierung« des literarischen Feldes, die vor allem die extreme Produktivität junger Menschen zur Folge hatte, die sich auf Seiten wie Goodreads austauschen oder die auf einer Plattform wie Wattpad unzählige eigene Geschichten schreiben, redigieren, veröffentlichen und lesen.[10] Diese neuen Orte des Ästhetischen erscheinen aus dieser Perspektive als Bereicherungen des kulturellen Lebens.

Wie auch immer man sich in dieser Debatte positioniert, es ist klar, dass die digitale Revolution der unabweisbare Kontext für die Transformation von ästhetischen Konflikten in der Gegenwart geworden ist. Die Trennung von *high* und *low*, die Konflikte zwischen Produktion und Rezeption, der Kampf um die Frage danach, wer die Macht über unseren Geschmack haben soll – all diese Prozesse wurden durch die Digitalisierung beschleunigt und an den Rand einer kulturgeschichtlichen Eskalation gebracht. Die Möglichkeit der massenhaften Partizipation hat die Fronten kultureller Kämpfe massiv entgrenzt, mit unvorhersehbaren Folgen.

Dunkle Partizipation

In seinem Buch *Breaking News* erzählt der ehemalige Chefredakteur und Herausgeber des *Guardian* Alan Rusbridger, wie schockierend das Auftauchen des Publikums im Zuge der Digitalisierung für den Journalismus gewesen sei. Ein einseitiges Privileg der Kommunikation war gebrochen worden: »Plötzlich hatten wir einen Rückkanal. 200 Jahre lang war es im Journalismus darum gegangen, den Lesern etwas aufzudrängen. Und jetzt waren sie da – nicht in einem Leserbrief, der ein oder zwei Tage später eintraf und (möglicherweise) einige Zeit später über die Poststelle den Weg zu einem Autor fand. Hier waren echte, lebende Leser – manchmal Tausende von ihnen –, die sofort auf Dinge reagierten, die man ihnen mitteilte.«[11]

Aus Rusbridgers Erzählung wird vor allem die Intensität deutlich, mit der sich die öffentliche Kommunikation durch die Digitalisierung verändert hat. Was sich einstellte, war ein Gefühl des plötzlichen Überflutetwerdens mit Kommentaren. Für die Praxis des Journalismus bedeutete das, dass eine ständige, lautstarke Präsenz im professionellen Alltag aufgetaucht war. Dieser Umschwung bewirkte, schreibt Rusbridger, eine grundsätzliche Veränderung in der Selbstwahrnehmung des Publikums vom ›I look‹ (›Ich schaue‹) zum ›I participate‹ (›Ich partizipiere‹). Diese mediale Partizipationskultur breitete sich innerhalb kürzester Zeit aus. Während es vor der Digitalisierung alles andere als einfach gewesen war, seiner Meinung Öffentlichkeit zu verschaffen, wurde das durch die Digitalisierung schnell und problemlos möglich.

Rusbridger beschreibt, wie sich in Reaktion darauf unter Journalist:innen mehr oder weniger direkt eine schlechtgelaunte Abwehr formierte. Zum einen lag das an der Überforderung, zusätzlich zu der redaktionellen Arbeit nun auch noch mit einer unübersehbaren Masse an Korrespondent:innen kommunizieren zu müssen, zum anderen erschienen die Kommentare oft wirr und feindselig. Aus diesen Gründen bildete sich unter Medienschaffenden bald eine Haltung peinlich berührter Indifferenz aus. Margarete Stokowski schreibt darüber: »Die meisten Menschen, die ich kenne, haben mit Onlinekommentaren ungefähr denselben Umgang wie mit Sonnenfinsternissen: Schon faszinierend, aber man sollte nicht hingucken, weil es ernsthafte Schäden geben kann.«[12]

Der neue Schub an Teilhabe erzeugte in allen Bereichen der Öffentlichkeit handfeste Autoritätskonflikte. Im kulturellen Feld führte die Emanzipation des Publikums zu einer ständigen Herausforderung der professionell Urteilenden. Während man früher vor allem durch die Abstimmung mit dem Geldbeutel oder den Füßen ein Kunstwerk, das von der Kritik abgelehnt wurde, groß machen konnte, hatte man jetzt die Möglichkeit, diese Wertungskonkurrenz auch öffentlich zu artikulieren.

Wenn man sich heute eine Musik- oder Filmkritik auf der Internetseite einer Zeitung vornimmt und die Kommentare liest, dann zeigt sich oft ein fast grundsätzlicher Wille zum Widerspruch, gerade dann, wenn es sich um ein populäres oder umstrittenes Werk handelt. Man will sich etwa als Fan den Verriss des neuen Lieblingsalbums nicht mehr gefallen lassen. Oder man lehnt sich gegen das fehlgeleitete Lob eines Romans auf, den alle zu Unrecht gefeiert haben. Allein die Möglichkeit, überhaupt in diese Form der Kommunikation eintreten zu können, ist bereits eine Herausforderung des Mediensystems, das das Recht auf ästhetisches Urteilen bis dahin monopolisiert hatte.[13] In der teils offenen Feindseligkeit der Leser:innenkommentare verkörperte sich, schreibt Rusbridger, ein Geist des Widerstandes. Der Vorwurf lautete: Sie, die Journalist:innen, seien 200 Jahre an der Macht gewesen und würden die Kontrolle nun nicht abgeben wollen; aber im Internet ginge es nicht mehr um Kontrolle.[14]

Wie diese Konflikte sich auf den Alltag professioneller Journalist:innen konkret auswirken, hat Andrea Diener in einem Erfahrungsbericht aus der Online-Redaktion der

Frankfurter Allgemeinen Zeitung im Juli 2014 unter dem Titel »Meine Tage im Hass« pointiert zusammengefasst:

»Stellen Sie sich vor, Sie sind Bäcker. Und jeder Kunde, der Ihren Laden betritt, teilt Ihnen in ziemlich deutlichen Worten mit, dass Ihre Brötchen nun wirklich das Letzte seien, dass jedes Kind bessere Brötchen hinbekäme, dass Sie unqualifiziert seien, für diese Arbeit ganz und gar ungeeignet, die Preise vollkommen überzogen, dass Sie ja ohnehin Mitglied der Bäckermafia seien und sich alle Bäcker verschworen hätten, das Volk mit miesen, pappigen, gesundheitsschädlichen, überteuerten Brötchen zu vergiften, weshalb das gesamte Bäckerhandwerk es verdiene, gefälligst unterzugehen. Zum Abschluss sagt jeder noch etwas Unflätiges und packt einen Stapel Papiertüten ein, denn die gibt es ja umsonst. So ungefähr fühlt es sich an, Journalist zu sein, wenn man sich nicht vollkommen abschottet, sondern ab und an Leserkommentare liest.«[15]

Der neue kommunikative Rückkanal, der durch die Digitalisierung geschaffen wurde, erscheint hier vor allem als Vehikel für Ressentiments, die die Professionalität des Journalismus herausfordern. Es ist kaum verwunderlich, dass sich in diesem Kontext auch ausgesprochen toxische Praktiken etabliert haben. Für diese Art der pervertierten Mitmachkultur wurde in den Medienwissenschaften der Begriff der *Dark Participation* eingeführt. Dunkle Partizipation bezeichnet eine Kommunikation, der es darum geht, zu beleidigen, zu manipulieren, zu zerstören. Diese Form der Teilhabe beschreibt Thorsten Quandt als Kehrseite der Hoffnungen, die zunächst an die neuen Kommunikationsmedien herangetragen wurden – eine Utopie der Öffentlichkeit, in der die Masse der ›Bürgerjournalisten‹ das Mediensystem vor allem bereichern würde.[16]

Die Politik- und Mediengeschichte der letzten Jahrzehnte hat diese Utopien auf eine beeindruckende Art widerlegt. Trolle und Bots bevölkern die Sozialen Medien; Querdenker und Reichsbürger finden sich und bilden destruktive Netzwerke, Fake News und Deep Fakes erodieren die gemeinsam geteilte Realitätswahrnehmung; der ständige Lärm digitaler Medien verstärkt die gesellschaftliche Polarisierung, zerstört unsere Konzentration und radikalisiert unsere Kinder. Solche Beschwerden bestimmen in der Gegenwart den Diskurs um die digitale Medienrevolution. Die Utopie der redaktionellen Gesellschaft erscheint vor diesem Hintergrund natürlich wie naive Traumtänzerei.

Allerdings zeigen die von Rusbridger beschriebenen Konflikte, die sich von Anfang an abzeichneten, dass diese Utopien vielleicht nie so ernst genommen wurden, wie die kulturkritische Schadenfreude über die dunklen Seiten des Internets einen glauben machen wollen. Es ist alles andere als verwunderlich, dass die Integration einer riesigen Masse neuer Teilnehmer:innen in den öffentlichen Diskurs zu heftigen Verwerfungen und Konflikten führen würde. Diese Konflikte werden von den Menschen, die bis dahin das Monopol auf Öffentlichkeit gehalten haben, natürlicher- und berechtigterweise als ein Angriff auf ihre Professionalität gewertet. Partizipation ist insofern immer schon dunkel, weil sie Raum einnimmt, der bereits von anderen besetzt war.

Das gilt in besonderer Weise für den Bereich des ästhetischen Urteilens, da die Emanzipation des Publikums hier auf ein Kunstparadigma trifft, das auf der Domestizierung dieses Publikums beruht. Die Flut an ästhetischen Wertungen, die durch die Digitalisierung erzeugt wurde, muss aus dieser Perspektive natürlich als Bedrohung wahrgenommen werden. Wenn sich plötzlich jeder am großen gesellschaftlichen Gespräch über Kunst und Kultur beteiligen kann, dann wird dadurch eine kommunikative Energie erzeugt, die den auf Stille und Respekt angewiesenen Kunstbegriff endgültig verdrängt. Die bedrohliche ›Tyrannei des populären Publikums‹ gewinnt durch die neuen technischen Möglichkeiten eine besondere Intensität. Wo dieses Publikum zuvor vor allem durch seine Konsumentscheidungen kulturellen Schaden angerichtet hatte, brachte es nun auch noch unzählige unberufene Kritiker:innen hervor. Der Ausspruch ›Eveyone's a Critic‹ wurde durch die publizistische Infrastruktur des Internets zu einer potentiellen Realität, die vor allem für die professionelle Kritik eine Bedrohung darstellte.

Wer darf werten?

Im Juli 2012 veröffentlichte Marshall Fine eine alles andere als begeisterte Kritik des Films *The Dark Knight Rises*. Fine schrieb, der Film sei der schwächste Teil aus Christopher Nolans erfolgreicher Batman-Reihe. Statt einer spannenden Handlung würde er nur pompöses Getöse liefern – ein schwerfälliger und ermüdender Film.[17] Daraufhin brach ein digitaler Empörungssturm los. Hunderte Kommentare beschimpften den Kritiker, und einige davon drohten ihm sogar mit Gewalt. Ein Artikel auf *Indie Wire* zitierte aus diesen Drohungen unter anderem eine Wortmeldung, die darüber fantasierte, Fine mit einem Plastikschlauch ins Koma zu prügeln. Zudem hatten Batman-Fans die Internetseite des Kritikers kurzfristig zum Zusammenbruch gebracht.[18]

Die Rezipient:innen waren besonders dadurch in Rage versetzt worden, dass der Film sich bis dahin auf der Aggregatseite Rotten Tomatoes mit einer zu 100 Prozent positiven Durchschnittswertung schmücken konnte. Erst Fines schlechtgelauntes Urteil hatte diesen perfekten Notenschnitt heruntergezogen. In einem Interview äußerte sich der Kritiker gelassen über das Ereignis. Empörte Reaktionen auf eine Rezension gehörten eben zum Job. Was ihn an der Geschichte überrascht und amüsiert habe, sei, dass die Kommentare von Menschen kamen, die den Film gar nicht gesehen haben konnten, da er noch nicht in die Kinos gekommen war.[19]

Es handelt sich um ein illustratives Beispiel dafür, wie stark in Zeiten der Digitalisierung die Autoritätskonflikte über die Frage ›Wer darf werten?‹ eskalieren können. Diese Eskalation zeigt sich dort am deutlichsten, wo die Institutionen der etablierten Kritik offen angegriffen werden. Kritiker:innen sind die repräsentativen Vertreter:innen einer ästhetischen Elite. Es ist ihr Job, Kunstwerke zu bewerten. Um diesen Job machen zu können, sind sie mit einer Autorität ausgestattet, die sich aus ihrem überlegenen Wissen über die Kunstform, aber vor allem aus ihrem überlegenen Geschmack heraus legitimiert. Gleichzeitig besitzen sie auch eine mediale Plattform, die einen besonderen Einfluss auf den Geschmack anderer ausübt.

Diese Form des professionellen Urteilens stand schon immer unter Druck. Dass Kritiker:innen angefeindet und beschimpft werden, liegt in der Natur einer Profession, die zwangsläufig den Geschmack anderer Menschen angreift. Fine erzählt, er sei in den 1970er Jahren einmal für eine Besprechung gefeuert worden, weil seine Kritik eines Auftritts der homophoben Sängerin Anita Bryant unter den

Leser:innen große Wut erzeugt hatte. Unzählige Briefe und Anrufe hätten die Zeitung erreicht, in denen der Kritiker in die Hölle gewünscht wurde. Ein Shitstorm mit gravierenden persönlichen Folgen konnte also schon im Zeitalter des Telefons und des Leserbriefs effektiv umgesetzt werden.

Was diesen vordigitalen Empörungssturm von seinem digitalen Äquivalent unterscheidet, ist die schiere Sichtbarkeit der Kommentare. Erst die Publizität der Angriffe macht sie zu einer schlagkräftigen Waffe im Kampf um die ästhetische Deutungshoheit. Gleichzeitig ist diese Öffentlichkeit auch die Voraussetzung dafür, dass sich militante Wertungskollektive überhaupt bilden können. Die wütenden Menschen, die in den 1970er Jahren bei Fines Zeitung anriefen, konnten sich zwar denken, dass andere auch verärgert waren – aber erst die Tatsache, dass man sehen kann, wie viele andere Menschen ebenfalls wütend über die Kritik sind, führt zu einer Vergemeinschaftung, die diese Wut bündelt und verstärkt. Man fühlt sich weniger machtlos gegen eine Autorität, die die eigenen ästhetischen Bedürfnisse nicht anerkennen will. Aus einem vagen persönlichen Unwillen wird, angesichts einer Masse von Gleichgesinnten, ein legitimes gemeinsames Anliegen.

Dabei verweist die Tatsache, dass die rasenden Fans den Film, den sie hier verteidigen, noch gar nicht gesehen haben konnten, nicht (nur) auf ihre übersteigerte Loyalität zur Franchise, sondern gerade auch auf den Machtkonflikt zwischen Kritik und Publikum. Die Rezeption eines Kunstwerks ist eine fragile Angelegenheit, die schnell durch einen *vergifteten Paratext* verdorben werden kann (Kapitel 10). Ein negatives Urteil – gerade, wenn es von berufener Stelle kommt – lastet als Druckmoment auf unserer Rezeption, beeinflusst die Art und Weise, wie wir einen Film, einen

Roman, ein Album wahrnehmen. Dass die etablierte Kritik hier einen zeitlichen Vorsprung bekommt und damit in der Lage ist, die Wahrnehmung aller anderen Zuschauer:innen vorzuprägen, wird als verletzende Form der Machtlosigkeit empfunden. Die Fans wollen selbst entscheiden, ob der Film ihren Ansprüchen gerecht wird, sie wollen über das Wohl und Wehe ihrer Kunst bestimmen dürfen.

Es handelt sich um einen Konflikt, der in digitalen Zeiten immer wieder explodiert. Im Mai 2012 veröffentlichte A. O. Scott in der *New York Times* eine ungnädige Rezension des Blockbusters *The Avengers*. Das Genre des Superheldenfilms befinde sich bereits in seiner Dekadenzphase, schreibt Scott, und dieser Film mit seiner hektischen Leere und seinem aufgeblähten Zynismus sei das beste Beispiel dafür.[20] Auf dieses herablassende Urteil reagierte Samuel L. Jackson, der in dem Film eine wichtige Rolle spielt, auf Twitter mit einem aufgebrachten Post. Unter dem Hashtag #Avengersfans schrieb er: »AO Scott braucht einen neuen Job! Lasst uns einen neuen für ihn finden! Einen, den er TATSÄCHLICH beherrscht.« (»AO Scott needs a new job! Let's help him find one! One he can ACTUALLY do!«).[21]

Jackson mobilisierte einen *ästhetischen Populismus*, der direkt an den Publikumsgeschmack appelliert, um gegen den Affront einer hochkulturellen Abwertung anzukämpfen (Kapitel 2). Dabei greift er auf die digitalen Vergemeinschaftungsmöglichkeiten zurück: Wir gegen sie! Die Avengers-Fans werden angerufen, ein wenig wie die Superhelden selbst (»Avengers assemble!«), um gemeinsam einen neuen Job für den Kritiker zu finden, der sich durch sein negatives Urteil als Versager erwiesen hat. So bekommen die Fans die Möglichkeiten, zum Teil eines Wertungskollektivs zu werden, das – gemeinsam mit den Künstlern – als ›Rächer‹

ihres beleidigten Geschmacks auftritt. Im Kampf zwischen der Kunst, der Kritik und dem Publikum kommt es zu neuen Allianzen. In diesem Fall richtete sich ein Künstler wie eine Art ästhetischer Volkstribun direkt an das Volk, um die Elite des Urteilens herauszufordern.

Solche Konflikte zeigen, wie stark Künstler:innen und ihre Fans ihre neugewonnene Macht einsetzen, um gegen professionelle Kritiker:innen vorzugehen. Gleichzeitig zeigen sie aber auch, dass deren Autorität durchaus noch anerkannt wird. Denn statt sich in ihre alternativen Räume des ästhetischen Austauschs zurückzuziehen, beobachten diese Wertungskollektive mit Argusaugen, wie die Kritik mit ihren Künstler:innen umspringt, und schlagen erbarmungslos zu, wenn sie mit der Bewertung nicht einverstanden sind. Das wäre wohl kaum nötig, wenn die etablierte Kritik ihre Macht bereits verloren hätte. Stattdessen gilt auch in diesem Fall, dass die Heftigkeit der Konflikte aus der Durchmischung verschiedener Sphären resultiert.

Die etablierte Kritik stößt auf die Wertungskultur der Fans, die sich in ihrem Urteil allerdings auch nicht sicher genug sind, um nicht trotzdem erbittert um die Mainstream-Anerkennung der Gatekeeper zu kämpfen. Es handelt sich um unterschiedliche Kunstwelten, mit unterschiedlichen Regeln und Ressourcen, die allerdings in derselben Arena um dieselben Ressourcen – Aufmerksamkeit, Anerkennung, Geld – kämpfen. Die Digitalisierung hat diese Durchmischung der Wertungskulturen deutlich verstärkt. Die neue Nähe von Publikum, Kunst und Kritik führt zu einer neuen Qualität von Konflikten. Das liegt vor allem daran, dass das publizistische Monopol der etablierten Wertungsinstitutionen gebrochen wurde. Das autoritative Urteil dieser Institutionen kann durch ein *digitales Plebiszit* überstimmt werden.

Wie die Beispiele der Kritiker:innen, die von aufgebrachten Rezipient:innen durchs Internet gejagt werden, zeigen, kann diese Demokratisierung des ästhetischen Diskurses für Menschen, die sich professionell mit dem Bewerten von Kunst beschäftigen, ausgesprochen bedrohlich werden. Ein Artikel aus dem *Guardian* von 2020 beklagte, die entfesselte digitale Fan-Kultur habe dazu geführt, dass immer mehr Kritiker:innen unter Belästigungen leiden. So habe eine positive, aber nicht restlos begeisterte Besprechung des Albums *Folklore* von Taylor Swift dazu geführt, dass die Kritikerin bedroht wurde und zahlreiche beleidigende Nachrichten erhalten habe. Ihre Kontaktinformationen seien ins Internet gestellt worden und jemand habe sogar ein Foto ihres Wohnorts gepostet. Diese fanatische Verteidigungshaltung, die absolute Gefolgschaft einfordert, sei extrem schädlich und kunstfeindlich.[22]

Gerade wenn eine Künstler:in eine so riesige Fangemeinde besitzt wie Taylor Swift, scheinen Aggressionen gegen die Kritiker:innen eine fast unvermeidliche Erscheinung der ästhetischen Kommunikation zu sein. Ein Text des Journalisten Chris Panella über seine Erfahrung mit diesen Fans beginnt mit folgendem Satz: »Ich wartete in der Schlange, um einen Kaffee zu bestellen, als die Morddrohungen begannen, meinen Posteingang zu fluten.«[23] Panella hatte Swifts Konzertfilm *The Eras Tour* eigentlich gelobt, allerdings unvorsichtigerweise darauf hingewiesen, dass ihm der Konzertfilm *Renaissance* von Beyoncé besser gefallen habe. Daraufhin habe er zahlreiche heftige Drohungen erhalten, sei der Pädophilie bezichtigt worden, Angehörige seien belästigt worden. Es handelt sich sicherlich um einen Extremfall, der aber auf das Konfliktpotential verweist, das die Emanzipation des Publikums im Zeichen der Digitalisierung hervorgebracht hat.

Die Emanzipation des Publikums, die sich im Verlauf des 20. und 21. Jahrhunderts immer mehr ankündigt, wird vor allem durch die Sozialfigur des Fans verkörpert. Fans sind die Konsument:innen, die am stärksten mit der modernen Partizipationskultur assoziiert werden.[24] Gleichzeitig erscheint der Fan als Inbegriff einer populären Rezeption, die sich nicht disziplinieren lässt, die auf einer – oft übergriffigen – Form der ästhetischen Partizipation beharrt. Fans sind damit in vielerlei Hinsicht ein Gegenmodell zum domestizierten Publikum der elitären Moderne.

Es ist deshalb kaum verwunderlich, dass sie für die Vertreter:innen des Kunstparadigmas als Kontrastfolie einer angemessenen Rezeption herhalten müssen. Joli Jenson beschreibt in ihrem einflussreichen Aufsatz *Fandom as Pathology*, wie Fans in der modernen Kulturgeschichte immer wieder pathologisiert wurden. Sie treten als schlechte Leser:innen, schlechte Zuschauer:innen, schlechte Zuhörer:innen auf, entweder als entfesselter Mob schreiender Mädchen bei den Konzerten ihrer Stars oder als gruselige Loser und Loner, die ihre Obsessionen nicht in den Griff bekommen und zum Stalker ihrer Vorbilder werden.[25]

Songs wie Eminems *Stan* oder ein Roman wie Stephen Kings *Misery* über einen Autor, der von seinem größten Fan gekidnappt und unter Folter dazu gezwungen wird, eine Figur wieder zum Leben zu erwecken, stützen das kulturelle Ressentiment, dass Fans (als Fanatiker) eine ausgesprochen ungesunde Form der Rezeption pflegen. Gerade Kings Roman ist eine Modellstudie darüber, wie die pathologische Leser:in ihren eigenen Status als passive und dankbare Empfängerin der Werke nicht anerkennt. Es handelt sich um eine düstere Parodie auf eine populäre Partizipationskultur, in der der Autor ans Bett der Leserin gefesselt und zum Schreiben gezwungen wird. Einen stärkeren Kontrast zum Geniemodell des Kunstparadigmas kann man sich kaum vorstellen. Hier ist die Kunst dem Publikum komplett untergeordnet, die Macht liegt vollständig bei der Rezeption, nicht mehr auf der Ebene der Produktion.

Die Geschichte der Abwertung von Fans hat, folgt man Jenson, die Funktion, den respektablen Umgang mit Kunst von einer ungemessenen, undisziplinierten, zerstörerischen Form des Konsums abzugrenzen. ›Fan‹ erscheint aus dieser Perspektive vor allem als ›das andere‹ der angemessenen Rezeption. Die Pathologisierung der Fans dient der Aufwertung echter Aficionados. Aficionados unterscheiden sich von Fans durch das ›Objekt des Begehrens‹. Für Aficionados sind das die Artefakte der Hochkultur, der modernistische Autor T. S. Eliot und nicht Elvis, Gemälde, nicht Poster, Literaturmagazine und keine Klatschpostillen. »Wenn das Objekt der Begierde bei der Unter- oder Mittelschicht beliebt, relativ preiswert und weithin verfügbar ist«, schreibt Jenson, »handelt es sich offensichtlich um Fandom (oder ein harmloses Hobby); wenn es bei den Wohlhabenden und Gebildeten beliebt, teuer und selten ist, handelt es sich um Vorliebe, Interesse oder Expertise.«[26]

Aficionados grenzen sich von Fans aber zusätzlich auch durch die Art der Rezeption ab. Während Fans vom Objekt ihrer ästhetischen Zuneigung besessen sind, pflegen die wahren Kenner der Kunst eine gewisse Zurückhaltung, eine rationale Form der Bewertung. Fans dagegen wird ein ungesunder emotionaler Exzess in der Rezeption zugeschrieben. Die kultartige Verehrung, die Fans zur Grundlage ihrer geschmacklichen Selbsterzählung machen, führt demnach zu einer regelrechten Unfähigkeit, zu werten. Die Fans finden ihre Idole so gut, dass sie die Kompetenz verlieren, überhaupt zwischen gut und schlecht zu unterscheiden.

Dieses Konstrukt einer falschen Rezeption hat durch die Digitalisierung noch einmal an Deutungsmacht gewonnen. Der Schub an diskursiver Teilhabe erzeugt eine neue Intensität der Abgrenzung. Die Geschichten über Fan-Armeen, die sich in virtuellen Räumen zusammenrotten, um über die Feinde ihrer Künstler:innen herzufallen, gehören genauso zum argumentativen Arsenal dieser Abwehr wie der Ärger über Stilgemeinschaften, die sich im unkritischen gemeinsamen Gutfinden schlechter Kunst gemütlich eingerichtet haben. Indem man dieses dunkle Bild einer unkontrollierten Partizipationskultur zeichnet, aktiviert man die Angst vor einer Rückkehr des aggressiven, lauten, dumpfen Publikums, das im Verlauf der Moderne doch eigentlich erfolgreich diszipliniert worden war.

Digitale Fankulturen und ihre Exzesse erscheinen aus dieser Perspektive als sichtbarste Erscheinungsform einer bedrohlichen Entwicklung, die mit der Emanzipation des Publikums verbunden ist. Dieses Bild kann dazu führen, dass der Blick auf die faszinierenden Verschiebungen im Machtgefüge des kulturellen Feldes verstellt wird. Wer in den Fans Taylor Swifts, die wütend über die berühmten Exfreunde herfallen, die in den Songs angeklagt werden, nur einen Betriebsunfall der Rezeption sehen kann, der durch ein Zuviel an emotionaler Ergriffenheit erzeugt wurde, der kann sich natürlich nicht auf die Fragen einlassen, die sich etwa in Bezug auf das Problem der emotionalen Miteigentümerschaft an den Traumata ergeben, die in den Songs verhandelt werden. Die Emanzipation des Publikums lässt sich nicht einfach darauf reduzieren, einen Mob unkontrollierter Schwärmer und Schreihälse freigesetzt zu haben. Es handelt sich um einen komplexen Prozess, der zahlreiche neue Möglichkeiten für Vergemeinschaftung und Konflikte hervorgebracht hat.

Auch Fan-Armeen haben handfeste Interessen und gehen wechselnde Allianzen ein. Im Frühling 2017 zog sich der Regisseur Zack Snyder aus der Produktion des lange erwarteten Superheldenfilms *Justice League* kurz vor deren Ende zurück, weil seine Tochter unter tragischen Umständen ums Leben gekommen war. Daraufhin wurde Joss Whedon, der Marvels *The Avengers* zu einem Blockbuster gemacht hatte, engagiert, um den Film fertigzustellen – eine Entscheidung, die bei den Fans von Snyder zu großem Unmut führte.

Die beiden Regisseure verkörpern unterschiedliche Ästhetiken. Whedon ist für die schnellen, komischen Dialoge und den eher heiteren Ton seiner Filme und Serien bekannt, während Snyder sich durch einen dunklen, martialischen, ernsten Stil einen Namen gemacht hat. Als *Justice League* veröffentlicht wurde, waren viele der Fans enttäuscht, weil sie den Eindruck hatten, dass Snyders dunkler Vision der Stempel von Whedons heiterem Stil aufgedrückt worden war. Diese Enttäuschung führte dazu, dass sich bald eine Gruppe bildete, die unter dem Schlachtruf ›Release the Snyder Cut‹ forderte, das Studio solle die Version des ursprünglichen Regisseurs veröffentlichen. Der öffentliche Druck dieser Aktion zeigte Wirkung. 2021 wurde *Zack Snyder's Justice League* veröffentlicht.

Die Fans von Snyder traten in diesem Zusammenhang als militantes Wertungskollektiv auf, das sich für die Durchsetzung einer bestimmten Ästhetik einsetzte. Die Version Whedons wurde als minderwertig angesehen, als eine Versündigung am Material des Superheldenstoffes.

Der Snyder-Cut wurde zum Fetisch einer geschmacklichen Selbsterzählung, die vor allem von der Abgrenzung von Menschen lebt, die gerne die Filme von Joss Whedon schauen. Eine solche Form der *ästhetischen Feindschaft* (Kapitel 1) erscheint in diesem Umfang ohne die Voraussetzung einer digitalen Öffentlichkeit kaum vorstellbar. Erst die Sozialen Medien machen es möglich, den Kampf für die ›wahre‹ Version des Filmes zu einem Massenphänomen zu machen.

Dabei stellten sich die Anhänger Snyders mit ihrer Parole ›Release the Snyder-Cut‹ in die Tradition einer unterdrückten Ästhetik, die es gegen die herrschenden Mächte zu verteidigen gilt. Das mag angesichts der Tatsache, dass Snyder selbst zur Elite der amerikanischen Filmschaffenden gehört und nicht aus formalen, sondern persönlichen Gründen den Film an Whedon abgeben musste, etwas seltsam erscheinen. Allerdings sind solche machttheoretischen Überlegungen für die Anhänger einer bestimmten Ästhetik oft unerheblich. Sie wollen *ihre* Kunst aus dem Gefängnis institutioneller Einschränkungen vor allem deshalb befreien, um sie zur Rezeption freizugeben.

Es gibt allerdings auch Fälle, in denen sich die Wut der Fans, die kreative Freiheit für ihre Künstler:innen fordern, nicht mehr nur auf das Werk bezieht (›Release the Snyder Cut‹), sondern auch auf die Person der Künstler:in selbst. Im Jahr 2013 wurde von Fans der Sängerin Ke$ha eine Petition gestartet, die forderte, dass man sie aus einer Art Gefangenschaft befreien müsse. Diese Petition wurde schnell über 10 000 Mal unterzeichnet. Ke$ha war zu diesem Zeitpunkt unter Vertrag im Studio des einflussreichen Produzenten Dr. Luke. Zu diesem Zeitpunkt bahnte sich ein Konflikt zwischen Ke$ha und ihrer Produktionsfirma an, der später in einem bitteren Rechtsstreit eskalieren sollte, in dem es nicht mehr nur um künstlerische Freiheit, sondern auch um die körperliche Unversehrtheit der Künstlerin gehen sollte. 2014 verklagte die Sängerin Dr. Luke wegen sexualisierter Übergriffe.

Der Wortlaut der Petition bietet einen reichen Text, der die kulturellen Bruchlinien des Konfliktes zwischen den verschiedenen Machtpositionen im ästhetischen Feld der Gegenwart illustriert.[27] Was hier gegeneinander ausgespielt wird, sind zum einen die Künstlerin, die das Werk durch ihre Stimme und ihre Erscheinung verkörpert, zum anderen der Produzent, der das technische Vermögen und den institutionellen Einfluss besitzt, und schließlich die Fans selbst, die davon ausgehen, durch ihre Rezeption für den Massenerfolg der Musik überhaupt erst verantwortlich zu sein. In der Petition wird ein dunkles Bild des kreativen Prozesses gezeichnet, in dem die Sängerin gefangen ist: »Dr. Luke kontrolliert Ke$ha wie eine Marionette, füttert sie mit dem, was sie nicht will, und ihre Kreativität schwindet.« Sie werde vertraglich gezwungen, mit den immergleichen Menschen zusammenzuarbeiten, die sie davon abhalten, als Künstlerin zu wachsen.

Der mächtige Produzent, der die Sängerin in einem 8-Album-Vertrag gefangen hält, fungiert als Inbegriff des Bösen, als finsterer Puppenspieler und Tyrann, der sich in die authentische Kommunikation zwischen Künstlerin und Fans hineingedrängt hat. Ein Beispiel, an dem dieses Zerstörungswerk gezeigt werden soll, ist eine Szene aus der biographischen Dokumentation *My Crazy Beautiful Life*, in der man angeblich erkennen kann, wie Ke$ha bei der Arbeit an ihrem Song *Machine Gun Love* etwas Neues auszuprobieren versucht. Der Song sei später abgelehnt worden, weil er »zu anders war und nicht dem Sound entsprach, für den sie bekannt ist«. Dieser Sound erscheint hier als etwas, das den Künstler:innen von außen aufgedrückt wird, als ein Gefängnis für ihre authentischen ästhetischen Kräfte.

Die Künstler:in dagegen möchte sich, heißt es in der Petition, aus dieser Gefangenschaft befreien, um direkt mit ihren Fans zu kommunizieren: »Die zahlreichen Hilferufe waren ein Hinweis darauf, dass sie nur Musik machen will, die sie und ihre Fans glücklich macht.« Diese Behauptung hat nun selbst wieder einen unheimlichen Unterton. Hier wird eine Sprecherposition eingenommen, die davon ausgeht, die eigentlichen Motive der Künstlerin zu kennen. So wird ein Herrschaftsanspruch artikuliert, der von der Machtanmaßung des Produzenten nicht weit entfernt ist. Dieser Anspruch legitimiert sich durch die emotionale Investition, die die Fans durch ihre intensiven ästhetischen Erfahrungen getätigt haben. Als eigentliche Adressaten der Kunst sind sie allein berechtigt, für die Freiheit der Künstlerin einzustehen.

Auseinandersetzungen um ästhetische Enttäuschung und Miteigentümerschaft können im Zeitalter der Digitalität zu weitreichenden öffentlichen Konflikten führen. Die Frontlinien in diesen Kämpfen sind alles andere als klar. So zog sich der Konflikt im Fall Ke$ha quer durch die Rezeptionsgemeinde. Der generische Sound, den der Produzent der Musik angeblich aufgedrückt hatte, ging ja mit der Erwartung einher, dass sich die Musik dann besser verkaufen würde. Damit teilen sich die Zuhörer:innen in schlechte Fans, die gerne die durch den Produzent verzerrte Musik konsumieren, und gute Fans, die nur die authentische, unverzerrte Musik hören wollen, die direkt von der Künstlerin kommt. Die schlechten Fans tragen in gewisser Weise sogar die Hauptschuld für die Unfreiheit der Künstlerin, weil sie überhaupt erst die Nachfrage schaffen, die der skrupellose Produzent befriedigen möchte.

Die Auseinandersetzung um Ke$ha bietet ein eindrucksvolles Beispiel dafür, wie die Digitalisierung den Bereich ästhetischer Konflikte entgrenzt hat. Die digitale Sphäre ist im Verlauf des 21. Jahrhunderts zum wichtigsten Ort geworden, wo sich Geschmack inszenieren lässt, wo er gemacht und geprägt wird.[28] Erst der ungeheure Schub an Teilhabe, der durch die publizistische Infrastruktur des Internets ermöglicht wurde, führt dazu, dass die Autoritätskonflikte, die sich im Verlauf der modernen Kulturgeschichte immer mehr ausbreiteten, so heftig eskalieren konnten. Die Tatsache, dass wir Kunst nicht nur lieben, sondern auch verachten oder gar hassen können, hat eine neue Qualität der Sichtbarkeit gewonnen, seitdem diese negativen Emotionen mehr oder weniger uneingeschränkt öffentlich artikuliert werden können.

4 VERACHTUNG UND ERZIEHUNG – DER HASS AUF SCHLECHTE KUNST

Der nervigste Song aller Zeiten

Woher kommt der Hass auf Celine Dion? Diese Frage stellt sich der Musikjournalist Carl Wilson in seinem Buch *Let's Talk About Love. A Journey to the End of Taste.*[1] Dion war 1997 durch *My Heart Will Go On* zu einem Megastar geworden. Es handelt sich um einen Song, der bei allem Erfolg auch zu einem Objekt kultureller Verachtung avancierte. Musikalisch folgt er der Steigerungslogik einer stimmgewaltigen Popballade, die alle verfügbaren emotionalen Effekte aus den simplen harmonischen Mitteln herauspresst. Der Text ist süßlich und seltsam beliebig: »Once more, you open the door / And you're here in my heart / And my heart will go on and on«. All das entspricht aber den Konventionen der Pop-Musik und kann die obsessive Verachtung, die das Lied herausforderte, nicht erklären. Der Grund für diesen Hass lag auf einer anderen Ebene. *My Heart Will Go On* verkaufte sich unzählige Male und beherrschte über lange Zeit das internationale Radioprogramm. Das Problem war nicht das Kunstwerk selbst, sondern seine Rezeption.

Der Erfolg des Songs verweist auf die unhintergehbare Tatsache, dass viele Menschen dieses Lied lieben, dass sie damit eine begeisterte oder zumindest angenehme ästhetische Erfahrung gemacht haben. Dieser Umstand erscheint wenig erklärungsbedürftig. Songs werden geschrieben, um

Menschen Freude zu bereiten. Dagegen ist die Frage, warum *My Heart Will Go On* so verhasst ist, genuin rätselhaft. Menschen haben Vorlieben, und das bedeutet, dass sie ästhetische Entscheidungen treffen. Man hört lieber Metal als Jazz, liest lieber die Romane von Donna Tartt als die von Philip Roth, schaut lieber Reality-TV als Krimiserien. Damit sind implizite Urteile verbunden. Man mag eben das eine mehr als das andere, und dieser Umstand entscheidet darüber, in welche Rezeption man die knappen Ressourcen Zeit, Geld und Aufmerksamkeit investiert.

Diese Art des Urteilens erscheint vordergründig alles andere als aggressiv. Es handelt sich um eine schlichte Entscheidung für etwas, die eine Entscheidung gegen etwas anderes automatisch einschließt. Diese Selektion vollzieht sich zumeist unbewusst, nicht als aktive Form der Ablehnung. Nur weil jemand klassische Musik dem Konsum von Hip-Hop vorzieht, heißt das nicht automatisch, dass er Hip-Hop auch aktiv ablehnt oder gar verachtet. Und doch gibt es einen ganzen Bereich der feindseligen Rezeption, der offen seine Abneigung gegen ästhetische Erfahrungen anderer Menschen zum Ausdruck bringt.

Wilsons Hass auf Celine Dion war, wie er zu Beginn seines Buches beschreibt, repräsentativ für eine bestimmte Haltung in dieser Zeit. »Celine-Bashing« sei zu einem regelrechten Volkssport geworden. Noch 2005 habe es der Song in einer Rangliste in *Maxim* zur Nummer 3 der »Nervigsten Songs aller Zeiten« gebracht. Wilson zitiert zahlreiche Stimmen, die sich mit Ekel über das Lied ausließen.[2] Der Song war zwar ein Megahit, wurde aber gleichzeitig (und natürlich auch deswegen) zum Inbegriff des oberflächlichen, uncoolen Kitsches, zu einer perfekten Kontrastfolie für die triumphale Selbsterzählung eines überlegenen Geschmacks.

Das Beispiel zeigt, wie schnell die scheinbar harmlose Frage danach, was man gerne hört, liest oder schaut, in erbitterte Konflikte ausarten kann. Auf einmal erscheint die Person, die morgens im Auto das Radio lauter stellt, weil der schöne Song aus *Titanic* läuft, als ein Objekt kultureller Aggression. *Ästhetische Verachtung* ist weiter verbreitet, als man auf Anhieb denken würde. Sie ist ein zwangsläufiger Teil jedes Geschmacksempfindens und kann sich gegen jede Form der ästhetischen Vorliebe richten. Ob man sich über das kitschige ›Gedudel‹ von Popsongs ärgert oder über den prätentiösen Krach von Zwölftonmusik, ist zwar von sehr unterschiedlichen soziokulturellen Perspektiven abhängig, beruht allerdings auf ähnlichen emotionalen Voraussetzungen. Die Kunst der anderen ist eine Zumutung, die nicht nur ignoriert, sondern auch aktiv abgewehrt werden muss – gerade weil sie sich so schlecht ignorieren lässt.

In diesem Kapitel möchte ich die Frage beantworten, warum wir den Geschmack der anderen, ihre ästhetischen Vorlieben, nicht einfach tolerieren können, warum die Verachtung von Kunst zuweilen sogar zu einer regelrechten Obsession ausarten kann. Jonathan Gray spricht in diesem Zusammenhang von Anti-Fans, die sich mit den Objekten ihrer Abneigung fast so gut auskennen wie echte Fans – die Zeit und Arbeit in die Verachtung von Kunst investieren.[3] Gray hat diese Abneigung als Kulturtechnik analysiert. Er plädiert dafür, ästhetische Abneigung nicht einfach nur als die mangelnde Bereitschaft, etwas zu mögen, zu charakterisieren, sondern sie als »eine eigenständige produktive Haltung und Reaktion« ernst zu nehmen.[4]

Dabei besitzt diese Abneigung, wie Gray zeigt, zahlreiche Schattierungen. Sie kann Snobismus zum Ausdruck bringen und Herablassung gegenüber einem Publikum, das die falschen ästhetischen Erfahrungen feiert. Sie kann allerdings auch auf produktive Art und Weise Identität und Gemeinschaft erzeugen. Abneigung ist zudem eine Reaktion auf solche Objekte, die als »unausweichlich und allgegenwärtig« wahrgenommen werden, die den Abneigenden mit ihrer Präsenz »verhöhnen« und so von einem Mangel zeugen, der tief und schmerzhaft empfunden wird.[5] Celine-Bashing ist also mehr als nur ein Ausdruck ›ästhetischer Intoleranz‹. Das Phänomen verweist auf einen wichtigen Aspekt unserer Rezeption von Kunst, die oft fast genauso viel Energie in ihre Abneigungen steckt wie in ihre Vorlieben.

Ein Grund dafür, dass Menschen bestimmte Kunstwerke hassen, liegt in deren Unvermeidbarkeit. Man kann sich etwa kaum vorstellen, wie es Ende der 1990er Jahre hätte gelingen können, *May Heart Will Go On* nicht zu hören. Wilson beschreibt, wie das Flöten-Intro des Liedes ihn aus unzähligen Lautsprechern in Cafés, beim Falafel-Laden, im Kiosk oder in Taxis überallhin verfolgt habe. Ihm aus dem Weg zu gehen hätte »einen Unabomber-artigen Rückzug aus der hörbaren Zivilisation« erfordert.[6]

Damit ist eine der Quellen aktiver Wut auf bestimmte Kunstwerke klar benannt. Wie ich in Kapitel 6 zeige, erfolgt ein nicht unerheblicher Teil unserer ästhetischen Erfahrung unfreiwillig, wird uns in Form einer *Pflichtrezeption* durch Institutionen wie die Schule oder durch kulturellen Druck aufgezwungen. Das erzeugt einen naheliegenden Unwillen und das Bedürfnis nach Rache und Widerstand gegen diesen erzwungenen Kunstkonsum. Ein Song, der wie *My Heart Will Go On* als eine Art Zwangssoundtrack durch den Alltag hilfloser Menschen dudelt, ist das Musterbeispiel einer solchen unfreiwilligen Rezeption. Wo man der Kunst anderer Menschen nicht aus dem Weg gehen kann, wird auch das ästhetische Leben und Lebenlassen schwierig. Wilson zitiert einen Essay des Musikers Momus, der sinngemäß schreibt: Die Hölle, das ist die Musik der anderen – eine Anspielung auf Jean-Paul Sartres Theaterstück *Geschlossene Gesellschaft*, in dessen Zentrum die Erkenntnis steht, dass die Hölle die anderen Menschen sind.[7]

Momus erzählt, wie eine Gruppe von Rave-Kids in seiner Nachbarwohnung in New York einzog und durchgehend die gleiche Trance-Kompilation spielte, manchmal bis tief in die Nacht. Alles, was er seitdem in seiner Wohnung getan hätte, sei von dem gleichen aufgeregten Sound begleitet worden. Das habe seinen Alltag bedeutend gestört. Er sei zwar selbst Musiker und liebe Musik: »Aber ich liebe es nicht, gezwungen zu werden, die Musik zu hören, die andere Leute lieben.«

Damit ist ein grundsätzlicher Konflikt angesprochen, der dazu führen kann, dass sich Wut, Hass und Verachtung in Bezug auf bestimmte ästhetische Erfahrungen entwickeln. Rezeption wird durch ein starkes Gefühl wie Liebe artikuliert, eine Liebe, die dazu führen kann, dass man den ganzen Tag laute elektronische Musik hört. Das hat allerdings auf andere Menschen möglicherweise eine zermürbende Wirkung. Hier stehen verschiedene Vorlieben in einer handfesten Konkurrenz. Es ist kaum möglich, in Ruhe einen Roman zu lesen, wenn die Nachbarin laute Schlagermusik hört. Man wird sich schwer auf einen Film konzentrieren können, wenn die aufdringlichen Trailer für andere Filme weiter vor dem inneren Auge herumflimmern. So wie eine ästhetische Vorliebe in der öffentlichen Artikulation zur sozialen Selbsterzählung des Geschmacks wird, der andere Geschmäcker abwertet (Kapitel 1), so vermittelt die öffentliche Rezeption den herrischen Anspruch, dass die rezipierte

Die Geschichte der moralischen Paniken, die zur Geschichte der Kunst genauso gehören wie die Entwicklungsstufen der Romantheorie, soll hier nicht noch einmal nacherzählt werden. Interessant für die Frage nach dem Status der ästhetischen Verachtung ist vor allem, dass die ethischen und die politischen Abneigungen gegen bestimmte Künste keineswegs nur dazu geführt haben, dass diese zum Verschwinden gebracht wurden. Im Gegenteil: Ein aggressiver kunstpädagogischer Impetus hatte zur Folge, dass die schlechte Kunst immer wieder angeprangert und ausgestellt wurde, um der Öffentlichkeit vorzuführen, wie ästhetische Erfahrungen nicht aussehen dürfen.

Ein Beispiel aus der Geschichte des ästhetischen Prangers ist die Ausstellung *Geschmacksverirrungen im Kunstgewerbe*, die 1909 unter der Leitung von Gustav Pazaurek am Stuttgarter Landesgewerbemuseum eröffnet wurde. In dieser Abteilung des Museums wurden Kunst- und Gebrauchsgegenstände gesammelt, die – wie der Ausstellungsführer beteuerte – als Warnung vor ästhetischen Abwegen dienen sollten: »Vor willkürlichen Übertreibungen allzu originell sein wollender Künstler muß ebenso gewarnt werden, wie vor traurigen Surrogaten und Massenkitsch spekulativer Fabrikanten oder vor irregeleiteten Tändeleien dilettantischer ›Liebhaberkünste‹.«[14] Dazu gehörten blumige Vasen oder Bismarck-Köpfe aus buntem Glas, aber auch religiöser Kitsch.

In dieser Ausstellung wurde die schlechte Kunst also nicht peinlich berührt verschwiegen oder streng aus dem Bereich jener Künste ausgeschlossen, die Aufmerksamkeit bekommen sollten, sondern im Gegenteil offen ausgestellt, und zwar im selben institutionellen Kontext wie die echte Kunst. Das öffentliche Verhöhnen und Verspotten wurde also zu einem legitimen Teil der Museumserfahrung gemacht. So wie man normalerweise Exponate bewunderte, genoss man nun die ästhetische Verachtung, die die *Verirrungen* auszulösen vermochten. Diese Verachtung sollte eine lehrreiche Funktion einnehmen, die den Geschmack erziehen und verbessern würde. Die Verhöhnung des ästhetischen Versagens anderer Menschen diente also als Instrument der ästhetischen Bildung. Erst das Wissen über den schlechten Geschmack war die Grundlage, um einen guten zu entwickeln.

Pazaurek entwickelte sich in dieser Zeit zu einem Theoretiker fehlerhafter Ästhetik, die im Zeitalter der Massenkultur wie eine Flutwelle über die Gesellschaften der Moderne hereingebrochen war. Die Förderung und Verbreitung des guten Geschmacks, schreibt er im Vorwort seiner über 350 Seiten langen Abhandlung *Guter und schlechter Geschmack im Kunstgewerbe* von 1912, sei »eine unserer vornehmsten Kulturaufgaben«. Das Wesen dieses guten Geschmacks sei vielen nicht klar, da sie nur den eigenen Geschmack als den guten begreifen würden. Aus dieser »Umklammerung allzu subjektiver, willkürlicher Anschauungen« will Pazaurek die Geschmacksfrage nun befreien.[15] Die Individualität ästhetischer Vorlieben erscheint in diesem Zusammenhang wie eine Ausrede, um sich den eigenen Geschmacksverirrungen nicht stellen zu müssen. Auf die Frage: Ist das nicht subjektiv?, hat Pazaurek jedenfalls eine deutliche Antwort: Nein!

In seinem Buch vergleicht er schlechte Kunst mit »Nahrungsmittel-Verfälschungen«. Solche Verfälschungen unterlägen in den Kulturstaaten mehr oder weniger strengen Strafbestimmungen. Sei es da nicht verwunderlich, dass die »Vergiftung des guten Geschmacks« überall straflos ausgehen würde? »Den Magen«, schreibt Pazaurek, »darf man sich nicht verderben, bei der Seele scheint man sich an das Sprichwort halten zu wollen: Unkraut vergeht nicht.«[16] Wie in Enzensbergers Polemik wird auch hier das Bildfeld der Ernährung bedient, um die Gefahr schlechter Kunst zu dramatisieren. Während Enzensberger die ästhetische Zwangsernährung an den Rand des Erbrechens bringt, befürchtet Pazaurek eine ästhetische Lebensmittelvergiftung, die nichts weniger bedroht als die Integrität der Seele. Magen und Seele erscheinen in diesem Vergleich als fragile Instrumente der Verdauung, die vor toxischen Genussmitteln beschützt werden müssen.

Aus dieser Situation der Gefährdung lässt sich der Anspruch auf ein »Kunstgesetz« ableiten, das »gegen allerlei Vergehen oder Verbrechen empfindliche Bußen bis zu lebenslangem Zuchthaus festzusetzen hätte«. Diese Forderung ist natürlich nicht ernst gemeint, verweist aber auf den grundsätzlichen Ernst, mit dem zu kunstpädagogischer Säuberung aufgerufen wird. Pazaurek schreibt für eine bürgerliche Leserschaft, die im 19. Jahrhundert sozialisiert wurde und die wenig Berührungsängste mit kulturellem Elitismus besitzt. Das Publikum soll von den Verständigen zur Geschmackskultur erzogen werden. Hier spricht ein Vertreter der Hochkultur ganz selbstverständlich im Modus der Besorgnis und Verachtung über den schlechten Geschmack anderer sozialer Gruppen, die sich durch den Konsum der falschen Kunst selbst vergiften.

Dieser Missstand erfordert aktive Gegenwehr. So feiert Pazaurek etwa den Kampf gegen die Schundliteratur. Institutionen wie die Deutsche Dichtergedächtnisstiftung, der Goethebund, der Dürerbund und einzelne Jugendfürsorge- und Volksbildungsvereine hätten lehrreiche Ausstellungen verderblicher oder wertloser Bücher veranstaltet. Gleichzeitig seien »skrupellose Verleger beklagenswerter Mistliteratur« vom Börsenverein der Deutschen Buchhändler abgeschüttelt worden.[17]

Gelobt wird also eine Mischung aus Ausgrenzung und Ausstellung, die für den Kampf gegen bestimmte Kunstformen charakteristisch ist. Man muss sich mit den gefährlichen Werken aktiv beschäftigen, um sie effektiv ausmerzen zu können. Was hier gefordert wird, ist eine Art feindseliger Philologie, die sich dem Sammeln, Ordnen und Kommentieren der schlechten Werke auf ähnlich akribische Art und Weise zuwendet wie den Meisterwerken. Erst ein Expertentum im Schlechtfinden ermöglicht das angemessene und würdevolle Gutfinden.

In diesen Bereich fällt dann auch Pazaureks Ausstellung *Geschmacksverirrungen im Kunstgewerbe*, die an den Kampf gegen die Schundliteratur anschließt und sich vor allem gegen den Kitsch im Design der Alltagskultur wendet. Dieser Kitsch ist überall. Pazaurek liefert im Führer zur Ausstellung eine kurze Taxonomie des »unkünstlerischen Massenschundes«. Genannt werden: »Hurra-Kitsch (bes. der Schrank mit den Weltkriegs-Greueln – Mißbrauch der Granatenform, des Eisernen Kreuzes, der alten Reichsfarben, der Unterseeboote, hervorragender Persönlichkeiten usw.) Devotionalien-Kitsch (Spekulation auf die religiösen Gefühle), Fremdenandenken-Kitsch, Geschenk-Kitsch (bes. Hochzeitsgeschenke), Vereinskitsch (z. B. rückständige Studenten-›Kunst‹), Aktualitätskitsch (als Beispiel für letztere ist eine Serie verschiedener Geschmacklosigkeiten zusammengestellt worden, die die große Zeppelin-Begeisterung 1908 ff. im Gefolge hatte), Reklamekitsch.«[18]

Auch wenn man über die Formulierung »Mißbrauch der Granatenform« zunächst etwas schmunzeln muss, erzeugt diese über 100 Jahre alte Aufzählung unmittelbaren Wiedererkennungswert. Der Zusammenstoß von billigen Materialien, ästhetischer Stümperei und bedeutungsvollen Inhalten erzeugt bis heute ein Gefühl der Abneigung. Diese Abneigung wurde durch den Aufstieg der postmodernen Ironie in der zweiten Hälfte des 20. Jahrhunderts etwas abgeschwächt. Man kann als Mitglied einer kulturellen Elite den Kitsch im Sinne von ›Camp‹ durchaus genießen, und ein verbreiteter ästhetischer Anti-Elitismus würde donnernde Polemiken über den ›Massenschund‹ heute seltsam und etwas deplatziert erscheinen lassen. Aber die Klagen über das Gedudel im Supermarkt oder den unausweichlichen Popsong zeigen, wie stabil die grundsätzliche Diagnose geblieben ist, dass die ästhetische Alltagskultur durch eine Vielzahl billiger, kitschiger Phänomene vergiftet.

Kitsch und Ekel

Gerade das Wort ›Kitsch‹ erscheint als ein besonders illustratives Beispiel für das Phänomen der ästhetischen Verachtung. Als Schimpfwort erfüllt der Begriff die Funktion, Werke und Künstler:innen abzuwerten oder gleich vollständig aus dem Bereich der Kunst zu exkommunizieren. »Kitsch«, schreibt Wolfgang Braungart, »ist nicht Kunst, Kitsch ist geradezu der Gegenbegriff zu Kunst.« Gleichzeitig verkörpere Kitsch allerdings auch »das schlechte Gewissen der Kunst«. Das bedeutet, dass sich am Kitsch unverhohlen zeigt, »was Kunst nicht sein darf und doch eben auch sein kann, was, womöglich, ihre geheime Sehnsucht ist«.[19]

Damit ist ein grundsätzliches Problem der ästhetischen Verachtung angesprochen. Die Phänomene, die aus dem

Kreis des Künstlerischen ausgeschlossen werden, ähneln dieser echten Kunst zu sehr, um jemals effektiv zum Verschwinden gebracht werden zu können. Ein süßliches Landschaftsbild besteht aus Farben und Formen, die auch in den Meisterwerken der Malereigeschichte zum Einsatz kommen; der Thriller in der Bahnhofsbuchhandlung hat Figuren und eine Handlung, genau wie die Romane Marcel Prousts oder Virginia Woolfs.

Diese bedrohliche Ähnlichkeit vermischt sich mit dem noch bedrohlicheren populären Erfolg der kitschigen Kunst. Gibt die Tatsache, dass so viele Menschen das angeblich Seichte, Leichte, Fehlerhafte lieben, den ästhetischen Strategien, die hier zum Einsatz kommen, nicht recht? Die ›geheime Sehnsucht‹ der Kunst kommt in diesem emotionalen und finanziellen Erfolg zum Ausdruck. Ein Begriff wie ›Kitsch‹ dient vor diesem Hintergrund vor allem als Instrument, um die Geister solcher populären Begehrlichkeiten exkommunizieren zu können. Ästhetische Verachtung hat die Funktion, nicht nur den fremden, sondern auch den eigenen Geschmack zu disziplinieren, damit man diesen Versuchungen nicht selbst verfällt.

Das Wort ›Kitsch‹ etablierte sich in der zweiten Hälfte des 19. Jahrhunderts zunächst im deutschsprachigen Raum. Es war unter anderem eine Reaktion auf die sich immer weiter ausbreitende Massenkultur. Diese Ausbreitung kann auch als ein Schub an Teilhabe gesehen werden, der es immer mehr Menschen ermöglichte, am ästhetischen Leben der Gesellschaft zu partizipieren. Aus der Perspektive kultureller Eliten erschien diese Ausweitung der Teilhabe allerdings auch als Bedrohung. Pazaureks Engagement ist Ausdruck eines solchen Bedrohungsgefühls. In diesem Kontext wurden dann auch Institutionen wie der Dürerbund oder die

Zeitschrift *Der Kunstwart* gegründet, die es sich zur Aufgabe machten, den gesamtgesellschaftlichen Geschmack zu erziehen und zu reglementieren und die kulturpolitische Gegenwehr gegen eine als schlecht, aber ausgesprochen verführerisch wirkende Ästhetik zu organisieren.

Ein Beispiel für diese Art der kulturkritischen Polemik ist Fritz Karpfens *Der Kitsch* von 1925. Karpfens kleines Buch wütet mit begeistertem Ekel gegen den verkitschten Geschmack der Gegenwart, der als das Verderben der Kultur beschworen wird: »Wo immer einmal neues produktives Kunstschaffen als Ausdruck des Seelenlebens der Zeit anhebt, dort eilen schon geschäftige Spinnen herbei und verdecken dieses Neue mit ihren schillernden Geweben.«[20] Wie bei Pazaurek wird auch hier die Produktion und Rezeption von Kunst zu einer Frage der Seelengesundheit erhoben. Nicht nur sei der Kitsch eine »böse Wucherung«, sondern auch »Niederschlag des Ungeistes, der den Geist töten will«. In immer neuen, immer wilderen Sprachbildern steigert sich Karpfen in eine regelrechte Orgie der Verachtung hinein. Der Kitsch sei »der Schakal der Reaktion«, die »Fahne des Maulwurfshügels«,[21] in dem Pharisäer und Heuchler vegetieren etc.

Die Polemik richtet sich allerdings nicht nur gegen die kitschigen Kunstgegenstände, sondern auch gegen die Rezipient:innen, die deren Erfolg überhaupt erst möglich gemacht haben. Karpfen prangert die Mittelmäßigkeit dieser »Krämer-Bürger« und »Bindestrich-Menschen« an. Es handele sich um Leute, die weder rechts noch links seien, um »Raunzer, aber nicht Revolutionäre, Monarchisten und gleichzeitig Republikaner; Kitschisten des Lebens. Und ihre Antiaktivität, ihre Asexualität, ihre Laßt-mich-in-Ruhe-Lebensauffassung düngt den Boden, daß der Kitsch entstehen kann. Sie sind es, die wie ein zäher Teig das Leben niederdrücken, und aus diesem Teig schießen die Dinge empor, die die wahre Kunst mit Schleim überwuchern.«[22] Der Ekel vor der Kunst der anderen nimmt hier fast wahnhafte Züge an, was natürlich auch der genussvollen Rhetorik der Übertreibung geschuldet ist, die Karpfens Buch charakterisiert. Sein Zorn scheint vor allem den »Kitschisten des Lebens« zu gelten, jenen Menschen, die wie ein Teig die Kultur überwuchern. Der offene Elitismus, der hier zum Ausdruck kommt, kann die Masse der Unverständigen nur als Nährstoff für künstlerischen Schleim begreifen.

Es handelt sich um ein eindrucksvolles Beispiel für ästhetische Verachtung, die am Ende immer vor allem den Rezipient:innen gilt, die ein hässliches, aber zunächst harmloses Phänomen mit der Macht ausstatten, eine ganze Kultur zu vergiften. So wie der Hass auf Celine Dions *My Heart Will Go On* erst aus der Ubiquität des Megaerfolges erwuchs und Enzensbergers musikalische Übelkeit erst durch die Allgegenwart des weichen ›Tonbreis‹ erzeugt wurde, der aus Lautsprechern über ihm ausgekippt wurde, so wird der Kitsch in Karpfens Kulturkritik erst durch seinen ökonomischen und kulturellen Erfolg zu einer Gefahr für das Seelenheil der Gesellschaft.

Ästhetische Verachtung artikuliert sich, wie die bisher genannten Beispiele zeigen, über ein Bildfeld des Flüssigen und Giftigen. Die schlechte Kunst wird assoziiert mit Brei, mit Teig oder Schleim, sie ist eine Nahrung, die den Magen verdirbt und die Seele beschädigen kann. Pierre Bourdieus Diagnose, die moderne Elitenästhetik lasse sich durch einen »Ekel vor dem Leichten« charakterisieren, wird in diesen Wortmeldungen konkret.[23]

Diese Sprache des Ekels ist weit entfernt von jeder Vorstellung ästhetischer Toleranz, die jeden einfach seine Kunst genießen lässt. Was sich stattdessen abzeichnet, ist eine Konfliktsituation, in der die Kunst der anderen als Bedrohung für das Individuum und die Gesellschaft wahrgenommen wird. Die Verachtung dieser Kunst stellt eine lautstarke Praxis dar, die einem kulturpolitischen Bedürfnis nach Bestrafung und Anprangern folgt, das dazu führen soll, den Geschmack auf Abwegen vor sich selbst zu retten.

Es ist an dieser Stelle wichtig, auf den traurigen Umstand zu verweisen, dass die emotionale und politische Volatilität der ästhetischen Verachtung auch einige der dunkelsten Kapitel in der Kulturgeschichte hervorgebracht hat. Der Untertitel von Karpfens Buch – *Eine Studie über die Entartung der Kunst* – wirkt in diesem Zusammenhang wie eine bedrohliche historische Vorausdeutung. Die Begrifflichkeit, die sich hier noch auf den scheinbar harmlosen Begriff des ›Kitsches‹ bezieht, fand in der Anti-Ausstellung *Entartete Kunst* der Nationalsozialisten ihr monströses Echo. Im Sommer 1937 wurden in München zum ersten Mal Hunderte von Kunstwerken ausgestellt, die von den Machthabern als »Machwerke der Verfallszeit« beschlagnahmt worden waren. Unter den Werken fanden sich vor allem die Vertreter modernistischer Kunst wie Paul Klee, Max Ernst oder Otto Dix.

Man möchte Gustav Pazaurek (der 1935 verstarb) und Fritz Karpfen, der 1938 aus Österreich fliehen musste, ungern in diese Tradition stellen. Das kulturelle Verfolgungsprogramm der Nationalsozialisten zeigt aber, zu welchen Exzessen sich ästhetische Verachtung aufschwingen kann, wenn sie in den Dienst einer gewalttätigen Ideologie gestellt wird. Davon zeugt auch das Gesetz zum Schutze der nationalen Symbole, das 1933 erlassen wurde und das die Funktion hatte, die Symbole der neuen Machthaber davor zu beschützen, zum Kitsch zu werden.

Gleichzeitig wurde die Kunstkritik stark reglementiert und eingeschränkt, bis hin zu einem offiziellen Verbot. In einem Erlass aus dem Jahr 1936 verkündete Joseph Goebbels, der Reichsminister für Volksaufklärung und Propaganda, dass die Kritik, die in der Zeit »jüdischer Kunstüberfremdung« zu einem »Kunstrichtertum« verdreht worden sei, nun durch den »Kunstbericht« ersetzt werden solle: »… an die Stelle des Kritikers tritt der Kunstschriftleiter. Der Kunstbericht soll weniger Wertung als vielmehr Darstellung und damit Würdigung sein.«[24]

Was hier aufgebaut wurde, war ein ästhetisches Gewaltmonopol des Staates, der als Vertreter des Volkes allein das Recht auf negative Wertung besitzen sollte. Kritiker dagegen sollten Diener am Kunstwerk sein und sich nicht zum unfehlbaren Richter über fremde Leistungen aufschwingen. Diese Melange aus kulturpolitischen Forderungen mündet in der Vorstellung einer harmonischen Kommunikationssituation, in der das Volk direkt mit der Kunst in Kontakt kommt, dabei aber den Respekt vor den Meisterwerken deutscher Genies nicht vermissen lässt. Urteilen und Werten findet entweder als Würdigung statt oder als Vernichtung und Demütigung. Die Kritik als professionelle Form der urteilenden Vermittlung braucht es dafür nicht.

Warum lesen wir Verrisse

Es gibt Rezensionen, die fast genauso berühmt, wenn nicht sogar berühmter sind als das Werk, das sie attackieren. Der

Roman *Yellow Dog* von Martin Amis etwa ist heute vor allem noch deshalb bekannt, weil der Rezensent Tibor Fischer über das Buch folgendes vernichtendes Urteil veröffentlichte: »›Yellow Dog‹ ist nicht nur schlecht im Sinne von ›nicht besonders gut‹ oder ›leicht enttäuschend‹. Es ist Ich-weiß-nicht-wo-ich-hingucken-soll-schlecht. Ich habe mein Exemplar in der U-Bahn gelesen und hatte Angst, dass mir jemand über die Schulter schauen könnte (nicht nur wegen des Embargos, sondern auch, weil jemand denken könnte, ich hätte Spaß an dem, was auf der Seite steht). Das ist so, als würde man den Lieblingsonkel auf dem Schulhof beim Masturbieren erwischen.«[25]

Verrisse können große Aufmerksamkeit erzeugen und werden oft mit Begeisterung gelesen. Das kann sogar dazu führen, dass diese Texte als Sammlungen verkauft werden. Der berühmte Filmkritiker Roger Ebert etwa veröffentlichte insgesamt drei Bände nur mit seinen schlechten Rezensionen. Diese Bücher tragen Titel wie *I Hated, Hated, Hated This Movie*, *Your Movie Sucks* und *A Horrible Experience of Unbearable Length*. Das sind Titel, die von der Intensität einer ästhetischen Verachtung sprechen, die durch eine qualvolle oder empörende ästhetische Erfahrung ausgelöst wurde.

Die Emotionen, die dahinter stehen, sind Hass, Ärger und Langeweile. Damit wird die Rolle, in die Ebert als Kritiker schlüpft, deutlich herausgestellt. Er ist der Anwalt des Publikums, der vor der Rezeption eines misslungenen Kunstwerks warnen möchte. Diese Funktion der Warnung erklärt allerdings noch nicht den Reiz, den es hat, ein ganzes Buch nur mit Verrissen von oft auch alten und bereits vergessenen Filmen zu lesen. Wer dem Geschmack des Kritikers vertraut, dem würde ja auch eine einfache Geste wie ein

Daumen-runter-Zeichen genügen, um zu wissen, dass man auf diesen Film verzichten kann.

Die Freude am Spektakel eines vernichtenden Urteils kommt aber erst durch den Wortlaut der Kritik zustande, durch das kunstvolle Niedermachen. Dieses Niedermachen entwickelt einen eigenen ästhetischen Reiz. Tibor Fischers Kritik an *Yellow Dog* geht über ein einfaches, klar argumentiertes Urteil zu einem Roman weit hinaus und steigert sich in einen donnernden Zorn, der in boshafter Übertreibung die eigene Scham bei der Lektüre mit der Angst davor vergleicht, beim Masturbieren auf dem Schulhof erwischt zu werden. Dabei geht es nicht nur um das Versagen des Autors, sondern auch um das potentielle Versagen zukünftiger Rezipient:innen, die den *Fauxpas* begehen könnten, das Buch tatsächlich zu mögen. Nicht nur der Autor sollte sich dafür schämen, einen so schlechten Roman geschrieben zu haben, sondern auch die Leser:innen, die die Geschmacklosigkeit besitzen, Spaß bei der Lektüre zu haben. Die Textsorte lebt von der öffentlichen Inszenierung des doppelten Verletzungspotentials eines ästhetischen Werturteils. Man beleidigt die Künstler:in und ihr Werk und gleichzeitig auch ihr Publikum.

Der Verriss ist eine Textsorte, deren Erfolg erklärungsbedürftig erscheint. Warum lesen wir gerne das verachtende Urteil über Romane, Filme oder Musik? Warum ergötzen wir uns daran, wenn das ästhetische Versagen anderer Menschen angeprangert wird? Es handelt sich streng genommen um eine ziemlich hämische Einrichtung. Wir müssen uns vorstellen, wie die Autorin eines Romans, der Regisseur eines Films oder eine Sängerin mitbekommt, wie die mühevoll und oft mit viel emotionaler Energie hervorgebrachte Kunst öffentlich vor einem großen Publikum geschmäht wird. Verrisse sind Ausdruck institutionalisierter ästhetischer Verachtung, die öffentlich stattfindet und mit einer gewissen Autorität ausgestattet ist.

Als Marcel Reich-Ranicki im Sommer 1995 den Roman *Ein weites Feld* von Günter Grass im *Spiegel* sehr ungnädig besprach, wurde auf der Titelseite des Magazins ein Bild gezeigt, auf dem der Kritiker das Buch wütend in zwei Teile zerriss. Die Rezension ist im Ton eines freundlichen mahnenden Briefes gehalten, der den gescheiterten Autor direkt adressiert. Gleich zu Beginn heißt es:

»Mein lieber Günter Grass, es gehöre ›zu den schwierigsten und peinlichsten Aufgaben des Métiers‹ – meinte Fontane –, ›oft auch Berühmtheiten, ja, was schlimmer ist, auch solchen, die einem selber als Größen und Berühmtheiten gelten, unwillkommene Sachen sagen zu müssen‹. Aber – fuhr er fort – ›schlecht ist schlecht, und es muß gesagt werden. Hinterher können dann andere mit den Erklärungen und Milderungen kommen‹. Das ist, ziemlich genau, meine Situation.«[26]

Dieser herablassende Ton inszeniert den Kritiker als väterlichen Mentor, der ein ernstes Wort mit einem Autor sprechen muss, den er eigentlich bewundert. Gleichzeitig lobt sich der Kritiker auch für den eigenen Mut, eine Berühmtheit zu tadeln. Die Unbestechlichkeit des Urteils bleibt durch die Prominenz des Verfassers unangetastet: Schlecht ist schlecht. Dabei bezieht sich Reich-Ranicki selbst wiederum auf eine Autorität, Theodor Fontane nämlich, der eine zentrale Rolle in *Ein weites Feld* spielt. So wird der Text gegen sich selbst gewendet. Fontane dient als Instrument der Vernichtung eines Romans über Fontane. Durch die doppelte Aggression des martialischen Titelbildes und des mild-herablassenden Tons wurde die Kritik zu einem medialen Großereignis. Die Beiträge, die aus der Debatte heraus entstanden, die durch den Text ausgelöst wurde, füllen ein ganzes Buch.[27]

Reich-Ranicki steht in der Tradition des gnadenlosen Rezensenten – eine Figur, die in der Kulturgeschichte der Moderne große kulturelle Faszination erzeugt hat. Ein weiteres Cover des *Spiegel* aus dem Jahr 1993 zeigt den Kritiker als bissigen Hund, der die Fetzen eines Buches zwischen den Zähnen hält – Titel: »Der Verreißer«. In einem Interview im Heft beklagte Reich-Ranicki die Einsamkeit des Kritikers: »Er steht im Mittelpunkt und ist trotzdem einsam.«[28] Diese eigentümlich exponierte Außenseiterposition ist ein wichtiger Bestandteil der heroischen Selbsterzählung moderner Kritiker:innen.

Ein Band mit gesammelten Rezensionen von Dale Peck trägt den Titel *Hatchet Jobs* – das englische Wort für Verriss. ›Hatchet‹ bedeutet ›Axt‹, und auf dem Cover ist der Autor zu sehen, der eine Axt über seiner Schulter trägt, als sei er gerade auf dem Weg, die Werke einiger hoffnungsvoller Autor:innen brutal zu zerhacken. In seiner Zeit als Kritiker für die *New Republic* erlangte Peck eine gewisse Berühmtheit für seine gnadenlosen Besprechungen. Notorisch wurde etwa eine Rezension des Buches *The Black Veil* von Rick Moody, die mit den Worten begann: »Rick Moody ist der schlechteste Schriftsteller seiner Generation.«[29]

Peck erzählt im Vorwort zu *Hatchet Jobs*, wie sich das literarische Establishment nach seinem Verriss von Moody gegen ihn gewendet habe. Er sei als hämischer Feind anspruchsvoller Literatur abgestempelt worden.[30] Die Selbstheroisierung des Kritikers ist auch in dieser Geschichte klar erkennbar. Er traut sich, die Wahrheit über den Zustand der Kunst zu sagen, und zahlt dafür einen hohen sozialen Preis.

Die notwendige Gewalt des Urteils, die Unbestechlichkeit und Rücksichtslosigkeit, mit der die Kritik ihre Autorität legitimiert – all das sind Aspekte des schmutzigen Geschäfts ästhetischer Aufräumarbeit. In einer Welt, in der das wahre Urteil immerzu von Gefallsucht und Nettigkeit, vor allem aber durch den unablässigen Gabentausch des betrieblichen *Networking* bedroht wird, braucht es die scharfe Axt des Kritikers, der kein Problem damit hat, sich Feinde zu machen.

In dieselbe Kerbe schlägt auch Reich-Ranicki im Vorwort zu seinem Band *Lauter Verrisse*, in dem er eine Reihe von negativen Besprechungen zu Büchern von Autor:innen wie Anna Seghers, Martin Walser oder Peter Handke versammelt. In diesem Vorwort erzählt er die Geschichte der Kritik in Deutschland als eine Heldengeschichte notwendiger Härte – von Lessing über Friedrich Schlegel und Kurt Tucholsky bis hin zu Reich-Ranicki. Leider sei die Kritik gerade in Deutschland immer wieder als unproduktives Genörgel angegriffen worden. Die kulturelle Praktik der ästhetischen ›Negation‹ begleite ein ständiges feindseliges Unbehagen. Unter den Nazis sei diese Form der aufklärerischen Kritik sogar verboten worden.

Dabei komme dieser Negation, schreibt Reich-Ranicki, eine extrem wichtige kulturelle Funktion zu, gerade in einem Feld, in dem »permanente Lobhudelei« und »unbeirrbare Alleslober« herrschen würden. Verrisse sind demnach »eine aggressive Verteidigung der Literatur«. Ihre Leistungen werden von Reich-Ranicki als eine Art polemisches Bildungsprogramm herausgestellt. Die Kritik soll »die Nichtskönner abschrecken, die Mittelmäßigen zu Bedeutenderem nötigen, die Großen warnen und vor allem, die Leser bilden«.[31]

Damit sind die wichtigsten Aspekte moderner Kunstpädagogik aufgerufen, die im Kampf gegen die schlechte Kunst die gute Kunst überhaupt erst ermöglichen möchte. Abschrecken, warnen, bilden – das sind die Bestandteile eines Projekts, das die ästhetische Verachtung in den Dienst der allgemeinen Geschmacksverbesserung stellt. Reich-Ranicki zitiert Friedrich Schlegel, der beklagt habe, dass seit der Erfindung des Buchdrucks »eine ungeheure Masse ganz schlechter und schlechthin untauglicher Schriften« den Zeitgeist bedrohe. Kritik sei, schreibt Schlegel an einer anderen Stelle, »die Kunst, die Scheinlebendigen in der Literatur zu töten«.[32] Auch hier wird auf der Ebene der Metaphorik die notwendige Gewalt beschworen, die das effektive ästhetische Urteil auszeichnet. Es geht darum, dass die Flut an schlechter Kunst abgewehrt wird, indem man ihre Erzeugnisse zerhackt, verreißt oder tötet.

Die Aggression dieser professionellen ästhetischen Verachtung erzeugt ihrerseits aggressive Gegenwehr. Gerade Marcel Reich-Ranicki wurde immer wieder zur Zielscheibe wütender Autoren. Rolf-Dieter Brinkmann soll dem Kritiker bei einem Treffen zugerufen haben: »Wenn dieses Buch ein Maschinengewehr wäre, würde ich Sie jetzt über den Haufen schießen.«[33] Als bissigen Hund charakterisiert Peter Handke den Kritiker in *Die Lehre der Sainte-Victoire.*[34] Traurige Berühmtheit erlangte der Roman *Tod eines Kritikers* von Martin Walser. Im Roman tritt Reich-Ranicki als die Figur André Erl-König auf, ein unerträglich machtgeiler Kasper und Showman, der von einem Autor aus Rache für einen Verriss ermordet worden sein soll. Dem Roman wurde in der Debatte, die auf die Veröffentlichung folgte, vorgeworfen, eine antisemitische Karikatur des jüdischen Kritikers gezeichnet zu haben. Frank Schirrmacher, der damalige Herausgeber der *Frankfurter Allgemeinen Zeitung*, warf Walser in einem offenen Brief vor, den Kritiker literarisch exekutieren zu wollen. Walser habe sich ein »mechanisches Theater« aufgebaut, in dem es ihm möglich sei, »den Mord auszukosten, ohne ihn zu begehen«.[35]

Der ganze Bereich des Rezensionswesens ist auf beiden Seiten von der Bildsprache der Gewalt geprägt. Dem physischen Zerreißen oder Zerhacken eines Buches durch die Kritik steht die Gewalt der Künstler:innen gegenüber, die sich metaphorisch und physisch gegen die Kritik richtet. Ein in diesem Zusammenhang oft zitiertes Jugendgedicht Johann Wolfgang von Goethes endet mit dem Vers: »Schlagt ihn tot, den Hund! Es ist ein Rezensent.«[36]

Diese imaginäre und teilweise auch reale Gewalt prägt das Verhältnis von Kunst und Kritik durch die gesamte moderne Kulturgeschichte. Als Roger Ebert 2003 den Film *The Brown Bunny* von Vincent Gallo in einer Kritik niedermachte (es sei der schlechteste Film, der je in Cannes gezeigt wurde), nannte dieser ihn »ein fettes Schwein« und wünschte ihm öffentlich, er möge Krebs bekommen.[37] Über Richard Ford wird berichtet, er habe einem Kritiker bei einer Party wegen einer schlechten Besprechung ins Gesicht gespuckt und auf das Buch einer anderen Kritikerin geschossen, um ihr das durchlöcherte Exemplar dann per Post zuzuschicken.[38]

Solche Anekdoten gehören zur Folklore des ästhetischen Diskurses. Sie verweisen auf die Intensität, mit der über Literatur und Filme, Musik und Serien gekämpft werden kann. Das öffentliche Interesse an Rezensionsskandalen soll die Relevanz von Kunst und Kultur unter Beweis stellen. Die Kritik erscheint in diesen Anekdoten als etwas, das große Bedeutung besitzt, weil sie Einfluss auf die Qualität des Geschmacks hat und das Niveau des Sprechens über

Kunst vorgibt. Die Kritik der Kritik kann dementsprechend selbst ziemlich rabiat ausfallen. Im Editorial des Magazins *n+1* hieß es 2004, die einstmals geachtete Zeitschrift *The New Republic* sei durch das Auftauchen des »lächerlichen Dale Peck« beschmutzt worden. Peck habe ihre Wände »mit Scheiße beschmiert« und so ihre Autorität für immer zugrunde gerichtet.[39]

Der kritische Schlächter, der schon auf dem Cover seiner Sammlung von Verrissen die Axt schwingt, erscheint aus dieser schlechtgelaunten Perspektive als psychotischer Scheißeschmierer, der die Kunst und ihre Institutionen beschmutzt hat. An den Kontroversen, die durch die Praxis des Verrisses erzeugt werden, kann man ablesen, wie konfliktträchtig der ganze Diskurs um die öffentliche Bewertung von Kunst und Geschmack wirklich ist. Es geht ganz grundsätzlich um Verschmutzung. Die Künstler:in beschmutzt die Kultur durch ihre schlechte Kunst, und der Kritiker verschmutzt die Kunst, indem er die Wände ihrer Institutionen mit Exkrementen beschmiert.

Dieser Diskurs der gegenseitigen Verschmutzung eskaliert 2023 auf ganz konkrete Art und Weise, als der Choreograph Marco Goecke in der Staatsoper Hannover eine Tanzkritikerin der *Frankfurter Allgemeinen Zeitung* mit dem Kot seines Hundes attackierte. Diese Tat löste einen heftigen Skandal aus, in dessen Kontext nicht nur die toxischen Elemente des theatralischen Geniediskurses diskutiert wurden, sondern sich auch der Täter selbst ausführlich rechtfertigen durfte. Die harschen Urteile der Kritikerin über seine Aufführungen hätten ihn zu der Tat getrieben. »Sie hat mich«, sagte er in einem Interview mit dem NDR, »auch jahrelang mit Scheiße beworfen.« Und: »Wie würden andere Menschen, die hart arbeiten, damit umgehen, wenn sie so mit Schmutz beworfen werden würden?«[40]

Der Skandal, der durch dieses Ereignis ausgelöst wurde, illustriert die Bedeutung, die wir dem Kampf um die Kunst und ihre Bewertung zumessen. Streng genommen handelte es sich um die Tat eines Mannes, der unkontrolliert seinen gewalttätigen Trieben nachgegeben hatte – eigentlich kein naheliegender Anlass für einen ästhetischen Diskurs. Und doch fanden sich Menschen, die mit Verständnis reagierten. Sibylle Berg schrieb auf Twitter, überragende Künstler seien Ausnahmemenschen, »sie dürfen nicht alles, aber – shit happens.«[41] Elke Heidenreich sagte dem Deutschlandfunk in einem Interview, sie könne verstehen, dass man mal die Nerven verliere. Goeckes Mittel seien nicht richtig, aber viele Kritiker seien sehr eitel und würden nur sich selbst in den Vordergrund stellen. Sie selbst habe eigentlich nie verreißen wollen, sondern lieber die kurze Zeit, die man in den Medien für Kultur zur Verfügung habe, zum Loben genutzt, im Gegensatz zu Menschen, die sich im Schlechtfinden suhlen.[42]

Fälle wie der Skandal um Goecke zeigen, wie seltsam die Institution der Kritik eigentlich ist. Es handelt sich um ein Verhältnis, das von Anfang an durch Gewalt geprägt ist, das sich aber auch auf den höchsten Ebenen der Kultur abspielt. Für die Künstler:in gibt es in dieser Kommunikationssituation eigentlich nur die Rolle des vornehmen Ertragens – eine Rolle, die, wie sich gezeigt hat – nur schwer einzuhalten ist. Stattdessen kommt es immer wieder zu Eskalationen, was damit enden kann, dass in einer Staatsoper mit Hundekot geworfen wird und das kulturelle Establishment danach ganz ernsthaft darüber diskutiert, ob man dafür nicht Verständnis aufbringen müsse.

Es ist natürlich besonders interessant, sich auf die Fälle zu konzentrieren, in denen die Konflikte zwischen Kritik und Kunst eskalieren. Allerdings muss man auch festhalten, dass es sich um eine weitestgehend kultivierte Form des ästhetischen Konflikts handelt. Im Rezensionswesen wird die ästhetische Verachtung zivilisiert und in einen regelgeleiteten Austausch überführt. Es handelt sich um ein System, das vorsieht, dass über Kunst öffentlich geurteilt wird und dass dieses Urteil auch sehr schlecht ausfallen kann. Es kann aber auch ausgesprochen lobend sein. Die Künstler:innen lassen sich auf dieses System ein, weil sich das Risiko des Bewertenlassens für sie auch lohnt, vor allem aber, weil es ein Ort ist, wo ein wichtiger Teil der Resonanz stattfindet, ohne die ein Kunstwerk in einem leeren Echoraum verhallen würde.

Der Austausch über ein Kunstwerk ist ein wichtiger Bestandteil seiner Rezeption – und gerade Verrisse können zu einem Anlass für partizipative Rezeption werden. Ein solcher Text dient dann eben auch als Ausgangspunkt öffentlicher Konflikte über Kunst. Ist man eher auf der Seite der Kritikerin oder der des Künstlers? Gehört man zu denjenigen, die das Werk eigentlich verstanden haben, oder zu denen, die sich über die fehlgeleitete Zuneigung zu diesem Werk erheben können? So erweisen sich die Diskussionen um Verrisse als offene Bühne, auf der das Drama des Geschmacks inszeniert werden kann.

Die ungehemmte ästhetische Verachtung eines Verrisses trifft auf ein Publikum, das durch ein hartes Urteil energetisiert wird, dem vor Augen geführt wird, dass Geschmack etwas ist, das starke Emotionen auslösen kann, für das es sich zu kämpfen lohnt. Diese Energie kommt gerade dann zustande, wenn die Kritik das negative Urteil zum Spektakel macht. Verachtung und Wut über schlechte Kunst zeigt, wie wichtig Kunst der Kritiker:in ist. Damit liegt die Funktion des Verrisses nicht unbedingt darin, das Publikum zu einem besseren Geschmack zu erziehen, sondern darin, ihm die Relevanz der Rezeption vorzuleben.

Der Hass auf Kunst ist belebend, energetisiert die Rezeption. Anstatt dass man sich angeekelt abwendet, die Augen verschließt, wird das peinliche Versagen ins Rampenlicht eines Textes gerückt, dessen Funktion darin besteht, die Fehler des Kunstwerks forensisch herauszustellen. Der Erfolg des Genres ›Verriss‹ wirft faszinierende Fragen auf, was die Motivation und Struktur unseres Rezeptionsverhaltens angeht. Wir verachten und hassen schlechte Kunst, fühlen uns von ihr verfolgt und belästigt. Aber irgendwie lieben wir es auch, schlechte Kunst zu hassen. Sonst würde man sie nicht sammeln, ausstellen, verreißen oder auslachen.

5 ÄSTHETISCHE SCHADENFREUDE – LACHEN ÜBER MISSLUNGENE KUNST

Rezeption und Mobbing

Friederike Kempner war eine Dichterin des 19. Jahrhunderts, die vor allem dafür berühmt war, besonders schlecht zu dichten. Kempner stammte aus einem reichen Elternhaus im damaligen Schlesien und war eine produktive Autorin von Dramen, Novellen und reformerischen Schriften (*Denkschrift über die Nothwendigkeit einer gesetzlichen Einführung von Leichenhäusern*). Im Jahr 1873 veröffentlichte sie ihren ersten Lyrikband, der ihren Ruf als meisterhaft miserable Autorin begründete. Darin finden sich kämpferische politische Anklagen (»Besessen ist die Welt / Von Eigennutz und Geld, / Und alles zum – / Verzweifeln dumm!«) ebenso wie Naturlyrik (»Blümlein auf der Au, / Rein und wunderblau, / Sag', was zitterst so? / Stürmt es irgendwo?«).[1]

Im Juni 1880 stellte Paul Lindau die Gedichte in seiner Zeitschrift *Die Gegenwart* vor. Sein Text ist im Ton ironischer Bewunderung gehalten, die sich dem Werk der Dichterin mit scheinbar großer Ernsthaftigkeit zuwendet. Dabei werden genussvoll einige der peinlichsten Stellen zitiert. Was Lindau und seine Zeitgenossen an Kempner besonders amüsierte, war die Mischung aus pompöser politischer Selbstzufriedenheit, süßlicher Sentimentalität und technischem Unvermögen. In der Folge wurde die Autorin zu einer beliebten Zielscheibe für kollektiven Spott. Dieser Spott kam in zahlreichen Parodien zum Ausdruck, die sich im öffentlichen Bewusstsein immer mehr mit den tatsächlichen Gedichten vermischten.

Bereits in Lindaus Text von 1880 werden erste Parodien formuliert. Der Rezensent wird von der unfreiwilligen Komik der Texte regelrecht übermannt und beginnt selbst zu dichten. Eine Strophe bei Kempner (»Klein Gesichtchen rund, / Kirschenroter Mund; / Augen braun, nicht blau: / Wird bald meine Frau!«) löst bei ihm eine dermaßen große ›Begeisterung‹ aus, dass er direkt zu einer Fortsetzung angeregt wird: »Grübchen in dem Kinn, / Beine dick, nicht dünn, / Nase groß, nicht klein; / Ei, was kann da sein!«[2] Dieser Drang zur hämischen Nachahmung ist für die Rezeption der Dichterin maßgeblich. Kempners Lyrik wurde zum Rohstoff einer ganzen Industrie von Parodien. Es wurde ein regelrechter Volkssport, sich über die ›schlesische Nachtigall‹ lustig zu machen. Man könnte sagen, dass Kempner zum Opfer eines langanhaltenden rezeptionsgeschichtlichen Mobbings geworden ist.

Die Ambivalenz der ästhetischen Verachtung kommt in diesem Mobbing deutlich zum Ausdruck (Kapitel 4). Man möchte einerseits strafen und vernichten, andererseits ausstellen und parodieren. Vor diesem Hintergrund erscheint Kempners Lyrik als produktive Energiequelle ästhetischer Reflexion. Lindau und die anderen Spötter entwickelten ihre lyrische Produktion als feindselige, aber im Endeffekt parasitäre Epigonen, die der ›schlesischen Nachtigall‹, die über ihren Köpfen hinwegschwebt, hinterherdichten. Der Fall zeigt, wie die Verachtung für ein ästhetisches Versagen zu einer regelrechten kulturellen Obsession werden kann.

Diese Form der Rezeption beruht auf *ästhetischer Schadenfreude.* Diese Freude entsteht, wenn man mit einem spektakulären ästhetischen Versagen konfrontiert wird.

Das kann ein holprig gereimtes, kitschiges Gedicht sein, das kann aber auch ein Gemälde sein, bei dem die Proportionen auf groteske Art nicht stimmen, ein Song, der schief und krumm gesungen wird, ein Film mit absurden Dialogen oder ein unglaublich langweiliger Roman. Spott und Ästhetik gehören zusammen. Zu den wichtigsten Reaktionen auf Kunst gehört das Lachen über misslungene Kunstwerke.

So entstehen Rezeptionspraktiken wie das ›Hate-Watching‹, die sich als scherzhafte Formen der Selbstbeschreibung etabliert haben. Man kann einfach nicht aufhören, eine Serie oder einen Film zu schauen, obwohl man alles daran verachtet. Es handelt sich um eine Form der Rezeption, die oft mit einer Performance des öffentlichen Spottens verbunden ist. Man macht aus der Abneigung gegen eine bestimmte ästhetische Erfahrung ein Spektakel, das zum Mitmachen einlädt. So kommt es zu *kollektiven Spottereignissen*, die vor allem deshalb so viel Energie freisetzen können, weil sie auf der Tendenz zur ästhetischen Schadenfreude beruhen. Das schiere Vergnügen am künstlerischen Versagen anderer Menschen ist eine Triebfeder des Konsums.

Dieses Vergnügen zieht sich durch alle kulturellen Felder. Fans von Computerspielen etwa stellen ausgiebige Sammlungen von ›Bugs‹ zusammen, von technischen Fehlern in Spielen, die dazu führen können, dass Figuren plötzlich vom Boden abheben oder mit Häusern und Autos verschmelzen. Als 2014 *Assassin's Creed Unity*, der neueste Teil der erfolgreichen Action-Adventure-Reihe, veröffentlicht wurde, machte im Internet das Bild eines grotesken Gesichts die Runde, in dem man nur die Augen und einen gruselig grinsenden Mund erkennen konnte – ein Symptom für den unfertigen Zustand, in dem das Spiel ausgeliefert worden war. Der öffentliche Spott über dieses Gesicht ohne Schädel und Haut war riesig und ruinierte den Ruf der ganzen Reihe für die folgenden Jahre. Der Fall verweist auf die Wirkungskraft kollektiver Spottereignisse. Empörung oder Enttäuschung schlagen um in öffentliches Gelächter, eine Form der gemeinsamen Rezeption, die sich an einem ästhetischen Versagen ergötzt.

Die Digitalisierung hat dazu geführt, dass solche kollektiven Spottereignisse häufiger auftreten und eine oft unkontrollierbare Dynamik entwickeln. Ein Beispiel liefert *Morbius* aus dem Jahr 2022. Darin spielt Jared Leto einen Arzt, der durch ein medizinisches Experiment zum Vampir wird. Der Film wurde in der Kritik äußerst ungnädig aufgenommen und galt als Flop. Gleichzeitig wurde *Morbius* allerdings auch zum Gegenstand eines ironischen Kults, der den Film mit übersteigerter Begeisterung zu feiern begann. Diese ironische Rezeption erzeugte zahlreiche Memes wie etwa die ›Morbius Sweep‹, die ausgerufen wurde und auf der falschen Behauptung beruhte, der Film sei ein riesiger Sommerhit gewesen, der von der Kritik frenetisch gefeiert wurde und noch nie dagewesene Einspielergebnisse erzielt habe. Dazu gehörte auch das Motto ›It's Morbin' time‹, das als Kampfschrei der vermeintlichen Superfans lanciert wurde.[3]

Was sich hier abzeichnet, ist eine spezifische Form von Anti-Fandom (Kapitel 4), die in der gespielten Begeisterung für ein Kunstwerk, das allgemein verachtet wird, zum Ausdruck kommt. Es handelt sich um ein komplexes Spiel der kollektiven Rezeption, das auf Insiderwitzen beruht, die man nur dann verstehen kann, wenn man sich in das Werk und seinen Kontext auf eine ähnliche Art und Weise versenkt wie in ein Werk, das man wirklich bewundert. Dieses teils massive zeitliche Investment in eine kulturelle Praxis, die auf Feindseligkeit beruht, erscheint rätselhaft. Warum sollte man sich darüber freuen, wenn andere Menschen als Künstler:innen oder Rezipient:innen versagen?

Es ist eine der weniger sympathischen anthropologischen Konstanten, dass Menschen sich gerne über andere Menschen lustig machen. Was aber unterscheidet den Spott über misslungene Kunst vom Spott über andere Missgeschicke? Man könnte sagen, dass die besondere Freude an einem ästhetischen Versagen darin liegt, dass die Hybris, sich den Status der Künstler:in angemaßt zu haben, bestraft wird. Der Sonderstatus der Kunst ist mit Privilegien verbunden, einem besonderen Respekt für die Person der Künstler:in und ihr Werk (Kapitel 2). Wenn man sich über Friederike Kempner lustig macht, dann stellt man eine Person an den Pranger, die als ästhetische Schwindlerin entlarvt wurde.

Gerade in der Zeit, in der Kempner dichtete, nahm die Dichterverehrung oft absurde Ausmaße an. 1859 etwa fand das große Fest zum 100. Geburtstag Friedrich Schillers statt. Thorsten Logge beschreibt eindrücklich den Bombast dieser Feierlichkeiten, zu denen sich nicht nur im deutschsprachigen Raum, sondern weltweit Zehntausende Menschen zusammenfanden: »Prächtig geschmückte Festzüge zogen durch die Straßen, Fackelzüge und festliche Illuminationen erhellten die Nacht, in den Theatern, den Opern- und Konzerthäusern fanden Festvorstellungen statt, mehr oder weniger bekannte Persönlichkeiten hielten Festreden, auf Festbanketten wurden zu Schillerwein und Schillerwurst die Gläser gehoben und zahllose Toasts ausgebracht.«[4]

Das ist der Kontext, in dem Kempner zum Opfer einer kollektiven Bestrafungsaktion wurde. Die Verehrung, die Dichtern in dieser Zeit zuteilwurde, ließ Menschen, die sich anmaßten, zu diesen Genies zu gehören, besonders strafwürdig erscheinen. Dieses Strafbedürfnis vermischte sich allerdings auch mit anderen Ressentiments, darunter Antisemitismus und Sexismus. Die Tatsache, dass durch die medialen und sozialen Umschwünge des 19. Jahrhunderts immer mehr Menschen am kulturellen Leben beteiligt wurden, führte zu einem Abwehrbedürfnis, das sich an einer Figur wie Kempner natürlich sehr gut befriedigen ließ. Hier war nun ein eindrucksvolles Beispiel dafür zu bestaunen, was passiert, wenn man alle möglichen Menschen dichten und publizieren lässt.

So erscheinen ästhetische Schadenfreude und die daraus resultierenden kollektiven Spottereignisse immer auch als Indikatoren übergeordneter kultureller Konflikte. Das Gelächter über *Morbius* etwa war einerseits Ausdruck einer allgemeinen Erschöpfung vom Genre des Superheldenfilms, bezog sich andererseits aber auch auf den Schauspieler Jared Leto, dessen peinlich ernsthaftes Method Acting (verbunden mit Vorwürfen der Übergriffigkeit) einen gewissen Unwillen hatte schwelen lassen. Ästhetische Schadenfreude hat also auch die Funktion, einem allgemeinen kulturellen Überdruss Ausdruck zu verleihen.

Gerade die Ernsthaftigkeit, mit der Kunst gemacht und rezipiert wird, ist der Ausgangspunkt zahlreicher kollektiver Spottereignisse. Die ästhetische Hybris tritt uns im Gewand arroganter Selbstvergessenheit entgegen. Ein Ansatz, um diese Phänomene zu erklären, ist unfreiwillige Komik. Ein Mangel an (Selbst-)Ironie ist die wichtigste Voraussetzung für ästhetische Schadenfreude. Wie jede Komik funktioniert auch die unfreiwillige nur in einem sozialen Rahmen, in dem die Teilnehmer:innen einen gemeinsamen Sinn für Humor haben, was im Fall ästhetischer Schadenfreude bedeutet: ein gemeinsames Opfer der Verachtung.

Anfang 2011 produzierte die 13-jährige Schülerin Rebecca Black ein von ihren Eltern finanziertes Musikvideo zu einem selbstgeschriebenen Song mit dem Titel *Friday*. Kurze Zeit später machte sich ein bekannter Comedian öffentlich darüber lustig und bescherte dem Video, das die Produktionsfirma auf Youtube hochgeladen hatte, einen unfreiwilligen viralen Erfolg. Die Komik des Songs liegt vor allem in der fast rührenden Inkompetenz der Lyrics. Es geht in *Friday* darum, wie sehr sich die Sängerin und ihre Freund:innen darüber freuen, dass es Freitag ist und ein spaß- und partygefülltes Wochenende vor ihnen liegt. Der Text ist gleichzeitig seltsam spezifisch und banal. Black berichtet, dass sie morgens Cornflakes essen muss; später fragt sie sich, welchen Sitz sie im Auto wählen soll. Besonders lächerlich wirkten die Verse: »Yesterday was Thursday, Thursday / Today is Friday, Friday« und »Tomorrow is Saturday / And Sunday comes afterwards«. Das Video zu dem Song zeigte eine Gruppe von schmerzhaft ungelenken Teenagern, die versuchten, die Partykultur der 2010er Jahre nachzuspielen.[5]

Der Fall zeigt zahlreiche Parallelen zum Spottereignis um Friederike Kempner. Eine obskure Publikation wird von einem Kritiker öffentlich angeprangert und der Lächerlichkeit preisgegeben. Bestraft wurde in beiden Fällen die Hybris des Artistischen, die Anmaßung, eine Künstlerin sein zu wollen. Auch der Fall Black ist auf eine spezifische mediengeschichtliche Paranoia zurückzuführen. Während man sich in der zweiten Hälfte des 19. Jahrhunderts Sorgen macht, die Ausweitung der ästhetischen Teilhabe durch den Aufstieg der Massenkultur könnte die Kunst beschädigen, fürchtete man zu Beginn des 21. Jahrhunderts, die Digitalisierung könnte dazu führen, dass nun jeder seine Kunst wahllos ins Internet kippt.

Was die Spottereignisse um Kempner und Black allerdings unterscheidet, ist die mediale Dynamik der beiden Fälle. Digitale Spottereignisse sind eine spezifische Form des öffentlichen Shamings, die sich viel unkontrollierter und schneller verbreiten als früher. Während vordigitale Normverstöße in klassischen Medienskandalen von einer vermittelten Öffentlichkeit aus Journalist:innen aufbereitet werden mussten, können sich heute viel mehr Menschen unmittelbar daran beteiligen. Die publizistische Infrastruktur des Internets macht es möglich, dass eine Masse von Spöttern spontan in Erscheinung tritt. Dadurch erreicht die Intensität des Shamings unkontrollierbare Ausmaße. Diese Dynamik der digitalen Öffentlichkeit führte dazu, dass sich Millionen von Menschen über das schlechte Lied einer 13-Jährigen lustig machten.

Der Fall zeigt die teils große Grausamkeit ästhetischer Schadenfreude, die zwischen einem kulturindustriellen Produkt wie *Morbius* und einer bis dahin unbekannten Schülerin keinen Unterschied macht, wenn es darum geht, sich an einem spektakulär misslungenen Kunstwerk zu ergötzen. Mark O'Connell erinnert in seinem Essay an die atemberaubende Gemeinheit, mit der Kommentator:innen im Internet über die junge Frau herfielen: »Du bist so fett und wirst nie hübsch sein«; »Du kannst nicht singen und ich hoffe, du stirbst«; »Ich denke, du solltest eine Essstörung bekommen, denn dann wirst du hübsch«.[6] Dieses digitale Mobbing schwappte natürlich bald auch in die reale Welt der Sängerin, die von ihren Eltern aus der Schule genommen werden musste, weil sie dort zum Opfer ständiger Demütigungen geworden war. Der Spott über das ästhetische Versagen kann, wie das Beispiel zeigt, auf eine Art und Weise persönlich werden, die immer schon politisch aufgeladen ist.

Ein moderner Klassiker der ästhetischen Schadenfreude ist der Film *The Room* aus dem Jahr 2003. Es handelt sich um ein Psychodrama, in dem ein Mann von seiner Verlobten mit seinem besten Freund betrogen wird und sich deswegen umbringt. Berühmt ist der Film aufgrund der atemberaubenden Inkompetenz, mit der er produziert wurde. Die Dialoge sind extrem hölzern und wirr, die Schauspieler:innen wirken verwirrt, teilweise komplett ahnungslos. Auch die Struktur der Handlung ist ausgesprochen rätselhaft. Figuren und Konflikte werden angerissen und verschwinden einfach wieder. Zudem gibt es irritierend lange und unangenehme Sexszenen, die den Eindruck eines misslungenen Softcore-Features vermitteln.

Für unfreiwillige Komik sorgen aber vor allem die plötzlichen tonalen Verschiebungen. In einer Szene kommt der Protagonist Johnny, der sich gegen den (falschen) Vorwurf häuslicher Gewalt verteidigen muss, durch eine Tür und ruft dabei aus: »I did not hit her, I did not …«, um dann, als er seinen besten Freund sieht, auf einmal mit komplett alltäglicher Stimme zu sagen: »… oh hi, Mark.« In einer anderen Szene teilt die Mutter der betrügerischen Verlobten mit, dass sie Brustkrebs hat – das allerdings in einem seltsam neutralen, fast unbeteiligten Ton.

Solche offensichtlichen Verstöße gegen die Konventionen des Erzählens führen zu einer extrem eigentümlichen Rezeptionserfahrung. Selbst wenn man auf eine formale Freakshow eingestimmt wurde, erscheinen die technischen Fehler, die auf allen Ebenen der Produktion gemacht wurden, fast beeindruckend. Damit reiht der Film sich ein in eine Geschichte ästhetischer Minderwertigkeit, die aus nie beendeten Romanen, für die Schublade geschriebenen Gedichten, nie aufgeführten Theaterstücken und schlechtem Poetry Slam besteht, aus verbugten Computerspielen und Straight-to-Video-Filmen, die irgendwann in den Zu-verschenken-Boxen am Straßenrand deutscher Innenstädte ihre letzte Ruhe finden.

Diese Geschichte ist weitestgehend eine Geschichte der Nichtbeachtung, des Wegwerfens und des Aussortierens. Im Fall von *The Room* allerdings führte die Inkompetenz der Macher:innen dazu, dass noch 20 Jahre nach seinem Erscheinen zahlreiche Menschen den Film kennen, diskutieren und genießen. Das liegt zum einen daran, dass ein rätselhaftes Vermögen den Film und seine Veröffentlichung überhaupt erst möglich gemacht hat; das liegt aber vor allem an der heroischen Hybris des Mannes, der die Hauptrolle spielt und der den Film finanziert und geschrieben hat.

Tommy Wiseau ist eine geheimnisvolle Figur. Seine langen pechschwarzen Haare, sein bleiches, eingefallenes Gesicht und der undefinierbare starke Akzent, mit dem er spricht, machen ihn schon rein äußerlich zu einer verschrobenen Erscheinung. In *The Room* entwirft er sich selbst aber als durch und durch amerikanischen Erfolgsmenschen – ein talentierter Banker mit einer attraktiven Verlobten und vielen Freunden, ein Mann mit Sexappeal und Charisma, der von seinem Umfeld für seine Großzügigkeit und Offenherzigkeit gelobt wird. In der Fanfiction bezeichnet man diese Art der fiktionalen Wunscherfüllung – sich selbst als Held in eine Geschichte einzuschreiben – abfällig als ›Mary Sue‹. Wiseau ist eine Mary Sue mit unbegrenzten Mitteln. Angeblich soll er über fünf Millionen Dollar in den Film investiert haben. Bis heute ist nicht bekannt, woher dieses Geld stammt.

Was *The Room* zu einer reichhaltigen Quelle der Kulturwissenschaft macht, ist allerdings nicht der Film selbst oder sein schrulliger Produzent, sondern die eigentümliche Rezeption. Bis in die Gegenwart sind Mitternachtsvorstellungen ausverkauft, bei denen ein frenetisches Publikum lacht und jubelt. Das Video einer solchen Vorstellung zeigt eine Gruppe von Menschen, die von der ersten Szene an komplett gebannt erscheinen.[7] Die Rezeption folgt einer Choreographie, bei der an bestimmten Stellen bestimmte Dinge gerufen werden: »Water!« etwa, wenn Wasser gezeigt wird. Immer wieder wird die Leinwand angeschrien oder mit Plastiklöffeln geworfen. Während des schmierigen Songs, der in der ersten Sexszene läuft, klatschen die Zuschauer:innen im Rhythmus mit. Später wird im Chor gefordert: »Zeig den Arsch, zeig den Arsch!« Als Johnny das Bett verlässt und man seinen nackten Hintern sehen kann, bricht das Publikum in lauten Jubel aus, ein Laserpointer tanzt über die Szene. Es ist offenkundig, dass zahlreiche Zuschauer:innen den Film schon kennen und die berühmten Szenen und Dialoge antizipieren. Eine der notorischen Dialogzeilen, »You're tearing me apart, Lisa!«, wird vom gesamten Kino mitgegrölt.

Die Aufführung des Films wird zu einer Bühne, auf der man lustvoll seiner ästhetischen Schadenfreude Ausdruck verleihen kann. Diese Schadenfreude erscheint in ihrem Enthusiasmus von der Freude an einem Kunstwerk, das man liebt, nicht weit entfernt. Auch die Arbeit, die ein klassisches Fandom auszeichnet, ist deutlich zu erkennen. Man muss den Film gesehen haben, die wichtigsten Dialogzeilen auswendig kennen, um sich an der komplexen sozialen Choreographie der Rezeption beteiligen zu können. Vor allem handelt es sich aber um eine Form der Vergemeinschaftung, um eine kollektive ästhetische Erfahrung, die ohne die anderen Rezipient:innen nicht funktionieren würde. Das kollektive Spottereignis über misslungene Kunst ist auf eine Spott-Community angewiesen, ähnlich wie das klassische Fandom eine Gemeinschaft der Zuneigung benötigt.

Die Vorstellung von *The Room* zeigt eine faszinierende Form der Publikumsbeteiligung, die durch die Disziplinierung der Rezeption eigentlich zum Verschwinden gebracht wurde (Kapitel 2). Das laute Reden oder gar Schreien im Kino ist normalerweise verpönt. Das gilt erst recht für den Einsatz eines Laserpointers oder das Werfen von Plastiklöffeln. Man hat den Eindruck, dass der Mangel an Respekt für das Kunstwerk auf das Publikum eine befreiende Wirkung hat. Die eklatanten ästhetischen Regelverstöße des Films legitimieren Verstöße gegen die Konventionen der Rezeption. Das ist einer der Gründe, warum das Lachen über schlechte Kunst so weit verbreitet ist. Ästhetische Schadenfreude befreit die Rezeption von den Fesseln, die ihr durch echte Kunst angelegt wurden. Erst diese Respektlosigkeit macht es möglich, aus der ehrfurchtsvollen Erstarrung aufzuwachen, die uns als Zuschauer:innen normalerweise in den Kinosessel drückt.

The Room ist damit ein eindrucksvolles Beispiel für das, was Mark O'Connell in einem Essay unter dem Titel *Epic Fail* analysiert hat. Was ein solches Phänomen auszeichnet, ist nicht nur der Mangel an Qualität, sondern auch, dass dieser Mangel etwas Spektakuläres, ja fast Heroisches an sich hat. O'Connell nennt den Fall einer älteren Dame, die in einer spanischen Kirche ein Jesus-Fresco aus den 1930er Jahren beim Versuch, das verblichene Bild wiederherzustellen, brutal verschandelt hatte.[8] Wo vorher das zwar schlecht erhaltene, aber klar erkennbare Gesicht des Erlösers zu erkennen war, war nach dem eigenmächtigen malerischen Eingriff nur noch eine schemenhafte Fratze zu sehen, die an Edvard Munchs *Der Schrei* oder einen Affen erinnert. In der Folge entwickelte sich die misslungene Restauration zu einem viralen Phänomen, über das international berichtet wurde.

Die Faszination für die misslungene Restauration erklärte sich unter anderem daraus, dass hier nicht nur der kunstreligiöse Mythos auf eine unwiderstehlich absurde Art und Weise geschändet worden war, sondern sogar der Bereich religiöser Kunst. Es handelte sich um einen Zusammenstoß höchster Hochkultur mit den absoluten Niederungen der amateurhaften Stümperei. Dabei trug zur allgemeinen Komik des Ereignisses bei, dass das verschandelte Bild alles andere als wertvoll und bedeutend war und die ältere Dame in bester Absicht gehandelt hatte. Die geringe Fallhöhe, die eine effektive Komödie auszeichnet, war damit gewährleistet. Es wäre weit weniger komisch gewesen, wenn ein Gemälde von Rembrandt aus Böswilligkeit zerstört worden wäre.

Die Kirche, in der sich das Bild befindet, entwickelte sich im Nachgang zu einem touristischen Wallfahrtsort für Menschen, die unbedingt die misslungene Restauration bewundern wollten. Ein ästhetisches Versagen wurde also zum Gegenstand einer erfolgreichen Ausstellung. Die Verachtung, die in dieser Bewunderung zum Ausdruck kommt, ist allerdings nicht nur feindselig und destruktiv – sonst würden Menschen kaum den Weg in die kleine spanische Stadt auf sich nehmen. Der Spott, der diesen ästhetischen Katastrophentourismus motiviert, erscheint gebrochen durch die schiere Faszination für das Spektakel des Versagens. Aus einem wenig bemerkenswerten Werk wurde so ein bemerkenswertes. Während man an dem unverschandelten Bild wahrscheinlich unaufmerksam vorbeigelaufen wäre oder es gelangweilt aus den Augenwinkeln betrachtet hätte, fesselt das zerstörte Bild unsere Aufmerksamkeit. Wenn man die beiden ästhetischen Erfahrungen vergleicht, muss man sich eingestehen, dass die Rezeption des Affen-Jesus eine viel größere Intensität entwickelt als die des konventionellen Freskos.

Die Rezeption solcher *Epic Fails* führt allerdings nicht nur zu befreitem Gelächter, sondern auch zu einer Schärfung unseres Verständnisses davon, wie Kunst funktioniert. Die Gedichte Friederike Kempners, der Song Rebecca Blacks oder ein Film wie *The Room* fungieren als unfreiwillige Parodien der ›echten‹ Kunst. Die Wirkungsabsicht von *The Room*, schreibt O'Connell, sei von einer Satire eigentlich nicht mehr zu unterscheiden: »Wenn der Film Dinge falsch macht – und er tut nichts anderes, als Dinge falsch zu machen –, dann fragt man sich, was es eigentlich bedeutet, es richtig zu machen.«[9] Unfreiwillige Komik funktioniert nur dann, wenn man die Konventionen, die auf absurde Art und Weise verletzt werden, kennt. Das spektakulär Schlechte ist nur deshalb lustig, weil wir wissen, was eigentlich gut ist.

Unfreiwillige Parodien sind in dieser Hinsicht besonders lehrreich. Kempner griff in ihren Texten auf die vorhandenen formalen Strategien und Themen zurück, die die Lyrik des 19. Jahrhunderts geprägt hatten. Die Verse und Reime der romantischen Dichtung mit ihrer inszenierten Volksliedhaftigkeit, die kämpferischen (und oft selbst recht holprigen) Techniken der politischen Lyrik des Vormärz – all das findet sich bei Kempner in der pervertierten Form ihres mangelnden Talents wieder, allerdings als deutlich vernehmbares Echo gefeierter Dichter wie Heinrich Heine oder Joseph von Eichendorff. Gerade weil es sich um unfreiwillige Parodien dieser Vorläufer handelt, kann man aus solchen Werken besonders viel über die ästhetischen Strategien lernen, die sie zu imitieren versuchen. Von einem echten Meisterwerk dagegen wird man auf eine Weise mitgerissen, die den kritischen Blick betäubt.

Die extrem holprige Dialogführung in *The Room* etwa wirft die Zuschauer:in auf die Frage zurück, warum das in anderen Fällen so viel besser funktioniert. Gleichzeitig ist die Fremdscham bei manchen Szenen eben auch gefährlich nah an der Wirkung echter Kunst, so dass man sich die Frage stellen muss, ob diese echte Kunst nicht selbst auch lächerlich ist. Man wird die Szene aus *Rebel Without a Cause*, in der James Dean seinen Eltern verzweifelt »You're tearing me apart!« ins Gesicht schreit, jedenfalls nicht mehr ohne ein Schmunzeln anschauen können, nachdem man die ähnliche berühmte Szene aus *The Room* gesehen hat.

So dient die ästhetische Schadenfreude am Ende auch der Erziehung, die von den Gatekeepern des guten Geschmacks im Verlauf der modernen Kulturgeschichte immer wieder eingefordert wurde (Kapitel 4). Gerade das ironische Anti-Fandom scheint in dieser Hinsicht besonders effektiv zu sein, weil es – im Gegensatz zur Pflichtrezeption der Schullektüre etwa – selbst auf einer hedonistischen Motivation beruht. Spott über Kunst hat eine paradoxe kunstpädagogische Wirksamkeit. Das liegt daran, dass es sich um eine Form der ästhetischen Verachtung handelt, die der Zuneigung besonders ähnlich ist. Die Rezeption ist aktiv und partizipativ. Man tauscht sich begeistert aus, macht Parodien oder trifft sich zu rauschhaften Rezeptionsereignissen, um Löffel auf die Leinwand zu werfen.

Die Entstehungsgeschichte von *The Room* ist inzwischen selbst Gegenstand eines hochkarätig besetzten Films (*The Disaster Artist*, 2017) geworden, in dem James Franco Tommy Wiseau spielt. Grundlage für den Film war ein Buch von Greg Sestero, der in *The Room* die Figur Mark spielt. Der Film beginnt als Geschichte einer Freundschaft zwischen dem zwanghaft scheuen Sestero und dem vollständig furchtlosen Wiseau, der Sestero dabei hilft, über seine Zurückhaltung als Schauspieler hinwegzukommen. Die beiden ziehen nach Los Angeles, wo der geheimnisvoll wohlhabende Wiseau eine Wohnung besitzt. Die Freunde sind wenig erfolgreich bei ihren Bewerbungen um Rollen, und schließlich schlägt Wiseau vor, kurzerhand einen eigenen Film zu produzieren.

Wiseau wird in *The Disaster Artist* nicht nur als liebenswerter Träumer dargestellt, der mit seiner naiven Energie seine Freunde mitreißt, sondern eben auch als selbstvergessener Psychopath, dessen Eifersucht zu extremen Ausbrüchen führen kann. Als Sestero ihm mitteilt, dass er aus dem gemeinsamen Apartment ausziehen wird, um mit seiner Freundin zusammenzuziehen, beginnt Wiseau, auf der Straße mit Dingen um sich zu werfen.

Auch wenn der Film Wiseau durchaus mit Sympathie zeichnet, kommt er nicht umhin, das monströse Selbstbewusstsein darzustellen, das überhaupt erst zu einem dermaßen schlechten Film führen konnte. Wiseau ist nicht nur grotesk inkompetent, sondern dabei auch noch herrisch, arrogant und paranoid. In einer besonders unangenehmen Szene kommt es am Set fast zu einer Schlägerei, weil Wiseau während einer Sexszene die sichtlich belastete

Schauspielerin demütigt. In einer anderen Szene sabotiert er bewusst einen beruflichen Erfolg seines Freundes.

Die Figur erscheint in diesen Szenen als unfreiwillige Parodie auf den künstlerischen Geniemythos. Die Filmgeschichte ist voll von Anekdoten über gewalttätige Regisseure, die die Menschen an ihren Filmsets wie Dreck behandelten, um das Beste aus ihnen herauszuholen, megalomane Monster der Kunst, die gerade wegen ihrer amoralischen Kompromisslosigkeit Meisterwerke geschaffen haben. Wiseau als Figur ist eine Verkehrung dieses Konzepts. Auch er schreit herum, treibt die Crew an und setzt seine ästhetischen Visionen mit äußerster Rücksichtslosigkeit durch, nur dass diese Vision eben schlecht ist, dass am Ende dabei das Gegenteil eines Meisterwerkes herauskommt. So wird der ganze Mythos des hypertalentierten Kunstmonsters ad absurdum geführt. Die Unfähigkeit, sich selbst zu hinterfragen und die Ratschläge anderer Menschen anzunehmen, führt in diesem Fall naheliegenderweise zu einer Katastrophe.

Diese Katastrophe erzählt eine kultursoziologisch lehrreiche Geschichte über die Kunst und ihre Institutionen. Wiseau kann sich sein Verhalten nämlich nur leisten, weil er derjenige ist, der das Geld besitzt, mit dem der Film finanziert wird. Wie bei Kempner und Black war die Voraussetzung dafür, dass das Versagen überhaupt Aufmerksamkeit erlangen konnte, die Tatsache, dass die Künstler:innen über genug Mittel verfügten, ihre Kunst an den Gatekeepern vorbei in die Öffentlichkeit zu schmuggeln. Ein etablierter Verlag oder ein erfolgreiches Studio hätten diese Machwerke wohl kaum produziert.

Die Fälle verweisen auf eine kulturelle Angst, dass Menschen sich künstlerischen Erfolg einfach kaufen können, dass sie sich durch ihre Privilegien an der meritokratischen Konkurrenz vorbeischleichen. Im Spott über die lächerliche Kunst, die dabei herauskommt, wird diese Form von Privileg bestraft und die Autorität der ästhetischen Institutionen bestätigt.

Gleichzeitig besitzt die Hybris des selbstverlegten Buches, des selbstproduzierten Songs und Films auch ein karnevaleskes widerständiges Potential, das die Macht der Gatekeeper herausfordert. Die Freude an solchen Fällen ist eben auch eine Freude daran, dass es Menschen gibt, die sich ihren Traum der Kunst nicht verderben lassen – auch nicht durch die unbestreitbare Tatsache ihres mangelnden Talents. O'Connell hat auf die besondere Authentizität dieser Künstlerfiguren hingewiesen. Ihre Unbeirrbarkeit hat etwas Heroisches. Sie wirkt attraktiv, weil sie die oft qualvolle Unsicherheit, die den kreativen Prozess begleitet, einfach beiseiteschiebt. Der scheue Sestero in *The Disaster Artist* weiß, dass Wiseau kein guter Schauspieler ist. Dem Charisma seiner angstfreien Bühnenpräsenz kann er sich aber trotzdem nicht entziehen.

The Disaster Artist ist nicht der erste Film, der die Geschichte eines berühmt schlechten Filmemachers erzählt. Bereits 1994 spielte Johnny Depp in Tim Burtons *Ed Wood* den gleichnamigen Regisseur, der in den 1950er und 1960er Jahren Filme wie *Plan 9 from Outer Space* oder *Bride of the Monster* drehte – Filme, die sich vor allem durch einen Mangel an Ausstattung und einen Überschuss an technischen Fehlern und Schlampereien charakterisieren lassen. So kann man in einer Szene aus *Planet 9 from Outer Space* deutlich das Kabel sehen, an dem das Raumschiff der Aliens durch das Bild gezogen wird. Gerade diese eklatante und fröhliche Schlamperei machte Ed Wood für Tim Burton zu einer faszinierenden Filmfigur, deren Optimismus und Selbstvertrauen zwar etwas Pathologisches hat, aber auch etwas Liebenswürdiges. Der naive Regisseur erscheint als eigentlicher Held der Kunst, der seine Vision um jeden Preis durchsetzen möchte. Die Unbedingtheit des modernen Kunstmythos wird hier gleichermaßen parodiert und als Heldengeschichte erzählt.

Die Ambivalenz dieser pervertierten Genies macht sie zu faszinierenden Figuren für den Kunstdiskurs der Gegenwart, in dem der Geniemythos einerseits auf eine abgeklärte Art dekonstruiert wird, andererseits im Starsystem der Celebrity-Kultur einen neuen Höhepunkt erreicht hat. Wie reagiert man auf die Tatsache, dass die Kriterien, nach denen man guten und schlechten Geschmack bewertet, immer mehr zerfallen, während die Verehrung von Prominenten teilweise kultartige Ausmaße erreicht? Tommy Wiseau oder Ed Wood fungieren in diesem Zusammenhang als Reflexionsfiguren einer allgemeinen kulturellen Verunsicherung.

In diesen Kanon kulturgeschichtlicher Anti-Helden gehört auch die reiche Erbin Florence Foster Jenkins, die 2016 in einem gleichnamigen Film von Meryl Streep verkörpert wurde. Jenkins wurde in der ersten Hälfte des 20. Jahrhunderts durch ihren selbstbewussten und sehr schlechten Gesang berühmt, den sie in ambitionierten Programmen vorführte, in denen unter anderem einige der schwierigsten Arien der Musikgeschichte zur Aufführung kamen. Im Film, der vor allem als komplexe Liebesgeschichte zwischen Jenkins und dem gaunerhaften Schauspieler St. Clair Bayfield (gespielt von Hugh Grant) erzählt wird, erscheint ihr unplausibles Kunstwollen als heroischer Akt, der ein Leben voller biographischer Katastrophen kompensieren soll. Es handelt sich allerdings auch um eine kultursoziologische

Modellstudie, in der eine privilegierte Person alle Menschen in ihrem Umfeld dazu zwingt, so zu tun, als sei sie eine begnadete Sängerin.

In einer Szene zu Beginn des Films schaut der junge Pianist, Cosmé McMoon, der angestellt wurde, um Jenkins bei ihren Gesangsstunden zu begleiten, entsetzt dabei zu, wie ihr Gesangslehrer, ein Dirigent an der Metropolitan Opera, ihren schrecklichen Gesang in höchsten Tönen lobt. Die Komik der Szene liegt in der Diskrepanz zwischen dem schrillen, disharmonischen Geschrei und der verzückten Miene des Lehrers, der die Scharade, er würde eine Meisterschülerin unterrichten, mit bewundernswerter Disziplin aufrechterhält. Stattdessen wird der professionelle Pianist McMoon wegen seines Klavierspiels mehrfach streng zurechtgewiesen.

Der Grund dafür, warum erwachsene Menschen sich auf dieses Theaterspiel einlassen, ist – wie der Film deutlich macht –, dass alle Beteiligte von Jenkins finanziell abhängig sind. Ihr Vermögen ist die Grundlage ihrer Macht, eine Realität zu erzeugen, in der sie als hochtalentierte Sängerin gefeiert wird. Diese Macht geht über den kleinen Kreis der Gesangsstunde hinaus und überträgt sich auf das gesamte soziale Umfeld. Das Publikum bei den Aufführungen, die Jenkins regelmäßig veranstaltet, besteht aus von ihrem Partner handverlesenen Freunden, Bekannten und bezahlten Musikjournalisten.

Die Geschichte dieses *Epic Fail* ist also auch eine Geschichte über den Zusammenhang von Macht und Ästhetik. Der Geschmack anderer Menschen erscheint in dieser Geschichte ausgesprochen käuflich. Ästhetische Selbstverleugnung kann erzwungen werden. Wie im Fall Tommy Wiseaus wirkt das Anti-Genie durchaus gewaltvoll. Jenkins trägt im

Film die ganze Zeit ihr Testament in einer Aktentasche mit sich herum – eine transparente Machtgeste, mit der sie ihr Umfeld in Schach hält. Hier dreht sich die Situation der ästhetischen Schadenfreude um. Nicht mehr die schlechte Sängerin oder der ahnungslose Regisseur sind nun die Zielscheibe des Spotts, sondern die machtlosen Rezipient:innen, die es sich gefallen lassen müssen, eine Kunst, von der sie wissen, dass sie erbärmlich ist, auch noch zu loben.

Was solche Geschichten offenlegen, ist die Korrumpierbarkeit des Geschmacks, gerade bei den wichtigsten Vertretern einer Kunstwelt. Für Jenkins kommt die Katastrophe erst in dem Moment, als sie ohne das Wissen ihres Partners eine Schallplatte aufnimmt und die Carnegie Hall für ein großes Konzert anmietet, wo sie ausgerechnet vor einer Gruppe von Soldaten singen möchte. Das Konzert wird im Film zu einem unplausiblen Triumph, weil sich die kichernden Zuschauer:innen auf die ironische Kommunikationssituation einlassen, in der die unmäßig schlechte Kunst frenetisch gefeiert wird. Ein humorloser Kritiker schreibt allerdings einen vernichtenden Bericht über das Konzert. Die Versuche, alle Ausgaben der Zeitung, in der diese Besprechung veröffentlicht wurde, aus dem Umfeld von Jenkins verschwinden zu lassen, misslingt. Sie liest die Kritik und hat einen Zusammenbruch, der kurz danach zu ihrem Tod führt.

Seltsamerweise fungiert ausgerechnet der eine ehrliche Kritiker in *Florence Foster Jenkins* als eine Art Schurke, der gnadenlos die Fiktion zerstört, die durch ein liebevolles Umfeld für die Protagonistin aufrechterhalten wurde. Damit ist der Film ein eigentümliches Plädoyer für den Wert von Lebenslügen. Ist es nicht ein Akt freundschaftlicher *Care-Arbeit*, die Freude, die Jenkins an ihrem Gesang hat, nicht zu zerstören? Die ironische Rezeption, die das ästhetische Urteil nicht offen ausspricht, sondern in einer Mischung aus gespielter Begeisterung und heimlichem Gekicher aufgehen lässt, wird als gleichermaßen human und angemessen dargestellt. Denn die Begeisterung der Soldaten, die nach dem Konzert in der Carnegie Hall aufspringen, um zu klatschen und zu johlen, ist echt. Sie bezieht sich zwar nicht auf gute Kunst im strengen Sinne, allerdings auf eine Rezeptionserfahrung, deren Intensität unabweisbar erscheint.

Im Finale von *The Disaster Artist* wird die erste Aufführung von *The Room* gezeigt, bei der die Beteiligten noch einmal in einem vollbesetzten Kinosaal zusammenkommen. Alle bis auf Wiseau sind überrascht, dass es überhaupt zu einer Premiere kommt. Im Verlauf der Aufführung entwickelt sich die Reaktion des Publikums von stiller Verwunderung über peinliche Berührtheit (bei der ersten Sexszene) bis hin zu ungebremstem Gelächter. Diese Steigerungslogik erscheint repräsentativ dafür, wie ästhetische Schadenfreude funktioniert. Zu Beginn ist man noch offen für eine angenehme Erfahrung; deren Wertlosigkeit kündigt sich langsam an; bis das schiere Spektakel dieser Wertlosigkeit in zunächst ungläubiges, dann genussvolles Lachen übergeht.

Es handelt sich um einen Insider-Witz, in den alle eingeweiht sind, außer die Person, über die gelacht wird. Wiseau rennt weinend aus dem Kino, wird von Sestero aber zurückgeholt und getröstet mit dem Verweis auf die frenetische Reaktion. Wiseau sieht, wie heftig die Zuschauer:innen auf den Film reagieren – eine Reaktion, die den Erfolg des Kunstwerks über seine formalen Aspekte hinaus rechtfertigt. Es ist komisch, es ist interessant, man will weiterschauen, erneut schauen. Die Rezeption gibt dem Kunstwerk recht.

Anne Gilbert beschreibt *Hate-Watching* als eine Art der Rezeption, die stattfindet, obwohl oder gerade weil man eine Sendung nicht mag. Es handelt sich um eine gemeinschaftliche Rezeptionspraxis, der eine besondere soziale Bedeutung zukommt. Man möchte sich gemeinsam über die Sendung aufregen oder lustig machen.[10] Die Praxis beruht auf einer widersprüchlichen Haltung. Warum sollte man etwas weiterschauen, was man hasst?

Im April 2012 veröffentlichte Emily Nussbaum einen Essay im *New Yorker*, in dem es darum geht, wie schlecht sie die Serie *Smash* (in der es um die konfliktreiche Welt der Musicals geht) findet und wie verwundert sie darüber ist, dass sie damit einfach nicht aufhören kann. Die Rede ist von einer regelrechten ›Sucht‹, die sie mit anderen Zuschauer:innen auf Twitter teilt, die ähnlich verdutzt über ihre Gier nach einer Show sind, deren Minderwertigkeit man nach allen ästhetischen Kriterien anerkennen muss. Lag es daran, dass man von einem Werk, das auf eine spektakuläre Art schlecht ist, etwas lernen kann? Oder verbarg sich hinter der enthusiastischen Verachtung eine versteckte Begeisterung? Nussbaum gibt zu, dass die Vehemenz ihrer Ablehnung verdächtig wirken muss: »Warum sollte ich alles tun, um eine Serie zu schauen, die mich so wütend macht? Auf eine Art genieße ich sie ja offensichtlich.« Die Frage, die sich daran anschließt, erscheint vor diesem Hintergrund naheliegend: Handelt es sich um heimliche Liebe?[11]

Nussbaum verwendet den Begriff des ›Camp‹, um ihrer ästhetischen Verwirrung Herr zu werden. Der Begriff ist vor allem aus der postmodernen Kulturtheorie bekannt und beschreibt eine Form der kulturellen Praxis, die scheinbar unkünstlerische Phänomene wie Kitsch durch kunstvolle ironische Brechung kunstfähig macht. Wenn wir davon sprechen, dass etwas, was wir genießen, ›Camp‹ ist oder dass wir es ironisch schauen, dann handelt es sich oft um den Versuch, eine zweifelhafte ästhetische Vorliebe zu legitimieren. Ironie schafft die Distanz von der ästhetischen Erfahrung, die das schlechte Gewissen kompensieren kann. Gleichzeitig wertet sie die Rezipient:in auch sozial auf, denn, schreibt Moritz Baßler über die Gegenstände, die als ›Camp‹ gelesen werden: »Man muss ihr *campy*-Sein also ›getten‹ wie einen komplexen Witz.«[12]

Das bedeutet nicht, dass Menschen die Kunst, über die sie sich lustig machen, eigentlich schätzen. Nur wenige würden argumentieren, dass die Begeisterung für einen Film wie *The Room* beweist, dass es sich eigentlich um einen gutgemachten Film handelt. Die Kriterien, nach denen in einer Kultur ein gelungenes Werk von einem katastrophal misslungenen unterschieden werden kann, sind dafür dann doch zu stabil. Eine solche Begeisterung zeigt allerdings durchaus, wie widersprüchlich unsere Vorstellung von ›gut‹ eigentlich ist. Denn die Faszination, die die Zuschauer:innen zu diesen ›schlechten‹ Filmen und Serien treibt, hat etwas Unhintergehbares.

Wenn man über ein Werk sagt, es sei so schlecht, dass es eigentlich wieder gut sei, dann ist damit eine Qualität gemeint, die sich nach den herkömmlichen Kriterien der Bewertung nur schwer beschreiben lässt. Es geht um das wilde Vergnügen, das die ästhetische Schadenfreude bereithält. Es handelt sich dabei um eine eigenständige Form der ästhetischen Erfahrung, die einen nicht unwichtigen Teil unserer Rezeption ausmacht. Gleichzeitig verweisen solche Rezeptionserfahrungen auch auf die Komplexität unserer ästhetischen Vorlieben, die uns selbst oft unklar und rätselhaft erscheinen. Begriffe wie *Camp* oder *Trash* sind eben auch mentale Schubladen, in die wir die Vorlieben stecken, die wir uns nach den offiziellen Regeln der Kunst nicht erklären können. Warum lieben wir, was uns nicht gefällt oder nicht gefallen darf?

Es handelt sich um einen wichtigen Aspekt der Rezeption, der ebenso wie das Wohlgefallen oder die Hingerissenheit zu den alltäglichen Umgangsformen mit Kunst gehört. Wir urteilen nicht nur deshalb, um uns Orientierung zu verschaffen und unangenehme ästhetische Erfahrungen möglichst zu vermeiden – das Urteilen ist bereits ein wichtiger Teil der Rezeption, einer der Aspekte, die den ästhetischen Hedonismus mitbestimmen. Das Gutfinden und das Schlechtfinden sind Aspekte desselben Rezeptionsvorgangs. Der zähneknirschende Ärger über eine schlechte Serie oder einen aufdringlichen Song kann zwar dazu führen, dass wir die Serie abbrechen oder den Song wegschalten. Aber auch das ist nur eine weitere Station im Drama unseres Geschmacks. Wir erkennen in diesem Moment an, dass ästhetische Erfahrungen uns nicht egal sind.

Die Zumutung der schlechten Kunst verweist auf die Tatsache, dass wir wissen, was gut ist. Es kann also sein, dass man den Song nicht wegschaltet, sondern beginnt, ihn zu kommentieren, seine Fehler herauszustreichen. So schärft man das eigene ästhetische Verständnis und stellt es aus. Es kann aber auch sein, dass man beginnt, den Song ironisch mitzusingen, ihn persifliert und dabei auch die Menschen verspottet, die ihn gut finden. Wenn man das vor einem Publikum tut, verständigt man sich über einen geteilten ästhetischen Referenzrahmen. Vielleicht beginnen die anderen mitzusingen, und auf einmal grölt man gemeinsam in einer Ausgelassenheit der Verachtung ein Lied, von dem man weiß, dass alle Beteiligten es schlecht finden. Aber alle kennen den Text.

Was hier zusammenkommt, ist eine Mischung aus sozialer Überlegenheit, Spielfreude, Vergemeinschaftung durch einen gemeinsamen Feind und möglicherweise auch eine Prise uneingestandenes ästhetisches Wohlgefallen. So verweist das Phänomen der *ästhetischen Schadenfreude* schließlich vor allem auf die Komplexität des Rezeptionsvorgangs, der eben so viel mehr ist als das konzentrierte und respektvolle Lesen, Hören, Schauen. Der Meta-Diskurs, das Sprechen über Kunst, das Streiten und Diskutieren gehören genauso dazu. Es handelt sich um wichtige Motivationen des Konsums – und dazu gehört auch, dass man bereit und informiert ist, um gemeinsam zu verachten.

6 PFLICHTREZEPTION – KANON UND DRUCK

Zwangslektüre Effi Briest

»Zum Gähnen langweilig«, »sterbenslangweilig«, »todeslangweilig«, »furchtbar langweilig« – wenn man raten müsste, gegen welches Buch diese Verwünschungen ausgestoßen werden, dann würden wohl jeder Leser:in auf Anhieb ein paar Kandidaten einfallen. Das Gefühl von Langeweile bei der Rezeption von Kunst gehört zu den universalen ästhetischen Erfahrungen. Das Werk, das hier beschimpft wird, gehört zu den unangefochtenen Klassikern der deutschen Literaturgeschichte. Es handelt sich um Theodor Fontanes *Effi Briest* (1895). Formuliert wurden diese harschen Urteile auf Amazon und Goodreads, digitalen Plattformen, die von zahlreichen Leser:innen unter anderem dazu genutzt werden, um ihrem Ärger über eine frustrierende Lektüre Luft zu machen. Eine Rezensentin etwa schreibt: »Ich habe wirklich versucht, positiv an dieses Buch ran zu gehen. Oder zumindest neutral. Doch leider muss ich sagen, dass ich den Text als absolut langweilig empfand.« Das Buch bekommt von ihr die Bewertung 2 von 5 Sternen.

Solche Wortmeldungen finden sich zwischen einer Vielzahl zustimmender, sogar begeisterter Einschätzungen (»Klasse Klassiker«, »Klassiker, vom Feinsten«). Man hat den Eindruck, dass sich die Rezensent:innen, die das Buch negativ bewerten, zu diesen Urteilen regelrecht durchringen mussten. Es herrscht ein Ton kultureller Verwirrung, Empörung über ein misslungenes Rezeptionsereignis. So schreibt eine Leser:in unter der Überschrift »Ein langwieriger Klassiker« (3 von 5 Sternen): »Zum Teil ist die Geschichte schon sehr zäh und langweilig. Und doch ist das Ende so traurig. Man sollte es zumindest einmal gelesen haben.« Solche Urteile zeugen von einer spezifischen Form von ästhetischer Ratlosigkeit. Man erkennt an, dass man das Werk gelesen haben sollte, aber muss sich auch eingestehen, dass die Lektüre frustrierend war.

Es gibt einen naheliegenden Grund dafür, warum ein Roman wie *Effi Briest* im digitalen Raum zum Opfer schlechtgelaunter Wertungen wird. Der Roman war über viele Jahre Schullektüre, ein Klassiker der Unterrichtsliteratur. Dieser Aspekt wird in zahlreichen Rezensionen thematisiert: »Musste die Lektüre für die Schule lesen und fand sie sehr langwierig« (1 von 5 Sternen), lautet etwa eine Wortmeldung. Eine andere Rezensentin kommentiert unter dem Titel »eben der Klassiker« in äußerster Verknappung: »langweilig, für die Schule, weil man es kaufen muss«.

Die Rezensionen, die *Effi Briest* verdammen, erscheinen als Ort der kulturellen Gegenwehr, wo sich Menschen, die dazu verpflichtet wurden, ein Buch zu lesen, auf eine zwar hilflose, aber sichtbare Art und Weise für die auferlegte Rezeption rächen. Rezeption und Rache scheinen auf den ersten Blick nicht wirklich zusammenzupassen. Sollte Kunst nicht eigentlich vor allem Dankbarkeit erzeugen – Dankbarkeit über das Wohlgefallen, die Versenkung, das Entzücken oder ähnliche positive Gefühle, die durch eine ästhetische Erfahrung erzeugt wurde?

Eines der großen Konfliktpotentiale im gesellschaftlichen Umgang mit Kunst und Kultur wird dadurch erzeugt, dass ein Teil der Rezeption nicht (ganz) freiwillig erfolgt. Niemand wird gerne dazu genötigt, etwas zu tun, aber gerade bei Kunst erscheint die Tatsache, dass man sich gegen den eigenen Willen damit auseinandersetzen muss, besonders skandalös. Wenn wir über Wut und Wertung sprechen wollen, dann müssen wir über die Wut reden, die dadurch ausgelöst wurde, ein Buch gelesen, einen Film gesehen, ein Konzert gehört haben zu *müssen*. Diese Wut unterscheidet sich noch einmal deutlich von der Enttäuschung über ein misslungenes Kunstwerk, denn in diesem Fall kann man die Rezeption nicht einfach abbrechen. Stattdessen fühlt man sich verpflichtet, Zeit in das frustrierende Werk zu investieren, und in manchen Fällen wird man auch noch gezwungen, es gegen die eigene ästhetische Intuition wertzuschätzen.

Die ersten Beispiele, die einem einfallen, wenn man über *Pflichtrezeption* nachdenkt, sind Erlebnisse, die man in Bildungsinstitutionen gemacht hat. Die qualvolle Lektüre bestimmter historischer Klassiker im Deutschunterricht etwa, die bleierne Müdigkeit und Konfusion – daran werden sich auch diejenigen erinnern können, die ansonsten eine gute Zeit im Deutschunterricht hatten. Ähnliche Erfahrungen macht man später auch, wenn man an der Universität eine Literatur- oder Kulturwissenschaft studiert. Allerdings kommt nun auch noch das Elend hinzu, dass man so tun muss, als würde man die verordneten Werke gerne lesen.

Die Schule und die Universität sind allerdings nicht die einzigen Institutionen, die uns zu Rezeption verpflichten. Es gibt darüber hinaus zahlreiche kulturelle Faktoren, die unseren Kulturkonsum beeinflussen. Wenn wir etwa Scham empfinden, weil wir einen wenig anspruchsvollen Krimi lesen anstatt eines komplexen Romans oder wenn wir *Germany's Next Topmodel* schauen anstatt der vielbesprochenen Dokumentation, die schon seit Wochen in der Watchlist vorwurfsvoll auf uns wartet, dann hat dieses Gefühl damit zu tun, dass wir uns einem untergründigen Druck widersetzen, der von der Kultur ausgeübt wird. Dieser Druck kann dazu führen, dass wir uns zu einer bestimmten Rezeption verpflichten lassen – einem Prozess, der den gleichen Mechanismen folgt wie der jugendliche Gruppenzwang, der einen bestimmten Geschmack vorgibt, den man persönlich vielleicht gar nicht wirklich teilt. Eigentlich hört man gerne freundlichen Radio-Pop, aber das Umfeld verlangt eine Zuneigung zu komplexem Indie-Rock (oder umgekehrt).

Weitere alltägliche Beispiele für unfreiwillige Rezeption lassen sich schnell finden: etwa, wenn an einem bestimmten Abend, an dem man fürs Kino verabredet war, nur ein bestimmter Film läuft, den man gar nicht sehen wollte, oder wenn man einen Kompromiss im abendlichen TV-Programm mit einer Partner:in machen muss. Die meisten Eltern machen ständig die Erfahrung erzwungener Rezeption, wenn sie die Filme, Musik, Bücher etc. schauen, hören oder vorlesen müssen, die vor allem ihren Kindern gefallen.

Das bedeutet natürlich nicht, dass in all diesen Fällen die gleichen Qualen erlitten werden, die Schüler bei der Lektüre von *Effi Briest* empfinden. Vielleicht kann man der Musik, die in der eigenen Bezugsgruppe vorgegeben wird, durchaus etwas abgewinnen, oder man findet den Film, den man mit Freunden anschauen musste, gar nicht so schlecht. Es gibt auch genug Eltern, die *Peppa Wutz* oder *Die drei ???* durchaus charmant und angenehm finden.

Die Frage, wann es sich um verpflichtende und wann um freiwillige Rezeption handelt, ist ausgesprochen kompliziert. Man muss sich sogar die Frage stellen, ob Rezeption überhaupt jemals ganz freiwillig sein kann, da sie so vielen subtilen und weniger subtilen Formen der Beeinflussung unterworfen ist. Es gibt viele verschiedene Gründe, warum Menschen Kunst und Kultur rezipieren, und diese Gründe sind vielleicht nicht komplett subjektiv, aber sicherlich sehr kontextabhängig. Was für den einen eine schreckliche Pflicht darstellt, ist für den anderen ein Vergnügen. Auch in dieser Hinsicht ist die Schullektüre ein illustratives Beispiel. Bekannt ist die Erfahrung, dass man ein Buch, das man in der Schule gehasst hat, als erwachsene Leser:in neu schätzen lernt. In diesem Fall hat sich die Form des Buches nicht verändert, wohl aber die Umstände der Rezeption.

Die Wut darüber, eine ästhetische Erfahrung machen zu müssen, die man lieber nicht gemacht hätte, verweist auf das Verhältnis von Macht und Rezeption, auf den Druck, der auf unserem alltäglichen Kultur- und Kunstkonsum lastet. Die Tatsache, dass Schüler:innen ins Internet gehen, um über frustrierende Lektüreerfahrungen zu klagen, ist ein illustratives Beispiel dafür, wie einer großen Gruppe von Menschen von einer Institution eine bestimmte Form der Rezeption auferlegt werden kann.

Eine Rezensentin auf Amazon spricht davon, dass *Effi Briest* ihr als »Zwangslektüre« im Deutsch-Leistungskurs begegnet sei – ein Ausdruck, der eine spezifische, weitverbreitete Rezeptionserfahrung beschreibt: Schule ist ein Ort, wo man zum Lesen von Literatur gezwungen wird. Dazu gehört allerdings auch, dass sich Zweifel in Bezug auf die eigene Urteilsfähigkeit andeuten. Die Rezensentin fragt sich nämlich, ob sie zu einer »objektiven Beurteilung der Leistung Fontanes« vielleicht gar nicht fähig gewesen sei, da der Zwang und die nervtötenden Interpretationen ihren Blick auf das Werk verstellt hätten.

Diese Ambivalenz ist repräsentativ für den Verdruss, der in zahlreichen digitalen Rezensionen zum Ausdruck kommt. Die Bezeichnung »Klassiker« erscheint als einigermaßen stabiles Konzept, fast wie eine Genrebezeichnung (»Krimi«, »Fantasy« etc.), die ihre eigenen Bewertungsmaßstäbe besitzt. Eine der Amazon-Rezensionen vermerkt genervt: »Gibt bessere Klassiker«. Negative Rezensionen kanonischer Werke wie *Effi Briest* auf digitalen Plattformen bieten einen faszinierenden Einblick in das kulturelle Konfliktpotential, das mit dem Label verbunden ist.

Kanon und Konflikt

Die Bezeichnung ›Klassiker‹ fordert eine eigentümliche Rezeptionshaltung heraus. Die Werke, die darunter fallen, werden oft als langweilig bewertet, aber ihre Bedeutung wird dadurch selten eingeschränkt. Die ängstlich respektvolle, fast resignierte Haltung (»eben der Klassiker«) deutet den Begriffsgehorsam an, den Wolfgang Ullrich für den modernen Kunstbegriff diagnostiziert hat (Kapitel 2). Die Imperative des Kunstbegriffs übertragen sich auf Gesellschaften, die eine bestimmte Gruppe von Werken als Klassiker definieren. Dieser Kanon übt Druck auf die alltägliche Rezeption aus. Schulen oder Universitäten sind oft nur die institutionellen Erfüllungsgehilfen dieses Drucks. Wenn man dem komplexen Phänomen der *Pflichtrezeption* näherkommen möchte, dann ist eine Auseinandersetzung mit der Frage, wie sich Wertungsbegriffe in einem Kanon – einer autoritativen Liste bedeutender Werke – durchsetzen, ein guter Anfang.

Der Begriffsgehorsam gegenüber dem Label »Klassiker« existiert – wie jeder Gehorsam – nicht ganz freiwillig, sondern aus einer Machtsituation heraus, aus einer Asymmetrie zwischen Expert:innen und Laien, die einen untergründigen Groll erzeugen kann. Und dieser Groll führt zu Gegenwehr. Die Möglichkeiten dieser Gegenwehr sind allerdings von den medialen und institutionellen Machtverhältnissen abhängig. Erst die Digitalisierung macht es möglich, sich an den ungeliebten Klassikern des Schulunterrichts zu rächen, indem man ihnen etwa eine schlechte Rezension auf Amazon oder Goodreads gibt.

Ein anschauliches Beispiel dafür, wie stark der institutionelle Druck sein kann, der auf unserem Kunstgeschmack lastet, liefert ein Experiment, das James F. English in seinen literaturwissenschaftlichen Überblicksseminaren gemacht hat.[1] Die Studierenden wurden jeweils gefragt, welcher der Romane, die sie lesen mussten, ihr Lieblingsroman sei (»favourite«) und welcher der wichtigste (»greatest«). Die Resultate dieser Umfragen ergaben zwei sehr unterschiedliche Listen. Bücher, die bei den Lieblingsromanen weit oben rangierten, wurden bei den wichtigen Büchern besonders schlecht bewertet und umgekehrt.

In einer Liste stand etwa Joseph Conrads komplexes, dunkles Werk *Lord Jim* von 1899 auf Platz 1 der wichtigsten Romane und auf dem letzten Platz bei der Frage nach dem Lieblingsbuch. Kazuo Ishiguros dystopischer Gegenwartsroman *Alles, was wir geben mussten* (2005), in dem es um eine Gruppe junger Klone geht, die einem Schicksal als Organspende-Reservoirs entgegensehen, landete dagegen auf Platz 2 der beliebtesten und auf dem letzten Platz der bedeutendsten Romane. Auch wenn die Listen ansonsten nicht so symmetrisch sind, gibt es eine klare Tendenz zur

Inversion. Was bei der Frage nach der Beliebtheit gut abschneidet, wird als kulturell weniger wertvoll eingeschätzt.

Die Implikationen dieses Experiments sind beunruhigend, fast ein bisschen traurig. Es zeigt sich, dass die Studierenden in der Lage sind, zwischen ihren eigenen ästhetischen Vorlieben und dem, was die Kultur für bedeutend hält, klar zu unterscheiden. Dabei sind sie bereit, die Minderwertigkeit ihres eigenen Vergnügens anzuerkennen. Kulturelle Bedeutsamkeit erscheint als ein Wert, der außerhalb der eigenen Erfahrung des ästhetischen Vergnügens oder losgelöst von ihr stattfindet. Die Lektüre von *Lord Jim*, einem Roman, der historische Konflikte über Ehre und Männlichkeit verhandelt, mag vielleicht qualvoll und anstrengend gewesen sein, ganz im Gegensatz zur Rezeption des spannend erzählten *Alles, was wir geben mussten*. Das bedeutet aber nicht, dass die Wertzuschreibung, die der Klassiker *Lord Jim* verdient hat, hinterfragt werden würde. English leitet aus diesem Experiment die Beobachtung ab, dass es zwei Skalen des literarischen Wertens gibt, die die Studierenden ohne weiteres unterscheiden können. Die Skala, auf der sie ihr tatsächliches Vergnügen einschätzen, und die Skala der kulturellen Bedeutung.

Was die Studierenden hier unter Beweis stellen, ist der kulturelle Gehorsam gegenüber einem Kanon. Ähnlich wie die Rezensent:innen auf Amazon und Goodreads, die über die Langweiligkeit von *Effi Briest* klagen, aber den Klassiker-Status gleichzeitig unangetastet lassen, erkennen auch die Studierenden an, dass es Werke gibt, die sie zwar sehr ungern lesen, die allerdings in ihrer Bedeutsamkeit unangefochten erscheinen. Damit tritt der Kanon als Phänomen in Erscheinung, das in der Lage ist, Menschen so unter Druck zu setzen, dass sie die eigenen ästhetischen Vorlieben verleugnen.

Simone Winko definiert ›Kanon‹ im *Lexikon der Literatur- und Kulturtheorie* als eine Reihe von Werken, »die eine Trägergruppe, z. B. eine ganze Kultur oder eine subkulturelle Gruppierung, für wertvoll hält, autorisiert und an dessen Überlieferung sie interessiert ist«.[2] Es geht also um die Zuschreibung von Wert, die aber nicht ohne weiteres funktioniert, sondern durch bestimmte Mechanismen legitimiert werden muss. Diese Mechanismen haben mit Macht zu tun. Winko verweist nicht von ungefähr auf subkulturelle Gruppierungen. In jeder Gesellschaft herrscht ›Kanonpluralität‹. Ein Beatles-Fanclub in einer Kleinstadt kann eine eigene Best-of-Liste der Songs haben, auch das ist ein Kanon. Dieser wird sich aber wohl kaum auf größere Teile der Gesellschaft übertragen lassen – ganz im Gegensatz zum Schulkanon der Unterrichtslektüre, der eine extrem mächtige Institution hinter sich weiß.

Listen bedeutender Werke haben zunächst die Funktion, eine gewisse Ordnung im unendlichen Meer der ästhetischen Phänomene zu schaffen. Dieses Ordnungsbedürfnis entsteht aus der naheliegenden und kränkenden Erkenntnis, dass man von den Millionen verfügbarer Bücher, Filme oder Kunstwerke nur einen Bruchteil jemals überhaupt rezipieren kann. Am Anfang jeder Kanonbildung steht die zeitpolitische Beobachtung, dass das Leben viel zu kurz ist, um der Kunst gerecht zu werden. Wer aber darf entscheiden, welche Werke die Investition der knappen Zeit wert sind, und was sind die Kriterien?

Wenn Amy Hungerford die für eine Literaturwissenschaftlerin skandalöse Aussage macht, dass sie keine Bücher mehr von David Foster Wallace lesen wird, nachdem sie aus einer Biographie erfahren hat, wie monströs er mit Frauen umgegangen ist (»Hier ist meine häretische Erklärung: Ich werde Wallace' Werk nicht weiter lesen.«), dann steht dahinter nicht in erster Linie ein prüder Unwille, sich mit der Komplexität eines schwierigen Autors auseinanderzusetzen, sondern vor allem eine zeitpolitische Überlegung: »Wie entscheidet man, auf der Basis welcher Evidenz, dass man Zeit in das Studium eines Werkes investieren sollte?«[3] Diese Frage verweist auf das grundsätzliche Problem jedes Kulturkonsums. Es handelt sich um das Investment eines knappen Kapitals – gerade im Fall Foster Wallace', der den Leser:innen einiges an Konzentration und Arbeit abverlangt.

In der Frage, was man rezipieren kann und was nicht, liegt das (politische) Konfliktpotential des Kanons. Denn Zeit ist nur eine der Ressourcen, die über kanonische Listen verteilt werden. Fast noch wichtiger ist die Ressource der Aufmerksamkeit, die sich wiederum in finanzielle und institutionelle Ressourcen übersetzt. Was bedeutet das konkret? Eine Liste etwa wie »Top 100 Greatest Films of All Time«, die alle zehn Jahre vom renommierten Magazin *Sight and Sound* durch eine Umfrage unter Filmemacher:innen und Kritiker:innen erstellt wird, autorisiert eine Reihe ästhetischer Werte.

Filme, die auf eine bestimmte Art und Weise gemacht sind, so die Suggestion, sind bedeutend. Dazu gehören vor allem Klassiker wie *Vertigo*, *Citizen Kane*, *Persona* oder *Die sieben Samurai*. Durch die Autorität dieser Liste werden Menschen dazu gebracht, mehr von diesen Filmen zu schauen, ihre knappe Freizeit also in diese Liste zu investieren. Gleichzeitig werden es Kunstfilme, die der Ästhetik dieses Kanons entsprechen, leichter haben, selbst kanonisiert zu werden, Prestige und Aufmerksamkeit zu bekommen. Das bedeutet aber eben auch, dass diese Listen Einfluss darauf haben, wer leer ausgeht. Und: Wer Listen macht, entscheidet über zukünftige Listen.

Das Konfliktpotential, das daraus entsteht, ist offensichtlich. Wenn in den letzten Jahren immer wieder darüber gestritten wurde, dass bestimmte populäre Genres wie Superheldenfilme bei den Oscars keine Rolle spielen, dann handelt es sich um einen Kampf um Kanonbildung. Man fühlt sich von einer mächtigen Institution – der Gruppe von Filmschaffenden, die die Academy of Motion Picture Arts and Sciences bilden – bei der Verteilung der knappen Ressourcen Zeit, Aufmerksamkeit und Geld ungerecht behandelt.

Der Vorwurf lautet, dass ein ganzer Bereich der ästhetischen Erfahrung ausgeschlossen wird, der eigentlich kulturelle Anerkennung verdient hätte.[4] Jeder Kanonkritik liegt eine institutionelle Verschwörungstheorie zugrunde, die davon ausgeht, dass der Kunst der eigenen Gruppe von mächtigen Menschen die Anerkennung verwehrt wird. Die Tatsache, dass Superheldenfilme nach wie vor weniger künstlerischen Status besitzen als niederschmetternde Kriegsfilme oder tiefgründige Familiendramen, hätte dann damit zu tun, dass die Instanzen der Kanonisierung versagt haben. Gerade in den letzten Jahren ist wieder viel über die Exklusionsmechanismen des Kanons gestritten worden. Dabei ging es vor allem darum, dass etablierte Kanones nach wie vor Frauen oder People of Color ausschließen.[5] Ein prominentes Beispiel betrifft wiederum die Oscars, die seit 2015 unter dem Hashtag #oscarssowhite für ihren Mangel an Diversität kritisiert wurden.

Es ist kaum verwunderlich, dass über den Kanon und die Frage, wer dazugehören sollte, ständig gestritten wird. Es handelt sich um einen Begriff, der Stabilität und Herrschaft suggeriert, der tatsächlich aber ein kulturelles Schlachtfeld darstellt, auf dem fortwährend Konflikte über den Wert der

Kunst ausgetragen werden. Jeder Kanon fordert fast automatisch Gegenkanones heraus, die seine Autorität in Frage stellen.[6] Ein Buch wie Katy Hessels *The Story of Art without Men* oder eine Gedichtanthologie wie *Frauen | Lyrik*, die 2020 bei Reclam veröffentlicht wurde, sind Versuche, im Kampf um den Kanon der patriarchalen Übermacht etwas entgegenzusetzen. Aus einer Wut über die Unwucht, mit der das Prestige ästhetischer Meisterschaft an männliche Künstler vergeben wurde, wird ein alternativer Kanon aufgestellt.

Die Schule des Ressentiments

Die politischen Kämpfe um die identitätspolitischen Exklusionsprobleme des Kanons sind keine Erfindung der Gegenwart, sie reichen weit zurück. Im Zuge der kulturellen Umbrüche seit den 1960er Jahren wurde, insbesondere an Universitäten in den USA, gegen die institutionalisierten Listen großer Werke aufbegehrt. Das führte zu einer Gegenbewegung, die sich seit den 1990er Jahren intensivierte. Ein Buch wie Allan Blooms *The Closing of the American Mind* etwa polemisierte gegen den Kulturverfall und die Ignoranz, die dem westlichen Kanon angeblich entgegengebracht werde. Blooms extrem erfolgreiche Streitschrift bildete eine Blaupause für zahlreiche konservative Polemiken, die bis heute die Politisierung und Zerstörung der großen Kunst anprangern. Die moralische Panik des letzten Jahrzehnts über eine angeblich schwächliche Jugend, die sich den Meisterwerken der westlichen Kultur panisch verweigert oder diese nur noch geschützt durch Triggerwarnungen ertragen kann, ist hier vorgezeichnet.[7]

Eines der wichtigsten Bücher aus dieser Tradition ist Harold Blooms *The Western Canon* von 1994. Kaum ein anderes Buch verkörpert so stark den polemischen Geist der modernen Kanonkämpfe. Bloom inszeniert sich in diesem Buch als letzter Soldat eines heroischen Kampfes gegen den Niedergang der literarischen Bildung. Dazu stellt er eine Liste von Autor:innen auf, denen seiner Meinung nach ein echter Ewigkeitswert zukommt. Gefeiert werden allerdings nur die allergrößten und ehrwürdigen Namen: Dante, Shakespeare, Cervantes, Tolstoi, Joyce etc.

Bereits Blooms Einleitung ist geprägt von unfreiwilliger Komik, die vor allem die Geschwindigkeit unter Beweis stellt, mit der kulturelle Referenzen verblassen können. An einer Stelle schreibt er, der »fundamentale Archetyp« dessen, was literarische Hochleistungen angeht, sei der griechische Dichter Pindar (5. Jahrhundert vor Christus). Dessen Gesänge auf die Helden des Altertums seien selbst schon Siegeszeichen der eigenen Dichtung, die über andere triumphiere. Die literaturgeschichtliche Figur Pindar dürfte heute allerdings selbst unter gebildeten Menschen oder professionellen Leser:innen über den Namen hinaus nur wenig bekannt sein. Wenn man nicht gerade Griechischlehrer oder Professor:in für alte Sprachen ist, dann gehört ein tiefes Wissen seiner Werke nicht mehr zum Kanon der Bildung, über deren Abwesenheit man sich schämen müsste. Im Jahr 1994, als *The Western Canon* erschien, konnte der Verweis auf Pindar vielleicht noch als Ausdruck einer nostalgischen Verteidigung einer bestimmten Bildungsatmosphäre gelten. Schon 30 Jahre später wirkt das vor allem etwas peinlich.

Der Verweis auf Pindar ist nur ein Beispiel für das rasende Name-dropping Blooms, die raunende Aufzählung großer männlicher Genies. An einer Stelle heißt es etwa: »Ich wünschte, es wäre mehr Platz für moderne Autoren wie Neruda oder Pessoa, aber kein Autor unseres Jahrhunderts konnte es aufnehmen mit *Auf der Suche nach der verlorenen Zeit*, *Ulysses* oder *Finnegans Wake*, den Essays von Freud oder den Parabeln und Geschichten von Kafka.«[8] Namen (meist männlicher) Autoren werden bei Bloom in einer Form von akademischer Sportberichterstattung aneinandergereiht.

Das Buch wirkt heute vor allem als ein leicht angestaubtes Zeugnis für die Vergänglichkeit des Kanons. Großen Wiedererkennungswert erzeugt dagegen die politische Polemik gegen eine angebliche progressive Politisierung der Literatur. Das eigentliche Erbe eines Buches wie *The Western Canon* ist nicht der Kanon selbst, sondern die Wut gegen den Versuch, den Kanon aufzuweichen. Während die entsprechenden Listen eine Tendenz haben, ihren Ewigkeitswert schnell zu verlieren, scheint die Panik vor dem Verlust dieser Listen eine universelle Gültigkeit zu besitzen. Was von Blooms Polemik überdauert hat, ist vor allem der Begriff der »Schule des Ressentiments« (»School of resentment«). Gemeint ist, dass beim Versuch, sozialwissenschaftliche und sozialkritische Perspektiven in die Kunstwissenschaften einzubringen, die Vorstellung ästhetischer Werte angeblich verabschiedet wurde. Statt Gedichte, Dramen, Romane zu unterrichten, werden die Literaturwissenschaften im Namen politischer Ressentiments zum Schauplatz verschiedener sozialer und kultureller Kreuzzüge.

Blooms Horrorvorstellung ist ein Umbau der Literaturwissenschaft zu einer Kulturwissenschaft, in der die Erforschung von Batman-Comics, mormonischen Freizeitparks, von Fernsehen, Filmen und Rockmusik das Studium großer

 Autoren wie Chaucer, Shakespeare, Milton oder Wordsworth verdrängt. Als Beispiele für Wissenschaftler:innen, die den ästhetischen Wert von Kunst verachten (»Resenters«), nennt er: »Ideologen der Gendertheorie« (»ideologues of gender«), Multikulturalisten oder Professoren, die Hip-Hop erforschen.[9] Gleich zu Beginn seines Nachwortes stellt Bloom mit Befriedigung fest, dass Autor:innen wie Samuel Johnson oder George Eliot sich neumodischen Phänomenen wie »MTV Rap« oder virtueller Realität verweigert hätten.

Diese Feststellung muss schon für damalige Ohren ausgesprochen onkelig geklungen haben. Bloom erscheint hier als alternder Vertreter einer Bildungsinstitution, der sich mit allen ihm zu Gebote stehenden rhetorischen Mitteln dem Ansturm kultureller Veränderung entgegenstemmt. Man muss nicht lange nach Subtext suchen, um die politische Stoßrichtung zu erkennen, der diese vordergründig literaturwissenschaftliche Polemik folgt. Es geht um die Abwehr progressiver Versuche, die Institutionen der künstlerischen Wertzuschreibung gerechter zu gestalten. In dieser Hinsicht ist Blooms Polemik dann doch noch ausgesprochen anschlussfähig für die Debatten der Gegenwart, die sich auch 30 Jahre später noch um die Frage drehen, ob die großen kanonischen Werke in Gefahr sind. Adrian Daub spottet in seinem Buch *Cancel Culture Transfer* zu Recht darüber, wie lange sich gutinformierte Zeitgenoss:innen schon »den Bären aufbinden lassen, irgendein Klassiker (Shakespeare, Platon oder Homer) werde ›nicht mehr‹ an der Uni gelehrt«.[10]

Gerade weil es immer knapp an der Selbstparodie vorbeischrammt und mit einem dramatischen Flair geschrieben wurde, das sich der eigenen Provokationskraft durchaus bewusst ist, vermittelt Blooms Buch einen guten Eindruck von der Atmosphäre raunender Autorität, die das Konzept des Kanons umgibt. Wenn wir uns die Frage stellen, warum Menschen Kunst und Kultur rezipieren, die sie eigentlich nicht rezipieren wollen, dann ist es wichtig, sich diese Atmosphäre bewusst zu machen.

Die Liebe zum Lesen, die Menschen wie Bloom verteidigen, meint eine verordnete Liebe zum Kanon, die andere Zuneigungen (z. B. zu »MTV Rap«, was immer das sein mag) streng verbietet. So sind die Debatten um den Kanon Ausdruck einer Panik, dass falsche ästhetische Erfahrungen geliebt werden könnten. Diese Panik übt einen gewissen Druck auf die individuelle Rezeption aus. Es ist dieser Druck, der die Studierenden im Experiment von James F. English dazu bringt, den eigenen Geschmack abzuwerten und die institutionell vermittelte Vorstellung ästhetischer Werte anzuerkennen: *Lord Jim* ist bedeutungsvoll, auch wenn man es nicht gerne gelesen hat.

Ähnliche Formen des verordneten Respekts lassen sich auf allen Ebenen der Kultur beobachten. Ein Beispiel dafür, wie sich das konkret anfühlen kann, liefert Janice A. Radway, eine Pionierin der Rezeptionsforschung, die mit ihrer Studie über Leserinnen von Liebesromanen bekannt geworden ist. Radway schreibt in ihrem Buch *A Feeling for Books* darüber, wie sie ihr Studium als einen Ort der ästhetischen Entfremdung erfahren habe. Ihre gierige Vorliebe für Bestseller, Krimis oder Kochbücher habe sie immer geheim halten müssen, sogar vor sich selbst, dem kultivierteren und gebildeteren Ich, das sie zu werden versuchte. Die Universität erscheint in dieser Erzählung als eine Institution, die über sozialen Druck eine klare Vorstellung davon vermittelt, was man lesen darf und was nicht. Schwere, komplexe

Bücher von Henry James oder William Faulkner waren der leichten Kost (Spionageromane von John le Carré etwa oder Colleen McCulloughs Bestseller *Die Dornenvögel)* vorzuziehen.

Dieses Programm der ästhetischen Resozialisierung, bei dem die lustbetonte, anarchische Lektüre diszipliniert werden sollte, konnte bei Radway nie wirklich verfangen. Sie erzählt, wie sie die Sprache, in der man an der Universität über Literatur spricht, erst mühsam lernen musste wie eine Fremdsprache. Diese Sprache der ästhetischen Theorie und des hochkulturellen Geschmacks erschien ihr leblos und abstrakt. Trotzdem verordnete sie sich an der Universität mit grimmiger Entschlossenheit eine Askese der Rezeption. Die Lektüre der ›falschen‹ Bücher war nur für die Zeit kurz vor dem Einschlafen erlaubt.

Besser lässt sich das Konzept des *Guilty Pleasure* eigentlich kaum beschreiben (Kapitel 1). Die Bildungserfahrung, von der Radway erzählt, erscheint vor allem schmerzhaft. Ein gesellschaftlich und institutionell hergestellter kultureller Druck forderte eine Form der ästhetischen Zuneigung, die sich einfach nicht einstellen wollte. Radway gab sich Mühe, die Bücher zu lieben, die ihr als komplexe Meisterwerke vorgestellt wurden. Stattdessen liebte sie aber weiter Bücher, die sie in Welten eintauchen ließen und ein körperliches Gefühl der kompletten Versunkenheit erzeugten. Die Folgen waren ein Gefühl des Mangels und des Versagens:

»Die Bücher, die mir als Hochliteratur präsentiert wurden, konnten diesen spezifischen Schauder einfach nicht hervorrufen, die Spannung, die ich mit den Büchern meiner Kindheit verband. Das lag auch daran, dass sie nicht nur ein Versprechen in sich bargen, sondern auch eine Drohung – die Drohung, dass ich irgendwie daran scheitern könnte, zu verstehen, daran scheitern würde, den Wert und die Bedeutung zu erkennen, die ihnen zugeschrieben wurde.«[11]

Radway geht so weit, diese schmerzhafte Bildungserfahrung als misslungene Konversion zu beschreiben – eine Konversion zur säkularen Religion der großen Literatur, die ihr von der Institution, die als Literaturwissenschaftlerin ihr Leben bestimmen sollte, vorgeschrieben wurde. Es handelt sich um ein Extrembeispiel dafür, wie der Begriffsgehorsam vor dem Paradigma der Kunst zu leidvollen Rezeptionserfahrungen führen kann.

Kunst im Sinne des modernen Kunstparadigmas (Kapitel 2) hat im Verlauf der Kulturgeschichte eine sakrale Bedeutung gewonnen. Und wie jede Religion hat sie sich unmittelbar institutionalisiert und vermachtet, eigene Kirchen, Kardinäle und Dogmen hervorgebracht, die dafür sorgen, dass die reine Lehre vermittelt und streng durchgesetzt wird. Insofern erscheint das Bild der gescheiterten Konversion, das Radway in ihrem Erfahrungsbericht verwendet, nicht übertrieben. Das Glaubenwollen, aber Nichtglauben-Können kann auch in Bezug auf ästhetische Fragen zu einer Existenzkrise führen.

Nun muss man zugeben, dass eine solche Erfahrung nur einen sehr speziellen Bereich der ästhetischen Bildung betrifft. Die meisten Menschen sind keine Literaturwissenschaftler:innen und werden durch das Scheitern einer Rezeptionserfahrung nicht in existentielle Nöte gestürzt. Auch Radway nutzt ihre persönliche Erfahrung, um die Geschichte zu erzählen, wie sie zu einer erfolgreichen Autorin fröhlicher, offener Bücher über die Alltagserfahrung der Lektüre wurde. Allerdings ist ihr autobiographischer Bericht auch ein illustratives Beispiel für die allgemeine Erfahrung des individuellen Drucks und der Entfremdung, die der Kanon auslösen kann. Diese Erfahrung wird durch institutionelle Druckmittel, aber eben auch – was oft viel verstörender ist – durch unterschwellige Formen der Beeinflussung hervorgerufen. Sich einer aufgezwungenen Schullektüre zu verweigern kann eine schlechte Note nach sich ziehen. Das ist unangenehm, aber zu verschmerzen. Der internalisierte Respekt vor ästhetischen Werken, an deren Rezeption man immer wieder scheitert, erscheint weitaus verletzender. Den realen Deutschlehrer, der einen zwingt, ein bestimmtes Buch zu lesen, hat man mit dem Ende der Schulzeit überwunden, den impliziten Deutschlehrer – den verinnerlichten Kanon – kann man nur schwer wieder abschütteln.

Kanon ist überall

Ein Kanon umfasst eine Menge an Einflussfaktoren, die den individuellen Geschmack unter Druck setzen. Die Zeit, die Zuneigung, die finanziellen Ressourcen, die wir im Alltag in ästhetische Erfahrungen investieren können, ist eingeschränkt. Was rezipieren wir überhaupt? Welchen Werken widmen wir unsere knapp bemessene Konzentration? Was konsumieren wir nur mit schlechtem Gewissen, vielleicht erst am Abend kurz vor dem Einschlafen? Das sind Fragen, deren Antworten stark durch ein kulturell vermitteltes Gefühl von Wert und Angemessenheit beeinflusst werden, das Institutionen und ihre Kanones vermitteln. Dabei dürfen wir uns diese Einflussarbeit nicht als perfekt geplanten Prozess eines Zentralkomitees grauer Gesetzgeber vorstellen. Auch wenn der Begriff entsprechende Bilder evoziert, ist Kanonbildung im Alltag extrem diffus und chaotisch.

Kanon ist etwas, was sich in Kulturen an allen Ecken und Enden automatisch ergibt. Die Auswahl der Schul- oder Seminarlektüre ist dafür nur das sichtbarste Beispiel. Auch Listen wie »Top 100 Greatest Films of All Time« oder Harold Blooms *The Western Canon* finden in gesellschaftlichen Bereichen statt, aus denen sie erst einmal in die weitere Kultur ausbrechen müssen, um echten Einfluss auf die Alltagsrezeption gewinnen zu können. Klassiker sind keine Werke mit einem essentiellen Ewigkeitswert, Klassiker werden gemacht. Dazu tragen solche Listen zwar bei, aber erst im Moment der ständigen Einübung kann sich dieser Status wirklich etablieren.

Wir sind im Alltag umgeben von mehr oder weniger subtilen Prozessen der Kanonbildung. So gibt es etwa in der Buchhandelskette Thalia in vielen Filialen einen Bereich, der mit »Klassiker« überschrieben ist. Dort finden sich die großen Autoren des Realismus (Dostojewski, Keller, Dickens), Schmuckausgaben der Lyrik Johann Wolfgang von Goethes oder Mascha Kalékos, aufwendig gestaltete Übersetzungen der Odyssee. Bücher, die in diesem Regal stehen, werden dem Publikum, das seinen alltäglichen Buchkauf erledigt, als Kanon präsentiert – eine unterschwellige, aber effektive Form der Wertzuschreibung. Die Frage, die man sich stellen muss, ist: Wer entscheidet eigentlich, was in dieses Regal kommt, und vor allem, was nicht? Diese Gatekeeper bleiben für die allermeisten Menschen unsichtbar und sind sich wahrscheinlich selbst ihrer Macht gar nicht so recht bewusst.

Kanon ist eine Frage der Sichtbarkeit, aber auch eine Frage der Autorität. Nicht alle Inhalte, die in der Öffentlichkeit große Aufmerksamkeit bekommen, erlangen deswegen auch den Klassiker-Status. Ein Song, der sich über Wochen auf Platz eins der Charts hält, wird nicht automatisch mit dem kulturellen Prestige des Kanons ausgestattet. Ähnliches gilt für die Bücher, die Woche für Woche die *Spiegel*-Bestseller-Liste bevölkern. Zu viel Sichtbarkeit kann sogar dazu führen, dass man Prestige verliert.

Für den Klassiker-Status braucht es eine Aura der Legitimation, die durch Institutionen hergestellt wird. Kanon ist Sichtbarkeit plus Macht. Zu den Institutionen, denen wir diese Art von Macht zuschreiben, gehören Schulen, Universitäten, der Buchhandel, die Medien. Dort wird professionell selektiert, was überhaupt auf dem Radar einer Kultur erscheint (Sichtbarkeit). Und diese Selektion wird dann mit einer autoritativen Begründung versehen (Macht).

Im Alltag wird dieses Kanonwissen an den unterschiedlichsten Stellen vermittelt. Etwa durch einen besonders weltgewandten Freund, dessen Geschmack man vertraut, der einen aber auch ein bisschen einschüchtert; oder durch das Bücherregal der Eltern, wenn man in einem bildungsbürgerlichen Haushalt aufgewachsen ist; oder durch den abschätzigen Blick, den ein Mensch, den man für gebildet hält, auf die eigene Freizeitlektüre wirft. Kanonbildung ist also Teil der alltäglichen Kommunikation über Kunst, ein Resultat von Gesprächs- und Blickpolitik, von unterschwelligen Gesten der kulturellen Macht. Unsere Vorstellung davon, was gute und was schlechte, was angemessene und was unangemessene Kunst darstellt, ist vielen zerstreuten Eindrücken unterworfen und oft eher wolkig und vage als klar formuliert. Gerade deshalb sucht man oft nach Ankern, die einem Halt in der Unordnung ästhetischer Erfahrungen geben.

Kanonbildung betrifft alle Kunstformen, allerdings nicht auf die gleiche Art und mit der gleichen Intensität. Während etwa die bildenden Künste oder die Literatur auf eine sehr lange Tradition der Wertzuschreibung zurückschauen können, ist die Integration einer jungen Kunstform wie der des Films in die Institutionen kultureller Autorität noch gar nicht so lange her. Die spezifische Form von Klassiker-Status, die einem Buch wie *Effi Briest* oder einem Gemälde wie Rembrandts *Die Nachtwache* zugeschrieben wird, ist davon abhängig, ob Schulen, Universitäten oder Medien die Formate überhaupt als Kunst anerkennen.

Der Film hat diese Transformation im Verlauf des 20. Jahrhunderts erfolgreich durchlaufen.[12] Es gibt eigene Institute an der Universität, eigene Bibliotheken und autoritative Listen, die die Kanonfähigkeit der Kunstform legitimieren. Bei Medien wie Fernsehen oder Computerspielen sind die Konflikte, die darüber entscheiden, ob diese Inhalte einmal mit dem Prestige des institutionalisierten Klassikers ausgestattet werden, allerdings noch lange nicht abgeschlossen. Das heißt natürlich nicht, dass solche Kunstformen nicht von Kanonbildung betroffen sind. Kanon ist etwas, das ständig stattfindet – auch außerhalb der Hochkultur. Bei Computerspielen etwa findet man in der Fachpresse und im Internet unzählige Listen und Listicles, die die besten Shooter oder die besten Aufbauspiele aufzählen. Die Konflikte darüber, was wertvoll und was wertlos ist, werden auch hier mit großer Intensität und Bitterkeit geführt.

Gerade im Bereich von Subkulturen kommt es zu heftigen Kämpfen, die Exkommunikation und Feindschaft zur Folge haben können. Wo sich Geschmack konstituiert, steht er unter Druck. Kanon als Ausdruck von Wertungskämpfen drängt in jedes kulturelle Vakuum und beeinflusst die Rezeption. Man kann also der Sphäre der institutionalisierten Macht – wo Schullektüre, Universität und etablierte Medien herrschen – keine utopische Welt des unbelasteten individuellen Konsums entgegenstellen. Eine konfliktfreie Sphäre der ästhetischen Unschuld existiert nicht.

Kunst als Qual

Literatur, Filme, Serien, Musik – all das sind Dinge, die mit der Vorstellung von Genuss, Vergnügen oder Wohlgefallen assoziiert werden. Und doch gibt es viele Menschen, die die Rezeption von Kunst als Qual empfinden, die sich durch ein ästhetisches Erlebnis regelrecht durchkämpfen müssen. Erfahrungen dieser Art sind weit verbreitet: die Unlust, einen extrem komplexen Roman, dessen Handlung unübersichtlich und verwirrend ist, weiterzulesen; die Mühe, die es erfordert, bei einem langen Konzert nicht einzuschlafen; die Rückenschmerzen und die bleierne Verwirrung in einer Ausstellung mit hermetischen Bildern. Die Strapazen der Kunst gehören zum Alltag der Rezeption.

Natürlich ist die Frage, wann der Kunstkonsum zur Qual wird, hochgradig subjektiv. Eine kitschige Liebeskomödie oder ein brutales Ritterepos kann eine Zuschauer:in, die kein Fan des Genres ist, genauso an die Grenzen ihrer Aufnahmefähigkeiten bringen wie andere ein dicker komplizierter Roman oder ein langer Kunstfilm. Trotzdem erscheint die Vermutung angemessen, dass es sich bei ästhetischem Widerwillen um eine anthropologische Grundkonstante handelt.

Qual ist ein Gefühl, das oft mit Büchern aus dem Literaturunterricht assoziiert wird. Die Erinnerung daran gehört zu den wichtigsten Anlässen, im Alltag über Literatur zu sprechen. Im Gegensatz zu den meisten anderen Themen handelt es sich um eine der wenigen kulturellen Erfahrungen, die wirklich so gut wie alle Menschen betreffen. Wie stark das Thema brennt, zeigt eine kleine Umfrage, die ich zum Thema »Was war eure qualvollste Schullektüre« auf Twitter gemacht habe. Die Resonanz auf diese Frage war erstaunlich groß, weit über 1000 Reaktionen.[13]

Genannt wurden Werke wie Max Frischs *Homo faber* oder Theodor Storms *Der Schimmelreiter*. Unangefochten auf Platz eins der genannten Werke stand aber – wenig überraschend – *Effi Briest*. Ähnlich wie bei den bereits erwähnten Amazon-Kundenrezensionen herrschte ein Ton der leidenschaftlichen Abscheu (»komplett langweilig«, »Ich habe es gehasst!«). Repräsentativ ist sicherlich der folgende Kommentar: »Ein Roman, der hätte gut sein können, wenn er einfach nicht so unglaublich langweilig geschrieben und die Protagonistin nicht so passiv (und der Lehrer nicht so ein Lurch) gewesen wäre.« *Effi Briest* erscheint in dieser Umfrage jedenfalls als *der* Klassiker der qualvollen Schullektüre. Ein Twitter-User bemerkt in Bezug auf die Umfrage spöttisch: »Ach, es ist wieder Effi Briest Therapiegruppe.«

Das Thema Schullektüre ist auch ein beliebter kulturjournalistischer Gegenstand. So wird in einem Artikel in der *Frankfurter Allgemeinen Zeitung* zum Welttag des Buches davor gewarnt, die Freude an Literatur könnte durch »die Qual der Schullektüre« oder »die Empfehlung eines Langweilers« bedroht werden.[14] Ein Artikel in der *Süddeutschen Zeitung* über Klassiker im Unterricht ist mit »Wahl oder Qual« überschrieben.[15] Ein Artikel im *Tagesspiegel*, in dem sich Redakteur:innen an ihre Schullektüre erinnern, beginnt mit den Sätzen: »Stets gedacht als Inspiration, meist gelesen als Pflicht, oft geendet als Qual. Die im Deutschunterricht besprochenen Bücher prägen lebenslang unser Verhältnis zur Literatur.«[16] Darin widerspricht eine Redakteurin zwar der allgemeinen Verdammung *Effi Briests*: Der Roman ›perle‹ nur so dahin, und auch die Tochter, die es jetzt in der Schule lesen musste, sei begeistert. Die Berichte über Peter Schneiders *Lenz* (»Jegliche Erinnerung an diese Lektüre ist gelöscht«) oder Johann Wolfgang von Goethes *Iphigenie auf Tauris* (»Die edle Fassung in fünfhebigen Jamben von 1802 hat uns damals entsetzlich gelangweilt«) klingen dann wieder alles andere als entzückt.

Obwohl Qual als Erfahrung im Alltag der Rezeption sehr präsent ist, erscheint es kaum verwunderlich, dass sie als ästhetische Kategorie bisher theoretisch eher wenig Beachtung gefunden hat. Wenn die Institutionen, die sich mit Kunst beschäftigen, zugeben würden, dass Kunst oft genug auch eine Tortur sein kann, dann würde das zum einen den Wert des Konzepts herunterziehen, zum anderen müsste man sich eingestehen, dass ein Teil der Rezeption nicht aus individueller Lust stattfindet, sondern aufgrund von kulturellem Druck. Das wäre ein harter Schlag für ein Konzept, das sein Prestige aus den Tugenden der ästhetischen Autonomie und intellektuellen Freiheit bezieht. Von Freiheit kann allerdings keine Rede sein, wenn Schüler:innen sich mit knirschenden Zähnen durch *Effi Briest* kämpfen müssen oder wenn Studierende mit respektvoller Langeweile *Lord Jim* durcharbeiten.

Um diesem Problem beizukommen, haben die Institutionen des Kunstparadigmas ein eigenes Konzept von ästhetischer Qual entwickelt, das die Anstrengung, die eine bestimmte Form der Kunst einfordert, als heroischen Akt begreift. Bei Hochkultur hat sich ein Diskurs des Ertragenmüssens eingebürgert, der das Durchkämpfen, das

Sich-Mühe-Geben als eigentliche Form des angemessenen Kunstkonsums verordnet. Dieser Härtediskurs des Kunstparadigmas wird dem schnöden ›Verschlingen‹ des hedonistischen Paradigmas entgegengesetzt (Kapitel 2). Dabei entsteht eine Vorstellung von Bergsteigerliteratur (nicht umsonst ist in diesem Kontext oft von »Höhenkamm« die Rede), die ihre Befriedigung vor allem auch aus dem Stolz bezieht, ein großes Werk wie einen besonders hohen Berg bezwungen zu haben.

Das bedeutet nicht, dass die Vertreter:innen dieses Konzepts bereit wären, die Vorstellung des Vergnügens vollständig aufzugeben. Stattdessen werden besondere, der Hochkultur eigene Vergnügen behauptet. Harold Bloom etwa spielt in *The Western Canon* die »schwierigen Vergnügen« der großen Literatur (»difficult pleasures«) gegen die oberflächlichen, weithin verfügbaren Vergnügen der Populärkultur aus (»pleasures universally accessible«).[17] Der Kanon rechtfertigt also die Qual als Voraussetzung eines ästhetischen Genusses, den man sich durch Arbeit verdienen muss. Wer aber einfach nur Anstrengung und Qual empfindet, wie etwa die Schüler:innen, die mit den von Bloom vorgeschriebenen Werken konfrontiert werden, zeigt dadurch die eigene Unwürdigkeit.

Es handelt sich um ein gutes Beispiel dafür, wie die Vertreter des Kunstparadigmas ihre eigene Rezeption heroisieren. Ein gewisser *Rezeptionsmasochismus* ist dem modernen Kunstbegriff eingeschrieben und hat sich im Konzept des Klassikers institutionalisiert. So wird Qual von denen, die unter einem Kanon leben, nicht nur als Zumutung erfahren, sondern auch als Herausforderung angenommen. Wenn man sich etwa die Rezensionen auf Amazon anschaut, die *Effi Briest* die Höchstbewertung von 5 Sternen geben, dann ist auffällig, dass auch hier immer wieder die Mühe der Rezeption beschworen wird.

Ein Rezensent schreibt: »Schwer zu lesen wegen Ausdrucksform, aber interessant.« Unter dem Titel »Zu Recht ein Klassiker« bemerkt ein anderer: »Am Anfang fand ich das Buch eher langweilig, man muss dem Klassiker aber Zeit geben, bis es vollständig aufblüht.« Weitere Wortmeldungen lauten: »Ein zeitloser Klassiker, etwas holprig zu lesen, doch es lohnt sich.« Oder: »Mit ein bisschen Mühe lässt sich da so einiges rausholen.« Es handelt sich um illustrative Beispiele für eine Rezeptionshaltung der Arbeit, die der Klassiker-Status vorschreibt. Man investiert die Zeit und Anstrengung, überwindet die eigene Faulheit und Abwehr – dann kann man zu dem schwierigen Vergnügen durchdringen.

Diese Mühe bezieht sich in einigen Fällen auf die Überwindung der historischen Distanz zwischen der Veröffentlichung von *Effi Briest* und der Gegenwart der Leser:in. So heißt es in einer Rezension, man müsse sich in die »blumige, verklausulierte« Sprache des späten 19. Jahrhunderts erst einlesen, damit sich die aufschlussreiche Gesellschaftskritik öffnen kann. Eine andere Leser:in schreibt, der Roman biete eine »großartige Leseerfahrung und eine Geschichte, die in ihrer Tragik kaum größer sein könnte«, allerdings nur dann, wenn man bereit sei, sich auf Fontanes »nicht immer leicht zu entschlüsselnden Erzählstil einzulassen«.

Diese Kommentare sind Zeugnisse einer ästhetischen Disziplinierung. Die Mühe, die mit der Lektüre des Romans verbunden ist, würde man sich bei anderen ästhetischen Erfahrungen, die nicht mit dem Klassiker-Label assoziiert sind, möglicherweise nicht gefallen lassen. Einen Krimi, der Arbeit statt Spannung erzeugt, bricht man ohne schlechtes Gewissen ab. Im Fall des Klassikers erscheint uns diese Mühe aber selbstverständlich. Man kämpft sich eben durch ein großes Werk, um am Ende »einiges herauszuholen«.

Wertung und Widerstand

Die Kommentare zu *Effi Briest*, die sich stolz darauf beziehen, den Klassiker bezwungen zu haben, machen deutlich, wie stark sich das Paradigma ästhetischer Anstrengung gesellschaftlich etabliert hat. Dagegen wirken die vernichtenden Urteile über den Roman inkongruent und unfreiwillig komisch. So berichtet eine Rezension bei Amazon, man habe das Buch »nur für Schulische Zwecke« gekauft. Zum Inhalt will die Person aber nichts verraten, vor allem sei der Roman ihrer Meinung nach »total öde« und auch wirklich nicht mehr als Schullektüre geeignet. Abschließend wird noch vermerkt: »Nichtsdestotrotz ist das Buch in einem sehr guten Zustand angekommen und sieht auch gut aus.«

Es wäre einfach, sich über diese Art der Wortmeldung lustig zu machen. Der Kommentar über den Zustand des Buches spricht von einer gewissen Hilflosigkeit in der Einschätzung dessen, was wichtig ist, wenn man über Hochkultur spricht. Die Rezension verweist auf das Klischee der Amazon-Bewertung, die ein Buch wie einen Konsumgegenstand (»total öde«) oder wie eine Ware (»kam in gutem Zustand an«) behandelt. Einige der 5-Sterne-Rezensionen bewerten ausschließlich den Zustand der Lieferung. So schiebt sich zwischen das ästhetische Lob (»Wunderbares Meisterwerk«, »Realismus pur!«) immer wieder das lakonische Lob des problemfreien Versands: »Makellos«, »Wie erwartet«, »Buch gebraucht bestellt. Zustand wie beschrieben. Top!«, »Flotte Lieferung und keine Gebrauchspuren«.

Dieses Durcheinander der Bewertungskriterien erzeugt den Eindruck eines unsauberen ästhetischen Diskurses, in dem widersprüchliche Kriterien, unausgereifte Geschmacksurteile und dumpfe Ressentiments ungeordnet nebeneinanderstehen. Man könnte diese Fälle zum Anlass einer kulturkritischen Polemik machen, in der einer wildgewordenen *Rating Culture* der digitalen Gegenwart der Prozess gemacht wird. Dann würden die Rezensionen, die sich an einem unangefochtenen Klassiker der Literaturgeschichte vergreifen, als Anschauungsmaterial dienen, um den Vorwurf des »elektronische[n] Stammtischgeschnatters« zu bestätigen, den die Literaturkritikerin Sigrid Löffler gegen den digitalen ästhetischen Diskurs erhoben hat.[18] Dass es sich in vielen Fällen um Schüler:innen handelt, könnte als Zeichen des Kulturverfalls gelesen werden, als Beweis dafür, dass die jungen Leute nicht mehr die Arbeit investieren wollen, die mit der Lektüre echter Literatur einhergeht.

Eine solche Kritik würde den Parametern des Kunstparadigmas entsprechen, das sich im Diskurs über Klassiker normalisiert hat. Es fällt uns nicht schwer, über die Amazon-Kritiken von *Effi Briest* zu schmunzeln, weil wir die Wertungsregeln, die mit dem Klassiker-Status einhergehen, verinnerlicht haben. Wenn man sich aber vor Augen führt, dass unter der hilflosen Beschwerde das Konfliktpotential der Pflichtlektüre brodelt, dann kann und muss man diese wütenden Wortmeldungen vor allem als Ausdruck einer kulturellen Gegenwehr ernst nehmen. Was sich hier artikuliert, ist ein Missbehagen, das eine Machtkritik andeutet, die sich – zumindest unterschwellig – gegen den Begriffsgehorsam auflehnt, der von den Bildungsinstitutionen anerzogen wurde. Die Menschen, die *Effi Briest* eine schlechte Bewertung geben und darüber klagen, wie langweilig das Buch sei, nutzen die digitalen Publikationsplattformen, um sich öffentlich gegen einen Klassiker aufzulehnen, der ihnen aufgezwungen wurde.

Dabei bringen sie auch eine Kategorie ins Spiel, die für Hochkultur eigentlich keine Rolle mehr spielen sollte: Langeweile ist eine der Wertungskategorien, die man heute stark mit dem Freizeitkonsum von Kunst und Kultur in Verbindung bringt, mit der Rezeption populärer Kultur. Man findet einen Krimi, einen Superheldenfilm oder ein Computerspiel langweilig. Es wird dagegen kaum jemand, der sich als Kenner:in definiert, wagen, einen Roman, der im Hochkultursegment erscheint, oder einen Kunstfilm in abwertender Weise als langweilig zu bezeichnen. Das liegt daran, dass Langeweile mit einer Form des ästhetischen Vergnügens verbunden ist, die im Verlauf der modernen Kulturgeschichte immer weiter abgewertet wurde.

Was bedeutet das konkret in Bezug auf den Alltag unserer Rezeption? Langeweile ist ein fester Bestandteil dieses Alltags. Wenn man etwa im Konzert oder in der Oper nach 20 Minuten grimmiger Konzentration bemerkt, wie die Augen langsam zufallen und man immer tiefer in die gepolsterten Sitze sinkt, oder wenn man während einer stundenlangen Theateraufführung beginnt, in immer kürzeren Abständen auf die Uhr oder das Handy zu schauen – dann empfindet man Langeweile. Es handelt sich um Anzeichen dafür, dass das Kunstwerk nicht mehr in der Lage ist, die Aufmerksamkeit der Rezipient:innen zu halten. Davon zeugen auch die nicht zu Ende gelesenen Romane, die wochenlange auf dem Nachttisch liegen, bevor sie verschämt ins Bücherregal geräumt oder in den öffentlichen Bücherschrank entsorgt werden. Ein Mangel an Spannung hat das Interesse und damit die Lust an der Rezeption erkalten lassen.

Für die Bewertung ästhetischer Erfahrungen im Alltag populärkultureller Rezeption spielt Langeweile eine wichtige Rolle. Wenn es etwa in einer Rezension heißt, ein Film sei eine Stunde zu lang gewesen, dann wird damit zum einen das Problem der Zeitverschwendung polemisch in Stellung gebracht; zum anderen verweist der Vorwurf aber auch auf eine unangemessene Zeitökonomie der Erzählung. Was in 90 Minuten gut durcherzählt hätte werden können, wurde auf 120 Minuten ausgewalzt. Die Filmemacher verfügten über weniger Handlung als der Film über Zeit. Dieses Problem erzeugt bei den Zuschauer:innen das Gefühl von leerer und damit spannungsloser Narration.

Die Urteile darüber gehen stark auseinander, aber es gibt einige Menschen (so wie mich), die die ewigen Verabschiedungsszenen am Ende der »Herr der Ringe«-Filme als Zumutung empfunden haben. Über eine gefühlte Ewigkeit kommt es nach dem spannungsreichen Höhepunkt der Handlung zu Treffen zwischen den Protagonisten, die sich tränenreich in die Arme fallen. Hier drängte sich der Verdacht auf, dass ein Mangel an Handlung auf ungünstige Art mit dem Bedürfnis nach epischer Länge verquickt wurde. Über die Frage, ob das Ende der »Herr der Ringe«-Trilogie langweilig war oder nicht, kann man nun diskutieren. Dabei ergeben sich oft wilde Auseinandersetzungen, in denen sich subjektive Eindrücke und Vorstellungen davon, was einen guten Film ausmacht, vermischen. In diesem Kontext erscheint Langeweile als einigermaßen stabile Kategorie, über die man sich streiten kann.

Das eigentliche Konfliktpotential der Kategorie zeigt sich im Bereich der Hochkultur, wo Langeweile als Bewertungskriterium auf eine eigentümliche Art und Weise kaltgestellt wurde. Der Modus des Ertragenmüssens von Kunst gibt vor, dass die ›schweren Vergnügen‹ einer angemessenen ästhetischen Erfahrung nur durch Arbeit zu erlangen sind. Ein bisschen Langeweile muss man da schon aushalten können. Susan Sontag, die sicherlich als eine der Hohepriesterinnen des modernen Kunstparadigmas gelten kann, vermerkt in ihrem Tagebuch: »Menschen sagen, etwas sei ›langweilig‹ – als sei das ein finales Wertungskriterium, als hätte kein Kunstwerk das Recht, uns zu langweilen. Aber die meiste interessante Kunst unserer Zeit ist langweilig. Jasper Johns ist langweilig. Beckett ist langweilig. Robbe-Grillet ist langweilig. Etc. Etc.«[19]

Mit äußerster Strenge erteilt Sontag der Klage über Langeweile bei der Rezeption von Kunst eine Absage. Die interessanteste Kunst der Gegenwart wirkt demnach nur deshalb langweilig, weil sich das Publikum noch in einem falschen Modus der Aufmerksamkeit befindet. Langeweile ist also nur ein Anzeichen dafür, dass wir uns mehr Mühe geben müssen, dem Kunstwerk gerecht zu werden. Damit ist einer der wichtigsten Aspekte des Kunstparadigmas aufgerufen: Die Schuld für die misslungene Rezeption liegt nicht beim Werk, sondern bei der Rezeption. Werke von hohem kulturellem Prestige fordern eine Haltung der Stärke ein, die das Gejammer über einen Mangel an einfachen Genüssen verbietet.

Es ist dieser historische Kontext, der die Rezensionen zu *Effi Briest*, die sich über das Langweilige des Buchs ereifern, auf den ersten Blick so unpassend erscheinen lässt. Was hier aufeinanderstößt, sind ausgesprochen inkongruente

Bewertungskulturen. Der kanonische Roman wird aus den Bildungsinstitutionen, die ein bestimmtes Wertungsregime vorgeben, herausgezogen und in einen Kontext verschoben, in dem ganz andere Regeln der Bewertung gelten. Während etwa an Universitäten und Schulen vermittelt wird, dass Langeweile kein Kriterium für große Literatur sein kann, herrscht im Reich der Freizeitlektüre ein hedonistischer Anspruch. Der Klassiker-Status verliert durch diese Kontextverschiebung seine Schutzfunktion.

Digitale Machtverschiebung

Im Jahr 2017 veröffentlichte Jan Böhmermann unter dem Titel »Letzte Stunde vor den Ferien« eine Reihe satirischer Videos, in denen bekannte Schullektüren wie *Faust I*, *Effi Briest*, *Die Verwandlung* oder *Die Physiker* aufs Korn genommen wurden. Diese Videos haben auf Youtube im Durchschnitt eine Million Views und Hunderte von Kommentaren. In der Parodie auf *Effi Briest* geht es vor allem darum, dass die Ehe zwischen Baron von Innstetten und Effi aus heutiger Sicht eine Zwangsehe darstellt, in der sexualisierte Gewalt gegen eine junge Frau ausgeübt wird. Thematisiert wird aber auch die Langeweile bei der Lektüre. Gleich zu Beginn heißt es im Voiceover: »Hier nimmt die wohl langweiligste und überinterpretierteste Liebestragödie der deutschen Literaturgeschichte ihren leicht zähen Anfang.«[20]

In dem Video wird der Verdruss der Pflichtlektüre für ein dankbares Publikum aktueller und ehemaliger Schüler:innen aufgegriffen. In den über 750 Kommentaren auf Youtube findet eine gemeinsame Aufarbeitung der Erfahrungen aus dem Unterricht statt. In einem Kommentar mit über 500 Likes heißt es etwa: »Effi Briest. Der mit Abstand LANGWEILIGSTE ›Literaturklassiker‹ überhaupt.« Andere Kommentare verstärken dieses Urteil: »Endlich, hab ich das Buch verstanden! Umsonst gelesen, umsonst gelitten.« Oder: »Oh Gott ich liebe euch so sehr wie ich Theodor Fontane hasse! Großartig, alle Teile. Da habt ihr den jüngeren Deutschlehrern aber einen riesen Gefallen erwiesen mit neuem Content zum Beginn einer Klassikerlektüre im Unterricht :) Nice!« Die Pflichtrezeption wird an den Klassikerbegriff gekoppelt, und dabei werden Unverständnis und Frust über eine unfreiwillige ästhetische Erfahrung zum Ausdruck gebracht. Gleichzeitig herrscht ein Ton selbstbewusster Dankbarkeit, denn eine wichtige kulturelle Institution, der ZDF-Satiriker Jan Böhmermann, stellt sich mit den Schüler:innen gegen die Bildungsinstitution Schule und gibt dem allgemeinen Missbehagen damit eine Legitimation – eine Allianz, auf die sich die unfreiwilligen Rezipient:innen gerne einlassen.

Der Respekt, der dem Buch in den sozialen Sphären der Hochkultur fast automatisch gezollt wird, wird brüchig, sobald ein »Klassiker« ins Feld der digitalen Bewertungskultur hineingezogen wird.[21] So schreibt eine Rezensentin auf Goodreads unter dem Titel »Auf Seite 60 abgebrochen« (1 von 5 Sternen), sie habe, trotz schlechter Erinnerungen an Fontanes *Irrungen, Wirrungen* als Schullektüre, *Effi Briest* noch einmal eine Chance geben wollen. Bereits hier schlägt der implizite Deutschlehrer zu, der trotz einer ersten misslungenen ästhetischen Erfahrung genug Druck auszuüben vermag, um Menschen dazu zu bringen, einem Klassiker ›noch eine Chance‹ zu geben – eine Großzügigkeit, die sich dann aber als höchst unberechtigt erweist, denn: »Es ist furchtbar langweilig. Langweilig, langweiliger, Effi Briest.«

Die geläufige Klage über die Langatmigkeit ist auch in diesem Fall verbunden mit einem halb respektvollen Verweis auf die Bildungsinstitution, mit der der Roman assoziiert wird: »Ich bin mir sicher, dass man hier bestimmt viel über die Zeit lernen kann und es ist sicherlich super für die Schule geeignet, aber ich habe daran einfach keinen Spaß.« Die Autorin erkennt also zunächst einmal an, dass es einen Bereich gibt, in dem *Effi Briest* ein Wert zukommen könnte, allerdings wird diesem institutionellen Wert selbstbewusst das eigene Bedürfnis nach Spaß an der Lektüre entgegengestellt.

Dieses Bedürfnis geht mit einem Modus der Lektüre einher, der den hochkulturellen Vorgaben an die Rezeption großer Literatur ganz und gar nicht entspricht. Das beginnt bei der Aussage, man habe die Lektüre nach 60 Seiten abgebrochen. Was bei einem Krimi oder Liebesroman als berechtigtes ästhetisches Votum gegen ein Buch gelten kann, erscheint in Bezug auf einen Klassiker als Niederlage, als Ausdruck mangelnder Anstrengung und Konzentration. Aber nicht nur hat die Rezensentin das Buch nicht zu Ende gelesen, sie hat auch – wie sie offen eingesteht – einige der quälend detaillierten Beschreibungen übersprungen, um zu den amüsanten Dialogen zu kommen. Damit wird der Respekt in der Rezeption, den ein Klassiker wie *Effi Briest* einfordert, doppelt verweigert. Der hedonistische Rezeptionsmodus verletzt auf der Suche nach Spaß die Integrität des klassischen Textes.

Es handelt sich um ein anschauliches Beispiel für den selbstbewussten Anspruch des hedonistischen Paradigmas. Ausgangspunkt der Bewertung sind die Bedürfnisse der Rezipientin, die ihre Zeit mit bestimmten Erwartungen in ein Buch investiert hat, die nun enttäuscht wurden. Die ästhetische Pflicht liegt in diesem Fall nicht bei der Rezipientin, sondern beim Werk. Die »teils leicht amüsanten« Dialoge genügen nicht, »um das Buch weiterlesen zu wollen«.

Verbunden ist diese Bewertung mit einer Beschreibung der privaten Lektüresituation, die die lesende Person als Evidenz der misslungenen Lektüre konkret macht: »Seit ein paar Tagen habe ich das Buch angefangen, stets neben mir liegen, aber ich bin einfach nicht mehr motiviert, auch nur einen Satz oder gar Wort daraus zu lesen.« Ein solcher Modus des Sprechens über Kunst erscheint in den Institutionen der Hochkultur kaum denkbar. Er wäre in einem entsprechenden Kontext Ausdruck eines Fauxpas, der die Sprecherin als institutionsfremde Person entlarven würde.

Auf Goodreads herrschen allerdings andere Machtverhältnisse, die ein Sprechen über Kunst legitimieren, das Langeweile als Kategorie anerkennt und die persönliche Lektüreerfahrung als Argument begünstigt. Mit fast 2000 Bewertungen und 600 Rezensionen gehört die Rezensentin zur Gruppe der Vielnutzer:innen – ein Status, der über das rein quantitative Lesen weit hinausgeht. Sie beteiligt sich als Bibliothekarin daran, die digitale Sammlung auf Goodreads zu verbessern, ist Mitglied mehrerer Lesegruppen und sammelt auf ihrer persönlichen Seite Zitate von Autor:innen, die sie schätzt.

Der Geschmack, der sich aus den bewerteten Büchern herauslesen lässt, ist eklektisch und reicht von John Steinbecks *Of Mice and Men* bis hin zu Harry Potter. Die Rezensentin entspricht also so gar nicht der Karikatur der Online-Kundin, die kenntnislos und ohne tiefe Grundlage drauflosbewertet. Im Gegenteil erfüllt sie alle Kriterien der klassischen Belesenheit: einen umfangreichen Konsum, ein breites Interesse, eine philologische Freude am Sammeln und Exzerpieren und ein Interesse am intellektuellen Austausch.

In der Gemeinschaft der Lesenden, die sich hier zusammengefunden hat, bilden sich eigene Kriterien für das aus, was gute und was schlechte Literatur ist. Dabei wird das hedonistische Paradigma auch gegen Romane in Stellung gebracht, die sich durch ihren Klassiker-Status eigentlich den Anforderungen der genussvollen Lektüre entzogen haben. Es ist allerdings, wie das Beispiel zeigt, eine Frage der Macht, ob man dem Gehorsam vor diesem Status nachgeben muss oder nicht. In dem Moment, in dem auf Goodreads der kulturelle Druck des Kunstparadigmas an Gültigkeit verliert, können auch verbotene Rezeptionsformen wie das Überlesen von Stellen oder der Abbruch der Lektüre wieder stattfinden.

Das bedeutet nicht, dass diese digitalen Rezeptionsgemeinschaften eine reine Insel der Freiheit im Meer der Pflichtrezeption bilden. Es gibt eben keine machtfreie Zone des ästhetischen Geschmacks. Auf Goodreads kann man vielleicht selbstbewusst sagen, dass *Effi Briest* ein langweiliger Roman ist, aber dafür bilden sich, wie ich in Kapitel 3 gezeigt habe, andere Formen von kulturellem Druck aus, die dazu führen können, dass Bücher gar nicht erst erscheinen können, weil sie aus politischen Gründen mit schlechten Rezensionen geflutet wurden.

Es ist zudem wichtig, darauf hinzuweisen, dass auf diesen Plattformen trotz der teilweise lautstarken Wut über die verordneten Klassiker der etablierte Kanon seine Gültigkeit nicht verloren hat. Eine Studie, die sich mit der Frage beschäftigt, was einen »Goodreads-Classic« ausmacht, untersuchte 144 Klassiker und 120 000 Rezensionen. Auf der Plattform werden den Texten Label zugewiesen, und sie werden in »Regale« eingeordnet. Das Klassiker-Regal gehört zu den einflussreichsten. Die Autorinnen der Studie konnten feststellen, dass sich über den Begriff »Classic«, der den Werken von den Leser:innen zugewiesen wird, der klassische Kanon eher noch verfestigt hat. Davon profitieren, wie die Studie zeigt, vor allem mächtige Institutionen wie das Verlagswesen, die eine regelrechte »Klassiker-Industrie« begründet haben.[22]

Trotz sichtbarer Anzeichen der Auflösung und des Widerstands darf man die Beharrungskraft des Kanons nicht unterschätzen. Der institutionelle Druck des Kunstparadigmas übersetzt sich auch in den Bereich digitaler Rezeptionsgemeinschaften, die beim Versuch, ihre eigenen Bibliotheken aufzubauen, natürlich nicht bei null anfangen – zumal die Struktur dieser Bibliotheken von den Vorgaben des Konzerns abhängig ist, der die Infrastruktur zur Verfügung stellt (in diesem Fall Amazon). So kommt es zu einer eigentümlichen Verschmelzung von Wertungskriterien und Wertungskulturen, die neue Konflikte hervorbringen. Der etablierte Kanon steht in diesem Zusammenhang immer zwischen Stabilisierung und Zusammenbruch.

7 LYRIK ALS DEMÜTIGUNG – REZEPTION UND RACHE

›Scheiß drecks Gedicht‹

Es kommt in der Kultur unserer Gegenwart inzwischen nur noch selten vor, dass Dichter:innen offen beschimpft werden. Hochliterarische Lyrik existiert, wenn überhaupt, als schützenswertes Bildungsgut, über dessen schwindende Bedeutung man sich Sorgen machen muss. Wenn es wegen eines Gedichts dann trotzdem einmal Ärger gibt, hat das also einen gewissen Nachrichtenwert. Im Mai 2023 berichtete die *Süddeutsche Zeitung* darüber, dass ein Gedicht aus einer Zentralklausur der 10. Klasse in Nordrhein-Westfalen die Schüler dermaßen in Rage versetzt habe, dass sogar der Dichter persönlich zum Ziel eines Unmuts geworden sei, »wie er sonst und so konkret formuliert nicht mal an der Klowand steht«.[1]

Was war geschehen? In der Klausur war die Interpretation eines Textes des Gegenwartslyrikers Sascha Kokot als Aufgabe gestellt worden. Das titellose Gedicht lässt sich in der Tradition moderner Naturlyrik verorten. In freien Versen berichtet eine Sprecherinstanz von den Umtrieben der Stadtfauna: »sobald die Stadt zur Ruhe gekommen ist / kann ich die Tiere noch hören / ihre verhaltenen Rufe und Krallen / alte Streunpfade entlangwetzen.«[2] Die Umtriebe dieser Tiere erzeugen ein »Grollen«, eine bedrohliche Atmosphäre, die in den Träumen der Sprecherinstanz anschwillt. Man könnte dieses Grollen als Ankündigung einer Rache der Natur lesen, als Zeichen dafür, dass die

Tiere sich den urbanen Raum bald zurückerobern werden. Oder als psychischen Ausdruck der Sorge, die sich die Sprecherinstanz um die Natur macht.

Was aus der Sicht des Literaturwissenschaftlers formal und inhaltlich fast etwas altmodisch wirkt, erschien den Schüler:innen, die sich in der Klausur unvermittelt damit konfrontiert sahen, als verstörender Affront. Die Plattform TikTok war einer der digitalen Orte, wo sie ihre Wut zum Ausdruck brachten. In zahlreichen Videos wurde der Dichter teilweise unflätig beschimpft (»Hurensohn«, »Motherfucker«). Auf der Internetseite des *Titel*-Magazins, wo das Gedicht seit 2019 gelesen werden kann, sammelten sich am Tag der Klausur (24. Mai 2023) schnell Hunderte erboster Kommentare: »Scheiß drecks Gedicht«, »Das Gedicht ist die größte Scheisse. Wegen diesem kack Gedicht habe ich meine ZK verkackt«, »einf schlechtes gedicht alles scheisse komplett behindert diese sache hoffe kannst heute nicht schlafen«. Die Schüler:innen ließen ihre Frustration über die misslungene Textauswahl direkt am Autor aus, dem in einer Wortmeldung sogar ein »NRW-Verbot« erteilt wurde. Repräsentativ für den sardonischen Ton der Verzweiflung ist etwa folgende Stellungnahme:

»Lieber Sascha,

man könnte sagen wegen Ihnen und Ihrem Gedicht habe ich meine Deutsch-Note ver********. Eine Unverschämtheit. Das Gedicht hatte kein Metrum sowie jegliche Struktur. NICHT MAL EINEN SCHEISS TITEL. Sprachliche Mittel, die sonst sehr beliebt in Gedichten sind, fand man auch kaum in Ihrem Gedicht.

Böse Grüße«

Was im Fall einer Schullektüre wie *Effi Briest* aus naheliegenden Gründen nicht möglich ist, wird hier lustvoll ausgelebt: einen Autor direkt für die Zwangslektüre haftbar zu machen. So kann der Urheber eines Kunstwerks, das einer Gruppe von Menschen Qual bereitet hat, im neuen digitalen Näheverhältnis von Künstler:in und Publikum direkt angegriffen werden. Man kann sich ausmalen, mit was für einer Art von Zuschriften Theodor Fontane bombardiert worden wäre, wenn er zum Zeitpunkt seiner Schullektürewerdung noch gelebt hätte. Allerdings geht es im Fall der Zentralklausur nicht so sehr um Langeweile oder andere Aspekte einer unangenehmen ästhetischen Erfahrung. Sieht man sich die Kommentare unter Kokots Gedicht genauer an, so wird deutlich, dass die Schüler:innen die Forderungen des hedonistischen Paradigmas – die Vorstellung, dass Lektüre Spaß machen muss – schon lange aufgegeben haben.

Die Schüler:innen zeigen sich vor allem entrüstet, dass in dem Gedicht Metrum, Reim oder bekannte Stilmittel fehlen. Im Unterricht waren genau diese Aspekte von Lyrik offenbar anhand klassischer Gedichte des 18. und 19. Jahrhunderts als prüfungsrelevantes Wissen unterrichtet worden. Die *Süddeutsche Zeitung* zitiert eine Schülerin mit den Worten »Bro schreibt Gedicht ohne Gedicht«.[3] In der pointierten Formulierung kommt der Ärger darüber zum Ausdruck, in Bezug auf die verordnete Rezeption betrogen worden zu sein. Wenn ein Gedicht als prüfungsrelevante Leistung präsentiert wird, dann muss man sich eigentlich darauf verlassen können, dass die im Schweiße des Angesichts gepaukten Formaspekte der Lyrik am Ende auch abgefragt werden. Warum sonst hat man sich durch das abgehackte Flüstern der Verse eingetrichtert, was ein Jambus ist, und durch das Aufzeichnen von ababa-Schemata gelernt, was einen Kreuzreim von einem Paarreim unterscheidet. Die Formanalyse, die an Schulen nach wie vor unterrichtet wird, präsentiert Lyrik als Kreuzworträtsel oder mathematische Aufgabe, die nach den Maßgaben bestimmter Regeln gelöst werden können.

Es handelt sich natürlich um eine sehr spezifische Erfahrung mit Literatur, einen Rezeptionsmodus, der unmittelbare – vielleicht traumatische – Erinnerungen weckt: Nach dem Signal der Lehrer:in dreht man das Blatt mit der Aufgabe um, darauf befindet sich ein Gedicht. In diesem Moment beginnt die Uhr zu ticken, die Zeit, die für die Rezeption vorgesehen ist, wurde künstlich verknappt. Nervös scannt man den Text. Zuerst das Einfache: wie viele Verse, wie viele Strophen? Dann das Reimschema – abab oder aabb oder gar ein c? Und wie hießen noch einmal die Verse, die sich gar nicht reimen? Dann der schwerste Teil, das Metrum: Mit leiser Stimme liest man die Zeilen, als hätte man einen seltsamen Schluckauf, und zeichnet dabei Akzente über die Silben. Aber hier fehlt eine Hebung, hier lässt sich gar keine erkennen, man beginnt zu schwitzen, die Zeit rinnt dahin, und man hat mit der Interpretation noch gar nicht angefangen. Worum geht es in dem Gedicht eigentlich, und wie viele Stilmittel lassen sich finden, hier eine Anapher, hier eine Personifikation, aber wo ist der Rest?

Diese Art der Rezeption erscheint, wenn man einen Schritt davon zurücktritt, ausgesprochen künstlich, ja eigentlich absurd. Man kann sich keine alltägliche Situation vorstellen, die in diesem Fall simuliert werden soll – außer vielleicht das Schreiben eines wissenschaftlichen Aufsatzes unter einer strikten Deadline. Es wird also ein Modus der Lektüre erzeugt, der komplett eigenen Gesetzen folgt, die mit der Wirkungsabsicht der Texte kaum noch etwas zu tun haben. Stattdessen geht es darum, Regeln, die man einstudiert hat, zu befolgen, Muster, die man auswendig gelernt hat, in kurzer Zeit in einem Text wiederzufinden.

Nun gehört es zur Selbsterzählung der modernistischen Kunst, dass starre Regeln im Verlauf der Kulturgeschichte mutig gebrochen wurden. Die Provokationen, die im 19. und 20. Jahrhundert eine Tradition der experimentellen Lyrik begründeten, vom Expressionismus über den Dadaismus bis hin zur konkreten Poesie, richteten sich gegen genau die Stilmittel, die im Literaturunterricht bis heute gelernt werden müssen. Kokots reim- und metrumsloses Gedicht steht in dieser Tradition, die ihr transgressives Potential natürlich schon lange eingebüßt hat. Keinen Reim und kein Metrum zu haben gehört in der Gegenwartslyrik des Hochkultursegments zu den etablierten Konventionen.

Für die Schüler:innen wird das Provokationspotential modernistischer Revolutionen allerdings reaktiviert, denn die Art und Weise, wie Gedichte ihnen präsentiert wurden, macht diese Gedichte automatisch zu Zeugnissen einer Regelpoetik, gegen die sich die moderne Lyrik ja eigentlich zur Wehr setzen wollte. Dass in der Klausur dann kein klassischer Text von Heinrich Heine oder Eduard Mörike vorkommt, sondern ein Gedicht in der modernistischen Tradition, erscheint fast wie ein Versuch der Bildungsinstitution, zu zeigen, dass moderne Lyrik von Innovation und ästhetischer Revolution lebt. Den Schüler:innen blieb nichts anderes übrig, als die Rolle der Philister zu übernehmen, die in der Innovationsgeschichte der Kunst mit Unverständnis und Wut reagierten.

Wir haben uns so daran gewöhnt, die Kunstgeschichte als eine Geschichte verständnisloser Bürger zu erzählen, gegen die sich die ästhetischen Rebellen durchsetzen mussten, dass das digitale Wutgeschrei der Schüler:innen zunächst wie ein amüsantes Echo dieses Unverstandes klingt (»Sogar mein 2 jähriger Bruder kann ein besseres Gedicht verfassen«). Fast fühlt man eine gewisse Genugtuung darüber, dass die moderne Kunst immer noch in der Lage ist, Menschen zu provozieren, die spießigerweise nach einem Reim oder Metrum verlangen. Einige Schüler:innen sprechen dem Text sogar rundheraus ab, überhaupt ein Gedicht zu sein, weil er die formalen Aspekte, die ihnen beigebracht wurden, vermissen lässt. In einer Wortmeldung heißt es, es handele sich ja wohl mehr um eine Kurzgeschichte als um Lyrik. Es sei eine Frechheit, dass so etwas als Gedicht anerkannt werde. Viele empören sich auch über das Fehlen von Satzzeichen und die konsequente Kleinschreibung – auch das Aspekte, die sich in der Gegenwartslyrik seit langem (und bis zum Kitsch) als Konventionen etabliert haben.

Eine Stellungnahme des Kultusministeriums erteilte der Beschwerde der Schüler:innen eine deutliche Absage. Auf Nachfrage der *Süddeutschen Zeitung* hieß es, die Prüfungsaufgaben würden ein »komplexes und sorgfältiges Verfahren« durchlaufen. Der Kernplan des Unterrichts sehe keine Einschränkung der Textauswahl auf »formstrenge Gedichte mit Reimschema und Metrum« vor.[4] Man hört aus der Stellungnahme fast eine gewisse Verachtung für die Philister heraus, die unter Lyrik nur Reim und Metrum verstehen – eine Verachtung, die auch in der medialen Reaktion auf den Skandal zu spüren war. Die *Neue Zürcher Zeitung* etwa spottete über die »anti-lyrischen Aufwallungen«.[5] Was hier auf Kosten der Schüler:innen inszeniert wurde, war ein Reenactment der Heldengeschichte moderner Kunst. Die nicht regelkonforme Lyrik irritiert den bürgerlichen Literaturbegriff und erzeugt Zorn und Unverständnis. Allerdings ist es in diesem Fall die bürgerliche Institution, die den Rezipient:innen diesen Konflikt aufzwingt.

Das Trauma der Schullektüre

Der Streit um Kokots Gedicht bezeichnet einen der zahlreichen Unfälle, die das Problem der *Pflichtrezeption* ständig begleiten (Kapitel 6). Die Schüler:innen, die die digitalen Möglichkeiten nutzen, um sich für eine spezifische Form von Kunst zu rächen, erscheinen nicht mehr als Kritiker:innen des Kanons, sondern als seine Verteidiger:innen. Sie fordern regelkonforme Literatur, weil ihnen die Regeln als wichtigster Aspekt einer zweckgebundenen Rezeption präsentiert wurden. Man liest und analysiert Lyrik, um eine gute Note zu bekommen.

Was aus den wütenden Kommentaren unter dem Gedicht spricht, ist vor allem die Empörung darüber, vom Klassiker-Status, auf den man sich aus Zwangsgründen eingelassen hatte, auch noch betrogen worden zu sein. Dieser Status versprach Sicherheit, was die Regeln im Umgang mit der Pflichtrezeption angeht. Die Textauswahl erteilte diesem Sicherheitsbedürfnis aber eine deutliche Absage. Die Schüler:innen mussten auf eine schmerzhafte Art und Weise lernen, dass der moderne Kunstbegriff sich eben auch durch einen Mangel an Regelkonformität definiert.

Das Beispiel zeigt die rettungslose Verworrenheit des Kunstparadigmas in der Gegenwart. Die Schüler:innen werden gezwungen, eine Ästhetik einzuüben, die eigentlich auf der Absage an jeden formalen Zwang beruht. Die

Schule, der Inbegriff der staatlichen Bildungsinstitution, beruft sich paradoxerweise auf ein Kunstkonzept mit einer antiinstitutionellen Tradition. Kunst soll frei sein. Sie wird von kreativen Menschen gemacht, die sich den Konventionen verweigern, die gegen die engen Fesseln der gesellschaftlichen Wohlanständigkeit aufbegehren. Im Kontext der Unterrichtslektüre muss dieses Konzept für die eigentlich Betroffenen, die Schüler:innen, besonders perfide erscheinen. Sie werden gezwungen, eine Kunst zu verstehen, die sich durch die Freiheit definiert, nicht verstanden werden zu müssen.

Schullektüre beruht auf offenem Zwang und ist gerade deshalb ausgesprochen unnatürlich. Es wirkt alles andere als autonom, wenn man Literatur nur liest, um dafür eine Note zu bekommen. Ästhetische Erfahrungen sollten sich ja eigentlich der Benotung entziehen, und doch sind sie eines der meistbenoteten Phänomene in unserer Gesellschaft. Kunst wird natürlich (zum größten Teil) nicht gemacht, um in der Schule unterrichtet zu werden. Dieser Vorgang erscheint uns nur deshalb nicht als seltsam, weil wir – sozialisiert durch das Kunstparadigma – daran gewöhnt sind, Rezeption auch als Leistung zu betrachten, als Arbeit, die Mühe erfordert. Eine ästhetische Erfahrung kann vor diesem Hintergrund durchaus als Prüfung wahrgenommen werden, die man bestehen muss, um zu zeigen, dass man dieser Erfahrung überhaupt würdig war.

Schullektüre als Pflichtrezeption ist deshalb kulturell besonders verwirrend, weil sich Pflicht und Vergnügen, Arbeit und Liebe auf eine ungute Art und Weise vermischen. Die Demütigung, die damit verbunden ist, eine schlechte Note zu bekommen, weil man einen literarischen Text nicht erfasst hat, vermischt sich mit der Demütigung, dass dieser Text höchstwahrscheinlich dafür geschrieben wurde, genossen zu werden. Zum Scheitern des Nichtverstehens gesellt sich das Scheitern des Nicht-genießen-Könnens.

Dieses Scheitern ist dem Literaturunterricht fast zwangsläufig eingeschrieben, denn Pflicht und Vergnügen sind Erfahrungen, die sich eigentlich ausschließen. Es ist deshalb kaum verwunderlich, dass der bittere Hohn gegen Schullektüre auf eine lange Tradition zurückschauen kann. In Heinrich Manns Roman *Professor Unrat* von 1905 etwa nutzt der Lehrer Raat, der die Schüler, die ihn hinter seinem Rücken ›Unrat‹ nennen, wie »Erbfeinde« hasst, die Dramen Friedrich Schillers, um sie zu quälen und mit unvorbereiteten Aufgaben ›hereinzulegen‹. Gleich zu Beginn des Romans wird ein Klassenaufsatz über *Die Jungfrau von Orleans* angekündigt, der die Gymnasiasten in Angst und Schrecken versetzt: »Wenn es nun eine Szene betraf, die man zufällig nie ›präpariert‹ hatte, dann hatte man ›keinen Dunst‹ und ›saß‹ drin.«[6]

Es ist frappierend, wie groß der Wiedererkennungswert ist, den diese Szene über 100 Jahre später immer noch erzeugt. Die Schüler, die ihrer Wut über das schwierige Gedicht von Kokot im Internet lautstark Ausdruck verleihen, sind die unglücklichen Erben der Schüler aus *Professor Unrat*, die durch einen Mangel an Vorbereitung eine schlechte Note einfahren. Man möchte den Menschen, die das Gedicht für die Zentralklausur ausgewählt haben, natürlich keine entsprechenden Absichten unterstellen; der fiktive Lehrer Raat dagegen wird als jemand dargestellt, der die Schullektüre instrumentalisiert, um sich bei den Schülern für ihre Grausamkeit zu rächen. So wird ein Gegenstand, der eigentlich Quelle eines ästhetischen Wohlgefallens werden sollte, wieder zu einem Gegenstand der Rache, zum Instrument einer Demütigung, die andere Demütigungen heimzahlen soll.

Der Roman nutzt das Trauma des Literaturunterrichts nicht nur, um einen Konflikt zwischen den Figuren zu illustrieren. Er liefert in verdichteter Form gleich eine ganze Theorie der Schullektüre. Mit der *Jungfrau von Orleans*, heißt es, habe sich die Klasse seit einem Dreivierteljahr beschäftigt: »Für alle, die beim ersten Lesen Schmelz und Schimmer auf den Versen gespürt hatten, waren sie längst erblindet.« Durch die ständige analytische Beschäftigung mit dem Drama, das als Pflichtlektüre »vor- und rückwärts« gelesen werden musste, sind alle hedonistischen Aspekte des Textes abgeschmirgelt worden. Der Modus der Schullektüre hat also die ästhetische Erfahrung, die der eigentliche Zweck des Dramas war, zerstört. Die emotionale Wirkung der Figuren, die den Zuschauer möglicherweise sogar zum Weinen bringen, ist – wie der Erzähler traurig feststellt – für den Schüler über eine lange Zeit als Erlebnis kaltgestellt: »Zwanzig Jahre vielleicht wird er brauchen, bis Johanna ihm wieder etwas anderes sein kann als eine staubige Pedantin.«[7]

Es gehört zu den Ironien der Kulturgeschichte, dass auch Heinrich Manns *Professsor Unrat* irgendwann selbst in den Kanon der Schullektüre aufgenommen wurde. Von Reclam gibt es einen Lektüreschlüssel und von Klett eine Lektürehilfe – Beispiele für die eigentümliche Sekundärliteratur, die nur existiert, um hilfsbedürftige Rezipient:innen dabei zu unterstützen, die Geheimnisse einer unverständlichen Literatur zu entschlüsseln. Das Büchlein bei Reclam verspricht auf seiner Amazon-Seite eine »›Checkliste‹ zur Verständniskontrolle«, und man bekommt den Eindruck, dass die modernen Schüler:innen mit *Professor Unrat* auf eine ähnliche Art und Weise drangsaliert werden wie die Gymnasiasten im Roman mit der *Jungfrau von Orleans*.[8]

Des Kaisers neue Lyrik

Im Januar 2023 erhielt die Lyrikerin Judith Zander den renommierten Peter-Huchel-Preis (15 000 Euro), der vom Land Baden-Württemberg und vom Südwestdeutschen Rundfunk vergeben wird. Der Account des SWR Kultur postete daraufhin einen kurzen Bericht auf Facebook mit einem Zitat aus der Begründung der Jury (gelobt wird die »äußerst nuancierte Wortarbeit« und die »hohe Musikalität« von Zanders Lyrik).[9] Dazu zitierte man eines der prämierten Gedichte. Dieses Gedicht unter dem Titel *grundlegende* entspricht der komplexen Formsprache deutscher Gegenwartslyrik, wie sie sich in den letzten Jahrzehnten eingebürgert hat.[10] Die Beschwörung von Naturphänomenen wird mit Anspielungen auf akademische Theorien verquickt und in eine grammatikalische experimentelle Form gebracht. Es beginnt mit folgenden Versen:

dennoch gaben wir eine parole aus wie
wiesenschaumkraut waldlehrpfad hießen
wir uns einander in solchen
zeiten vertraute und solchen leugneten
wir die langue ab die legende diesem
wald- und wiesenlexikon keine karte
ward den grundbucheintragungen
beigegeben in der tat
aber nahmen wir welche vor und

zugegeben verklebten wir zwittrige
blüten mit kuckucksspucke

Kurz nach der Veröffentlichung sammelte sich unter diesem Post eine Welle von über 1000 Kommentaren, die zu einem Großteil aus wütenden Abwertungen des Gedichts bestand. Diese Reaktion eskalierte irgendwann so heftig, dass sich die Moderator:innen des SWR gezwungen sahen, die Kommentarspalte zu schließen. Dem waren bereits schockierte Forderungen nach mehr Moderation vorausgegangen, wie etwa diese Wortmeldung der Dichterin Sabine Scho: »ich möchte den swr bitten, diesen kommentarbaum zu schließen, die diffamierung einer preisträgerin hat er sicher nicht gewünscht. ich bin zutiefst verstört von diesen reaktionen.«

Die Aggression, die dem Gedicht entgegengebracht wurde, erscheint erklärungsbedürftig. Die Art und Weise, wie hier gedichtet wird, ist literaturgeschichtlich ganz und gar nicht neu. Die provokativen Formexperimente, die Zander zum Vorwurf gemacht werden, sind ähnlich wie im Fall Kokots über 100 Jahre alt. Der geübte Blick der Literaturwissenschaftler:in findet in *grundlegende* sofort ein dichtes Netz an Anspielungen und Referenzen. Ferdinand de Saussures Theorie der Arbitrarität der Zeichen wird im Verweis auf »parole« und»langue« anzitiert und in ein heiteres Spiel mit Versatzstücken der Sprachphilosophie und Naturlyrik eingebunden. Darin liegt allerdings auch das Problem, denn wer nicht über diese Wissensgrundlage verfügt, wird vom Verständnis des Textes unmittelbar ausgeschlossen.

Man kommt dem plötzlichen Ausbruch der ästhetischen Wut auf die Spur, wenn man sich die Wortmeldungen auf Facebook genauer anschaut. So heißt es in einem der Kommentare: »Tja, ich verstehe das Geschriebene nicht. Obwohl ich sonst Gedichte gerne lese …« In einem anderen Kommentar wird beklagt: »Vielleicht ist das hohe Sprache, vielleicht verstehen das dann eben nur wenige und vielleicht soll es auch nur zur Diskussion anregen. Ich hab daran keine Freude.« Wiederum in einem anderen wird die Irritation über den Text auf der Ebene des Sprachregisters zum Ausdruck gebracht: »Ich kann ganz gut mit Worten und begreife schnell. Aber ich check da null.«

Man versteht das Gedicht einfach nicht und fühlt sich von diesem Nichtverstehen persönlich angegriffen. Was zunächst wie das auftrumpfende Geschrei einer Gruppe von Spießern aussieht, die sich über ein komplexes Gedicht lustig machen, klingt – je mehr Kommentare man liest – immer weniger selbstbewusst. Man fühlt sich durch die Rezeption in der eigenen Intelligenz herabgesetzt, durch den Text gedemütigt: »Ich bin zu dumm um das zu verstehen. Glücklicherweise aber komme ich auch ohne diese Wortanreihungen zurecht.« »Ich glaub ich bin zu dumm für sowas.« »Ich kapier das nicht, den Text da oben, bin ich zu blöd oder ist der Text zu schräg?«

Die ästhetische Feindschaft, die sich in diesen Kommentaren formiert (Kapitel 1), erscheint als Ausdruck eines therapeutischen Bedürfnisses. Man verständigt sich gemeinsam darüber, nicht der einzige ›Dumme‹ zu sein, der mit dem Gedicht nichts anfangen kann. An einer Stelle heißt es etwa: »Ohje …ich hab schon gedacht, was los mit mir, beginnt die Demenz, ich verstehe den Sinn dieser Wörter nicht mehr, aber dann wurde ich von euren Kommentaren gerettet, danke.« Man muss von dem Gefühl der mangelnden Intelligenz, das die Lektüre auslöst, regelrecht gerettet werden, durch andere Leser:innen, die das Gedicht auch nicht verstanden haben. Erst so kann die Macht des Textes gebrochen werden. Ein Austausch bringt das intuitive Misstrauen gegen die Redlichkeit des Textes, das in den Kommentaren zum Ausdruck kommt, auf den Punkt:

»ach sooooo … das hat ihr die Schaumzikade zugeflüstert. Die Kuckucksspucke hat mich darauf gebracht. Es tut mir wirklich leid. Ich liebe die Natur, bin von Beruf Gärtnerin, jedoch begreife ich dieses Machwerk nicht, auch wenn es nun in Gänze vor mir liegt.«

»machen Sie sich nichts daraus: ich bin mir fast sicher: auch SWR Kultur begreift das Machwerk nicht, weder in Teilen, noch in Gänze. aber die glauben, dass wenn sie's nicht kapieren, dass es dann Kunst ist. Das ist bei denen heute so … -Gruß.«

Misstrauen und Trost gehen in dieser Kommunikation Hand in Hand. Das Nichtbegreifen eines Naturgedichts – trotz professionellem Hintergrund als Gärtnerin – erzeugt ein Gefühl des persönlichen Ungenügens, das man nicht auf sich sitzen lassen möchte. In der Antwort wird dann vermutet, dass die Autoritäten, die das Gedicht durch ihr Werturteil kanonisiert haben (SWR Kultur), es selbst nicht begreifen, ja, dass gerade ihr Nichtbegreifen das Gedicht überhaupt erst zur Kunst macht. In diese Kerbe schlägt auch ein Kommentar, in dem es heißt: »Mit Sprache zu experimentieren ist auch schön und spaßig. Aber irgendwo hört Kunst auf und des Kaisers neue Lyrik fängt an.« Die Referenz auf Hans Christian Andersens Märchen ist der naheliegende Versuch, das antiautoritäre Misstrauen gegen die Ehrung zu unterstreichen.

Die Kommentare sind ein Akt der Selbstversicherung darüber, dass die Schuld für das Scheitern der Rezeption nicht bei den Leser:innen liegt, sondern beim Gedicht: »Ein Text ohne Satzzeichen und ohne Groß- und Kleinschreibung, ohne Erklärung nur von einer Handvoll Leuten zu verstehen, ist nur elitäres Geschwafel.« Der Verweis auf das »elitäre Geschwafel« ist verräterisch. Es geht weniger um das volkstümliche Abtun einer Kunst, auf die man sich nicht einlassen möchte, sondern um einen Versuch, sich gegen den demütigenden Geschmack einer Elite zur Wehr zu setzen, die einem weismachen möchte, dass diese Literatur, die ein Gefühl von Ratlosigkeit und Dummheit erzeugt, preiswürdig ist. Dabei erscheinen einige der Kommentator:innen sogar redlich bemüht, das Gedicht zu verstehen. Alle Bemühungen führen allerdings ins Leere: »Eigentlich wünschte ich mir bei solchen Werken so etwas wie eine Anleitung. Wenn der Künstler dann meint es soll für sich selbst sprechen dann spricht es aber leider oft nur zu einem elitären Kreis.«

Man muss sich an dieser Stelle die Frage stellen, warum die wutentbrannten Kommentator:innen es überhaupt zulassen, von diesem Text gedemütigt zu werden. Es handelt sich ja nicht um institutionalisierte Zwangsrezeption. Man *muss* das Gedicht nicht lesen; man ist nicht zum Opfer von Schullektüre oder einer Zentralklausur geworden. Warum ziehen die Leser:innen des Facebookposts beim SWR also nicht einfach weiter? Die einen lieben eben klassisch gereimte Lyrik oder populäre Songs, andere dagegen können sich für modernistische Formexperimente begeistern. Sollte das nicht eine Frage des individuellen Geschmacks sein?

Das Entsetzen über die wütende Reaktion auf das Gedicht zeigt, dass es wohl niemand der an der Publikation Beteiligten bewusst darum ging, Menschen zu demütigen. Nachdem die Beschimpfungen begonnen hatten, meldete sich der Account des SWR Kultur und bat um die Einhaltung der Netiquette: »Lyrik ist sicherlich Geschmackssache, doch wir bitten um eine konstruktive Diskussion.« Diese hilflose Bitte ist auch deshalb interessant, weil sie sich auf die Relativität von Geschmack zurückzieht. So sollen Konflikte über Kunst befriedet werden. Der Verweis auf die ›Geschmackssache‹ steht allerdings in einem denkbar großen Gegensatz zu einem Literaturpreis, der seinem Charakter nach dann eben doch exklusiv sein muss. Die Forderung, die Netiquette einzuhalten, stachelte die Wut in den Kommentaren eher noch an. Man fühlte sich nicht nur durch das Gedicht gedemütigt, sondern nun auch noch ausgeschimpft.

Diese Reaktion zeigt die gesellschaftliche Macht der Pflichtrezeption. Eine kulturelle Institution vergibt einen hochdotierten Preis. Die Entscheidung wird mit dem Nachrichtenwert des SWR – eines als mächtig wahrgenommenen Mediums – geadelt und dem Publikum auf Facebook präsentiert. Es handelt sich also um einen mehrstufigen Prozess der Kanonbildung, der dafür sorgt, dass dem Text ein großer Wert zugeschrieben wird. So erst erklärt sich die Wut auf das Gedicht, die eine vermittelte Wut darstellt, die weniger das Gedicht selbst trifft als die Institution der Wertzuschreibung. Man fühlt sich zu einer ästhetischen Erfahrung verdonnert, die demütigend wirkt. Der implizite Deutschlehrer zeigt die Macht, die er auch nach dem Ende der Schulzeit über das Selbstvertrauen von Menschen ausübt.

Diese Macht betrifft allerdings nur eine bestimmte Form der ästhetischen Erfahrung. Das Nichtverstehen oder Nichtmögen von Kunst gehört zu den alltäglichen Erfahrungen und ist in den meisten Fällen nicht demütigend oder verstörend. Man kann mit gelassenem Schulterzucken darauf reagieren, wenn man in Computerspielen nur eine viel zu schnelle Abfolge bunter Bilder erkennt oder bei Heavy Metal nur Geschrammel und Geschrei vernimmt. Man kann auf diese Kunstformen auch genervt oder mit großer Sorge reagieren, etwa darüber, ob sie unsere Jugend verderben.

Diese Irritationen sind nicht mit der Wut zu vergleichen, die das ja eigentlich harmlos wirkende Gedicht von Judith Zander unter den Leser:innen des SWR-Posts ausgelöst hat. Die Demütigung kommt durch den kulturellen Druck zustande, den Kunstwerke ausüben, die mit dem Prestige kanonischer Traditionen ausgestattet sind. Ein greller Popsong, der plötzlich aus dem Radio plärrt, wird zwar unfreiwillig gehört, aber erzeugt nicht annähernd dieselbe Verstörung wie ein Gedicht, das Pflichtrezeption einfordert.

Hurz und Krawehl

Die Demütigungserfahrung, die durch das Gedicht herausgefordert wird, führt schließlich dazu, dass die Institution der modernen Kunst insgesamt in Frage gestellt wird. Dient der Modus des Lyrischen hier nicht eigentlich allein der Abgrenzung von den ›Unverständigen‹? Handelt es sich bei moderner Kunst vielleicht um einen großangelegten Schwindel, mit dem sich eine Elite auf eine unangemessene Art und Weise hervortun will? Damit sind Aspekte eines *ästhetischen Relativismus* aufgerufen, der den modernen Kunstdiskurs seit seinem Entstehen verfolgt (Kapitel 1). In diesem Zusammenhang wird in den Kommentaren zu Zanders Gedicht auch immer wieder das Wort »Hurz« verwendet, fast wie eine Art Kampfschrei gegen die Zumutung der Pflichtrezeption. Einige Kommentare lauten einfach nur »Hurz«. Sie werden trotzdem unmittelbar verstanden und mit Likes bestätigt.

Das Wort *Hurz* hat seinen Ursprung in einer berühmten satirischen Aktion Hape Kerkelings aus dem Jahr 1991. Kerkeling trat in einer fingierten Konzertsituation im niedersächsischen Stuhr mit seinem Kollegen Achim Hagemann auf. Die beiden waren als polnische Musiker verkleidet (mit Frack und angeklebten Bärten), die aus einer Oper des erfundenen Komponisten Sewald Brewske etwas vortragen wollten. In der Performance spielte Hagemann am Flügel, während Kerkeling dazu sang. Parodiert wurde dabei der Stil dissonanter neuer Musik. Berühmt geworden sind vor allem die Textzeilen: »Der Wolf / das Lamm / auf der grünen Wiese. / Das Lamm schreit / Hurz!« Das Wort »Hurz« wurde in der Performance mit einem lauten hohen Schrei artikuliert.[11]

Was die Komik der Szene ausmacht, ist vor allem die ernste Reaktion des Publikums, das pflichtgemäß mit konzentrierter Langeweile zuhört. Beeindruckend ist vor allem, dass niemand lacht, obwohl die Performance der beiden – auch abseits des Schwindels – genuin komisch ist. Die Musikwissenschaftlerin Maria Goeth hat festgestellt, dass es vor allem der Rahmen der Aufführung ist, der einen bestimmten Rezeptionsmodus einfordert. Die Kleidung der Interpreten, die im Frack auftreten, der Flügel, die Konzertbestuhlung – all das stimmt auf eine gewisse Haltung ein. »Vor diesem Hintergrund erstaunt es wenig, dass die Rezipienten, statt lauthals über die Nonsens-Vorführung zu lachen, sogar eine große kognitive Leistung aufbringen, um der Darbietung Sinnhaftigkeit abzugewinnen.«[12] Es ist der Rahmen der *ästhetischen Disziplinierung*, der sich im Verlauf des 19. Jahrhunderts für die Rezeption moderner Kunst etabliert hat und der Respekt, Ernst und Ruhe vom Publikum verlangt (Kapitel 2). Dieser Rahmen macht die Zuschauer:innen in Stuhr so anfällig für den Schwindel.

Hier passt die Analogie zu *Des Kaisers neue Kleider* tatsächlich. Was die Menschen in der Märchenhandlung ähnlich wie in der gefakten Aufführung davon abhält, auf die Nacktheit der Performance hinzuweisen, ist die Angst vor gesellschaftlichen Sanktionen. Man möchte nicht als Spießer oder Dummkopf dastehen. Deshalb lässt man sich auf das kommunikative Spiel lieber ein, in dem der Wert einer Sache bestätigt wird, der sich einem selbst nicht erschließt. Als tatsächlich eine Zuschauerin Irritation anmeldet, spielt Kerkeling in seiner Rolle als professioneller Sänger die Macht der ästhetischen Expertise in diesem Moment voll aus, indem er empört darauf verweist, es fehle wohl an einem intellektuellen Zugang zu dieser zeitgenössischen Musik. Die Zuschauerin verfällt daraufhin sofort in eine beleidigte Verteidigungshaltung: »Aber es muss doch erlaubt sein, zu sagen, ich kann damit nichts anfangen. Deswegen müssen Sie mir nicht sagen, dass ich weniger intellektuell wäre als andere Leute.«

Damit ist der grundsätzliche Konflikt der ästhetischen Kommunikation offen ausgesprochen. Die Macht hat in dieser Situation nicht die Zuschauerin, sondern der falsche Künstler, der trotz einer absurden Performance sofort und ohne viel Aufwand in die Offensive gehen kann. Die Zuschauerin dagegen befindet sich in einer demütigenden Position, in der sie ihre ästhetische Irritation gegen den Vorwurf mangelnder Intelligenz verteidigen muss. Einer der Zuschauer, der zuvor ein kurzes Koreferat über Fabeln und Tiere gehalten hatte, fällt plötzlich ins Englische und fragt, ob es darum ging, das Publikum zu testen – ein deutlicher Versuch, die Situation zu entschärfen und die aufgebrachten Künstler dadurch zu besänftigen, dass man sie wieder uneingeschränkt ernst nimmt.

Was sich hier abspielt, ist das Drama eines Geschmacks, der sich selbst misstraut. Die Zuschauer:innen fragen sich, ob sie zum Besten gehalten werden oder ob ihr Unverständnis sie als Kunstbanausen überführt. Man bemerkt, wie viel Mühe sie sich geben, in einer Situation, in der einiges auf dem Spiel steht, nicht auf der falschen Seite zu landen – zumal sie durch das Filmteam, das vordergründig eine Musiksendung aufnehmen will, unter zusätzlicher Beobachtung stehen. Die Mischung aus ausgestelltem Verständnis, Bildungsreferenzen und vorsichtigem Unglauben ist typisch für eine solche Situation der ästhetischen Unklarheit.

Diese Unklarheit existiert natürlich nicht für das Publikum der Sendung *Total Normal*, in der die Aktion dann gezeigt wurde. In diesem Kontext kann das Publikum der Aufführung in Stuhr aus der Perspektive ästhetischer Sicherheit hemmungslos ausgelacht werden. Dieses Gelächter, das als geisterhaftes Voiceover über das Video gelegt ist, drängt die Fernsehzuschauer:innen in eine unmittelbare Komplizenschaft mit Kerkeling und Hagemann. Man weiß ja, dass es sich um einen Schwindel handelt, und kann sich deshalb an der hilflosen Unsicherheit der Menschen im Konzertsaal ergötzen.

Die Aktion *Hurz!* ist deshalb so beliebt, weil sie eine bestimmte Form ästhetischer Autorität vorführt. In diesem Fall ging es vor allem um ›moderne Musik‹, deren Tendenz zur Atonalität ähnlich wie bei moderner bildender Kunst den Eindruck einer betrugsanfälligen Ausdrucksweise vermitteln kann. Dem Satz »Das könnte mein Kind malen« lassen sich musikspezifische Ressentiments zur Seite stellen: Handelt es sich nicht einfach um beliebigen Krach? Der Erfolg der Aktion zeigt, wie stark das alltägliche Misstrauen gegen ästhetische Geschmacksurteile gerade dann anschwillt, wenn sie institutionell vermittelt werden. In einem Kommentar zu Zanders Gedicht auf der Facebookseite des SWR Kultur heißt es: »Ich glaube mir fehlt der intellektuelle Zugang … Hurz!« Indem die Kommentatorin sich selbst mit »Hurz« ins Wort fällt, verleiht sie dem Verdacht (oder der Hoffnung) Ausdruck, es könnte sich um einen Schwindel handeln.

Wie sich zeigt, hat Kerkelings 30 Jahre alte Aktion den Status einer volkstümlichen Erzählung angenommen, die zum Ort der Gegenwehr gegen die Demütigungen des Kunstparadigmas geworden ist. Ein begeisterter Kommentar unter dem Youtube-Video der Aktion lautet: »Er nimmt einfach die ganzen angeblich Intellektuellen aufs Korn. Solche, die vor einem Gemälde mit einem Punkt und ein paar Strichen stehen und natürlich wissen, was der ›Künstler‹ damit sagen will. Das war vor 30 Jahren genauso wie heute.« Mit dem Ruf »Hurz!« werden die bösen Geister eines Diskurses gebannt, der das eigene Geschmacksempfinden herabzusetzen droht.

In diesem Zusammenhang wird deutlich, dass sich ein ganzer Kanon von Referenzen entwickelt hat, die dazu dienen, die Zumutungen der Hochkultur als angemaßte Wertungsautorität zu entlarven. So verweisen einige der Beschimpfungen des Gedichts auch auf Vogonen-Lyrik, um sich über das Gedicht lustig zu machen: »Da ist ja Vogonen-Lyrik noch um Klassen besser.« Dabei handelt es sich um ein fiktives Volk aus Douglas Adams' satirischer Science-Fiction-Reihe *Per Anhalter durch die Galaxis*. Die Vogonen sind abstoßende Bürokraten, die gleich zu Beginn der Reihe die Erde zerstören, um für eine intergalaktische

Autobahn Platz zu machen. Vor allem aber sind sie bekannt für ihre abscheuliche Lyrik, die als die drittschlechteste des Universums gilt und deren Rezeption mit den Qualen der Folter vergleichbar sein soll. Kommentator:innen, die Zanders Gedicht damit in Verbindung bringen, suggerieren, dass es sich in beiden Fällen um unverständliches Kauderwelsch handelt. Dabei wird zudem eine populärkulturelle Buchreihe gegen eine als abgehoben empfundene Hochkultur ausgespielt. Was hier zum Ausdruck kommt, ist ein *ästhetischer Populismus*, der die Freude an einem Klassiker der Genreliteratur bekräftigt und damit versucht, das geschmackliche Selbstvertrauen zurückzugewinnen (Kapitel 2).

Eine weitere Referenz, die in den Kommentaren immer wieder auftaucht, lautet »Krawehl«. Ähnlich wie bei »Hurz« handelt es sich um die schlagwortartige Zusammenfassung einer bekannten satirischen Szene – in diesem Fall aus Loriots Film *Pappa ante portas*, der wie Kerkelings Aktion aus dem Jahr 1991 stammt. In der Szene tritt ein von Loriot verkörperter Dichter namens Lothar Frohwein auf, eine Figur, die inzwischen zu den Klassikern deutscher Dichterparodien gehört. Frohwein hat nicht nur langes graues Haar und einen grotesken Überbiss, sondern trägt auch eine Lederjacke, die beim Sitzen beachtlich knarzt. Er wird bei seiner Lesung in einem Buchladen vor einem ernsthaft hustenden bürgerlichen Publikum ehrerbietig vorgestellt. Komisch ist diese Szene schon durch die weihevolle Stille, mit der der Dichter an seinem Lesetisch verharrt und die nur durch die knarzende Jacke gestört wird.

Komisch ist auch der lange Katalog von Texten, die Frohwein für das Lesungsprogramm ankündigt: »Zu Beginn werde ich 22 Gedichte aus dem Zyklus *Abschied* lesen.

Dann acht Balladen aus meiner frühen Schaffensperiode, gefolgt von der Sonettensammlung *Die zwölf Monate*; hierauf drei Kapitel aus dem Roman *Empedokles* und zum Schluss ein Trauerspiel in drei Akten mit dem Titel *Goethe in Halberstadt*.« Dieses Programm ist absurd umfangreich und entlarvt den Dichter als prätentiösen Epigonen klassischer deutscher Dichtkunst. Vorgeführt wird allerdings auch die Leidensfähigkeit des Publikums, das sich eine solche Flut an Texten gefallen lässt. Nachdem der Dichter durch einen peinlichen Schluckauf unterbrochen wurde, beginnt er mit dem Vortrag des ersten Gedichts, das den Titel *Melusine* trägt: »Krawehl, krawehl, taubtrüber Ginst am Musenhain, trübtauber Hain am Musenginst, Krawehl, Krawehl.«

Die Kommentare unter Zanders Gedicht, die sich auf diese Szene beziehen, nutzen das satirische Potential des Wortes »Krawehl«, um sich gegen die unterstellte elitäre Anmaßung des Textes und des Preises zur Wehr zu setzen. Die Anspielung auf den Film wird wie im Fall von *Per Anhalter durch die Galaxis* und *Hurz!* zu einer Waffe im Kampf um ästhetische Autorität. Dieser seltsam gemischte Referenzrahmen illustriert grundsätzliche Vorstellungen davon, was in einem Teil der Bevölkerung als Kunst und was als Schwindel gilt. Damit sind die Kommentare eine wichtige Quelle zur Erforschung einer Wertungskultur, die das Kunstparadigma einerseits anerkennt, sich dagegen aber auch durch Anspielungen auf populäre Unterhaltungsmedien zur Wehr setzt. Verarbeitet werden dabei vor allem kulturelle Demütigungserfahrungen, die durch die satirischen Werke gelindert werden sollen.

Die klaren Signale, dass es bei dem Wutereignis um Judith Zanders Gedicht auch um die Verarbeitung einer schmerzhaften Exklusionserfahrung ging, wurden von den meisten professionellen Leser:innen übersehen. In den Kommentaren zum Thema herrschte Irritation über den Unverstand der Menschen, die im Internet wegen komplexer Lyrik herumpöbeln. Die *Frankfurter Allgemeine Zeitung* spottete etwa, schon das erste Wort von Zanders Gedicht übersteige wohl »die übliche Aufmerksamkeitsspanne bei einem Facebook-Post«.[13] Insa Wilke, Mitglied der Jury des Huchel-Preises, fand es in einem Interview befremdlich, dass Menschen über einen Text urteilen, ohne sich mit ihm auseinandersetzen zu wollen. Dem verständlichen Frust im Angesicht eines unverständlichen Textes müsse man, forderte sie, mit Geduld begegnen.[14] Die Dichterin selbst vermutete in einem Interview mit dem Deutschlandfunk hinter der Empörung »Besitzneid«; Lyrik sei, wenn man sich darauf einlässt, ein Modus, in dem sich verfestigte sprachliche Muster »aufbrechen« lassen.[15]

Besonders hart ging die *Neue Zürcher Zeitung* mit den Kommentaren auf Facebook ins Gericht. Paul Jandl kritisierte »Häme, Hohn und Neid«, die sich über Zanders Gedicht ergossen hätten. Hier werde ein Lyrikbegriff verteidigt, der das Begreifen »allein dem sogenannten gesunden Menschenverstand überlassen will«.[16] Das sei aber eine der modernen Lyrik unangemessene Haltung. Jandl zitiert seinen Namensvetter Ernst Jandl mit den Worten »die rache / der sprache / ist das gedicht«. Diese Verse bringen das Lyrikverständnis des Kunstparadigmas zum Ausdruck. Die Sprache der Lyrik widersetzt sich der schnöden Alltagssprache. Wer sich darüber aufregt, steht im Dienst des prosaisch-lyrikfeindlichen gesunden Menschenverstands. Diese Haltung findet Jandl vor allem im Internet: »Durch die sozialen Netzwerke gibt es jetzt auch eine Rache am Gedicht.« In der digitalen Sphäre herrschten »verbale Untergriffe« und »das Knattern der Wirklichkeit«. Das Internet bringe keine große Kunst, sondern nur Autorinnen wie die Poetry-Slammerin Julia Engelmann hervor, bei der nichts unverständlich sei und die sich vor allem deshalb bei den Durchschnittsleser:innen durchsetzen konnte.

Damit sind alle Aspekte der Publikumsbeschimpfung im Sinne des Kunstparadigmas aufgerufen. Die Rezipient:innen, die die digitalen Plattformen nutzen, um ihrem Unmut über eine demütigende ästhetische Erfahrung Ausdruck zu verleihen, werden als Philister dargestellt, die dem kunstfeindlichen »gesunden Menschenverstand« huldigen, die sich nicht die Mühe machen wollen, etwas zu verstehen, was sich auf eine interessante Art dem Verständnis entzieht. Der formalen Autonomie echter Kunst stellen diese Kunstfeinde »das Knattern der Wirklichkeit« entgegen – ein unangenehmes Geräusch, das die zarte Musikalität anspruchsvoller Lyrik brutal übertönt. Der Ort, wo diese grobe Anti-Ästhetik floriert, sind die sozialen Netzwerke, wo der Mob der »Durchschnittsleser« regiert, der alle Lyrik, die über das Niveau von Julia Engelmann hinausgeht, niederschreien möchte.

Die Reaktion auf den Skandal um Zanders Gedicht ist vor allem deshalb interessant, weil sie zeigt, wie viel Gültigkeit die Vorstellung von einer guten und einer schlechten Rezipient:in im Sinne des Kunstparadigmas noch besitzt. Julia Engelmann, die mit einem Auftritt beim Bielefelder Hörsaal-Slam 2014 auf Youtube deutschlandweit berühmt wurde, wird als Anspielung auf den schlechten lyrischen

Geschmack der digitalen Sphäre angeführt – eine Anspielung, deren Verständnis bei den Leser:innen der Zeitung vorausgesetzt werden kann. Engelmann hatte bei dem Auftritt, der inzwischen über 14 Millionen Klicks angesammelt hat, in der für Poetry Slam geläufigen Form gebundener Versrede davon erzählt, wie man seine Zeit gut nutzen soll: »Eines Tages, Baby, werden wir alt sein.«[17] Die ungeheure Aufmerksamkeit, die dem Text zuteilwurde, erzeugte einen antipopulären Überdruss und machte Engelmann zur Zielscheibe hochkultureller Abwehrbewegungen. Statt echte Lyrik zu feiern, so der Vorwurf, machten die Leute lieber ein oberflächliches Wohlfühlgedicht berühmt.

Dieses Konfliktpotential verfolgt Engelmann bis in die Diskussionsseite ihres Wikipedia-Eintrags, wo es eine kurze Kontroverse darüber gibt, ob man den Artikel aus Relevanzgründen stutzen sollte. Dort heißt es unter anderem: »Was hatt sie jetzt tolles geleistet was einen WP Artikel wert ist ??« Daraufhin erwidert jemand anderes erbost: »So eine Frage ist eine Frechheit gegenüber Julia Engelmann.« Eine vermittelnde Stimme weist darauf hin, dass allein die große Aufmerksamkeit für das Video einen Eintrag in die Enzyklopädie rechtfertigt, was allerdings mit einer deutlichen qualitativen Einschränkung verbunden ist: »Abgesehen davon ist mir bewusst, dass der Hype um das Video ein Hype ist und wir es hier nicht mit einer Wiedergeburt von Goethe oder auch nur Friederike Kempner zu tun haben.« Die Rezeption Friederike Kempners als Dichterin, die dafür berühmt war, schlecht zu dichten, kann als Musterfall ästhetischer Schadenfreude gelten (Kapitel 5). Dass Engelmann noch nicht einmal in dieser Tradition stehen darf, soll eine extreme Abwertung markieren. Damit wird gezeigt, dass man sich in der Lyrikgeschichte auskennt und niemals die Geschmacklosigkeit besitzen würde, ihre Texte für echte Lyrik zu halten.

Allein dass solche Abgrenzungssignale nötig sind, zeigt die Wirksamkeit ästhetischer Ressentiments, die aus einer kanonischen Vorstellung davon, was Lyrik ist und was sie sein darf, entstehen. Wenn den Menschen, die auf Facebook wütend über das Gedicht von Judith Zander herfallen, höhnisch entgegengehalten wird, sie seien eben typische Internetleser:innen, typische Julia-Engelmann-Fans, dann rechtfertigt das im Nachhinein in gewisser Hinsicht die Wut, die ja dem Verdacht entspringt, der Text habe die Funktion, sie zu demütigen.

Diese Demütigung mag auf der Produktionsebene nicht intendiert sein – es ist zumindest schwer vorstellbar, dass eine Gegenwartslyriker:in einen Text mit der bewussten Absicht schreibt, dass sich Leser:innen dumm fühlen. Die modernistischen formalen Strategien, die in diesen Gedichten zum Einsatz kommen, schleppen eine solche Tradition der Publikumsverachtung allerdings mit. So wie sich die Kommentare unter Kokots und Zanders Gedichten darüber verständigen, dass der Text an der gescheiterten Rezeption schuld ist, so verständigen sich die Vertreter:innen des Kunstparadigmas darüber, dass diese Schuld bei den Leser:innen liegt. Die Fälle zeigen, wie sich ästhetische Lagerbildung in konkreten Kontroversen vertiefen und verschärfen kann. Geschmack erscheint als etwas, was sich ganz und gar nicht auf individuelle Vorlieben zurückführen lässt. Stattdessen werden Zuschreibungen von Wert – sei es durch die Auswahl einer Schullektüre, sei es durch die Vergabe eines Preises – unmittelbar zum Gegenstand heftiger Konflikte.

Dass diese Konflikte zuweilen den gesamten Status einer Kunstform in Frage stellen können, illustriert ein Fall aus dem Jahr 2015. Eine Schülerin hatte unter dem Namen Naina einen Tweet veröffentlicht, der unzählige Male geteilt und gelikt wurde: »Ich bin fast 18 und habe keine Ahnung von Steuern, Miete oder Versicherung. Aber ich kann 'ne Gedichtanalyse schreiben. In 4 Sprachen.« Die Viralität dieses Statements führt zu einer kurzen medialen Debatte über den Sinn oder Unsinn deutscher Lehrpläne, in die sich sogar die damalige Bildungsministerin Johanna Wanka einschaltete: »Ich finde es sehr positiv, dass Naina diese Debatte angestoßen hat. Ich bin dafür, in der Schule stärker Alltagsfähigkeiten zu vermitteln. Es bleibt aber wichtig, Gedichte zu lernen und zu interpretieren.«[18]

Es ist kein Zufall, dass in der Diskussion über den Tweet ausgerechnet die Gedichtanalyse als das Gegenbild einer mangelnden lebensweltlichen Bildung in Stellung gebracht wurde. Bereits in diesem äußerst neutralen Statement werden ›Alltagsfähigkeiten‹ und ›Gedichtinterpretation‹ zumindest implizit gegeneinandergestellt. Beide sind zwar wichtig, aber von unterschiedlicher pragmatischer Bedeutung. Das Konfliktpotential dieser Unterscheidung ist medial schnell abrufbar. Auf der Internetseite der *Frankfurter Allgemeinen Zeitung* plädierte ein Autor etwa anlässlich des Tweets für mehr Wirtschaftswissen in der Schule. Den Literaturunterricht wolle er allerdings nicht eingeschränkt sehen. Wer ein Gymnasium verlässt, sollte Goethes *Faust* und Schillers *Glocke* gelesen haben. Einsparpotential sieht er in anderen Bereichen: »Müssen sich Schüler zum Beispiel in der Götterwelt der Antike auskennen? Müssen sie wissen, dass Helium ein Edelgas ist? Müssen sie unbedingt Bilder im impressionistischen Stil selber malen können?«[19]

Die Diskussion um den Lehrplan ist wie die Diskussion um den Kanon ein zeitpolitischer Ressourcenkampf, der sich um die Frage dreht, was dazugehören soll und was entfernt werden muss. Was für den Autor der *Frankfurter Allgemeinen Zeitung* noch selbstverständlich zur Allgemeinbildung gehört – Drama und Lyrik –, erscheint aus der Perspektive Nainas und der vielen Menschen, die den Tweet geteilt haben, als Bildungswissen mit ausgesprochen prekärer Relevanz.

In einem Text, den Naina kurz danach auf *Zeit Online* veröffentlichte, ging es vor allem um den wahrgenommenen Mangel an pragmatischem Wissen, das in der Schule vermittelt werde. Selbstverständlich, schreibt sie, seien auch Fremdsprachen wichtig. Zur Lyrik allerdings heißt es nur lakonisch: »Und natürlich hat niemand Lust auf Gedichtanalysen.«[20] Die große Aufmerksamkeit und Zustimmung, die der Tweet erfahren hat, zeigt die gesellschaftliche Anschlussfähigkeit dieser Polemik – eine Anschlussfähigkeit, die bis zu einem bestimmten Punkt das beiläufige Wort »natürlich« rechtfertigt, mit dem die Analyse von Gedichten als etwas beschrieben wird, worauf niemand Lust hat. Aus dieser Perspektive handelt es sich um eine Elitenkultur, die den Menschen von einer Institution aufgedrückt wird.

Auch bei der Debatte um Nainas Tweet handelt es sich um einen Konflikt, der erst durch die Digitalisierung möglich gemacht wurde. Die Plattform Twitter schuf die Voraussetzung für ein öffentliches Zurücksprechen gegen eine Institution, die Macht über das kanonische Bildungswissen besitzt. Die Schülerin hatte bei ihrer Klage sicherlich nicht damit gerechnet, dass am Ende die großen Zeitungen des Landes und die Bildungsministerin darauf reagieren würden. Erst die Viralität ihres Tweets hatte die Welt der Schülerin mit der Welt der Macht zusammengeführt – mit dem traurig erwartbaren Resultat, dass sie durch Hasskommentare aus dem Internet vertrieben wurde.

8

VERBOTENE WUT – DIE TRENNUNG VON ÄSTHETIK UND MORAL

Halbnackte Kinder und ein Jesus in Pisse

Im November 2017 wurde eine Petition gestartet, die dafür plädierte, ein Kunstwerk im Metropolitan Museum of Art abzuhängen. Das Bild von 1938 zeigt ein junges Mädchen, elf oder zwölf Jahre alt, das gedankenverloren in der Sonne sitzt. Der Rock ist hochgerutscht und gibt den Blick frei auf ihre Unterhose. Das Bild stelle, heißt es in der Petition, einen Akt der Sexualisierung von Kindern dar, und das Museum sollte sich seiner Verantwortung bewusst werden und *Thérèse, träumend* – eines der berühmtesten Bilder des Malers Balthus – entweder ins Archiv verbannen oder stärker kontextualisieren.[1] Diese Petition wurde rasch über zehntausend Mal unterzeichnet. Sie erzeugte allerdings auch heftige Gegenwehr. Der Kunstkritiker Jonathan Jones etwa bezeichnete die Aktion im *Guardian* als die »Arbeit von Faschisten«. Kunst verbieten zu wollen sei immer falsch. Ihn erinnere der Kampf gegen *Thérèse, träumend* an die Zensurpolitik der Nazis oder an religiöse Fanatiker wie den Islamischen Staat, dessen Anhänger in Palmyra 2015 historische Denkmäler zerstört haben.[2]

Diese harsche Polemik spricht von einer Wut, die ebenso intensiv zu sein scheint wie die Wut derjenigen, die sich über die angebliche pädophile Sexualisierung des Bildes empörten. Wut über Wut auf Kunst gehört zu den festen Bestandteilen des öffentlichen Diskurses zu ästhetischen

Fragen. Sobald Kunst auf einer moralischen Ebene angegriffen wird, steht ein Arsenal an Argumenten und historischen Vergleichen zur Verfügung, um das Entsetzen über diesen Angriff öffentlich zum Ausdruck zu bringen. Im Sinne des Kunstparadigmas handelt es sich um ein Gut, das mit aller Härte verteidigt werden muss, nicht nur gegen religiöse Fanatiker und politische Bilderstürmer, sondern auch gegen das moralisch entrüstete New Yorker Kulturbürgertum.

Die Kontroverse um *Thérèse, träumend* illustriert das Konfliktpotential einer Frage, die für den modernen ästhetischen Diskurs maßgeblich ist. Darf man wütend auf Kunst sein, weil sie den eigenen moralischen Vorstellungen nicht entspricht? Darf man etwa empört sein, wenn ein Film Gewalt glorifiziert, wenn ein Buch mit rechtsradikalen Gedanken spielt, wenn eine Serie Klischees über Minderheiten reproduziert – oder eben, wenn der Verdacht entsteht, ein Gemälde habe ein junges Mädchen auf eine unangemessene Art sexualisiert? Aus der Perspektive des Kunstparadigmas erscheint moralische Empörung über Kunst als Ausdruck einer kunstfeindlichen Haltung. Im Sinne Pierre Bourdieus handelt es sich um ein Anzeichen für einen ›barbarischen Geschmack‹, der dem Sonderstatus der Kunst nicht gerecht wird (Kapitel 2).

Schlimmer noch: Wer seine moralische Wut über ästhetische Erfahrungen nicht im Griff hat, wer diese Wut nicht sublimieren oder intellektualisieren kann, der ist auf halbem Wege, sie zu zensieren. Kunst im Sinne des Kunstparadigmas erfordert eine Rezeptionshaltung, die sich von alltäglichen moralischen Gefühlen frei macht, um dem autonomen Werk und seinem formalen Anspruch gerecht zu werden. Wer angesichts eines Bildes vor allem Wut und

Ekel empfindet, der zeigt demnach vor allem, dass er zu einer angemessenen ästhetischen Erfahrung nicht in der Lage ist.

Die Trennung von Kunst und Moral gehört zu den wichtigen Aspekten des ästhetischen Sonderstatus. Wer Kunst macht, darf demnach Dinge tun, die im Modus des Außerästhetischen streng verboten wären. Die Autor:in eines Romans etwa darf mit der erfundenen Stimme einer Erzählinstanz sprechen, statt für die eigene Stimme Verantwortung zu übernehmen. Fiktionalität hat die Funktion, die Urheber fiktionaler Welten davor zu schützen, dass sie für die Sünden ihrer Figuren geradestehen müssen. Nur so kann die menschliche Verworfenheit schonungslos dargestellt werden. Klassische Romane wie Fjodor Dostojewskis *Verbrechen und Strafe* oder Vladimir Nabokovs *Lolita* wären ohne diesen Modus der Straffreiheit kaum vorstellbar.

Eine Distanz zwischen Kunst und Welt, zwischen Autor und Erzähler, zwischen Realität und Abbild gehört zu den wichtigsten Voraussetzungen des modernen Kunstparadigmas. Das gilt nicht nur für das fiktionale Erzählen, sondern für so gut wie alle kulturellen Praktiken, die Anspruch auf den Status der Kunst erheben können. Dieser Sonderstatus legitimiert sich durch eine Distanz zu den moralischen Vorgaben einer Gesellschaft. Was in einer öffentlichen Rede oder einem journalistischen Artikel als problematisch aufgefasst werden würde, erscheint in einem Gedicht oder Roman schützenswert. Was auf einem Alltagsfoto als obszön erscheint, wird auf einem Gemälde zu einem wertvollen Meisterwerk. Das Bild eines jungen Mädchens, dessen Unterhose man sehen kann, würde auf einer pornographischen Internetseite als verbrecherisch wahrgenommen werden. Unter dem Pinsel eines bekannten Malers wie Balthus und an der Wand eines berühmten Museums wie des Metropolitan Museum of Art wird es zu großer Kunst, die man gegen den Moralismus totalitärer Kunstfeinde verteidigen muss.

Dieser Sonderstatus kann für große Verwirrung im Streit über Kunst und Kultur sorgen. Denn aus der Perspektive des Kunstparadigmas erscheinen nicht diejenigen als geschmacklos, die sich an dem erotisch aufgeladenen Bild eines minderjährigen Mädchens ergötzen, sondern diejenigen, die sich darüber aufregen. Wut und Wertung finden in einer verkehrten Welt des Urteilens statt, in der Dinge, über die man sich normalerweise zu Recht empört, erlaubt sind, während die moralische Irritation auf einen Mangel an ästhetischem Verständnis verweist. Diese eigentümliche Verkehrung wird vor allem dort zu einem Problem, wo es um transgressive Kunst geht, um Kunst also, die es bewusst darauf anlegt, gesellschaftliche Tabus herauszufordern.

Dem Metropolitan Museum of Art, das die Petition gegen *Thérèse, träumend* sofort entrüstet zurückwies, war das Provokationspotential der Bilder natürlich bewusst. Ansonsten hätte eine Ausstellung von 2013 sicher nicht den Titel »Balthus: Katzen und Mädchen – Bilder und Provokationen« (»Balthus: Cats and Girls—Paintings and Provocations«) getragen. Hier wird ein klares Bewusstsein für den irritierenden Aspekt dieser Bilder zum Ausdruck gebracht und direkt aufmerksamkeitsökonomisch instrumentalisiert. Die Provokation der Bilder soll die Menschen in die Ausstellung locken. Gleichzeitig wird dieser Aspekt in der offiziellen Beschreibung der Ausstellung aber auch wieder zurückgenommen. Dort heißt es mit augenzwinkernder Unschuld, der Künstler habe immer eine tiefe Verwandtschaft mit Kindern empfunden: »Balthus hat seine jungen Modelle mit so viel Würde und Bedeutung dargestellt, wie jemand in ihrem Alter sie wahrgenommen hätte.«[3]

Diese bizarre Einschätzung widerspricht nicht nur dem Titel der Ausstellung (»Provokationen«), sondern auch dem geläufigen Balthus-Bild des Kunstbürgertums. Der *Guardian* etwa stellte in seiner Rezension der Ausstellung fast anerkennend fest, bei Balthus handele es sich um eine der gruseligsten Figuren der modernen Kunstgeschichte. Er sei bekannt als Anti-Modernist mit einer Vorliebe für junge Mädchen.[4] Im selben Artikel wurde auch darüber berichtet, dass am Eingang zur Ausstellung eine Plakette angebracht worden war, auf der man die Warnung lesen konnte, einige der Bilder könnten für manche Betrachter:innen verstörend sein. Diese Warnungen hatten sicher nicht die Funktion, das transgressive Potential der Bilder zu domestizieren. Im Gegenteil: Der intellektuelle und ästhetische Grusel der Werke wurde durch den zahnlosen Warnhinweis noch verstärkt.

Kunst, vor der gewarnt werden muss, bekommt den Nimbus des Gefährlichen. Die Veranstalter:innen der Ausstellung konnten davon ausgehen, dass die Zuschauer:innen *in on the joke* sind, sich ebenfalls augenzwinkernd an dem Spiel der Leugnung des transgressiven Potentials dieser Kunst beteiligen. Die Ausstellungsbeschreibung wirkt wie Staffage, die aufgebaut wurde, um die Philister zu täuschen und abzuwehren, die den Eingeweihten aus moralischen Gründen ihre Kunst wegnehmen wollen. Das Warnschild dagegen weist diejenigen, die es trotzdem wagen, die Bilder anzuschauen, als mutige Ästheten aus, die sich von keiner kleinbürgerlichen Moral daran hindern lassen, provokative Kunst zu rezipieren. Die Besucher:innen können sich an einem kommunikativen Spiel beteiligen, das es ihnen ermöglicht, sich von den Menschen abzugrenzen, die den Fehler begangen haben, diese Bilder geschmacklos zu finden.

Transgressive Kunst wird so zum Schauplatz einer heroischen Selbsterzählung, die ihre Protagonist:innen nicht nur als geschmackvolle Kenner ausweist, sondern auch als politische Freiheitsfreunde. Für Jonathan Jones handelte es sich bei dem Protest gegen *Thérèse, träumend* ja um nicht weniger als eine Wiederauflage faschistischer Kunstpolitik. Er beginnt seine Polemik damit, an rechte Politiker wie den US-Senator Jesse Helms zu erinnern, der 1989 gegen Andres Serranos *Piss Christ* eine Kampagne startete. *Piss Christ* ist die Fotografie eines Plastikkruzifixes, das in ein Glas voller Urin (des Künstlers) getaucht wurde – ein Klassiker der Skandalkunst, der bis in die Gegenwart in der Lage ist, heftige Kontroversen auszulösen. Für Jones ist es naheliegend, eine Verwandtschaft zwischen den Protesten gegen *Thérèse, träumend* und den reaktionären Kampagnen gegen ein transgressives Meisterwerk wie *Piss Christ* zu behaupten.

Diese Empörung über die Empörung, die ein Kunstwerk wie *Piss Christ* hervorruft, erscheint bei näherer Betrachtung ausgesprochen widersprüchlich. Man kann sich natürlich auf den Standpunkt zurückziehen, die einzige Funktion des Werkes sei eine ästhetische – etwa, die Schönheit des gelb glänzenden Scheins einzufangen, der die Christusfigur umgibt, und der tatsächlich eine unbestreitbar attraktive schimmernde Aura erzeugt. Oder man kann mit gestellter Unschuld darauf beharren, dass es eigentlich um eine Form der religiösen Verehrung gehe, wie es Serrano immer wieder behauptet hat.[5] All das gehört zum Spiel der strategischen Unehrlichkeit transgressiver Kunst, die der Öffentlichkeit weismachen möchte, dem

Künstler und seinen Advokaten sei nicht klar gewesen, dass sein Werk – Jesus in Pisse eingelegt – eine erbitterte Kontroverse zur Folge haben würde.

Die Geschichte erinnert an einen Skandal von 2012, als die Satirezeitschrift *Titanic* auf ihrem Cover den damaligen Papst Benedikt XVI. mit einer gelb befleckten Soutane zeigte, die offensichtlich so aussah, als hätte er sich eingenässt. Dieses Cover brachte dem Magazin zahlreiche Drohungen und eine einstweilige Verfügung ein. Die Redaktion behauptete damals in einer Pressemitteilung, es handele sich um ein Missverständnis: Der Papst habe die Aufklärung der Spitzelaffäre (»Vatileaks«) gefeiert »und im Überschwang ein Glas Limonade über seine Soutane verschüttet«.[6] Diese Behauptung war Teil des ironischen Spiels mit der Transgression. Es wäre sehr seltsam gewesen, wenn sich jemand ernsthaft darauf berufen hätte. Allerdings handelte es sich auch nicht um Kunst, sondern um eine grobe und ausgesprochen effektive öffentliche Provokation, die den Skandal als das eigentlich satirische Ereignis einpreiste. Aus der Redaktion wurde berichtet, man habe sich nach der zivilrechtlichen Klage erst einmal »ein Glas Sekt gegönnt«.[7]

Diese Ehrlichkeit in Bezug auf eine gelungene Provokation wird im Fall transgressiver Kunst bewusst vermieden. Das Händeringen über die Wut, die eine Provokation wie *Piss Christ* oder *Thérèse, träumend* auslöst, ist ein Teil ihrer aufmerksamkeitsökonomischen Strategie, deren Gelingen darauf angewiesen ist, Wut zu erzeugen. Der rechte Politiker, der einen Sturm der Entrüstung gegen ein Kunstwerk lostritt, fungiert in gewisser Weise als Marketing-Agent dieser Kunst, als Komplize ihres Resonanzkalküls. Dem Politiker wiederum dient diese Kunst dazu, sich als einen Mensch zu inszenieren, der sich über den Schund und Schmutz noch ereifern kann, der von unseren Steuergeldern finanziert wird.

Man hat es bei transgressiver Kunst also mit einer Mehrfachinstrumentalisierung der moralischen Wut zu tun, die durch eine ästhetische Erfahrung ausgelost wird. Neben der Künstler:in und der Politiker:in, die einen öffentlichen Kampf führen, der ihre Sichtbarkeit erhöht, ist unter den Profiteuren solcher Skandale auch die Gruppe der Kunstkenner, der Eingeweihten, die sich über eine ›rein ästhetische‹ Haltung zum Kunstwerk von denen abgrenzen können, die sich von Reaktionären zu antikünstlerischem Wutgeschrei aufpeitschen lassen. So erweist sich auch das Verhältnis von Kunst und Moral als Schauplatz für kulturelle Selbsterzählungen. Auch hier geht es vor allem um Distinktion. Man wertet sich über eine bestimmte Haltung zu einem Kunstwerk sozial auf, zeigt seine Zugehörigkeit zu einer Gruppe, indem man die Rezeption einer anderen Gruppe öffentlich verdammt.

Die Heldengeschichte der Kunstfreiheit

Aus heutiger Perspektive wird die Skandalgeschichte der Kunst fast ausschließlich als Heldengeschichte erzählt, als Fortschrittsnarrativ, das sich an solchen Fällen entlanghangelt, in denen transgressive Kunst gegen die unverständige Gegenwart bestehen konnte. Der Status des Künstlerischen entwickelte sich zu einer Sonderzone der Amoral, in der der menschlichen Gestaltungskraft bestimmte Lizenzen zukommen. Zu den Protagonisten dieser Geschichte gehören etwa Gustave Flaubert, der 1857 für seinen Roman *Madame Bovary* angeklagt wurde, oder Charles Baudelaire, dessen

Gedichtsammlung *Die Blumen des Bösen* im selben Jahr einen vielbeachteten Prozess zur Folge hatte. Die Vorwürfe lauteten: Verherrlichung des Ehebruchs oder Verstoß gegen die guten Sitten. Im Fall Baudelaires war der Prozess erfolgreich, und Teile seines Zyklus konnten in Frankreich nicht mehr offiziell veröffentlicht werden.

Ein wichtiger Protagonist in dieser Geschichte ist Ernest Pinard, der Staatsanwalt, der beiden Werken den Prozess machte. Pinard, der spätere Innenminister Frankreichs, verkörpert den perfekten Schurken in einem kulturgeschichtlichen Narrativ, das auf Schurken stark angewiesen ist. Er erscheint als Vertreter einer Gesellschaft, die sich störrisch weigerte, den Sonderstatus der Kunst anzuerkennen, und so zwei der wichtigsten Werke der europäischen Literatur fast verhindert hätte. In seinem Plädoyer gegen *Madame Bovary* geißelte Pinard dessen angebliche Sittenlosigkeit und vermittelte dabei eine klare Vorstellung von den potentiellen Wirkungsschäden des Romans, der ja nicht von Männern gelesen würde, die sich Gott weiß für wichtigere Dinge interessiert. Stattdessen fielen die leichten Seiten von *Madame Bovary* in die noch leichteren Hände junger Mädchen oder verheirateter Frauen (»en de mains plus légègeres, dans les mains de jeune filles, quelquefois des femmes mariées«).[8]

Die Angst vor der Kunst ist immer auch eine Angst um die Rezipient:innen, die aus der Perspektive einer moralistischen Ästhetik den verderblichen Einflüssen ästhetischer Erfahrungen hilflos ausgeliefert sind. Diese Angst hatte in der Kulturgeschichte eine misogyne Tendenz, die besonders Frauen aus dem Bereich der selbstbestimmten Rezeption ausschließen wollte. Pinard erscheint als Prototyp des reaktionären Kunstfeindes, der in unterschiedlichen Manifestationen die moderne Kulturgeschichte geprägt hat: als stalinistischer Ideologiewächter, der dissidente Künstler:innen im Namen der reinen Lehre verfolgte, als prüder rechter Politiker, der die Unschuld der Kinder gegen schmutzige Kunst verteidigt, oder als islamistischer Bilderstürmer, der uralte Kunstwerke sprengt.

Solche Figuren verschmelzen im ästhetischen Diskurs der Gegenwart zum Feindbild des antikünstlerischen Zensors. Echte Kunst musste gegen diesen Zensor, gegen die moralisierenden Philister, erkämpft werden. Ein Schlachtruf wie *Épater la bourgeoisie* (»Schockt die Bürger«), der als Motto der französischen Décadence-Literatur des 19. Jahrhunderts zum Einsatz kam, wird heute mit größter Ernsthaftigkeit an staatlichen Institutionen wie Universitäten und Schulen vermittelt, als wichtige programmatische Polemik der Moderne. Die Prozesse, die in den 1960er Jahren um Werke wie *Lady Chatterleys Liebhaber* oder Henry Millers *Im Wendekreis des Krebses* geführt wurden, hatten die Funktion, überkommene juristische Grenzen des Darstellbaren aus dem Weg zu räumen. In beiden Fällen handelt es sich um Werke, die in der ersten Hälfte des 20. Jahrhunderts entstanden waren und die eine lange Geschichte der Zensur und Repression hinter sich hatten. Die sexuellen Darstellungstabus, die in diesen Werken gebrochen wurden, konnten 30 Jahre später erfolgreich angefochten werden.

Diese Prozesse fungierten als Bühne, auf der der kulturelle Fortschritt einer Gesellschaft inszeniert werden konnte, die ein prüdes, kunstfeindliches Zeitalter hinter sich gelassen hatte. In der Gegenwart schaut man mit Spott und Unverständnis zurück auf die Zeit, in der gegen Arno Schmidt wegen seiner Erzählung *Seelandschaft mit Pocahontas* Strafanzeigen wegen Gotteslästerung und der Verbreitung unzüchtiger Schriften gestellt wurden. Tatsächlich liest man heute die Dokumente zum Prozess von 1955 mit ungläubigem Staunen darüber, dass diese Art der empörten Kritik über ein vergleichsweise harmloses, vor allem aber ziemlich sperriges Werk der Hochliteratur vor nicht allzu langer Zeit noch möglich war. In einer der Anzeigen heißt es, Schmidts »Abhandlung« enthalte »Religionsbeschimpfungen und Gotteslästerungen übelster Art«. Daran anschließend werden Passagen aufgezählt, die offensichtlich einer fiktiven Figur in den Mund gelegt wurden und die aus heutiger Perspektive auch ganz klar durch die Meinungsfreiheit gedeckt sein sollten (unter anderem: »Das bigotte Rheinland«).[9]

Der Skandal zeigt einerseits die starke Geltung religiöser Tabus in den 1950er Jahren, andererseits zeigt er aber auch, dass die Kunstfreiheit im Nachkriegsdeutschland als Institution bereits einigermaßen stabil war, solange sie sich auf das Kunstparadigma berufen konnte. Das Verfahren wurde 1956 eingestellt. Ein Gutachten des damaligen Präsidenten der Akademie für Sprache und Dichtung Hermann Kasack bescheinigte der Erzählung, ein »ernst zu nehmendes Sprachkunstwerk« zu sein: »… schon durch die sprachliche Diktion, auf deren Rang auch andere Kritiker hingewiesen haben, unterscheidet sich die Prosastudie grundsätzlich von der pornographischen Literatur.«[10]

Bemerkenswert ist hier vor allem die mehrfache Autorisierung durch den mächtigen Funktionär Kasack, der sich wiederum auf einen Chor der Kritiker beruft, um den Kunststatus der Erzählung zu legitimieren. Die Implikation, dass tatsächliche Pornographie oder Gotteslästerung durchaus strafwürdig sein sollten, ist deutlich. Erst die sprachliche Gestaltungskraft des Autors verwandelt unfreien Schund in eine Diskursform, deren Freiheit auf keinen Fall verletzt werden darf. Deshalb wird die Erzählung in der Anzeige auch als »Abhandlung« bezeichnet – eine unkünstlerische Textsorte. Der ästhetischen Hochwertigkeit wurde also eine strafmindernde Wirkung zugeschrieben. Allerdings stellt sich die Frage, wer entscheiden darf, wem dieser Schutzraum zukommt und wem nicht.

Das Erzählungsmuster von der verfolgten Kunst, die sich schließlich von moralischen Anfechtungen frei machen konnte, zieht sich durch die Geschichte aller Künste. Die Überwindung des Motion Picture Production Code etwa, der von den 1930er bis in die 1960er Jahre den Bereich des Darstellbaren in Hollywood stark reglementiert hatte, wird als Befreiung gefeiert, die den Film als gereifte Kunstform überhaupt erst möglich machte. Der Code untersagte unter anderem die Darstellung von sexueller Perversion oder von Drogenkonsum, sprach aber auch politische Verbote aus. So durften intime Beziehungen zwischen Schwarzen und Weißen nicht gezeigt werden, und man durfte sich über religiöse Würdenträger nicht lustig machen.

Im Bereich der Musik gilt der Skandal um Igor Strawinskis Ballett *Le Sacre du printemps*, dessen Erstaufführung 1913 angeblich zu regelrechten Krawallen geführt hatte, als wichtige Station in der modernistischen Befreiung der Musik von den Fesseln bürgerlicher Behaglichkeit. Eine ähnliche Bedeutung kommt Marcel Duchamps *Fontaine* zu (ein Urinal), das 1917 von einer Ausstellung im New Yorker Grand Central Palace ausgeschlossen wurde, was eine Kontroverse darüber in Gang setzte, was in ein Museum gehört und was nicht.

Diese Auseinandersetzung um die Autonomie der Kunst wurde in der Gewaltgeschichte des 20. Jahrhunderts zu einem existentiellen politischen Kampf. Machthaber totalitärer Regimes verfolgten Künstler:innen, die ihren ideologischen Vorgaben des Ästhetischen nicht entsprachen. Während der Herrschaft der Nationalsozialisten wurden Autor:innen, Regisseur:innen, Maler:innen zum Schweigen gebracht, ins Exil gejagt oder ermordet. Ihre Kunst wurde barbarischen öffentlichen Demütigungsritualen unterworfen wie der Bücherverbrennung oder der Ausstellung »Entartete Kunst«. Die Freiheit des Ästhetischen wurde zerstört und einer allumfassenden politischen Instrumentalisierung unterworfen. Diese totalitäre Kunstpolitik gehört zu den konstituierenden Merkmalen unfreier Gesellschaften. Ästhetische Autonomie erlangte so den Status eines Merkmals freier Gesellschaften, die sich daran messen lassen müssen, ob sie in der Lage sind, die Zumutung des Ästhetischen zu ertragen.

Es handelt sich um eine historische Konstellation, die im Verlauf der zweiten Hälfte des 20. Jahrhunderts die Kunstfreiheit als fast sakralen Status im öffentlichen Diskurs liberaler Demokratien etabliert hat. In Deutschland wurde diese Freiheit im Grundgesetz (Art. 5 Abs. 3) sogar als eigens schützenswertes Rechtsgut neben der Meinungsfreiheit festgeschrieben. Die Autonomie der Kunst hat sich im Verlauf der zweite Jahrhunderthälfte vollständig institutionalisiert und ist zum Common Sense des ästhetischen Diskurses aufgestiegen. Die moralischen Lizenzen der Kunst gelten dabei als besonders schützenswertes gesellschaftliches Gut. Niemand möchte gern der Pinard des 21. Jahrhunderts sein, der staatliche Repressionen gegen ästhetische Meisterwerke einfordert, weil sie gegen moralische Vorstellungen verstoßen haben.

Vor diesem Hintergrund lassen sich auch die bestürzten Reaktionen auf die Petition gegen *Thérèse, träumend* erklären, die in der Kritik an dem Bild einen Angriff auf die Kunstfreiheit auszumachen glaubten – einen Angriff, der an die Tradition der Verfolgung erinnert, die man doch erfolgreich hinter sich gelassen hatte. Hanno Rauterberg schrieb dazu in der *Zeit*: »Das ›aktuelle Klima‹, auf das sich die Initiatorin so selbstverständlich beruft, verwechselt nun aber Kunst mit Propaganda und den Sockel im Museum mit einem Siegertreppchen des Erhabenen. Gute Kunst ist aber intim, gar nicht verantwortungsbewusst, meist auch sehr unangenehm, ›wahr‹ ist nicht immer das, was alle als ›schön‹ oder ›gut‹ empfinden.«[11] Erst der Schutzraum des Ästhetischen macht es demnach möglich, unangenehme Wahrheiten zur Darstellung zu bringen, Wahrheiten, die durch die rigiden Moralvorstellungen einer Gesellschaft verschleiert worden sind. Das Gegenbild zu dieser ehrlichen Praxis der Entäußerung ist die politische Lüge der ›Propaganda‹, die als Inbegriff des heteronomen Sprechens gilt.

Rauterberg hat diese Gedanken in seiner Studie *Wie frei ist die Kunst* ausgeführt. Im Kapitel über den Skandal um Balthus diagnostiziert er eine Umkehr des ästhetischen Zensur-Diskurses: »Was zuvor ein Kampf gegen Zensur war, vor allem gegen die Selbstzensur der Museen, wandelt sich mancherorts in einen Kampf für Zensur: für das Recht, in den Museen bestimmte Kunstwerke nicht sehen zu müssen.« Dieser Kampf um Zensur ist für Rauterberg eine Erscheinung dessen, was er die »Digitalmoderne« nennt, eine Zeit, in der die breite Masse (oft kontextlos) am ästhetischen Diskurs partizipiert. Die Petition gegen Balthus ist für ihn eine Manifestation dieser neuen Form von Teilhabe, die allerdings keine neuen Energien freisetzt, sondern als Erbe der Staatsanwälte und Philister auftritt, die in der modernen Kulturgeschichte gegen die Kunst und ihre Institutionen zu Felde gezogen sind: »Die Freiheit des Netzes«, schreibt Rauterberg, »tendiert dazu, die Freiheit der Kunstinstitutionen einzuschränken.«[12]

Die Diagnose einer Rückkehr der Zensur im digitalen Zeitalter gehört inzwischen zu den wichtigen kulturkritischen Erzählungen der Gegenwart. Diese neue Zensurdebatte bestimmt seit den 2010er Jahren den kulturpolitischen Diskurs. Wenn Werke aus ethischen Gründen in Frage gestellt werden, schließt sich daran oft eine erhitzte Kontroverse darüber an, ob ein neuer Geist der Prüderie die Freiheit der Kunst bedroht. Bei Rauterberg bekommt diese Diagnose einer neuen Zensur allerdings noch eine besondere diskursethische Wendung. Die Provokation von Balthus sei darauf angelegt, den Betrachter zu erregen und ihn »auf diese Weise mit der Frage zu konfrontieren, ob es nicht erst ihr eigener Blick ist, der das Kind sexualisiert«. Menschen, die »im Namen einer neuen Prüderie« solche Kunst im Depot des Museums verschwinden lassen wollen, unterbänden solche Fragen, entzögen sie der »reflektierten Offenheit«.[13]

Das Museum ist für Rauterberg ein Ort der Freiheit zur Selbstbefragung, wo ein Bild wie *Thérèse, träumend* das Ende des Tolerablen gerade dadurch sichtbar machen kann, weil es sich an dessen Grenzen nicht halten muss. Dieser seltsam pietätvolle Umgang nicht nur mit der Kunst, sondern auch mit der Irritation, die sie auslöst, verweist auf die disziplinierende Kraft des Kunstparadigmas, das starke Emotionen als Reaktion auf Kunstwerke mit Misstrauen betrachtet. Man soll sich zwar provozieren lassen, aber auf eine zivilisierte Art, die den Sonderstatus des Ästhetischen anerkennt – als dankbare Empfängerin einer wichtigen Lektion über den eigenen Blick.

In diese Richtung gehen auch Moritz Baßler und Heinz Drügh in ihrem Buch *Gegenwartsästhetik*. Als Reaktion auf die erbitterten Kontroversen um die Frage nach der kulturellen Aneignung im Fall des Bildes *Open Casket* von Dana Schutz machen sie den Vorschlag, eine »Ästh-((Ethik))« als Ausgangspunkt von ästhetischem Streit zu betrachten. Schutz war vorgeworfen worden, als weiße Künstlerin den Tod des Schwarzen Jugendlichen Emmett Till, der in der Geschichte der Bürgerrechtsbewegung eine wichtige Rolle spielt, auf unangemessene Art und Weise verarbeitet zu haben. Die Debatte erzeugte internationales Aufsehen, vor allem deshalb, weil einige Stimmen forderten, das Kunstwerk müsse nicht nur aus dem Museum entfernt, sondern auch vernichtet werden. Für Baßler und Drügh handelt es sich um ein Ereignis, das den Diskurs in eine falsche Richtung schiebt: »Identität ist zunächst einmal keine ästhetische Kategorie.«

Der Streit kann allerdings trotzdem produktiv sein, wenn er sich von der ethischen und politischen Wut, die ein Werk ausgelöst hat, rasch wegbewegt und wieder zu einer »Besinnung auf das Ästhetische selbst« kommt, die sich möglicherweise in »gemeinschaftliche Denkbewegungen« übersetzen lässt.[14] Auch hier soll also die Empörung über die Transgressionen der Kunst schnell in einen ästhetischen Reflexionsprozess überführt werden, in dem alle Beteiligten wichtige Erkenntnisse über die Macht der Kunst entwickeln können.

Den Kritiker:innen von *Thérèse, träumend* oder *Open Casket* geht es aber genau um den Kampf gegen diesen Sta-

tus, der Respekt und Aufmerksamkeit erzwingen möchte.
Ihre Polemik betrifft ja gerade die patriarchale und rassistische Kultur, die bestimmte Transgressionen erlaubt; und nicht nur erlaubt, sondern auch noch feiert. Aus dieser Perspektive erscheint der Sonderstatus des Ästhetischen vor allem als Schutzraum für die Privilegien des herrschenden Regimes. Es handelt sich um Sichtweisen, die, wie Wolfgang Ullrich schreibt: »gegen den im Westen lange vorherrschenden Begriff von Kunst – gegen ihre Autonomie, gegen Sonderrechte für sie – opponieren und damit den Kanon in Frage stellen«.[15]

Die Forderung nach einem intellektuell avancierten Streit erscheint aus dieser Perspektive als eine Disziplinierung der moralischen Wut, die durch ästhetische Erfahrungen herausgefordert wird. Die Kunst wird so gegen wirklich bedrohliche Kritik immunisiert. Man mag sich zunächst darüber empören, dass Balthus uns die Unterhosen junger Mädchen zeigt (die übrigens auch reale Vorbilder haben), aber diese Empörung darf nur der erste Schritt zu einem Reflexionsprozess sein, der eine pflichtschuldige Selbstbefragung in Gang setzt: Sind wir nicht nur empört, weil wir eigentlich erregt sind, oder zeigt unsere Empörung nicht auf eine spannende Art und Weise die Grenzen unserer Toleranz? Die angemessene emotionale Reaktion auf transgressive Kunst ist demnach also die Überwindung der emotionalen Reaktion. Wer einfach wütend bleibt, wird dagegen als Kunstfeind aus dem Bereich ernstzunehmender Argumentation exkommuniziert.

Als 2016 eine Gruppe von Studierenden an der Alice-Salomon-Hochschule in Berlin dagegen protestierte, dass das Gedicht *ciudad (avenidas)* von Eugen Gomringer, das als sexistisch empfunden wurde, weiter an der Fassade der Universität verbleiben sollte, entwickelte sich ein Sturm der Empörung, der den Eindruck vermittelte, die Protestierenden wären kurz davor, die Kunstfreiheit als Institution komplett zu zerstören. Die Studierenden hatten sich in einer (schließlich erfolgreichen) Petition gegen den lyrischen Fassadenschmuck gewandt, in der sie sich vor allem am Schlussvers störten, der die Möglichkeit offenlässt, dass das Gedicht aus der Perspektive eines männlichen Bewunderers (»un admirador«)) spricht, der auf einer Allee Frauen angafft. In ihrer Stellungnahme schrieben die Studierenden:

»Die U-Bahn-Station Hellersdorf und der Alice-Salomon-Platz sind vor allem zu späterer Stunde sehr männlich dominierte Orte, an denen Frauen* sich nicht immer wohl fühlen können. Dieses Gedicht dabei anzuschauen wirkt wie eine Farce und eine Erinnerung daran, dass objektivierende und potentiell übergriffige und sexualisierende Blicke überall sein können. Eine Entfernung oder Ersetzung des Gedichtes wird an unserem Sicherheitsgefühl nichts ändern. Dennoch wäre es ein Fortschritt in die Richtung, dass es unsere Degradierung zu bewunderungswürdigen Objekten im öffentlichen Raum, die uns Angst macht, nicht auch noch in exakt solchen Momenten poetisch würdigen würde.«[16]

Man muss aus dem offenen Brief etwas länger zitieren, um einen Eindruck von dem insgesamt eher kühlen Ton der Stellungnahme zu vermitteln. In der anschließenden

Kontroverse wurden die Studierenden nämlich als geifernder Mob dargestellt, der sich aus einem fanatisch überdrehten Feminismus heraus über ein harmloses Blumengedicht hergemacht habe. Die Studierenden argumentieren allerdings durchaus differenziert und zurückhaltend. Die unterdrückte Wut, die in diesem Brief zum Ausdruck kommt, die moralischen und politischen Bedenken richten sich gegen die poetische ›Würdigung‹ eines Vorgangs, den sie im Alltag als degradierend empfinden. Die Verklärung der Bewunderung erscheint als kulturelle Grundlage für konkrete Belästigung, für »übergriffige und sexualisierende Blicke«, die ihren realen Alltag bestimmen.

Was hier zum Ausdruck kommt, ist ein klares Verständnis für die kulturpolitische Machtsituation, in der das Kunstparadigma einen Text wie Gomringers Gedicht mit dem Prestige des Hochwertigen auflädt und damit eine Hegemonie verstärkt, in der sich die Studierenden machtlos fühlen. Es geht also nicht darum, dass die Lektüre des Gedichts unmittelbar dazu führt, dass die Studierenden an der U-Bahn-Station Hellersdorf belästigt werden, sondern um den institutionellen Status einer Kunst, die diesen Vorgang auch noch mit dem Renommee der Hochkultur ausstattet. Die Studierenden argumentieren nicht, dass das Gedicht aus allen Publikationsorten getilgt werden soll – im Sinne einer klassischen Form der staatlichen Zensur. Was sie fordern, ist, dass es von der Fassade ihrer Hochschule verschwindet. Die Wut richtet sich also weniger gegen den Text als gegen die Machtsituation, in der die Studierenden dazu gezwungen werden, den Text täglich zu lesen. Es handelt sich um einen typischen Fall von Pflichtrezeption (Kapitel 6).

In der heftigen Kontroverse, die auf diesen hochschulpolitischen Provinzskandal folgte, wurden die Machtverhältnisse allerdings vollständig verkehrt. Nun erschienen die Studierenden wie die Wiedergänger der Zensoren, gegen die sich die Heldengeschichte der Kunstfreiheit durchsetzen musste. Der bekannte Dichter Michael Lentz, Professor am einflussreichen Deutschen Literaturinstitut Leipzig, mit vielen Preisen ausgezeichnet und seit 2014 Mitglied der Deutschen Akademie für Sprache und Dichtung, polemisierte in der FAZ, einer der wichtigsten Tageszeitungen, gegen das »Gedichtsturm-Programm der Alice-Salomon-Hochschule in Berlin«.[17]

Die Formulierung ist repräsentativ für den rhetorischen Maximalismus der Debatte. Das PEN-Zentrum Deutschland etwa empfahl den Studierenden, zu überdenken, »welche Konsequenzen eine solche Zensur letztlich hätte, und sich mit dem Phänomen der Bilderstürmerei in Vergangenheit und Gegenwart auseinanderzusetzen«. In derselben Stellungnahme ließ sich der Ehrenpräsident des PEN, Christoph Hein, mit den Worten zitieren, es handele sich um »barbarischen Schwachsinn«, die Studierenden seien »Kulturstürmer«, deren »unerzogene Unbildung« von der Hochschulleitung nicht respektiert werden sollte.[18]

Eine mächtige Vereinigung von Schriftsteller:innen verteidigte also, flankiert von den großen Medien des Landes, die Kunstfreiheit gegen eine kleine Gruppe von Studierenden. Diese Verkehrung der machtpolitischen Verhältnisse hätte – gerade in ihrer absurden Unwucht – eigentlich sofort auffallen müssen. Die Debatte zeigt vor allem den kulturellen Einfluss des Kunstparadigmas in modernen Gesellschaften. Moralische Empörung über Kunst wird im öffentlichen Diskurs dermaßen stark mit den Feinden der Kunstfreiheit assoziiert, dass die eklatante Machtvergessenheit im Fall des Avenidas-Skandals kaum herausgefordert wurde.

Man würde eigentlich davon ausgehen, dass Zensur ein Vorrecht der Macht darstellt, und zwar der konkreten Macht, wie sie sich in staatlichen Institutionen oder etablierten Medien konzentriert. Bei zahlreichen zeitgenössischen Kunstskandalen sind es aber gerade diese Institutionen und Medien, die am lautesten eine angebliche Bedrohung der Kunstfreiheit beklagen. Man hat den Eindruck, dass die Schmerzen, die hier empfunden werden, durch eine *Phantomzensur* ausgelöst werden, die einerseits durch die Angst vor dem Verlust der kulturellen Macht entsteht (Studierende sollen ja immerhin die Eliten von morgen sein), andererseits durch das Bedürfnis, vom Prestige der Rolle des freiheitsliebenden Kunstfreundes und Außenseiters profitieren zu können. Das Zensiertwerden wird zur wichtigen Ressource einer erfolgreichen Selbsterzählung im kulturellen Feld der Gegenwart.

In liberalen Demokratien ist Autonomie durch ihre Institutionalisierung selbst zu einer Herrschaftsideologie geworden. Diese Institutionalisierung hat aber nicht dazu geführt, dass das heroische Potential der Kunstfreiheit verschwunden wäre. Nach wie vor wird mit großer Geste um die Kunstfreiheit gebangt. Es handelt sich um eine Freiheit, die mit einem Elan verteidigt wird, der nicht vermuten lässt, dass es sich längst um ein gesetzlich festgeschriebenes Gut handelt, das zum habituellen Rüstzeug der Bildungselite gehört.

Die weitreichende Identifikation mit der Heldengeschichte des Kunstskandals treibt zuweilen seltsame Blüten. Phantomzensur bedeutet, dass Künstler:innen gegen eine Zensur verteidigt werden, die gar nicht stattfindet, etwa, wenn es heißt, ein Werk könne heute nicht mehr erscheinen. Der Referenzfall für diese kulturkritische Diagnose ist

Vladimir Nabokovs *Lolita.* In einer Rede von 2018 behauptete die Schriftstellerin Eva Menasse etwa, sie sei überzeugt davon, »dass die Freiheit der Kunst heute kleiner ist als noch vor wenigen Jahren«. Es wäre in diesen Tagen »so gut wie undenkbar, dass Nabokovs ›Lolita‹ veröffentlicht werden könnte« – eines der großartigsten Kunstwerke, »obwohl und weil es um einen detailliert beschriebenen Kindesmissbrauch geht«.[19] Ähnlich äußerte sich auch der französische Philosoph Bernard-Henri Lévy in *Die Presse.* Dort ließ er sich mit den Worten zitieren: »Der radikalste Neofeminismus macht gerade den Klassikern den Prozess. Nabokov könnte heute nicht mehr ›Lolita‹ publizieren.«[20]

Nun zeigt ein kursorischer Blick in die Archive digitaler Buchhandlungen und Bibliotheken, dass es sehr einfach ist, an eine Buchausgabe von *Lolita* zu kommen. Wer die Lektüre nicht auf sich nehmen möchte, kann stattdessen das vom berühmten Schauspieler Jeremy Irons eingelesene Hörbuch hören oder sich eine der beiden Filmversionen des Stoffes besorgen. Ob das Buch heute einen Verlag finden oder der angeblichen Zensur des moralistischen Zeitgeistes zum Opfer fallen würde, bleibt reine Spekulation. Nicht spekulieren muss man allerdings über die tatsächliche Publikationsgeschichte des Romans in den 1950er Jahren, die eine konkrete Geschichte der Verfolgung darstellt.[21] *Lolita* musste zunächst beim französischen Verlag Olympia Press erscheinen und wurde nach seiner Veröffentlichung in zahlreichen Ländern verfolgt und verboten. Gerade vor dem Hintergrund dieser realen Geschichte der Zensur erscheint die Phantomzensur der Gegenwart mindestens unhistorisch, wenn nicht sogar frivol.

Die Tatsache, dass sich Transgressionsästhetik als Programm bis in die Gegenwart institutionalisiert hat, verstärkt das Problem der strukturellen Unehrlichkeit im ästhetischen Diskurs. Kunst soll zwar provozieren, aber Menschen dürfen sich nicht provozieren lassen. Für die Verständigen gibt es demnach nur eine angemessene Reaktion auf ästhetische Provokationen: Zustimmung und Komplizenschaft. Damit wäre diese Kunst aber eigentlich gescheitert, denn wo die Schockrezeption ausbleibt, erweist sich schockierende Kunst als wirkungslos. Menschen, die transgressive Werke feiern, lassen sich nicht selbst schockieren, sondern rezipieren die schockierte Rezeption anderer Menschen, die zu dumm und prüde sind, um den wahren Wert der Kunst zu verstehen.

Die Debatte über *Thérèse, träumend* illustriert die Verwirrung des modernen Diskurses über Ästhetik, Moral, Empörung und Skandal. Christina Dongowski schreibt in einem Essay anlässlich einer Balthus-Ausstellung in der Fondation Beyeler, die Berühmtheit von Balthus sei gerade auf die provokative Sexualisierung seiner Bilder zurückzuführen: »Diese Sexualisierung von gewaltförmigen oder asymmetrischen Beziehungen zu Kindern und Frauen wurde – und wird – gern mit dem Konzept der Transgression, der künstlerischen Überschreitung bürgerlicher Normen, gefasst. Sich Mädchen-, aber auch Jungen-Körper anzueignen, wenn auch ›nur‹ ästhetisch, erhält so den Schein des Genial-Künstlerischen, wenn nicht sogar der Progressivität.«[22]

Der Eindruck des Genialen beruht demnach gar nicht auf dem genialen Werk, sondern auf der Provokationskraft des Sujets. Dongowski stellt spöttisch fest, dass man ohne den »qua Kunst salviert erscheinenden Blick auf Mädchen-Schlüpfer« dem Werk von Balthus heute wohl kaum eine Einzelausstellung widmen würde. Dafür sei sein Werk ästhetisch einfach zu unerheblich, gerade im Vergleich zu Meistern wie Paul Cézanne oder Louise Bourgeois. Jenseits des Voyeurismus, den dieses Werk im Schutz des Kunstanspruches ermöglicht, habe es eigentlich keine künstlerische Bedeutung. Gerade der Aspekt der ›ästhetischen Qualität‹, der von den Verteidigern der Kunstfreiheit gerne ins Feld geführt werde, um skandalöse Kunst zu verteidigen, fehle in diesem Fall.

Provokative Kunst basiert auf einer komplexen Sozialstruktur der Rezeption, deren Gelingen bei den Eingeweihten davon abhängig ist, ob die Nichteingeweihten sich provoziert fühlen. Das seltsame Spiel mit Provokation, Empörung und Empörungsempörung hat zu einer Erschöpfung des ästhetischen Diskurses beigetragen. Man hat den Eindruck, dass die extremen Reaktionen auf ethisch motivierte Proteste gegen Kunstwerke (wie die offenen Briefe zu *Thérèse, träumend* oder *Avenidas*) die Funktion haben, diesen erschöpften Diskurs wieder aufzuwecken.

Anders lässt sich die erstaunlich aggressive und vor allem breitenwirksame Aufregung nicht erklären, die diese ja eigentlich nichtigen Ereignisse bei den Vertretern der Kulturelite auslösen. Ein offener Brief oder ein Studierendenprotest bietet vor allem eine Bühne, auf der man das Erbe einer heroischen Tradition der Herrschaftskritik reinszeniert, die schon lange selbst zu einer Herrschaftsideologie geworden ist. Hier kann man zeigen, dass die Kunstfreiheit und damit auch die autonome Kunst nach wie vor eine Relevanz besitzt, die zu Skandalen führt.

Nur weil sich eine Gesellschaft darauf geeinigt hat, transgressiver Kunst einen Schutz vor staatlichen Repressalien zu gewähren, heißt das nicht, das jede Wut gegen diese Kunst schon selbst eine Repressalie darstellt. Die Ausweitung des

Zensurbegriffs, der im Wesentlichen jede Form von moralischer Kritik einschließen kann, hat einen dämpfenden Einfluss auf das kulturelle Leben. Wenn Menschen, die wegen eines Kunstwerkes wütend sind, Gefahr laufen müssen, direkt in die Nähe von Nazis, Stalinisten oder Islamisten gerückt zu werden, dann ist das für die Freiheit des ästhetischen Diskurses eben auch alles andere als förderlich. Es führt zu seltsamen öffentlichen Debatten, in denen Menschen, denen vorgeworfen wird, zu wütend zu sein, wütend niedergeschrien werden. Auch diese Argumentationsstruktur ist typisch für den Diskurs der Gegenwart: (Über-)Emotional sind immer nur die anderen.

9 STARKE EMOTIONEN – KUNST ALS EMPÖRUNGSMASCHINE

Der Hass auf Prinz Joffrey

Joffrey Baratheon aus der Serie *Game of Thrones* ist eine der meistgehassten Figuren der zeitgenössischen Kulturgeschichte. In der Serie wird er eingeführt als grausamer, verwöhnter Prinz, der alle Eigenschaften eines psychotischen Kinderkaisers besitzt: übersteigertes Selbstbewusstsein, wehleidige Feigheit, (sexueller) Sadismus und einen atemberaubenden Mangel an Empathie. Diese durch und durch widerwärtige Figur ist darauf angelegt, bei den Zuschauer:innen ein wutentbranntes Zähneknirschen zu erzeugen. Wie effektiv diese Wirkungsabsicht umgesetzt wurde, zeigt der Hass, der sich im Internet über die Figur ergießt. Auf Youtube findet sich etwa ein über zehn Stunden langes Video, in dem sich eine Szene, in der Joffrey geohrfeigt wird, in einem endlosen Loop wiederholt.[1]

Als Joffrey in der vierten Staffel der Serie tödlich vergiftet wurde, löste das unter den Zuschauer:innen ein Gefühl großer Befriedigung aus. Die Szene, in der er qualvoll verendet, wurde auf Youtube über 7000 Mal kommentiert, größtenteils schadenfroh und mit Genugtuung.[2] In einem der Kommentare heißt es etwa, dies sei mit Abstand die befriedigendste Szene in *Game of Thrones*; in einem anderen: »Immer, wenn es mir schlecht geht, schaue ich diese Szene und mir wird klar, dass in dieser Welt auch noch gute Dinge passieren.« In die Flut der Statements, die sich am Tod einer fiktiven Figur ergötzen, mischen sich allerdings auch zahlreiche Wortmeldungen, die die Schauspielkunst von Jack Gleeson loben, der die Figur verkörpert. Ein typischer Kommentar lautet: »Es erfordert einiges an Können, um die ganze Welt dazu zu bringen, deine Figur zu hassen. Wenn jeder deine Figur in der Show hasst, bedeutet das, dass du sie meisterhaft gespielt hast.«

Das Beispiel zeigt, wie bedeutsam die moralische Bewertung von Figuren für den Alltag der Rezeption populärer Geschichten ist. Die Wut auf Joffrey ist ein wichtiger Bestandteil der ästhetischen Erfahrung. Das Zähneknirschen über seine Taten, die Freude über seinen Tod – das sind Aspekte des Vergnügens, die eine Serie wie *Game of Thrones* überhaupt erst populär machen. Wenn der Schauspieler dafür gelobt wird, wie virtuos er eine abscheuliche Figur gespielt hat, dann steht dahinter die Anerkennung dafür, dass ein hedonistisches Bedürfnis nach einer negativen Emotion befriedigt wurde. Wir hassen Joffrey – und erfreuen uns daran. Diese angenehmen unangenehmen Emotionen können allerdings, wie ich in diesem Kapitel zeigen möchte, umschlagen in realen Hass. Es handelt sich um einen volatilen Prozess der moralischen Manipulation, der selbst moralisch hoch fragwürdig erscheinen kann.

Während in den Sphären des Kunstparadigmas starke moralische Emotionen in Bezug auf Kunst als unfein gelten (Kapitel 2), zeigt ein Blick auf die Alltagsrezeption von Bildern, Büchern, Filmen, Serien etc., dass Kunst eine ständige Quelle ethischer Wertung darstellt. Statt die Trennung von Kunst und Moral streng einzufordern, sollte man sich die Frage stellen: Warum empfinden Menschen überhaupt Wut wegen und über Kunst? Dazu muss man zunächst nach den negativen Emotionen fragen, die sich nicht auf das Werk beziehen, sondern durch das Werk ausgelöst werden. Der Begriff der Ästhetik lässt sich eben nicht allein auf formale Aspekte eines Kunstwerks beschränken. Figuren wie Hamlet oder Faust wären nur wahllose Haufen von Worten, wenn sie nicht die Fähigkeit hätten, eine emotionale und das heißt wertende Reaktion im Publikum hervorzurufen. Diese Reaktion ist eine wichtige, wenn nicht die wichtigste Motivation dafür, einen Roman zu lesen, einen Film zu schauen, ins Theater zu gehen oder ein Computerspiel zu spielen.

Fritz Breithaupt schreibt in seinem Buch *Das narrative Gehirn,* dass es vor allem die Hoffnung auf eine emotionale Belohnung ist, die Menschen dazu motiviert, Geschichten zu rezipieren: »Narrationen trainieren uns darauf, Emotionen zu erwarten. Wir erwarten oder erhoffen bestimmte Emotionen als Belohnung für unser Engagement in narrativen Sequenzen. Die Abenteuergeschichte etwa trainiert uns darauf, Triumph zu erwarten. Bei Liebesgeschichten erwarten wir, nach entsprechenden Verzögerungen, ein warmes romantisches Gefühl.«[3]

Aus der Perspektive des modernen Kunstparadigmas erscheint diese emotionale Affiziertheit allerdings als falsche Belohnung. Zu erinnern wäre an Alain Robbe-Grillets Spott über den »atemlosen Leser«, der nur wissen will, wie es weitergeht, oder an Theodor W. Adornos Kritik einer Musik, die die Hörer:in nur fühlen lassen will (Kapitel 2). Für die meisten Menschen besitzt die Vorstellung einer emotionalen Belohnung allerdings eine unmittelbare Plausibilität. Sie bewerten ästhetische Erfahrungen nach hedonistischen Kriterien, die eng an die Befriedigung oder Enttäuschung eines emotionalen Bedürfnisses gekoppelt sind: Hat mich das Werk erregt, hat es mich wütend oder traurig gemacht, gerührt oder mit Angst erfüllt.

Diese Form der emotionalen Belohnung ist natürlich nicht auf Erzählungen beschränkt. Das gesamte Feld der Musik zielt im Bereich der Alltagsrezeption auf die Evokation von Gefühlen. Songs etwa haben, wie Adam Bradley in seinem Buch *The Poetry of Pop* schreibt, die hauptsächliche Funktion, Emotionen aufzugreifen und zu dramatisieren. Der Text spielt dabei eine besondere Rolle: Lyrics, schreibt Bradley, »sind der emotionale Kompass, der den Hörenden die Richtung der Gefühle weist«.[4]

Allerdings lässt sich das Verhältnis von Emotionen und ästhetischer Erfahrung am besten am Beispiel narrativer Künste illustrieren. Die Emotionen, die wir in Bezug auf Figuren empfinden, sind Emotionen, die durch *Sympathielenkung* ausgelöst werden.[5] Wir hassen bestimmte Charaktere, weil sie sich moralisch falsch verhalten, und lieben andere, weil sie integer oder heroisch sind. Einer der Gründe, warum die Harry-Potter-Reihe ihre Leser:innen unmittelbar in ihren Bann zieht, ist die rasende Empörung, die das monströs ungerechte Verhalten der Familie Dursley gegenüber Harry auslöst, den sie als Waisenkind aufnehmen mussten. Diese Empörung ist eine Emotion, die vom Text geschickt – unter Einsatz bestimmter ästhetischer Strategien – hervorgerufen wird. Immer absurder werden die Gemeinheiten, immer frecher die Bevorzugung des egoistischen Sohns Dudley. Erst nachdem die Leser:innen so in heftige Wut versetzt wurden, liefert der Roman die narrative Entschädigung. Harry wird als Magier offenbart, der nach Hogwarts gehen darf, während die Dursleys gedemütigt werden und als Muggle in ihrem spießigen Leben zurückbleiben müssen.

Das narrative Muster, eine Figur erst extreme Ungerechtigkeit erfahren zu lassen, um sie dann durch einen Statuswechsel zu belohnen, gehört zu den meistverwendeten Strategien in der Geschichte des Erzählens. Ein biblischer Stoff wie die Hiob-Geschichte oder Märchenfiguren wie Aschenputtel beruhen auf diesem einfachen Handlungsgerüst. Der Beginn der Harry-Potter-Reihe spiegelt sich in anderen Klassikern der Jugendliteratur wie Roald Dahls *Matilda*, deren Entdeckung ihrer telekinetischen Fähigkeiten sich nur deshalb wie eine narrative Belohnung für die Leser:innen anfühlt, weil sie zuvor über lange Passagen zum Opfer einer grotesken Familie und eines grausamen Schulsystems geworden ist. Es handelt sich um ein Muster, das ohne eine auf Empörung ausgerichtete Rezeption nicht möglich wäre.

Die fast libidinöse Wut, die wir empfinden, wenn eine Figur ungerecht behandelt wird, ist eine wichtige Energiequelle. Kunst erscheint vor diesem Hintergrund als regelrechte *Empörungsmaschine*. Charles Dickens etwa bindet seine Leser:innen an Figuren wie Oliver Twist oder Pip, indem er Empörung über die Ungerechtigkeit erzeugt, die ihnen widerfährt. Ähnliches gilt für die Figuren in Victor Hugos Roman *Die Elenden*, dessen Handlung durch die erfolgreiche Musical-Version anhaltende Popularität besitzt. Die erzählerische Pointe, dass der Protagonist Jean Valjean am Ende seinen lebenslangen Peiniger Inspektor Javert nicht aus Rache umbringt, sondern rettet, ist vor allem deshalb emotional effektiv, weil die Leser:innen zuvor über Hunderte von Seiten zu Zeugen von Javerts obsessiver Verfolgung geworden sind. Die gegenteilige narrative Belohnung gewährt ein Roman wie *Der Graf von Monte Christo* von Alexandre Dumas, in dem man mit begeisterter Genugtuung der Rache Edmond Dantès' folgt, die aber nur deshalb so wirkungsvoll inszeniert werden kann, weil das Unrecht, das ihm zugefügt wurde, zuvor so spektakulär evoziert wurde.

Diese Beispiele – man könnte noch viel mehr aufzählen – zeigen, wie stark die moralische Haltung zum Kunstwerk die gesamte Rezeption steuert. Die genannten Werke wären ohne die Emotionen, die sie auslösen, tote Zeugen der stilistischen Brillanz ihrer Autor:innen. Kunst erscheint in diesen Fällen vor allem als komplexer Mechanismus der emotionalen Manipulation. Dabei ist Empörung nur eine von zahlreichen negativen Emotionen, die durch die ethische Rezeption ausgelöst werden. Andere Emotionen sind etwa Ekel, Frust oder Enttäuschung.

Nun mag man einwenden, dass die narrativen Formate des modernen Hochkultursegments sich gerade dadurch auszeichnen, heftige, einseitige Empörung auf Figuren zu vermeiden. Solche Erzählungen liefern moralisch komplexe Figuren, keine billige Schwarzweißmalerei. ›Runde‹ Charaktere unterscheiden sich nach E. M. Forsters *Ansichten des Romans* von ›flachen‹ Charakteren dadurch, dass sie sich nicht durch einen Satz zusammenfassen lassen, dass sie durch Ambivalenz und Komplexität geprägt sind.[6] Figuren wie Clarissa Dalloway, Leopold Bloom, Charles Foster Kane oder Tony Soprano sind ja gerade darauf angelegt, einfache Urteile zu unterlaufen. Allerdings beruht auch die vielgepriesene psychologische Komplexität dieser Charaktere darauf, dass ihre Rezeption verschiedene Stufen der Bewertung durchläuft. Erst das Auf und Ab der moralischen Haltung zu den Figuren erzeugt das Gefühl von Ambivalenz, das dann als Ausdruck ästhetischer Meisterschaft gefeiert werden kann. Eine solche Ambivalenz wäre als Rezeptionseffekt gar nicht möglich, wenn die Rezipient:innen keine moralischen Emotionen entwickeln würden.

In der Fiktionstheorie gibt es eine lange Diskussion darüber, wie real die Emotionen sind, die wir in Bezug auf erfundene Gegenstände empfinden. In seinem berühmten Aufsatz *Fearing Fictions* von 1978 etwa stellte sich Kendall Walton die Frage, warum sich ein Zuschauer (›Charles‹) vor einem monströsen grünen Schleim in einem Horrorfilm fürchtet, obwohl er weiß, dass dieser Schleim nicht existiert. Kann man wirklich Angst haben, obwohl man weiß, dass es keinen Grund dafür gibt? Die Frage stellt sich nicht nur in Bezug auf Horrorfilme: »Leser oder Zuschauer«, schreibt Walton, »verabscheuen Jago, sorgen sich um Tom Sawyer und Becky in der Höhle, bemitleiden Willy Loman, beneiden Superman – und Charles fürchtet sich vor dem Schleim.«[7]

Menschen haben die kognitive Möglichkeit, sich in fiktive Situationen hineinzudenken, Emotionen zu empfinden in Bezug auf Ereignisse und Figuren, die in ihrer Alltagsrealität nicht existieren. Das kann einen Tagtraum betreffen, der der Wunscherfüllung dient, oder eine konkrete erfundene Figur wie Dobby, den Hauself, oder Kendall Waltons grünen Schleim. Breithaupt spricht in diesem Zusammenhang von der Fähigkeit unserer Gehirne, Simulationen durchzuspielen.[8] Die Emotionen, die wir in solchen Simulationen empfinden, sind gleichzeitig real und nicht real – und genau das macht ihren Reiz aus.

Hier deutet sich allerdings auch das Konfliktpotential dieser menschlichen Kompetenz an. Denn damit der prekäre Status der Halb-Realität aufrechterhalten werden kann, der das Fühlen ohne realweltliche Konsequenzen ermöglicht, muss eine gewisse Disziplin aufgebracht und Regeln eingehalten werden: Wer wütend auf eine Figur ist, der ist zunächst einmal nicht wütend auf die Autor:in. Wer Empörung über ein Ereignis in einer Erzählung empfindet, der empfindet diese Empörung nicht gegenüber der Erzählung selbst. Diese Disziplin bricht aber an allen Ecken und Enden der ästhetischen Kommunikation ständig zusammen. Die Wut etwa, die wir in Bezug auf fiktive Figuren empfinden, hat die Tendenz, den Bereich des Ästhetischen zu verlassen und sich anarchisch über die Grenzen der Fiktion hinweg in die Realität zu ergießen.

Ziellose Emotionen

Am 21. Juni 2015 veröffentlichte der Schauspieler Matt McGorry, der in der Serie *Orange is the new Black* den jungen Gefängniswärter John Bennett spielte, auf Instagram ein Statement, in dem er halb ironisch, halb verärgert darauf hinwies, dass er in der Serie einen fiktiven Charakter spiele, der Worte sage und Dinge tue, die nicht real seien und die von einer anderen Person geschrieben wurden: »Wir tun so, als wären wir Figuren, die manchmal sogar das Gegenteil dessen verkörpern, was wir im realen Leben sind.«[9] Diese Beteuerung erscheint auf den ersten Blick ziemlich seltsam. Eingefordert wird eine wirklich basale Form der Medienkompetenz, die man bei den meisten Menschen eigentlich voraussetzen würde. Wir wissen, dass Schauspieler:innen nicht identisch mit ihren Figuren sind. Was hatte in diesem Fall dazu geführt, dass sich ein Schauspieler dazu genötigt sah, das Publikum auf eine solche Selbstverständlichkeit hinzuweisen?

McGorry war von Fans der Serie im Internet heftig beschimpft worden, nachdem die Figur, die er spielt, eine andere Figur, die Gefängnisinsassin Dayanara »Daya« Diaz, schmählich im Stich gelassen hatte. In der dritten Staffel von *Orange is the new Black* – eine Serie, die in einem amerikanischen Frauengefängnis spielt – findet die komplexe, aber für die Verhältnisse der ansonsten sehr schwarzhumorigen Serie liebenswürdig und zart erzählte Liebesgeschichte zwischen Bennett und Daya ein jähes Ende. Bennett, der Daya geschwängert hat und heimlich mit ihr verlobt ist, trifft außerhalb des Gefängnisses auf ihr familiäres Umfeld, das auf schockierende Weise von Armut und Kriminalität geprägt ist. Kurz darauf lässt er die Babykrippe, die ihm von einem Bekannten Dayas übergeben wurde, am Straßenrand zurück und verschwindet in seinem Auto aus ihrem Leben und aus der Serie.

Dieser Verrat, der für die Erzählweise von *Orange is the new Black* eigentlich nicht wirklich überraschend erscheint, war für einige der Zuschauer:innen ein so herber Schock, dass sie im Internet – vor allem auf Instagram – den Schauspieler attackierten: »Ich hoffe, Dayas Baby wird später ein Kartellboss, der jemanden vorbeischickt, der das letzte Bein, das du noch hast, mit einem stumpfen Buttermesser abtrennt und es an dich verfüttert.« Dieser Kommentar bezieht sich auf die Behinderung der Figur, die ein Bein verloren hat (McGorry selbst besitzt seine Beine noch). Ein anderer Kommentar flehte empört: »Verdammt noch mal, Daya braucht dich.« Wiederum ein anderer schimpfte: »BETRÜGER!!! ICH BIN ANGEWIDERT!!!!!«[10] Diese Verwünschungen und Drohungen führten schließlich dazu, dass McGorry sich zu seiner Stellungnahme genötigt sah.

Was auf den ersten Blick wie ein kulturelles Kuriosum wirkt, wie ein verschrobener Verstoß gegen eigentlich stabile Regeln der Rezeption, erweist sich auf den zweiten Blick als eine naheliegende Folgeerscheinung des fiktionalen Erzählens. Irgendwo muss die Wut auf fiktive Charaktere hin. Man findet immer wieder Anekdoten von Schauspieler:innen, die für den Charakter ihrer Figuren attackiert werden. Der Darsteller Jeffrey Dean Morgan etwa erzählt in einem Interview, dass eine Frau ihm wegen seiner Rolle als verachtenswerter Schurke in der Serie *The Walking Dead* auf der Straße den Mittelfinger gezeigt habe.[11] January Jones, die Betty Draper, die unerfüllte Ehefrau des Protagonisten in *Mad Men* spielt, berichtete davon, dass Menschen sich in der Öffentlichkeit ihr gegenüber unfreundlich und ablehnend verhalten hätten, weil sie die Figur nicht ausstehen konnten.[12]

Solche Anekdoten dienen natürlich auch der Aufwertung der Erzählungen. So eindringlich, so überzeugend sind diese Figuren gestaltet, dass sie die Zuschauer:innen dazu verführen, die eingeübten und stabilen Konventionen des Medienkonsums komplett zu vergessen. Die Wut, die über die Schauspieler:innen hereinbricht, ist Ausdruck einer rezeptionstechnischen Hilflosigkeit, die nicht weiß, was sie mit der überschüssigen Emotion machen soll, die durch die nicht realen Figuren ausgelöst wurde. Man könnte sagen, dass die Empörungsmaschine der Kunst in diesen Fällen zu effektiv gearbeitet hat. Man ist wütend auf John Bennett oder Betty Draper und sucht als Vehikel für diese Wut eine verantwortliche Person. Eine solche Person existiert allerdings nicht. Die Schauspieler:innen, die dann zur Zielscheibe dieser überschüssigen Wut werden, sind das nächstbeste Ziel dieser ziellosen Emotionen.

Hier zeigt sich, wie stark die Gefühle, die man in Bezug auf fiktive Figuren empfinden kann, den realen Gefühlen ähneln, die wir in Bezug auf echte Personen entwickeln. Gerade bei Schauspieler:innen erscheint die Grenze zwischen

Kunst und Leben besonders porös, weil die Darstellung einer Figur durch einen Menschen auf eine so unmittelbare Art und Weise stattfindet. Die Person *verkörpert* – im wahrsten Sinne des Wortes – eine Figur und ist damit in den Köpfen der Zuschauer:innen eng mit dieser Figur verbunden. Fast automatisch überträgt sich ein Teil des Hasses oder der Liebe, die wir für eine Figur empfinden, auf die Schauspieler:in, die diese Figur zum Leben erweckt. Dieses Austauschverhältnis von Fiktion und Realität gibt es auch in die andere Richtung, wenn etwa die Charakterfehler oder Verbrechen der Darsteller:in unser emotionales Verhältnis zu einer Figur kontaminieren (Kapitel 10).

Das Phänomen der Schauspieler:innenbeschimpfung zeigt, wie durchlässig der Schutzraum des Ästhetischen ist, in dem doch eigentlich konsequenzlose Emotionen ausgelebt werden sollen. Empörung über das Verhalten einer Figur kann als unverdauter Zorn über den Rand der Fiktion in die Realität überschwappen. Das liegt in vielen Fällen auch daran, dass diese Empörung am Ende auf die Rezipient:in selbst zurückfällt, die sich von einer virtuosen Erzählung hat manipulieren lassen. Gerade John Bennett aus *Orange is the new Black* erscheint in der Rückschau von Anfang an besonders ambivalent. Das beginnt bei der ethisch und rechtlich unanfechtbaren Tatsache, dass Bennett als Gefängniswärter nicht mit den Insassinnen schlafen darf. Das eigentlich schmerzhaft offensichtliche Machtverhältnis macht jeden noch so konsensuell anmutenden sexuellen Akt automatisch zu sexualisierter Gewalt.

Diese Deutung sollte von großer moralischer Klarheit sein. Sie wird in der Serie sogar noch einmal unterstrichen durch einen Handlungsstrang, in dem ein anderer – allseits verhasster – Gefängniswärter für Dayas Schwangerschaft verantwortlich gemacht und gefeuert wird. Die zärtliche Liebesgeschichte zwischen Daya und Bennett verführt die Zuschauer:innen allerdings dazu, das Verhältnis anders zu bewerten, Bennett zunächst nicht zu verurteilen. Was in anderen Fällen unmittelbar verwerflich wirken würde, erscheint in diesem Fall zwar ethisch kompliziert, aber auch schön. Es handelt sich um eine Form der wirkungsvollen narrativen Manipulation. Die Hingerissenheit der beiden Figuren voneinander wird anrührend in Szene gesetzt und führt dazu, dass man die Gewalt- und Machtfragen, die die Serie ansonsten beherrschen, für einen Moment vergisst. Dann aber wird man durch die Flucht Bennetts aus der Illusion dieser ›Liebesbeziehung‹ unsanft herausgerissen.

Vielen Zuschauer:innen wird erst im Nachhinein klargeworden sein, dass die Figur eigentlich von Anfang an kein naheliegender Held war, sondern ein vielfach ironisch gebrochener Charakter. Ein Flashback etwa zeigt, dass Bennett als Soldat in Afghanistan vor einer Granate wegläuft, anstatt sie wie befohlen wegzukicken, weswegen einer seiner Kameraden sterben muss. Sein Bein verliert er nicht im Krieg, wie andere annehmen, sondern zu Hause in den USA durch eine Infektion, die er sich in einem Whirlpool zugezogen hat. Der Kontrast zwischen seinem Bedürfnis, integer zu agieren, ein Held zu sein, und seiner oft schmerzhaften Feigheit zeigt sich schließlich auch in seinem Umgang mit Daya. Die Wut der Rezipient:innen, die bei Bennett die Wut auf viel verbrecherischere Figuren zu übersteigen schien, speist sich aus der moralischen Enttäuschung, der eine stark positive Identifikation vorausging. Die Erkenntnis, von der Serie betrogen worden zu sein, ist ein möglicher Grund dafür, warum die Empörung über Bennett so eskalieren konnte.

Es gibt aber noch einen weiteren Grund: die Enttäuschung darüber, um eine schöne Liebesgeschichte gebracht worden zu sein. Zu beklagen war eben auch ein narrativer Verlust. Den Zuschauer:innen wurde ein ganzer Handlungsstrang weggenommen, den sie genossen hatten. Damit wurden sie um die emotionale Belohnung gebracht, die dieser Handlungsstrang scheinbar versprochen hatte: ein gutes Ende für die guten Figuren. In der empörten Reaktion auf Bennetts Verrat zeigt sich also auch, wie aggressiv die Rezipient:innen einer Geschichte reagieren können, wenn ihnen die versprochene narrative Belohnung vorenthalten wird.

Man kann davon ausgehen, dass die allermeisten Zuschauer:innen, die den Schauspieler auf seinem Instagram-Account beschimpft haben, wissen, dass Matt McGorry nicht John Bennett ist. Selbst die größte narrative Enttäuschung wird kaum zu einer rezeptionstechnischen Massenpsychose führen. Die wutentbrannten Fans verlängerten schlicht die Reichweite der Fiktion in den Bereich der Sozialen Medien, um irgendeinen Ort für ihre Wut zu haben. Die reale Person wird gegen ihren Willen fiktionalisiert, damit es einen Verantwortlichen für die moralischen Verfehlungen der Figur geben kann. Dieser Ort dient nicht nur dem individuellen Druckabbau, sondern auch der kollektiven Trauerarbeit über den Verlust der Figur. Hier kann man sich untereinander über das geteilte Entsetzen verständigen: Wie konnte er nur!

Insofern ist die Belehrung, dass man doch bitte zwischen Darsteller und Figur unterscheiden soll, nicht wirklich hilfreich. Wahrscheinlich wäre es – so albern das klingt – zielführender, für die fiktiven Charaktere eigene Social-Media-Profile einzurichten, auf denen die Zuschauer:innen, die sich über die Regeln der fiktionalen Kommunikation natürlich im Klaren sind, ihre Emotionen ausleben können. Öffentliche Empörung über fiktive Figuren ist ein wichtiger Bestandteil der Rezeption populärer Erzählungen. Die Figuren nehmen die Funktion eines Sündenbocks ein, auf den man negative Emotionen abladen kann. Es handelt sich um eine Art Pranger, der offenen moralischen Furor im Schutzraum der Fiktionalität möglich macht. Das kann wie bei Joffrey Baratheon dazu führen, dass man sich in der Freude am Tod einer Figur gegenseitig bestätigt, ohne dabei aber den Schauspieler zu beschimpfen. Das kann aber wie im Fall von *Orange is the new Black* auch dazu führen, dass die Grenzen, die die Emotionen im Bereich der Fiktion halten sollen, kurzfristig zusammenbrechen.

Wie schnell eine solche Situation in ein politisch aufgeladenes Bedrohungsszenario umschlagen kann, zeigt ein anderer Fall, in dem eine Schauspielerin von den Fans einer Erzählung beschimpft wurde. Laura Bailey spielt im postapokalyptischen Computerspiel *The Last of Us Part II* die Figur Abby, die gleich zu Beginn den unter Fans sehr beliebten Protagonisten des ersten Teils, Joel, mit einem Golfschläger umbringt (Kapitel 11). Dieser herbe narrative Verlust führte unter zahlreichen Spieler:innen zu heftiger Wut – eine Wut, die schließlich auch Bailey traf, die im Juli 2020 auf Twitter einige der Drohungen postete, die sie wegen Abby erhalten hatte: »Fick dich dumme abby bitch fick dich.« »Ich werde herausfinden, wo du wohnst, und dich abschlachten, dafür, was du Joel angetan hast.« »Ich werde dich erstechen.« »Ich finde dich und töte dein Kind.«[13]

Die absurde Gewalttätigkeit dieser Nachrichten erzeugt gravierende Zweifel an der basalen Fiktionskompetenz der Spieler:innen. Es wird deutlich, dass sich diese Botschaften größtenteils an die Figur richten, über deren Taten man in rasende Wut geraten ist. Auch in diesem Fall suchen einige der Rezipient:innen ein Vehikel für den ziellosen Schmerz, den der Verlust von Joel bei ihnen ausgelöst hat. Man möchte sich an der Figur rächen, ihr eine Nachricht schreiben, ihr mitteilen, wie sehr sie einen verletzt hat. Stattdessen wird man zum Opfer narrativer Machtlosigkeit, denn die Möglichkeiten zur Rache sind durch die lineare Erzählung stark eingeschränkt – schlimmer noch: Mitten in der Handlung muss man auf einmal Abbys Perspektive einnehmen.

Wenn Schauspieler:innen auf diese Art und Weise attackiert werden, dann handelt es sich um eine kommunikative Kurzschlusshandlung. Die fiktive Gewalt des Spiels schlägt in reale Gewalt um, die für die Opfer dieser unfreiwilligen Fiktionalisierung ausgesprochen bedrohlich wirken muss. Die Rezeptionsenergie, die bei *Orange is the new Black* noch mit einem ironischen Post domestiziert werden konnte, artikulierte sich bei *The Last of Us Part II* als gewalttätiger Affekt, der die Fragilität der Grenzen zwischen Kunst und Leben eindrücklich unter Beweis stellt. Die Empörungsmaschine der Kunst hat eine klare Tendenz zur Überhitzung, was einer der Gründe ist, warum sie selbst zum Gegenstand von Empörung werden kann.

Schlechte Fans

Im August 2013 veröffentlichte Anna Gunn, die in der Serie *Breaking Bad* die Frau des Protagonisten Walter White spielt, einen Artikel darüber, wie sehr sie der Hass auf ihre Figur erschreckt habe. Dass Skyler White zu einer Hassfigur der Fans wurde, erscheint auf den ersten Blick nicht unmittelbar einleuchtend. Es wäre viel naheliegender gewesen, den mörderischen Walter, der sich im Verlauf der Handlung immer mehr als narzisstischer Soziopath entpuppte, zur hauptsächlichen Zielscheibe der Empörung zu machen. Walters vordergründige Sorge um seine Familie ist nur ein Vorwand, um ins Drogengeschäft einzusteigen – eine Motivation, die sich immer mehr als Alibi eines psychotischen Willens zur Macht erweist. Skyler dagegen will ihre Familie genuin beschützen. Sie steht für den häuslichen Bereich, dessen Integrität sie von Walter immer wieder vorwurfsvoll einfordert.

In ihrem Artikel schreibt Gunn, es sei durchaus verständlich, dass Menschen mit Walter als dem Protagonisten der Serie mitfiebern. Überrascht habe sie allerdings die Intensität, mit der die Zuschauer:innen sich auf Skyler gestürzt hätten: »Tausende von Menschen haben die Facebook-Seite ›I Hate Skyler White‹ gelikt. Zehntausende haben eine ähnliche Facebook-Seite mit einem Titel gelikt, der hier nicht gedruckt werden kann. Als die Leute anfingen, mir von den ›Hasspinnwänden‹ für Skyler auf der Website von AMC, dem Sender, der die Serie ausstrahlt, zu erzählen, wusste ich, dass es wahrscheinlich am besten war, nicht hinzusehen, aber ich wollte verstehen, was da vor sich ging.«[14]

Gunn zitiert einige der Kommentare. Skyler sei eine schrille heuchlerische Harpyie, die ihr großartiges Leben nicht verdiene, eine Spielverderberin, eine nervige Ehefrau. Ein Kommentar lautete: »Ich habe noch nie eine Figur aus einer Fernsehserie so sehr gehasst wie sie.« Auch in diesem Fall führte die Wut auf die fiktive Figur bald dazu, dass sich die negativen Emotionen auf die Person übertrugen, die sie verkörpert, und auch in diesem Fall kam es zu ernsthaften Todesdrohungen. Gunn führt diese rezeptionstechnische Verwirrung auf tiefverwurzelte patriarchale Ressentiments zurück. Ähnliche Prozesse hätten sich auch bei Betty Draper in *Mad Men* oder Carmela Soprano, der Frau des Protagonisten in *The Sopranos,* abgespielt.

Wie die ähnlich gelagerten Beispiele der Figuren John Bennett aus *Orange is the new Black* und Abby aus *The Last of Us Part II* zeigen, handelt es sich bei solchen öffentlichen Hassbekundungen um das Resultat überschüssiger Emotionen, die durch die Fiktion erzeugt werden. Man ist wütend auf die Figur, und da diese nicht existiert, sucht man nach einem realen Ziel für diese ziellosen Gefühle, die besonders heftig ausfallen können, wenn sie sich zusätzlich mit politischen Ressentiments (wie Sexismus) verbinden.

Gleichzeitig sind die Zuschauer:innen allerdings auch verärgert darüber, dass ihnen eine bestimmte Form von Spaß verdorben wird. Die Tatsache, dass John Bennett Daya im Stich lässt, verdirbt die schöne Liebesgeschichte; Abbys Mord an Joel verdirbt die Identifikation mit dem coolen männlichen Charakter aus dem ersten Teil des Spiels; und im Fall von Sykler White wird die spannende Kriminalhandlung, in der der unaufhaltsame Aufstieg des genialen Chemikers Walter White zum Drogenboss erzählt wird, immer wieder durch die familiären Probleme unterbrochen, die ihn davon abhalten, spannende Dinge zu tun. Skylers vorwurfsvolle Blicke, ihre Forderungen nach Ehrlichkeit und Sicherheit brachten das Publikum oft auf den schmerzhaften Boden der Tatsachen zurück.

Was sich hier abzeichnet, sind die Konturen einer grundsätzlichen narrativen Enttäuschung, die mit der Art und Weise zusammenhängt, wie eine Erzählung moralisch strukturiert ist. Die Serien des ›Quality-TV‹ zeichnen sich dadurch aus, dass sie ein populäres Genre mit dem Muster des Familienromans zusammenführen. Das Vergnügen, das man an einer klassischen Cop-Show oder einem Spionagefilme empfindet, wird verkompliziert durch die Probleme, die mit den oft banal anmutenden und unangenehmen Problemen der häuslichen Sphäre verbunden sind. Diese Sphäre dient dazu, den Anti-Helden zu charakterisieren, der zwischen der Welt des Verbrechens, der Gewalt, der Arbeit und der Welt der Familie zerrieben wird. Diese beiden Welten haben auch unterschiedliche Funktionen in der Handlung. Auf der einen Ebene geschehen spannende Dinge, Menschen werden ermordet, Drogen verkauft, es gibt Verfolgungsjagden. Auf der anderen Ebene werden die finanziellen und zwischenmenschlichen Sorgen verhandelt, die das Leben der meisten Menschen bestimmen. Die eine Ebene dient dem Eskapismus, die andere der Analyse von Problemen, die man als Zuschauer:in selbst nur allzu gut kennt.

Es geht also darum, mehrere ästhetische Erfahrungen gleichzeitig anzubieten, die zwar miteinander konkurrieren, aber im besten Fall als eine Form meisterhafter Komplexität gemeinsam rezipiert werden. Vince Gilligan, der Showrunner von *Breaking Bad*, hatte sicher nicht im Sinn, Skyler zu einer Hassfigur zu machen. Ihre moralische und narrative Funktion war, Walter herauszufordern, seine Rationalisierungen als egoistisch zu entlarven und die Serie über das Niveau eines konventionellen Krimi-Dramas zu heben. Die Figur übernimmt also die undankbare Aufgabe einer narrativen Spaßbremse, die den Zuschauer:innen den einfachen Genuss an der Genreerzählung punktuell verderben soll, und nicht nur das: Die Rezipient:innen werden in dieser Figur mit der ethischen Fragwürdigkeit ihres narrativen Vergnügens konfrontiert.

Wenn Skyler also vorgeworfen wird, sie sei eine nervige, nörgelige Ehefrau, dann ist damit auch gemeint, dass sie an dem Teil des Publikums herumnörgelt, der vor allem eine spannungsreiche Handlung genießen will. Emily Nussbaum hat für diese Form der Rezeption den Begriff des *Bad Fan* eingeführt. Solche ›schlechten Fans‹ übersehen auf eine oft eklatante Art und Weise die moralische Ambivalenz eines Kunstwerks und ergötzen sich uneingeschränkt an Figuren, die eigentlich als gebrochene Anti-Helden wahrgenommen werden sollten. Für sie sind diese Anti-Helden aber eigentlich Helden. Der Anti-Aspekt wird dagegen als lästige Störung des narrativen Genusses wahrgenommen.

Ein historisch wichtiges Beispiel für diese Rezeptionshaltung in der Fernsehgeschichte ist die Serie *All in the Family*, eine Sitcom, die in den 1970er Jahren ungemein erfolgreich war. Das lag vor allem an der Figur Archie Bunker, dem groben und lauten Familienvater, der sich immer wieder durch rassistische und sexistische Sprüche hervortat. Bunker war ein liebenswertes Scheusal, das mit der Ambivalenz rezipiert werden sollte, mit der man einen anstrengenden, aber irgendwie auch sympathischen Onkel wahrnimmt. Viele Zuschauer:innen entwickelten allerdings eine ganz und gar nicht komplizierte Zuneigung zu Archie, feierten seine Sprüche und seine Grobheit. Die Serie war, schreibt Nussbaum, besonders attraktiv für Menschen, »die Archies Frustration mit der Kultur, die ihn umgab, teilten, eine ›schweigende Mehrheit‹, die sich daran ergötzte, dass tabuisierte Gedanken laut ausgesprochen wurden«.[15]

Die Rezeption kann im Fall populärer Erzählungen der Wirkungsabsicht der Macher:innen entgleiten. In gewisser Hinsicht sind wir alle potentielle *Bad Fans*, weil die Art und Weise, wie wir Figuren lieben und hassen, von Bedürfnissen abhängt, die nur schwer zu kontrollieren sind. Man kann als

Autor:in eines Romans oder einer Serie durch Sympathielenkung versuchen, Einfluss darauf zu nehmen, wie eine Figur wahrgenommen wird. Man läuft dabei aber immer Gefahr, dass die Rezipient:innen sich gegen diese Sympathielenkung sperren.

So entsteht Streit über Figuren im Diskurs um eine Erzählung. Die einen finden sie sympathisch oder heroisch, die anderen können sie nicht ausstehen. Auch in solchen Kontroversen findet die soziale Distinktion statt, die für alle Geschmackskontroversen maßgeblich ist. Durch die richtige oder falsche Einschätzung einer Figur weist man sich als guter oder schlechter Fan aus. *Bad Fans* – das sind immer die anderen. Was in solchen Kontroversen verhandelt wird, ist die Angemessenheit der jeweiligen narrativen Belohnungsstruktur.

Die Frage nach der richtigen und der falschen Rezeption ist direkt an die ethische Bewertung der Figuren gekoppelt. Wer Skyler White hasst und über die Witze von Archie Bunker lacht, dem geht es um eine andere narrative Belohnung als einer Zuschauer:in, die Skylers Motive verstehen kann und Archies Witze als hilflose Versuche sieht, die eigene Machtlosigkeit durch lautstarkes Ressentiment zu kompensieren. Als gebildete, aufgeklärte Rezipient:in möchte man natürlich zur zweiten Gruppe gehören, die in der Lage ist, die moralische Ambivalenz der Erzählungen zu erkennen und zu genießen. Die Allgegenwärtigkeit ›schlechter Fans‹ verweist allerdings darauf, dass die Rezeption uns möglicherweise in die andere Richtung drängt.

Die Trennung von Ethik und Ästhetik ist kein abstraktes Gebot, das vor allem den Schutz von Kunst und Künstler gewährleisten soll – denn warum sollten Gesellschaften für eine so kleine Gruppe einen Sonderstatus etablieren? Stattdessen hat diese Trennung eine konkrete Funktion, die vor allem der alltäglichen Rezeption populärer Erzählformen dient. Der Schutzraum der Kunst ermöglicht nicht nur, dass man Erlebnisse machen kann, die man ansonsten nie hätte machen können, sondern auch, dass man Haltungen und Taten genießen kann, die man im realen Leben abstoßend und monströs finden würde.

Das ist das dunkle Geheimnis hinter der Belohnungsstruktur des fiktionalen Erzählens. Ein Teil dieser Belohnung beruht auf dem Genuss des Verbotenen. Unzählige Morde in Kriminalromanen, das massenhafte Sterben in Katastrophenfilmen, die triumphalen Headshots in Computerspielen – all das wird in der Fiktion instrumentalisiert, um aufregende ästhetische Erfahrungen zu erzeugen. Kendall Waltons Frage, warum wir uns vor dem grünen Schleim im Film fürchten, muss durch die noch schwierigere Frage erweitert werden, warum wir es genießen, wenn dieser nichtexistente Schleim nichtexistente Menschen frisst.

Die Tatsache, dass die Opfer von fiktiver Gewalt nicht existieren, entlastet uns von den ethischen Forderungen, die in der Realität mit der Erfahrung dieser Gewalt verbunden wäre. Wenn man als Rezipient:in eines Actionfilms mit jeder Figur, die erschossen wird, Empathie empfinden müsste, dann wäre der Genuss an dieser ästhetischen Erfahrung gründlich verdorben. Was Fiktion erlaubt, ist eine *willing suspension of moral sense* – eine bewusste Suspendierung unserer moralischen Empfindungen.[16] Wir müssen uns über unsere Freude an der Gewalt oder unserem Gelächter über einen rassistischen Witz keine Sorgen machen: Es ist doch nur ein Film, ein Roman, ein Spiel. In der Fiktion dürfen wir also zeitweise Psychopathen sein, die ihre Empathie ausschalten. An die Stelle des moralischen Entsetzens über bestimmte Taten tritt ein verbrecherischer Hedonismus, der diese Taten genießt.

Es ist genau diese Entlastungsfunktion des Ästhetischen, die auf dem Spiel steht, wenn Kunstwerke auf einer moralischen Ebene kritisiert werden. Ein illustratives Beispiel ist die seit über 20 Jahren andauernde Diskussion über die Computerspielreihe *Grand Theft Auto*, in der man eine Reihe von Gangstern spielt, die neben dem titelgebenden Autodiebstahl auch zahlreiche Gewaltverbrechen (in manchen Teilen bis hin zum Amoklauf) begehen. Der Vorwurf gegen diese Spiele lautete, sie würden Gewalt und Verbrechen verherrlichen – ein Vorwurf, der maßgeblich für die gesamte ›Killerspieldebatte‹ ist, die die Geschichte des Mediums seit langem verfolgt. Was hinter diesen Vorwürfen steht, ist im Wesentlichen eine Kritik an der *willing suspension of moral sense*, die in diesem Fall als zu weitgehend empfunden wird.

Das Beispiel zeigt, wie umstritten die moralische Entlastung der Fiktion sein kann. Die Tatsache, dass die Figuren, denen man Gewalt antut, nicht existieren, reicht nicht aus, um die Rezipient:innen vor dem Vorwurf der ethischen Fragwürdigkeit zu beschützen. Tatsächlich ist es schwer, Menschen, die diese Spiele nicht spielen, zu erklären, warum es zum Beispiel so viel Spaß macht, in *Grand Theft Auto* Figuren zu überfahren. Der Hinweis darauf, dass es doch nur ein Spiel sei, wird für viele Menschen, die keine alltägliche Erfahrung damit gemacht haben, das Entsetzen kaum mindern können, dass es Menschen gibt, die feixend andere Menschen mit dem Auto überrollen. Das ist der eigentliche Grund, warum Empörung über Kunst entsteht: Man hat den Eindruck, dass die Entlastungsfunktion des Ästhetischen missbraucht wird, um sich an Dingen zu ergötzen, an denen man sich nicht ergötzen sollte. Die Belohnungsmöglichkeiten des Erzählens gehen in solchen Fällen zu weit. Was für die einen ein angenehmer (und im Wesentlichen harmloser) Schutzraum ist, um in der Realität verbotene Dinge zu tun, erscheint für andere als ein Alibi für Menschen, die ihre niedersten Triebe ausleben wollen.

Wenn wir uns über Kunst moralisch empören, dann handelt es sich oft um ein Entsetzen über eine bestimmte Form von Vergnügen. Roger Ebert schreibt etwa über den Horrorfilm *Prom Night*, es handele sich um einen scheußlichen (»execrable«) Film, der zu einem der schlimmsten Kinoerlebnisse seiner Karriere geführt habe. Er habe den Film, in dem es um einen Killer geht, der bei einem Abschlussball die Schüler:innen ermordet, an einem sehr heißen Tag in einem Kino ohne Klimaanlage gesehen. Trotzdem sei der Saal voll gewesen und die Zuschauer:innen hätten die Gewalt mit Schreien, Applaus und Gelächter quittiert. Ebert, der eigentlich nicht für seine moralische Empörung bekannt ist, kann an dieser Stelle der Rezension seinen Ekel nicht zurückhalten: »Eine solche Reaktion als schwachsinnig zu bezeichnen, wäre großzügig.«[17]

Der Text endet mit der verzweifelten Frage, warum Menschen sich solche Filme anschauen. Es geht also nicht mehr in erster Linie um das Werk, sondern um die Zuschauer:innen, die für ihr Vergnügen angeklagt werden. Ebert weiß natürlich, dass es sich bei der Begeisterung für die grässliche Gewalt auf der Leinwand um eine irreale Emotion handelt, die nur deshalb stattfinden kann, weil die Zuschauer:innen wissen, dass das Dargestellte nicht real ist. Empörend sind diese Quasi-Emotionen vor allem deshalb, weil sie als krankes Vergnügen erscheinen, das im Schutzraum der Fiktion ausgelebt wird. Ebert macht deutlich, dass er kein grundsätzliches Problem mit fiktiver Gewalt hat, im Gegenteil. Er empfiehlt den Zuschauer:innen, die Gewalt im Kino sehen wollen, sich aber doch wenigstens einen Film wie Brian de Palmas *Dressed to Kill* anzuschauen, der einen künstlerischen Anspruch vertreten würde. Dieser Einwand ist deshalb interessant, weil damit der Schutzraum der Fiktion grundsätzlich anerkannt wird, gleichzeitig aber auch seine Grenzen aufgezeigt werden sollen. Der künstlerische Anspruch rechtfertigt bei *Dressed to Kill* die Darstellung exzessiver Gewalt, die im künstlerisch wertlosen *Prom Night* keine Legitimität besitzt.

Das Beispiel zeigt, wie umstritten die Frage ist, wer im Bereich des Ästhetischen Sonderrechte besitzt. Darüber, wo die Grenzen dieser Sonderrechte verlaufen, werden heftige Kämpfe ausgetragen. Für die Fans von Horrorfilmen oder gewalttätigen Computerspielen muss eine moralische Kritik ihrer Kunstformen als verletzender Angriff auf die eigene Freiheit und Integrität wirken. Die Trennung von Ästhetik und Moral dient dazu, eine kulturelle Praxis zu legitimieren, die zu einem wichtigen Teil der alltäglichen Rezeption gehört. Für die gleichen Menschen kann es aber wiederum durchaus empörend sein, wenn Kunstwerke wie *Piss Christ* oder *Thérèse, träumend* in Museen aufgehängt werden (Kapitel 8). Die Frage, wann wir empört über ein Kunstwerk sind und wann wir ihm die ethische Entlastung des Ästhetischen zuerkennen, ist abhängig von der Frage, welche Rolle diese Werke in unserem Leben spielen.

Auf dieser alltäglichen Ebene finden die meisten Konflikte zwischen Ästhetik und Moral statt. Die Fragen, die in diesen Fällen im Vordergrund stehen, lauten: Was können wir genießen, was können wir ertragen? Moral ist in diesem Zusammenhang kein kunstferner Faktor, der die angemessene ästhetische Erfahrung verdirbt, sondern ein konstitutiver Bestandteil dieser Erfahrung. Je nach Kontext ist es gerade die Verletzung unserer realweltlichen Moralvorstellungen, die ein Werk attraktiv macht. Menschen können fiktive Gewalt genießen, gerade weil sie reale Gewalt bedrohlich und unmoralisch finden.

Diese Lizenzen der Fiktion haben allerdings ihre Grenzen. Wo der Bereich des Ertragbaren überschritten wird, kann das dazu führen, dass unsere Rezeption zerstört wird. Einen Großteil der modernen Leser:innen wird etwa eine Anhäufung von antisemitischen Stereotypen bei der Lektüre eines Romans stolpern lassen. Dieses Stolpern irritiert das moralische Empfinden, aber eben auch die Freude an der Rezeptionserfahrung. Ein Roman wie *Soll und Haben* von Gustav Freytag, der zur Zeit seiner Veröffentlichung im 19. Jahrhundert ein riesiger Bestseller war, erscheint heute deswegen mehr oder weniger unlesbar. Der ideologische Gehalt eines Werks ist Teil seiner Ästhetik, weil er unmittelbar die Rezeption beeinflusst. Ein Roman kann noch so gut geschrieben sein – wenn die Leser:in alle fünf Seiten über eine Figur oder eine auktoriale Bemerkung stolpert, die sie moralisch abstoßend findet, dann wird das den Genuss der Erzählung empfindlich stören.

Unser Verhältnis zu Klassikern der Kulturgeschichte ist durch dieses Problem geprägt. Eine offen antisemitische Figur wie Shylock aus William Shakespeares *Der Kaufmann von Venedig* stellt die Rezeption vor die Herausforderung, den moralischen Ekel, den der Antisemitismus in der Charakterisierung erzeugt, mit dem Wohlgefallen an der formalen Meisterschaft des Autors zu versöhnen. Das kann in modernen Aufführungen vor allem deshalb gelingen, weil das Drama genug Offenheit bietet, um gegen den Strich gelesen zu werden. Ist Shylocks Grausamkeit und Hass nicht vielleicht eine Folge des Antisemitismus, den er erfahren hat? Gravierender und kaum zu kompensieren scheint dagegen ein Fall wie Wolfgang Amadeus Mozarts Oper *Die Zauberflöte*. Die Musik dazu gehört sicherlich zum Schönsten, was die Geschichte der Klassik hervorgebracht hat, das Libretto ist voll von geistreichen und liebenswürdigen Texten. Allerdings trieft es auch vor frauenfeindlichen und rassistischen Passagen. Insbesondere die Figur Monostatos reproduziert eine selbst für die Zeit erschreckende Menge an Rassismus. An einer Stelle singt die Figur: »Alles fühlt der Liebe Freuden, / Schnäbelt, tändelt, herzt und küsst; / Und ich soll die Liebe meiden, / Weil ein Schwarzer hässlich ist.«[18]

Diese Stelle lässt sich beim besten Willen nicht gegen den Strich lesen. Die Freude an der Musik wird in modernen Ohren durch den dumpfen Rassismus gestört, der sich wie ein grelles Störgeräusch in die Rezeption drängt. Es handelt sich nicht um ein Versagen der Rezipient:in, die zwischen Moral und Ästhetik nicht trennen kann, sondern um einen ästhetischen Fehler, der den Genuss an dem Werk zerstört. Wann und wie stark diese Störung stattfindet, ist natürlich vom Kontext der Rezeption abhängig. Man muss davon ausgehen, dass die meisten Zuschauer:innen zu Mozarts Zeiten über die Auftritte von Monostatos herzlich gelacht haben. Hier zeigt sich das politische Konfliktpotential der moralischen Störung einer ästhetischen Erfahrung, das ich in Kapitel 9 analysiert habe. Denn was wir uns verderben lassen und was nicht, sagt natürlich einiges über unsere eigenen moralischen Grenzen aus. Wer sich über den Rassismus in der *Zauberflöte* empört, der empört sich natürlich auch über die Rezipient:innen, die sich davon nicht so sehr stören lassen. Diese Rezipient:innen stellen sich wiederum die empörte Frage: Bin ich ein Rassist, nur weil ich gerne die *Zauberflöte* höre?

Um diese Konflikte wirklich verstehen zu können, muss man sich zunächst einmal vor Augen führen, dass sie aus alltäglichen Rezeptionserfahrungen heraus entstehen – aus Erfahrungen, die die meisten Menschen als individuellen Genuss eines Kunstwerks begreifen. Die Frage nach dem Zusammenhang von Ästhetik und Moral ist kein abstraktes theoretisches oder politisches Problem. Wenn etwa, wie in den letzten Jahren, erbittert darüber gestritten wird, ob man das N-Wort aus Kinderbüchern nachträglich streichen sollte, wie im Fall von Michael Endes *Jim Knopf*-Büchern oder Otfried Preußlers *Die kleine Hexe*. Oder wenn Kontroversen darüber entstehen, ob man Jugendbücher von sexistischen oder rassistischen Passagen bereinigen sollte, dann steht dahinter der konkrete Umgang mit diesen Werken. Man will die narrative Belohnung dieser Bücher weiter genießen können, ohne ständig über moralisch problematische Stellen stolpern zu müssen. Oder man sträubt sich gegen die Verlusterfahrung, die mit dem Eingeständnis der moralischen Verschmutzung einhergehen würde.

Diese Beispiele zeigen, wie die starken Emotionen, die mit der Rezeption von Kunst verbunden sind, den Alltag der Konflikte prägen, die über Geschmack geführt werden.

Kunst und Moral sind auf dieser Ebene untrennbar miteinander verbunden. Die Empörung, die in diesen Konflikten entstehen kann, ist in der Wirkungsabsicht vieler Werke bereits angelegt und beruht auf emotionaler Manipulation und ethischer Provokation. Hier liegt das vielfältige Irritationspotential ästhetischer Erfahrungen. Wir können entsetzt darüber sein, was andere affiziert, wir können aber auch enttäuscht sein, wenn das, was uns affizieren soll, verdorben wird.

10 VERBOTENE LIEBE – DIE MORALISCHE VERSCHMUTZUNG DER KUNST

Ästhetische Verlustangst

Wer im März 2020 die deutschen Feuilletons las, konnte den Eindruck gewinnen, eine totalitäre Partei stehe kurz davor, in Deutschland wieder die Macht zu ergreifen. Im Deutschlandfunk war von einer gefährlichen »Bürgerwehr« die Rede, im *Tagesspiegel* sogar von »moralischer Selbstjustiz«. Die verbale Gegenwehr gegen diese angebliche Bedrohung führte mitunter ins Maßlose. Edo Reents schrieb in der *Frankfurter Allgemeinen Zeitung*: »Deswegen ist es an der Zeit, dem, man muss es einmal so sagen, denn der Schaden, den er anrichtet, wird immer größer: dem Moralpöbel das Maul zu stopfen.«[1]

Was hatte diese Kommentator:innen so in Rage versetzt, dass in einer eigentlich nicht für laute Demagogie bekannten Zeitung gefordert wurde, man möge dem Pöbel endlich das Maul stopfen? Am 8. März hatte eine Reihe von Autor:innen des Rowohlt Verlages einen offenen Brief veröffentlicht, in dem sie forderten, der Verlag solle die Publikation der Memoiren von Woody Allen überdenken. Dem Regisseur wird schon lange vorgeworfen, seine Stieftochter Dylan Farrow als Kind missbraucht zu haben – ein Vorwurf, der im Rahmen der #MeToo-Bewegung wieder an Aufmerksamkeit gewonnen hatte. Zuvor hatten bereits Mitarbeiter:innen von Hachette, dem amerikanischen Verlag Woody Allens, gegen die Memoiren protestiert. In dem offenen Brief der Rowohlt-Autor:innen hieß es nun: »Das Buch eines Mannes, der sich nie überzeugend mit den Vorwürfen seiner Tochter auseinandergesetzt hat, und der öffentliche Auseinandersetzungen über sexualisierte Gewalt als Hexenjagd heruntergespielt hat, sollte keinen Platz in einem Verlag haben, für den wir gerne und mit großem Engagement schreiben.«[2]

Der offene Brief erzeugte eine Konfliktsituation, die seit den 2010er Jahren zu einer alltäglichen Erscheinung geworden ist: Einer Künstler:in wird ein moralisches Vergehen vorgeworfen; Opfer dieser Vergehen melden sich zu Wort, fordern Aufklärung und Konsequenzen; es kommt zu einer breiten Solidarisierung, oft in den sozialen Netzwerken; die Künstler:in wird stark kritisiert, ein Boykott ihrer Kunst wird gefordert. Daraufhin formiert sich Gegenwehr: Die Fans treten auf den Plan und beginnen, *ihre* Künstler:innen gegen die Vorwürfe zu verteidigen. Dabei werden die Vorwürfe marginalisiert, als Ausdruck einer ›Political Correctness‹ oder ›Cancel Culture‹, die im Namen eines wild gewordenen Moralismus die große Kunst vernichten will.

Solche Konflikte ziehen sich in den letzten Jahren durch alle Bereiche der Kultur. Sie betreffen den Film (Kevin Spacey), Comedy (Louis C. K.), Musik (Michael Jackson) oder Literatur (J. K. Rowling). Die Vorwürfe, die diesen Künstler:innen gemacht werden, reichen von sexualisierter Gewalt über Mobbing bis hin zu problematischen politischen Meinungsäußerungen. Die Skandale, die durch diese Vorwürfe ausgelöst werden, haben gemeinsam, dass im Mittelpunkt ein individuelles Fehlverhalten steht, das zunächst einmal nichts mit der Kunst selbst zu tun hat. Das persönliche Fehlverhalten kontaminiert dann aber bald die ästhetische Erfahrung. Man kann und man darf die Musik des

Sängers, dem vorgeworfen wird, Frauen sexuell versklavt zu haben (R. Kelly), nicht mehr hören; man kann und man darf die Bücher einer Autorin, die gegen trans Menschen hetzt (J. K. Rowling), nicht mehr lesen.

In diesem verwirrten Verhältnis von *können* und *dürfen* liegt der Grund dafür, warum solche Skandale so viel Wut erzeugen. Manche Menschen haben den Eindruck, dass sie die Kunst nicht mehr genießen dürfen: Sie wurde ihnen verboten. Andere bemerken, dass sie die Kunst nicht mehr genießen können: Sie wurde ihnen verdorben. Wir lassen uns aber ungern Dinge verbieten oder verderben, vor allem dann, wenn wir zu ihnen eine tiefe Zuneigung aufgebaut haben. Genau das geschieht aber, wenn die Information über das Fehlverhalten einer Künstler:in sich im Diskurs festzusetzen beginnt und sich wie ein Schatten über unsere Rezeption legt. Zudem ist dieser Vorgang eine Katastrophe für die Selbsterzählung, die wir auf der Liebe zu dieser Kunst aufgebaut haben. Die Frage, die dadurch herausgefordert wird, ist: Was sagt das alles über mich? Wie ich in diesem Kapitel zeigen möchte, kann die Wut, die aus dieser Frage entsteht, extreme Ausmaße annehmen, weil sie aus einer existentiellen Angst heraus entsteht.

Für viele Menschen wirkt es in dem Moment, in dem solche Vorwürfe laut werden, als würde ihnen die Kunst weggenommen werden. Die Wut, die dadurch entsteht, ist Ausdruck einer kulturellen Verlustangst, die man sicher auch dann nachvollziehen kann, wenn man kein Woody-Allen-Fan ist oder sich nach den Vorwürfen mit Ekel von ihm abgewendet hat. Die meisten Leser:innen dieses Buches werden in ihrem Leben schon einmal eine Künstler:in an ein moralisches Fehlverhalten ›verloren‹ haben, an einen werkexternen Fehlgriff, über den man als Rezipient:in einfach nicht hinwegkommen konnte. Gerade in den letzten Jahren hat sich deswegen bei vielen Menschen das Gefühl einer schleichenden kulturellen Panik eingestellt: Welche geliebte Künstler:in könnte als Nächstes dran sein?

Eine solche Verlusterfahrung geht oft mit gequälten mentalen Verhandlungen einher. Zunächst ist man überrascht, vielleicht moralisch empört darüber, was dieser Person vorgeworfen wurde. Dann regen sich die ersten Ängste: Kann ich das jetzt nicht mehr hören, nicht mehr schauen, nicht mehr sehen? Moralischer Ekel vermischt sich unmittelbar mit der Sorge um ästhetische Erfahrungen, die eine wichtige Rolle in unserem Leben spielen. Diese Ängste prägen ab jetzt die gesamte moralische Reflexion über den Fall. Vielleicht versucht man, die Vorwürfe abzuwehren: Das Opfer lügt, so schlimm war es sicher nicht, solche Vorwürfe hat es doch schon früher gegeben. Oder man versucht, sich auf den Standpunkt zurückzuziehen, dass man die Kunst von der Künstler:in trennen muss.

Die moralischen Probleme beginnen bereits auf dieser Ebene. In welchem Verhältnis steht der Schock etwa über den Vorwurf einer Vergewaltigung mit den ästhetischen Verlustängsten, die sich gleichzeitig einstellen? Sind diese Verlustängste nicht zutiefst frivol im Angesicht einer so horrenden Anschuldigung? Relativiert man nicht gerade ein schreckliches Verbrechen, nur um weiter bestimmte Songs hören und bestimmte Filme schauen zu können? In der öffentlichen Debatte über Kunst und Moral wird Verbrechen und Kunst jeweils sehr unterschiedliches ethisches Gewicht zugewiesen. Das private Bedürfnis, einen Film, ein Album oder ein Buch weiter lieben zu dürfen, stößt auf den öffentlich verhandelten Horror vor einer schrecklichen Tat. Der empörte Verweis auf die Kunstfreiheit klingt dann schnell wie ein Versuch, die ästhetische Verlustangst mit der Gravitas eines wichtigen politischen Kampfes auszustatten.

Die Wut über Vorwürfe gegen Künstler:innen erscheint aus der Perspektive moderner ästhetischer Theorie zunächst einmal vor allem rätselhaft, weil das Kunstparadigma eigentlich einen festen Deckel auf die brodelnde emotionale Mischung geschraubt hatte, die im Verhältnis von Kunst und Moral entsteht (Kapitel 8). Diese Trennung schließt auch – als einen ihrer wichtigsten Glaubenssätze – die Trennung von Werk und Autor mit ein. Es handelt sich um eine Idee, die inzwischen zum Schulwissen gehört. In einem Roman spricht demnach nicht die Person der Verfasser:in, in einem Song nicht die Sängerin, in einem Film geht es nicht um das Leben des Regisseurs. Selbst dort, wo autobiographisches Material in der Kunst verarbeitet wurde, verliert es auf dem Weg ins Werk seine Verbindungen zur Realität und darf nicht mehr auf das Leben der Künstler:in rückbezogen werden.

Erst wer in der Lage ist, diese Trennung vorzunehmen, hat seine Rezeption vom Ballast des Persönlichen und Individuellen befreit. Menschen dagegen, die sich für das Leben der Künstler:innen interessieren, erscheinen als schlechte Rezipient:innen, die die Kunst nicht vom Boulevard oberflächlicher lebensweltlicher Dramen unterscheiden können. In der Literaturwissenschaft hat sich für diese Art der Lektüre der abwertende Begriff des ›Biographismus‹ eingebürgert. Wer biographistisch liest, den interessiert an einem Liebesgedicht nicht die Schönheit der Verse oder die Tiefe der Gedanken, sondern die Frage, in wen die Autor:in eigentlich konkret verliebt war, als der Text verfasst wurde. Das Gedicht verschwindet in einer solchen Rezeption hinter dem persönlichen Drama. Ästhetisches Wohlgefallen wird durch plumpen Voyeurismus ersetzt.

Folgt man dem Kunstparadigma, so gäbe es also eigentlich keinen Grund, wütend zu sein, wenn moralische Vorwürfe gegen die Person der Künstler:in erhoben werden – weder auf die Künstler:in selbst noch auf die diejenigen, die die Vorwürfe erheben. Wer frei von biographistischem Denken ist, der könnte prinzipiell anerkennen, dass Woody Allen seine Stieftochter missbraucht oder dass Michael Jackson Kinder vergewaltigt hat, könnte davon auf einer ethischen Ebene auch entsetzt sein und würde trotzdem weiterhin mit Hochgenuss die Filme schauen und die Songs hören.

Die Wut, die gerade diese Fälle erzeugt haben, zeigt, dass es sich um ein unerreichbares Konstrukt angemessener Rezeption handelt. Eine solche Haltung würde eine emotionale Disziplinierung erfordern, die so gut wie niemand aufbringen kann. Es erscheint so gut wie unmöglich, Vorwürfe dieser Art anzuerkennen, ohne dass dabei das ästhetische Vergnügen an den Werken beschädigt wird. Die Fans werden also nicht durch konkrete Zensurmaßnahmen davon abgehalten, ihre Lieblingskunst zu konsumieren, sondern durch den *vergifteten Paratext* frei flottierender Informationen über den Künstler, der den Genuss an den Werken effektiv verderben kann – selbst dann, wenn man an die Vorwürfe gar nicht glaubt.

Parasoziale Beziehungen

Wie sich ein solcher Verlust konkret anfühlt, beschreibt Emily Nussbaum in ihrem Essay *Confessions of the Human Shield.* Dieser Text ist ein Versuch, sich der Frage zu stellen:

»Was tun mit der Kunst monströser Männer«. Es handelt sich um eine Frage, die seit Beginn der #MeToo-Bewegung eine neue Form von Dringlichkeit erreicht hat.[3] Nussbaum beginnt mit einer Erzählung darüber, wie groß die Bedeutung Woody Allens für sie als Teenagerin gewesen sei. Sein Werk habe fast alle Aspekte ihrer jugendlichen Identität beeinflusst: ihre Vorstellungen davon, was Komik oder Intellektualität sein können, was es bedeutet, eine Schriftstellerin in New York zu sein, wie ein erwachsenes romantisches Leben aussehen muss.

Nussbaum evoziert auf eine anrührende Weise, wie es sich anfühlt, als Jugendliche einem Künstler zu verfallen. Sie schaut die Filme Allens mit Begeisterung, studiert obsessiv seine Sammlungen komischer Essays, sie verschleißt die Schallplatten mit seinen Stand-up-Programmen durch ständiges Hören und lernt ganze Routinen darauf auswendig, mitsamt den charakteristischen sprachlichen Ticks. Hier deutet sich die persönliche Fallhöhe an, die den Verlust einer Künstler:in so verletzend machen kann. Die Kunst, die wir – gerade als Kinder und Jugendliche – rezipieren, prägt auf eine ganz konkrete Art, wer wir sind. Es handelt sich um eine Rezeption, die weit entfernt ist von einem ›interesselosen Wohlgefallen‹ oder einer abwägend analytischen Distanz – ein identifikatorischer, hungriger Konsum, der die Kunst aufsaugt, sich zu eigen macht, ein Konsum, der Menschen bis in den Rhythmus der eigenen Sprache hinein prägt.

Von einer Trennung von Werk und Autor bleibt in solchen Fällen nicht viel übrig. Stattdessen baut man intensive imaginäre Beziehung zu den Künstler:innen auf. Die Wunschvorstellung, Woody Allen kennenzulernen, verfolgte die 16-jährige Emily Nussbaum bis in den Schlaf.

Sie erzählt von einem Traum, in dem sie bei Woody Allen und Mia Farrow, die damals noch ein glamouröses Celebrity-Paar waren, zu Besuch gewesen sei. Sie habe im Traum eine Dose Kekse als Gastgeschenk mitgebracht, ängstlich, die beiden könnten nicht bemerkt haben, dass die Kekse selbstgemacht waren. Der Traum handele davon, schreibt Nussbaum, »den Künstler, den man liebt, wissen zu lassen, dass deine Bewunderung authentisch ist, echt, von Herzen«.[4]

Diese Art der Fan-Fantasie prägt zahlreiche Aspekte unseres Verhältnisses zu der Kunst, die wir im Alltag rezipieren. Auch wenn in der Schule oder an der Universität gelehrt wird, dass man das Werk losgelöst von der Person seiner Urheber:in betrachten muss, ist das kulturelle Leben einer Gesellschaft geprägt von engen konfliktreichen Beziehungen der Rezipient:innen mit den Personen, die *ihre* Kunst herstellen. Wie das Beispiel Nussbaums zeigt, sind diese Beziehungen nicht darauf angewiesen, dass die Beteiligten sich tatsächlich persönlich kennen. Die Sozialpsychologie hat für diese eigentümliche Art der Verbindung den Begriff »parasoziale Beziehung« geprägt.[5]

Das Konzept ist allerdings alles andere als unumstritten, da es zur Pathologisierung der Rezeption von Populärkultur – insbesondere von Fans – beigetragen hat.[6] Parasoziale Beziehungen gelten als defizitär, als Kompensation für ein Leben ohne bedeutungsvolle, echte menschliche Verbindungen. Diese Assoziation wird auch in der Populärkultur selbst immer wieder durchgespielt. Der Fan tritt als bedrohliche Figur auf, die die Schwelle zwischen einer parasozialen und einer tatsächlichen Beziehung wahnhaft überschreitet. Solche Fans erscheinen als peinliche Loser und gefährliche Psychopathen, die sich einbilden, eine echte persönliche Bindung zu ihren Künstler:innen zu besitzen (Kapitel 3).

In Martin Scorseses Film *The King of Comedy* etwa spielt Robert De Niro den Außenseiter Rupert Pupkin, der sich in die Wunschvorstellung hineinsteigert, ein Freund des von Jerry Lewis verkörperten Late-Night-Hosts Jerry Langford zu sein. Er baut sich aus Pappe ein Set, auf dem er vor einem frenetisch lachenden Publikum mit seinem Idol parliert. In einer Szene stellt er sich vor, wie Langford ein Tape mit seiner Comedy als brillant lobt und sagt, er würde Pupkin um sein Talent beneiden. In Wirklichkeit stalkt Pupkin seinen Star, der verzweifelt versucht, ihn loszuwerden. Die Handlung kulminiert in einem Kidnapping, mit dem Pupkin einen Auftritt in Langfords Show erpresst.

Ein Film wie *The King of Comedy* bezieht seine Spannung aus dem pathologischen Potential, das in parasozialen Beziehungen schlummert. Wie in den vielen populärkulturellen Fan-Erzählungen führt die wahnhafte Imagination einer Beziehung zu realer Gewalt. Die Erzählung des übergriffigen Fans enthält allerdings auch eine Theorie der gescheiterten Rezeption, einer Rezeption, die die Kunst nicht als Kunst, sondern als einen Akt direkter Kommunikation betrachtet. Ein Fan wie Pupkin kann nicht einfach die Kunst genießen, er muss darüber hinaus auch die Person des Künstlers konsumieren, die eigene Identität an eine imaginierte Freundschaft binden.

Der wahnsinnige Fan erscheint als Karikatur einer Rezeptionshaltung, die sich vor allem dadurch auszeichnet, nicht zwischen Autor und Werk unterscheiden zu können. Die Figur hat die Funktion, die durch das Kunstparadigma verordnete Distanz gegen eine distanzlose und damit antiästhetische Haltung gegenüber der Kunst auszuspielen.

Pupkin und seine Geschwister sind schlechte Rezipient:innen, die durch ihre Fixierung auf die Person hinter dem Werk auch dem Werk schaden.

Filme wie *The King of Comedy* vermitteln den Eindruck eines Publikums, das seine emotionale Reaktion nicht unter Kontrolle hat. Die meisten Fans allerdings sind nicht pathologisch, sondern können sehr gut zwischen Realität und Fantasie unterscheiden. Sie würden nie auf die Idee kommen, die verehrte Künstler:in zu belästigen oder zu bedrohen. Was die populären Erzählungen von wahnsinnigen Fans verschleiern, ist die Tatsache, dass parasoziale Beziehungen ein Phänomen sind, das eher den Normalfall der Rezeption darstellt als eine besonders skurrile Ausnahme.

Das liegt in vielen Fällen daran, dass die Person des Künstlers und die Kunst eng miteinander verbunden sind. Ein Werk wie das von Woody Allen, Louis C. K. oder Michael Jackson beruht auf einem semiautobiographischen Pakt, der einerseits gewisse Lizenzen und Freiheiten zugesteht, was die Verarbeitung persönlicher Erlebnisse angeht, der andererseits durchaus davon ausgeht, dass es eine direkte Verbindung von Werk und Person gibt. Das mag zwar dem autonomistischen Sauberkeitsbedürfnis des Kunstparadigmas widersprechen, die meisten Menschen finden sich in der Zwischenwelt des Ästhetischen aber gut zurecht. Sie wissen, dass es sich bei der Person der Künstler:in um eine Persona handelt, die Teil des Werkes ist, das zum Konsum angeboten wird.

Das gilt nicht nur für die semiautobiographische Kunst des populären Starkults, sondern auch für Hochkultur. Das Konzept des Genies hält bei großer Literatur oder klassischer Musik die Rezeption zusammen. Man verehrt

Shakespeare oder Mozart, möchte mehr über die Imagination und das Talent erfahren, aus denen die Werke, die man liebt, hervorgegangen sind. Die unzähligen Biopics oder Künstlerbiographien, die jedes Jahr erscheinen, sind kein Ausdruck einer Epidemie biographistischer Fehlrezeption, sondern verweisen auf das tiefverwurzelte Bedürfnis, ein Verhältnis zur Ebene der Produktion von Kunst aufzubauen. Man möchte wissen, wie die Werke entstanden sind, wie sie gemacht wurden.

Das gilt auch für Kunst, die konventionell eher ohne Autor auskommt. Im Fall von Computerspielen entwickelt man dann eben eine enge Bindung zum Studio, im Fall von Franchises wie den Superhelden-Universen *Marvel* oder *DC* ist man am Wohl und Wehe dieser Firmen interessiert. Es erscheint aus der Perspektive alltäglicher Rezeption naheliegend, dass sich ein starkes Interesse an den Menschen und Orten ausbildet, die für die Kunst, die wir lieben, verantwortlich sind. Da das Investment in die Kunst eine emotionale Angelegenheit darstellt, ist auch das Interesse an den Künstler:innen, denen man zuschreibt, diese Gefühle ausgelöst zu haben, emotional aufgeladen. Menschen gehen zu Lesungen oder Konzerten, um in der Nähe der Künstler:innen sein zu können – eine Nähe, von der die allermeisten Rezipient:innen aber wissen, dass es sich um ein angenehmes Konstrukt handelt.

Bei den parasozialen Beziehungen geht es, ähnlich wie bei fiktionalen Geschichten, um ein Dabeisein, ohne dabei zu sein, ein Erleben ohne Erleben. Es erscheint nur auf den ersten Blick problematisch, eine Beziehung zu Menschen aufzubauen, mit denen man niemals face-to-face kommunizieren wird; auf den zweiten Blick ist es durchaus attraktiv, denn echte Beziehungen gehen oft mit viel Arbeit und Konflikten einher. So wie man die spannende Handlung eines Romans deshalb genießen kann, weil man weiß, dass sie nicht real ist, so kann man eine Beziehung zu einer Künstler:in genießen, weil man weiß, dass sie einseitig und eingeschränkt bleiben wird.

Aus dieser Konstellation heraus entsteht allerdings auch ein hohes Verletzungspotential. Parasoziale Beziehungen sind ausgesprochen fragil und beruhen auf einem komplexen kommunikativen Mechanismus, der nicht gestört werden darf, aber ausgesprochen störungsanfällig ist. Das liegt vor allem daran, dass die Künstler:innen selbst oft nicht besonders pfleglich mit ihrer Persona umgehen. Auch wenn die Figur des wahnsinnigen Fans nahelegt, dass Irritationen vor allem auf der Ebene der Rezeption stattfinden, gehen die meisten Unfälle im Verhältnis zwischen Werk, Autor und Publikum von der Person der Urheber:in aus. Nicht übergriffige Fans sind das Problem, sondern übergriffige Künstler.

Skandale wie die um Woody Allen oder Michael Jackson werden dementsprechend als Verrat an den Fans empfunden, als Betrug an der Rezeption. Die parasoziale Beziehung zur Künstler:in ist ähnlich wie das Werk ein Produkt, das konsumiert wird. Wenn Persona und Person aber plötzlich auf spektakuläre Art und Weise auseinanderfallen, dann wird auch die Fiktion zerstört, auf der das Gelingen dieser Beziehung beruhte. Es ist, als würde während eines Theaterstücks auf einmal die Kulisse zusammenbrechen.

Für die Fans kann ein solcher Zusammenbruch der Persona eine identitätserschütternde Katastrophe sein. Im Fall des Choreographen Wade Robson wurde diese Katastrophe zu einer konkreten Realität. Das schrecklichste Bild in der Dokumentation *Leaving Neverland* von 2019, in der es um die Missbrauchsvorwürfe gegen Michael Jackson geht, ist, wie Robson als Kind einen Michael-Jackson-Tanzwettbewerb gewinnt. Der Sänger ist so sehr sein Vorbild, seine Kunst so sehr zum Teil seiner Identität geworden, dass er in einer Form kindlicher Mimikry vollständig aufzugehen scheint. Über den Wettbewerb lernt er sein Idol kennen, was einen gewaltvollen Zusammenbruch von Persona und Person in Gang setzt. Solche Geschichten haben einen Einfluss auf die breite Rezeption. Wer *Leaving Neverland* geschaut hat, fühlt sich moralisch verschmutzt, selbst dann, wenn man Zweifel an den Vorwürfen hat. Diese moralische Verschmutzung betrifft die parasoziale Beziehung zum Künstler, sie droht die Phantasie einer Nähe zu zerstören, die man als Fan zu einem wichtigen Element der eigenen imaginativen Welt gemacht hat.

Vielleicht hatte man sich immer vorgestellt, wie man selbst den Künstler treffen würde, so wie Emily Nussbaum davon träumte, mit selbstgebackenen Plätzchen bei Woody Allen und Mia Farrow vorbeizukommen. In diese Phantasie drängt sich nun der schreckliche Verdacht, dass der Künstler seine Macht möglicherweise auch im eigenen Fall ausgenutzt hätte. In die erträumten Szenen der Nähe schleichen sich unwillkommene Szenen der Gewalt ein. Ein imaginärer Ort der Sicherheit ist zerstört worden, und man wird selbst zum potentiellen Opfer der Kunst, die sich von einem

Objekt der Zuneigung in ein Instrument der Manipulation verwandelt hat.

Gleichzeitig wird man aber auch in eine unfreiwillige Täterschaft hineingezogen. Unterstützt man die Künstler:in nicht, wenn man weiterhin ihre Werke rezipiert und verbreitet? Trägt man nicht dazu bei, den Ruhm dieser Kunst zu verbreiten und damit ihre Manipulationskraft zu erhöhen? Der Genuss dieser Kunst ist kontaminiert mit dem Verdacht, eine Kunst zu genießen, die benutzt wurde, um Menschen schrecklichen Schaden zuzufügen.

Der Mechanismus der moralischen Verschmutzung betrifft alle Aspekte des Verhältnisses von Werk, Künstler:in und Publikum. Das fragile kommunikative Spiel von Nähe und Distanz, das die Rezeption von Kunst auszeichnet, bricht zusammen. Der semiautobiographische Pakt wurde gebrochen, und über die Fiktion einer Beziehung zwischen der Persona der Künstler:in und dem Publikum ergießt sich die unverarbeitete Wirklichkeit eines realen Lebens. Es handelt sich um einen Kontrollverlust auf allen Seiten – einen Kontrollverlust, der Wut und Irritation erzeugt. Man wollte einfach eine bestimmte Kunst genießen, weder zum Opfer noch zum Täter gemacht werden, und nun wird man (ohne eigene Schuld) in ein toxisches Beziehungsgeflecht hineingezogen.

Diese Wut kann sich gegen die Künstler:in richten; allerdings trifft sie zunächst vor allem die Opfer, die als aufdringliche Quelle der moralischen Verschmutzung identifiziert werden. In *Leaving Neverland* wird berichtet, wie die Menschen, die Vorwürfe gegen Michael Jackson erhoben hatten, heftig beschimpft und angefeindet wurden. Gezeigt wird etwa ein Video, in dem ein aufgebrachter Mann vor einer Kulisse aus Jackson-Platten sitzt und in die Kamera brüllt:

»Fuck you, Wade Robson!« Diese Wut hat nichts Triumphales oder Höhnisches, sie wirkt authentisch verzweifelt, ist Ausdruck einer massiven ästhetischen und sozialen Verlustangst.

Denn die moralische Verschmutzung bedroht nicht nur den Genuss der Musik und die parasoziale Beziehung zum Künstler, sondern auch – und vielleicht sogar in erster Linie – die sozialen Verbindungen, die durch das Fandom gebildet werden. Man kann eine Rezeptionsgemeinschaft nur schwer auf der kollektiven Liebe zu einem Kinderschänder aufbauen. Wie sollte ein begeistertes Gespräch über die Musik aussehen, das solche Vorwürfe anerkennt? Was durch die Vorwürfe in Gefahr gerät, ist nicht nur die individuelle Zuneigung zur Musik Michael Jacksons, sondern auch die Gemeinschaft, die um diese Zuneigung herum aufgebaut wurde.

Es ist kaum verwunderlich, dass der Widerstand gegen die Vorwürfe kollektiv organisiert wird. Im Internet kann man unzählige Wortmeldungen finden, die den Sänger mit großer Aggressivität verteidigen. In den Sozialen Medien etwa wurde unter dem Hashtag #MJInnocent Stimmung gegen die Opfer gemacht. Auch *Leaving Neverland* selbst provozierte extreme Irritation, von Boykottaufrufen bis hin zu Drohungen gegen die Mitwirkenden. Vor einer Aufführung der Dokumentation beim *Sundance Festival* versammelte sich eine kleine Schar von Protestierenden. Eine Gruppe, die sich ›MJ's Army‹ nennt, sammelte Geld, um in London große Anzeigen auf Doppeldeckerbussen zu platzieren, die Jacksons Unschuld beteuerten (»Facts don't lie. People do«).[7] Solche Aktionen sorgen unter den Betroffenen für Entsetzen. Dan Reed, der Regisseur der Dokumentation, verglich die Masse der Verteidiger:innen in einem

Interview mit der *New York Times* mit religiösen Fanatikern und nannte sie den »Islamischen Staat des Fandom«.[8] Im selben Artikel berichteten Wade Robson und James Safechuck, der in der Dokumentation ebenfalls Vorwürfe gegen Michael Jackson erhebt, wie sie Tausende wütende E-Mails, teilweise mit Gewaltandrohung, erhalten hätten.

Die Maßlosigkeit, mit der in solchen Fällen zuweilen zurückgeschlagen wird, zeigt, wie wichtig der Schutz der sozialen Beziehungen ist, der durch gemeinschaftliche Rezeption geschaffen wird. In einem bizarren Video, das auf Youtube fast 500 000 Mal angesehen wurde, singt der Parodie-Künstler Michael Trapson, dessen Kunstfigur Michael Jackson als modernen Rapper imaginiert, einen hasserfüllten Diss-Track mit dem Titel »F*CK WADE«. Dabei tanzt er im Stil eines Imitators vollständig als Michael Jackson verkleidet. Die Lyrics des Songs sind gewalttätig, beschimpfen die Opfer (»Fuck Wade / Fuck James«) und drohen ihnen mit dem Tod (»Bitch I'm Michael Myers / Leave your body on a cage boy«).[9]

Diese Gewaltphantasien sind zwar der parodistischen Mimikry zeitgenössischer Diss-Tracks geschuldet, entwickeln aber im Kontext der Vorwürfe eine ausgesprochen gespenstische Atmosphäre, vor allem weil sie an die Szene aus *Leaving Neverland* erinnern, in der der beschimpfte Wade Robson als kindlicher Jackson-Imitator seinen Durchbruch erlebt. Imitation erscheint als Karikatur der Überidentifikation. Allerdings wissen die meisten Michael-Jackson-Darsteller, dass sie nicht der Sänger sind, dass ihre Performance eine Hommage darstellt, die in einer langen Tradition spielerischer Anverwandlung steht. Grotesk ist die Performance Trapsons vor allem deshalb, weil sie die Mittel der Hommage verwendet, um im narrativen Kampf um die Unschuld des Sängers die Geschichten anderer Menschen zu delegitimieren.

Das Beispiel zeigt, was auf dem Spiel stehen kann, wenn das Bild eines Künstlers mit moralischer Verschmutzung bedroht wird. Eine Karriere als Imitator oder Coversänger beruht auf einer Intensität der Identifikation, die zerstört werden würde, wenn man anerkennen müsste, dass die Person hinter der Persona sich an Kindern vergangen hat. Es handelt sich natürlich um einen extremen Sonderfall der Rezeption. Bei den meisten Menschen, die ihre Künstler:innen wütend verteidigen, geht es nicht um einen wichtigen Teil ihrer professionellen Identität.

Allerdings zeigen die über 2500 größtenteils begeisterten Kommentare unter dem Video, dass der Hass, den solche Vorwürfe unter den Fans auslösen können, weit verbreitet ist. Ein repräsentativer Kommentar lautet: »Danke, dass du das Vermächtnis dieses Mannes gegen die, die versuchen, es zu beschmutzen, am Leben erhältst.« Die große Zustimmung der Kommentare zeigt, wie die gemeinsame Abwehr der Vorwürfe auch eine therapeutische Funktion übernimmt. Man versichert sich gegenseitig, dass der Verlust nicht stattgefunden hat, und verstärkt so noch das Gemeinschaftsgefühl der geteilten Zuneigung, das nun durch einen gemeinsamen Feind gestärkt wird.

Der Kampf um die Schuld oder Unschuld Jacksons wird schon seit vielen Jahrzehnten ausgetragen. Er ist aber erst durch die digitalen Möglichkeiten der Vergemeinschaftung explodiert. Hier kommt die Armee eines Künstlers (Kapitel 3) zum Einsatz, um die ästhetische Erfahrung seiner Musik und die parasoziale Beziehung zu seiner Persona vor einer drohenden moralischen Verschmutzung zu bewahren. Es wäre naheliegend, die Kontroverse um Michael Jackson als Pathologie der populären Kunst zu betrachten, als eine Fallstudie des Kontrollverlustes, der die Rezeption im Zeitalter der Massenkultur beherrscht. Die Intensität aber, mit der etwa Woody Allen aus kulturbürgerlicher Perspektive verteidigt wurde, zeigt, dass die Wut, mit der geliebte Künstler:innen verteidigt werden, eine Konstante des ästhetischen Diskurses darstellt, die alle Bereiche des kulturellen Lebens durchzieht.

Es handelt sich um eine Wut, die die Fans eines Pop-Musikers genauso ergreifen kann wie die Liebhaber der Hochkultur. Als Peter Handke 2019 der Nobelpreis für Literatur verliehen wurde, löste diese Entscheidung große Irritation aus. Handke hatte in den Jahrzehnten davor immer wieder den Vorwurf auf sich gezogen, die Verbrechen der Serben in den Konflikten der 1990er Jahre verharmlost zu haben. Für seine Kritiker:innen erschien der Preis daher wie ein Affront, wie eine Marginalisierung der Leiden, die durch den Künstler relativiert worden waren. Gleichzeitig tauchten weitere Vorwürfe auf, etwa, dass Handke sich in rechten Kreisen bewegen würde und seine Expartnerinnen körperlich misshandelt habe.

Der Empörung über den Künstler, die vor allem in den Sozialen Medien laut wurde, folgte die charakteristische Empörung über die Empörung (Kapitel 8). Den Kritiker:innen Handkes wurde vorgeworfen, der Kunst nicht gerecht zu werden, politische Begehrlichkeiten über ästhetische Meisterschaft zu stellen und einen hochverdienten Autor vernichten zu wollen. In der *Frankfurter Allgemeinen Zeitung* wurden die Kritiker:innen Handkes sogar als »Clowns auf Hetzjagd« bezeichnet.[10] In der *tageszeitung* wiederum wurde unterstellt, dass Menschen, die sich über Peter Handke lustig machen würden, eigentlich keine Ahnung von Literatur hätten, »dass viele von jenen, die in tagespolitischer Tweetsprache zu Hause sind, tatsächlich noch nie von Weltliteratur in Ekstase geraten sind und sich einen langfristigen Aufenthalt dort gar nicht vorstellen können oder wollen«.[11]

Unsere Zuneigung zu Kunst ist nie vollständig individuell und privat, sondern Teil einer öffentlichen Selbsterzählung, die wiederum soziale Beziehungen stiften kann. Ein begeistertes Gespräch über Woody Allens Filme oder Peter Handkes Romane wird natürlich empfindlich gestört, wenn im Hintergrund als bedrohlicher Generalbass die Vorwürfe gegen sie mitbrummen. Vielleicht ist das auch die Einschränkung, auf die sich die maßlosen Zensurvorwürfe beziehen, die in den Kontroversen oft erhoben werden. Zensiert wird nicht die konkrete Rezeption, aber durchaus das öffentliche Gespräch darüber. Man muss befürchten, für ästhetische Begeisterungsbekundungen moralisch angegriffen zu werden. Man verliert also einen wichtigen Gesprächsgegenstand, im Fall von Fandoms möglicherweise sogar eine ganze Community.

Der vergiftete Paratext

Die Information über das verbrecherische Verhalten einer Künstler:in beschädigt auf oft irreparable Weise unser Verhältnis zu ihrer Persona – ein Konstrukt, das wir uns unter Einsatz von viel emotionaler Energie aufgebaut haben. Gravierender Schaden wird allerdings auch auf der Ebene der konkreten ästhetischen Erfahrung angerichtet. Die Rezeption amalgamiert sich mit den Informationen über die Vergehen der Person, was im Alltag zu äußerst unangenehmen ästhetischen Unfällen führen kann. Ein Ohrwurm drängt sich auf, man singt leise mit, bevor einem die Bilder aus der Berichterstattung über die schrecklichen Taten des Sängers in den Kopf schießen. Man fühlt sich einerseits schuldig, weil man sich für einen Moment dazu hat hinreißen lassen, die Musik dieses Menschen wieder zu feiern. Andererseits regt sich auch Trotz: Warum sollte ich das nicht mehr hören dürfen? Die positiven Erinnerungen und Emotionen, die durch die Musik früher evoziert wurden, sind ja immer noch da, allerdings werden sie nun durch die dunklen Bilder überlagert, die die Berichterstattung über sexualisierte Gewalt oder ein politisches Abdriften in den Diskurs spült.

Die Informationen fungieren als *vergifteter Paratext*, der die Rezeption eines Werkes verderben kann. Als Paratext definiert Gérard Genette das Beiwerk von Büchern, Texte, die zwar nicht Teil des Haupttextes sind, aber die Art und Weise, wie wir diesen Text wahrnehmen, beeinflussen können.[12] Dazu gehören das Cover, der Klappentext, der Name des Autors, Vorworte etc. Dazu gehören aber auch Texte außerhalb des Buches, so wie Interviews, Verlagsprogramme, Werbung und schließlich eigentlich alle Informationen, die über den Autor und sein Werk öffentlich zirkulieren. Genette legt besonderen Wert darauf, dass man diesen Mitteilungen als Rezipient:in nicht entgehen kann. Paratexte beeinflussen unsere Lektüre und führen zwangsläufig dazu, »daß diejenigen, die davon wissen, nicht so lesen wie diejenigen, die nicht davon wissen, und daß uns diejenigen zum Narren halten, die diesen Unterschied leugnen«.[13]

Diese Zwangsläufigkeit der paratextuellen Wirkung erscheint unhintergehbar und lässt sich über das Buch hinaus auf die Rezeption aller Medien ausweiten. Wir sind im Alltag unseres Kulturkonsums von Informationen umstellt, die uns erreichen, bevor wir ein Kunstwerk zum ersten Mal zu Gesicht bekommen. Wir schauen Filmtrailer, lesen Buchrezensionen, schauen uns Vorschauvideos von Computerspielen an, wir hören von einer neuen Serie durch einen Freund, der davon schwärmt, oder werden von dem Besuch einer Ausstellung abgeschreckt, weil sich jemand in den Sozialen Medien darüber lustig gemacht hat. Genette verwendet für dieses Phänomen das Bild des Vorzimmers, durch das man in die Rezeption eintreten muss. Dieses Vorzimmer prägt die ästhetische Erfahrung, die wir haben werden – ob wir wollen oder nicht. Eine paratextuelle Unschuld kann es nicht geben.

In der Forschung ist man lange davon ausgegangen, dass eine Mitteilung, um ein Paratext zu sein, vom Autor und seinen Verbündeten stammen muss, dass Paratexte also grundsätzlich ein Instrument der auktorialen Werkpolitik darstellen, die, wie Genette schreibt, im »Dienst einer besseren Rezeption des Textes und einer relevanteren Lektüre« stehen.[14] Eine solche Einschränkung ist für den Alltag der Rezeption allerdings kaum haltbar. Genette selbst verweist darauf, dass im Wesentlichen jeder Kontext wie etwa biographische Informationen über das Leben des Autors als Paratext fungieren kann. Auch die Homosexualität Marcel Prousts ist demnach eine Mitteilung, die die Lektüre seiner Bücher beeinflusst.

Vor diesem Hintergrund erscheint es naheliegend, nach den *vergifteten Paratexten* zu fragen – den Informationen also, die keine bessere Rezeption erzeugen, sondern Rezeption verderben, sabotieren oder auch verhindern. Je nach Vorliebe und Abneigung individueller Rezipient:innen können viele verschiedene Mitteilungen als vergiftete Paratexte fungieren: von einer schlechten Filmrezension bis hin zu einem besonders misslungenen Buchcover. Ein Beispiel, das im Wesentlichen alle narrativen Künste betreffen kann, ist der ›Spoiler‹ – das fahrlässige Ausplaudern wichtiger Handlungsstränge einer spannenden Erzählung. Wer vor der Lektüre weiß, wer der Täter eines Kriminalromans ist, dem wurde ein Teil des intendierten ästhetischen Genusses (das Mitraten, die Twists, die Auflösung) verdorben. Spoilerwarnungen gehören (vor allem im Diskurs über Populärkultur) zu den wichtigsten Höflichkeitsformen des ästhetischen Gesprächs. Wer sich nicht daran hält, erzeugt einen Unmut, der in heftige Wut ausarten kann.

Wie die Fälle zeigen, die in diesem Kapitel analysiert wurden, ist die vielleicht größte Quelle vergifteter Paratexte die Person der Künstler:in selbst. Man kann sich den Informationen über das angebliche Fehlverhalten nicht entziehen, man rezipiert im Sinne Genettes anders, »wie diejenigen, die nicht davon wissen«. Ein Teil der heftigen Wut, die sich in den Debatten entzündet, ist diesem Umstand geschuldet. Paratexte kontaminieren die ästhetische Erfahrung. Die Bilder, die durch den öffentlichen Diskurs erzeugt werden, schieben sich aufdringlich vor die eigene Rezeption, drängen sich in die Textur des Kunstwerkes wie Schmutz, der sich so persistent auf einer Oberfläche ablagert, dass er schließlich in sie eindringt. Das kann von Rezipient:in zu Rezipient:in unterschiedlich sein. Manche werden in ihrer Wahrnehmung von diesen vergifteten Paratexten übermannt, während andere die kontaminierende Wirkung weitgehend ausblenden können. Ein vollständig unschuldiger Blick im Sinne einer paratextuellen Askese ist allerdings nicht möglich.

Ein Beispiel, wie ein vergifteter Paratext auf dieser Ebene funktioniert, ist der offene Brief, den Dylan Farrow, die

Adoptivtochter Woody Allens, im Februar 2014 auf der Internetseite der *New York Times* veröffentlichte. Dieser Brief richtete sich gegen eine Öffentlichkeit, der Farrow vorwirft, die Leidensgeschichte eines Opfers sexualisierter Gewalt über eine lange Zeit ignoriert zu haben. Der Brief beginnt mit einer Frage: »Was ist Ihr Lieblingsfilm von Woody Allen?« Und sie fährt fort: »Bevor Sie antworten, sollten Sie wissen: Als ich sieben Jahre alt war, nahm mich Woody Allen an der Hand und führte mich in einen schummrigen, schrankartigen Dachboden im zweiten Stock unseres Hauses. Er sagte mir, ich solle mich auf den Bauch legen und mit der elektrischen Eisenbahn meines Bruders spielen. Dann verging er sich an mir.«[15] Was folgt, ist die detaillierte Erzählung einer Missbrauchsgeschichte durch den Adoptivvater.

Der Brief spricht direkt die Filmindustrie und ihre Vertreter:innen an. Woody Allen war gerade für das Drehbuch zu seinem Film *Blue Jasmine* für einen Oscar nominiert worden, und es war diese fortgesetzte Ehrung des Regisseurs, die Farrow unter anderem dazu bewogen hatte, sich öffentlich zu äußern. In der Vergangenheit habe sie die Ehrungen und den Erfolg Allens als persönliche Zurückweisung empfunden, »als ob die Preise und Auszeichnungen die Funktion hatten, mir zu sagen, ich solle den Mund halten und verschwinden«.[16]

Was hier verhandelt wird, ist die Macht, die mit dem Erfolg von Kunst verbunden ist – eine institutionskritische Polemik, die jede Auszeichnung für den Künstler als Voraussetzung strafloser Gewalt begreift. Entscheidend sind aber der erste und der letzte Satz des offenen Briefes, in dem Farrow die Leser:in jeweils direkt anspricht und fragt, was ihr Lieblingsfilm von Woody Allen sei. Es geht bewusst darum, die Rezeption der Filme, die für Farrow die Grundlage ihrer Machtlosigkeit darstellen, zu stören und zu kontaminieren. Vor die von Woody Allen geschaffenen Bilder und Geschichten soll das Bild des Missbrauchs geschoben werden.

Durch die Frage nach dem Lieblingsfilm wird gerade der Aspekt skandalisiert, der die größte künstlerische Macht erzeugt: die Zuneigung zum Werk, die Hingerissenheit von den Filmen und Figuren. Dylan Farrows offener Brief zeigt, wie absurd, ja geradezu bedrohlich die Trennung von Werk und Künstler:in aus der Perspektive eines Menschen erscheinen muss, der davon erzählt, zum Opfer dieser Künstler:in geworden zu sein. Der Zusammenhang zwischen Kunst und Gewalt, der konstruiert wird, erscheint unmittelbar einleuchtend. Weil Menschen diese Kunst lieben, hat die Urheber:in die Macht, anderen Menschen Gewalt zuzufügen. Und deshalb muss diese Liebe zerstört werden. Der vergiftete Paratext der Missbrauchsgeschichte wird wie eine Waffe im Kampf um narrative Machtverhältnisse eingesetzt. Die zunächst unschuldig anmutende Tatsache, dass Menschen Lieblingsfilme haben, zeigt in diesem Fall ihre zwangsläufige moralische und politische Verstricktheit.

Kevin Spacey will wieder Frank sein

Die abwehrende Reaktion auf vergiftete Paratexte hat eine emotionale Intensität, die jeder nachvollziehen kann, der schon einmal erlebt hat, wie ein Mensch, den er liebt, angegriffen wird. Das Verteidigungsbedürfnis kann in so einem Moment unermesslich erscheinen. Dieses Bedürfnis spielt auch im alltäglichen Diskurs über Geschmack und Kunst eine wichtige Rolle. Die erbitterten Debatten, die über Vorwürfe gegen Künstler:innen geführt werden, zeigen, wie beeinflussbar, ja zerbrechlich eine ästhetische Erfahrung sein kann. So wird es einige Menschen geben, die nach der Lektüre von Dylan Farrows Brief die Filme von Woody Allen nicht mehr genießen können – zumindest nicht mehr auf die gleiche Art wie zuvor.

Diese Kontamination erscheint in Fällen, in denen Person und Persona auf spektakuläre Art und Weise auseinanderfallen, offensichtlich. Ein Teil der Attraktivität der Persona Woody Allens war, wie überzeugend er den zwar emotional oft tollpatschigen, aber eigentlich liebenswürdigen, unschuldigen Mann verkörperte, der auch in seinen Filmen im Mittelpunkt stand. Ähnlich verhielt es sich im Fall Bill Cosbys, dessen freundlich spießige, väterliche Persona dem Charakter seiner Figur in *The Bill Cosby Show* entsprach und in einem gespenstischen Kontrast zu den Taten stand, die ihm vorgeworfen wurden: serielle sexualisierte Gewalt. Die Trennung von Werk und Autor kann diese Form der selbsterzählerischen Heuchelei zumeist nicht kompensieren. Gerade bei Künstler:innen, die ihre offizielle Persona zum Teil ihrer fiktionalen Erzählungen machen, ist die Nähe von Autor und Publikum dafür einfach zu groß.

Der vergiftete Paratext sabotiert die Rezeption allerdings nicht nur in Fällen, in denen eine väterlich liebenswürdige oder tollpatschig harmlose Persona mit dem Skandal einer fragwürdigen Person konfrontiert wird. Auch und gerade bei der Darstellung von bösen Figuren und schändlichen Handlungen kann die Mitteilung über ein Vergehen der Künstler:in den ästhetischen Genuss empfindlich stören. Die Möglichkeit, Schurken oder Anti-Helden zu genießen, beruht auf der Gewissheit, dass ihre Taten fiktiv sind. Fiktionalität ist, wie ich in Kapitel 9 gezeigt habe, ein Schutzraum, der es den Rezipient:innen erlaubt, sich mit dem Bösen zu identifizieren.

Dieses Arrangement wird allerdings prekär, wenn die Realität von außen in die Fiktion einbricht. Der Fiktionsvertrag ist darauf angewiesen, dass die erfundene Welt nicht durch vergiftete Paratexte kontaminiert wird. Gerade dann, wenn es sich um die spektakuläre Inszenierung des Bösen handelt, erscheint der Status des Erfundenen besonders prekär. Das liegt daran, dass der ästhetische Genuss schrecklicher Haltungen und Taten in besonderer Weise darauf angewiesen ist, dass diese Taten nicht real sind.

Man muss sich nur einmal das folgende Gedankenexperiment vorstellen: Nach Tausenden von Morden in einem Videospiel wie *Grand Theft Auto* oder *Red Dead Redemption* stellt sich heraus, dass, jedes Mal wenn man eine virtuelle Figur erschossen, erschlagen oder überfahren hat, eigentlich ein realer Mensch gestorben ist. Für die meisten Menschen wäre das eine ethische Katastrophe von unerträglichen Ausmaßen. Es gibt Genres des Erzählens, die darauf beruhen, dass wir Dinge, die wir in der Realität zutiefst abscheulich finden würden, im Modus der Fiktion mit Freude konsumieren können: Horrorfilme etwa beruhen auf der Sicherheit, dass das dargestellte Grauen erfunden ist. Man kann sich die Verstörung kaum ausmalen, die Zuschauer einer Filmreihe wie *Saw* empfinden würden, wenn man ihnen nach dem Kinobesuch mitteilen würde, dass die gezeigte Folter echt gewesen sei.

Solche Verwechslungen finden in der Kultur nur äußerst selten statt. Der Modus der Fiktion hat sich als konventionell anerkannte Institution im Verlauf der Moderne fest etabliert. Das heißt allerdings nicht, dass diese Institution selbst stabil wäre. Gerade weil die Grenzen von Fiktion und Realität porös sind, kommt es zu Unfällen im Umgang mit dem fiktionalen Erzählen. Eine Figur wie der Politiker Frank Underwood aus der erfolgreichen Serie *House of Cards* ist darauf angewiesen, dass die Zuschauer:innen sich auf einen Charakter einlassen können, der von Anfang an als das personifizierte Böse auftritt (in einer der ersten Szenen tötet er einen Hund). Underwood folgt einem nihilistischen Machttrieb und nutzt sein Charisma, um Menschen, die ihm im Weg stehen, zu vernichten.

Dabei setzt er auch sexuelle Manipulation ein. In einer Szene macht er sich etwa die junge Journalistin Zoe Barnes gefügig, indem er sie buchstäblich erniedrigt. Er fordert sie auf, ihre High Heels auszuziehen, und sie schrumpft vor seinen und den Augen des Publikums um mehrere Zentimeter. Die Szenen zwischen Underwood und Barnes bewegen sich auf der für Serien des ›Quality-TV‹ typischen Grenze von Machtanalyse und Exploitation. An einer anderen Stelle entblößt sich die Journalistin vor Underwood, der mit seinem Smartphone Fotos von ihr macht. Underwood ist gewaltvoll, aber charmant, böse, aber auf eine sexy Art. Als Zuschauer:in soll man sich vor dieser Figur erschrecken, gleichzeitig aber auch an ihr ergötzen; ihre Taten abstoßend finden und trotzdem nicht aufhören können, weiterzuschauen.

Im Oktober 2017 wurde bekannt, dass zahlreiche Männer Kevin Spacey, der Underwood in der Serie verkörperte, vorwarfen, sie sexuell belästigt zu haben. Aufsehen erregte vor allem die Geschichte des Schauspielers Anthony Rapp, der Spacey beschuldigte, ihn im Alter von 14 Jahren sexuell belästigt zu haben. Für die Serie bedeutete das nach fünf Staffeln den Todesstoß. Zwar wurde noch eine Staffel gedreht, in der Frank Underwood allerdings plötzlich unter mysteriösen Umständen gestorben war und seine von Robin Wright gespielte Frau Claire die Hauptrolle übernahm.

Spacey wurde also zum Verschwinden gebracht – ein narrativer Revisionismus, der im Film *All the Money in The World* noch weiter getrieben wurde. Der Film, in dem es um die Entführung des Enkels von J. Paul Getty geht, war bereits abgedreht, mit Spacey in der Rolle des unsympathischen Ölmagnaten, als die Vorwürfe gegen ihn bekannt wurden. Die Veröffentlichung wurde daraufhin verschoben, und massive Reshoots wurden vorgenommen, in denen Spacey durch Christopher Plummer ersetzt wurde – eine extrem kostenaufwendige Aktion.

Aus der Perspektive des Kunstparadigmas müssen diese Eingriffe wie unerträgliche Attacken auf die Integrität von Kunstwerken wirken. Ein werkexternes Ereignis (die Vorwürfe gegen Spacey) wurde zum Ausgangspunkt ästhetischer Entscheidungen gemacht. Aus der Perspektive der Produzenten beruhen diese Entscheidungen allerdings auf einem rezeptionstheoretischen Realismus. Es handelt sich nicht um eine moralische Entscheidung, die vor dem politisch korrekten Zeitgeist einknickt, sondern um eine finanzielle. Studios oder Verlage wissen, was es bedeutet, wenn eine Künstler:in ihr Werk kontaminiert. So lassen sich auch die vielkritisierten Moralklauseln erklären, die immer mehr zum Teil der Verträge werden, die die Institutionen, die das finanzielle Risiko für die Produktion von Kunst tragen, mit den Künstler:innen abschließen. Darin werden schwere Sanktionen angedroht, wenn die Künstler:innen in der Öffentlichkeit zum Gegenstand von Empörung und Skandalen werden.

Diese Klauseln verweisen vor allem auf ein Wissen um die Fragilität ästhetischer Erfahrungen. Viele Menschen wollen einen Film oder eine Serie nicht mehr schauen, wenn sich der vergiftete Paratext einer anderen, unangenehmen Erzählung über den Genuss legt. Die Figuren wurden im Fall Spaceys aus dem Verkehr gezogen, um die Rezeption und damit den finanziellen Erfolg der Erzählungen zu beschützen. Gerade bei den Figuren, die Spacey normalerweise verkörpert – Schurken und Unsympathen –, erscheint dieser Schutz besonders notwendig. Die Empörungsmaschine der Kunst (Kapitel 9) ist darauf angewiesen, dass die Emotionen, die wir in Bezug auf fiktive Charaktere entwickeln, nicht von realer Empörung überlagert werden.

Eine geläufige Vorstellung vom kreativen Prozess geht davon aus, dass Künstler:innen für ihre Kunst aus ihrem eigenen Leben schöpfen. Schriftsteller:innen etwa verarbeiten Dinge, die sie selbst erlebt haben, Musiker:innen greifen für ihre Songs auf autobiographische Schmerzen zurück, und Schauspieler:innen bauen ihre Figuren auf dem eigenen Gefühlsleben auf. Diese Vorstellung des kreativen Prozesses bekommt etwas ausgesprochen Irritierendes, wenn wir den Eindruck haben müssen, dass die Performance, die wir genießen, die künstlerische Leistung, von der wir begeistert sind, auf realen Verbrechen beruht. Die Brillanz einer Szene wie der, in der Frank Underwood eine junge Frau sexuell demütigt, verstrickt den gebannten Zuschauer in eine unangenehme Komplizenschaft, wenn sich der Verdacht aufdrängt, dass der Schauspieler seine Inspiration aus einer realen Täterschaft bezogen hat.

Spacey selbst steigerte die moralische und ästhetische Verwirrung noch mehr, als er an Heiligabend 2018 unter dem Titel »Let me be Frank« ein eigenartiges Video veröffentlichte, in dem er sich in einer Schürze in der Küche stehend (vor einem Weihnachtsbraten) mit der Stimme und Gestik von Frank Underwood direkt an das Publikum wandte.[17] Die doppelte Bedeutung von »frank«, nämlich ›ehrlich‹ und der Vorname seiner Figur, deutete das paradoxe Vorhaben an, in aller Ehrlichkeit durch eine fiktive Figur zu sprechen. Gleichzeitig ist die Ankündigung »Let me be Frank« auch als Forderung zu verstehen, wieder die Figur verkörpern zu dürfen. Im Video sagt Underwood/Spacey dann zu Beginn in der für *House of Cards* charakteristischen direkten Ansprache an die Zuschauer:innen:

»Ich weiß, was ihr wollt. Sicher, sie haben versucht, uns zu trennen, aber: Was wir haben, ist zu stark, ist zu mächtig. Immerhin haben wir alles geteilt, du und ich. Ich habe dir meine tiefsten, dunkelsten Geheimnisse erzählt. Ich habe dir gezeigt, wozu Menschen in der Lage sind. Ich habe dich mit meiner Ehrlichkeit schockiert. Aber vor allem habe ich dich herausgefordert und zum Nachdenken gebracht. Und du hast mir vertraut, obwohl du wusstest, dass du nicht solltest.«

Spacey nutzt die Maske seiner Figur, um sich in einer populistischen Geste direkt an die Fans zu richten. Diese Fans werden umworben und umschmeichelt. Spacey lässt Underwood sagen, dass er sich sicher ist, dass die Zuschauer:innen ihn zurückwollen, dass sie klüger sind als andere, dass sie nie jemanden ohne Beweise verurteilen würden. Rezeption wird in diesem Video wie eine Beziehung beschrieben, die eine finstere Macht von außen zerstören will. Diese Macht ist die öffentliche Meinung, die Spacey verurteilte und die Institutionen, die für seine Entfernung aus der Serie verantwortlich sind. Ästhetische Verlustangst wird hier bewusst instrumentalisiert: Man hat den Zuschauer:innen etwas weggenommen, nämlich die Figur, die sie lieben, und damit auch den Schauspieler, der sie verkörpert. Beide

Dinge sind nicht mehr voneinander zu trennen. Die parasoziale Beziehung *soll* in diesem Fall die Grenze zwischen Fiktion und Realität brüchig werden lassen, um das Bedürfnis nach einer Rückkehr der Figur in Solidarität mit der Person hinter der Figur umzumünzen.

Was dieses mehrfach groteske Vorhaben noch einmal zusätzlich ironisch bricht, ist die Tatsache, dass das ganze Video mit der Stimme einer Figur vorgetragen wird, die als virtuoser Lügner und Manipulator berühmt geworden ist. So wie Underwood mit seinen Zuschauer:innen redet, redet er eben auch mit den anderen Figuren der Serie, die von ihm ausgebeutet und vernichtet werden. Der Versuch, reale Menschen zur Parteinahme mit einer realen Person zu überreden, wird im Modus toxischer Beziehungen vorgetragen. Das Video ist sich dieser Ironie bewusst. Die ganze Argumentation ist darauf aufgebaut, dass Menschen gerne fiktive verwerfliche Figuren rezipieren. Das ästhetische Programm dieser Aktion lässt sich in der Aussage zusammenfassen: ›Ihr wolltet es doch auch.‹ Wer die Untaten Underwoods genossen hat, so die implizite Forderung, der müsse nun auch mit den persönlichen Untiefen Spaceys zurechtkommen. Die gleiche Ambivalenz (die gleiche *suspension of moral sense*), die der fiktiven Figur entgegengebracht wurde, wird auch für die reale Person reklamiert.

Es handelt sich um einen Fall, der in vielfacher Hinsicht repräsentativ für die ästhetischen Konflikte der Gegenwart ist. Ein Künstler nutzt die publizistische Infrastruktur des Internets, um sich direkt an die Rezipient:innen zu richten. Eine solche Geste wäre in vordigitalen Zeiten wahrscheinlich ein Kuriosum geblieben. Dank Youtube hat diese Geste aber innerhalb von vier Jahren 13 Millionen Aufrufe und über 46 000 Kommentare generiert, ein fast unvorstellbares Ausmaß an Resonanz. Die Kommentarspalte unter dem Video wurde zu einem Aushandlungsort für den Konflikt um die Schuld oder Unschuld Spaceys, um die gesellschaftliche Bedeutung der #MeToo-Bewegung und um den Status des Verhältnisses von Moral und Ästhetik.

Diese Kommentare sind eine ungemein produktive Quelle. Hier finden sich wütende Verteidigungen des Schauspielers, Beteuerungen seiner Unschuld, die Feier seiner Kunst genauso wie empörte Verurteilungen, Ekel über sein Verhalten und Trauer um die Serie, die man nun nicht mehr sehen kann. Diese Kommentierbereitschaft ist über die Jahre nicht abgeflaut. Als Spacey etwa im Jahr 2023 in einem Gerichtsverfahren freigesprochen wurde, häuften sich Kommentare, die ihm gratulierten und die Hoffnung über eine Neuauflage der Figur zum Ausdruck brachten (»Unschuldig. Gratulation«, »Jetzt kann er wieder Frank sein«). Das führte sofort zu neuen Konflikten. Menschen begannen sich zu streiten, die Kontroverse über die Vorwürfe neu aufzurollen.

Wie sich in diesem Buch immer wieder gezeigt hat, ist die Frage danach, wem die Kunst gehört, wer darüber entscheiden können soll, wie sie auszusehen hat, eine der größten Quellen ästhetischer Wut. Spacey erhob in seinem Video den kreativen Anspruch auf eine Figur, die ihm streng genommen gar nicht gehört. Die Verantwortlichen für Produktion, Drehbuch, Regie sind an einer Figur ebenso (wenn nicht sogar viel mehr) beteiligt wie der Schauspieler, der sie verkörpert. Allerdings haben auch die Rezipient:innen durch die Digitalisierung im Konflikt um diese Frage eine ungeheure Macht gewonnen. Dieses Reservoir von Wut versucht Spacey bewusst anzuzapfen, indem er in dem Video eine (urheberrechtlich problematische) Aneignung der Figur vornimmt, in der Hoffnung, der Empörung über seine angeblichen Vergehen eine Empörung über den Verlust der Figur entgegenzustellen.

Spaceys groteske Ansprache wirkt dabei wie die Verkehrung des Narrativs vom wahnsinnigen Fan, der in einer wahnhaften Verwechslung von Figur und Person beginnt, der Person des Künstlers nachzustellen. Ein halb ironischer Kommentar unter dem Video bringt die damit verbundene Ambivalenz auf den Punkt: »This dude is like an actual real villain« – »Der Typ ist wie ein echter realer Schurke.« Der Schauspieler, dessen Figur man als Teil einer fiktionalen Erzählung genossen hat, weil sie sich so herrlich dunkel und schurkisch gebärdete, erweist sich als realer Schurke, der seine Persönlichkeit in die Figur investiert hat, was am Ende deren Kontamination bewirken musste. Der Fall zeigt, wie ein Künstler sein eigenes Werk vernichten kann, indem er das fragile Gerüst, das die Rezeption überhaupt möglich macht, durch sein außerästhetisches Verhalten einfach abreißt.

RIP J. K. Rowling

Der erste Impuls in einem Konflikt über die Trennung von Kunst und Künstler:in ist in den meisten Fällen, die Person hinter der Kunst gegen die Vorwürfe zu verteidigen. Die ästhetische Verlustangst schlägt in Wut auf diejenigen um, die einem ein geliebtes Kunstwerk wegnehmen wollen. Allerdings kann diese Wut sich schließlich auch gegen die Künstler:in selbst richten. Deren Fehlverhalten wirkt wie eine Form des *Verrats am eigenen Werk*, der dazu führt, dass die Rezeption – der wichtigste Teil der ästhetischen Kommunikation – gestört und verhindert wird. Dieser Aspekt spielt in den Debatten um Ästhetik und Moral oft nur eine untergeordnete Rolle, obwohl gerade hier ein naheliegendes Konfliktpotential brodelt: Die Verantwortung für eine gelungene oder misslungene ästhetische Erfahrung liegt bei der Produktion. Und dazu gehört, dass auf dieser Ebene keine vergifteten Paratexte entstehen, die den Konsum eines ansonsten geliebten Kunstwerks unmöglich machen.

Auf den ersten Blick erscheint es viel verlangt, dass Künstler:innen nicht nur die Werke schaffen, die wir lieben, sondern sich auch noch in ihrem Privatleben so verhalten, dass unsere Rezeption dieser Werke nicht durch unwillkommene Mitteilungen sabotiert wird. Ein Blick auf die zerstörerische Kraft vergifteter Paratexte zeigt allerdings, dass genau diese Erwartungshaltung prägend für die Rezeption von Kunstwerken ist. Wenn etwa Kevin Spacey nicht die Vorwürfe auf sich gezogen hätte, dann wäre die Figur Frank Underwood nicht so nachhaltig verdorben worden, dass man sie aus dem Verkehr ziehen musste. Damit erscheint am Ende vor allem der Künstler als verantwortlich für den ästhetischen Verlust. Die Moralklausel, die inzwischen zum Bestandteil zahlreicher künstlerischer Produktionsverträge geworden ist, verweist auf eine übergeordnete Moralklausel, die in modernen Kulturen existiert: Das Werk darf nicht durch das persönliche Verhalten der Urheber:in zerstört werden.

Ein Fall, in dem diese Moralklausel auf eine für die Fangemeinde katastrophale Art und Weise verletzt wurde, betrifft das Verhältnis der Autorin J. K. Rowling zu einem Teil ihrer Leser:innen. Als Verfasserin der Harry-Potter-Reihe kann Rowling als eine der erfolg- und einflussreichsten Autorinnen der Gegenwart gelten. Ihre Romane werden nicht nur millionenfach gelesen, sondern haben auch Generationen von Jugendlichen geprägt. Die Bücher bieten bewohnbare Welten, die Figuren laden dazu ein, dass tiefe persönliche Beziehungen zu ihnen aufgebaut werden, und im Austausch über die Bücher hat sich ein Fandom formiert, das zum Ort einer umfassenden Vergemeinschaftung geworden ist. Um die Fantasy-Reihe hat sich eine ganze Kultur der ästhetischen Identifikation ausgebildet – von einer Flut an Fanfiction, in der sich die Leser:innen in das narrative Universum einschreiben, über aufwendiges Cosplay, die Organisation des Mannschaftssports Quidditch bis hin zu Harry-Potter-Hochzeiten.

Diese starke Bindung an ein Kunstwerk wurde empfindlich gestört, als die Autorin 2020 begann, mit Äußerungen an die Öffentlichkeit zu treten, die von vielen Menschen als transfeindlich wahrgenommen wurden. Immer stärker positionierte sich Rowling auf der Seite derjenigen, die sich gegen die Anerkennung von trans Menschen und für die Essentialisierung biologischer Geschlechter einsetzten. Schließlich veröffentlichte sie im Sommer 2020 einen Essay, in dem sie zahlreiche Gründe für ihre politische Skepsis gegen die Erleichterung von Transitionen artikulierte.

Insbesondere verwies sie auf ihre eigene Erfahrung als Opfer sexualisierter Gewalt – eine Erfahrung, die sie traumatisiert und ihr Sicherheitsgefühl für immer erschüttert habe. Dieses Sicherheitsgefühl könnte, so Rowling, gesamtgesellschaftlich zerstört werden, wenn man trans Identitäten gesetzlich zu einfach anerkennen würde: »Wenn man die Türen von Badezimmern und Umkleideräumen für jeden Mann öffnet, der sich für eine Frau hält oder sich so fühlt – und wie ich bereits sagte, kann die Bescheinigung über die Geschlechtszugehörigkeit jetzt auch ohne Operation oder Hormone ausgestellt werden –, dann öffnet man die Tür für alle Männer, die eintreten wollen. Das ist die einfache Wahrheit.«[18]

Diese und andere Äußerungen lösten einen Sturm der Empörung aus, ein diskursives Ereignis, das vor allem durch die Kommunikationsmöglichkeiten der Sozialen Medien möglich gemacht wurde. Dort hatte Rowlings Auseinandersetzung mit den eigenen Fans begonnen. Die Autorin war zunächst für einzelne Likes und Retweets kritisiert worden und hatte sich in Streitereien mit anderen Social-Media-Nutzer:innen verstrickt. Diese Konflikte waren dann immer mehr eskaliert. Rowling wurde in den Mittelpunkt einer erbitterten Debatte gestellt, in die sie sich immer wütender einmischte. Gleichzeitig kochten auch die Anfeindungen gegen die Autorin hoch. Sie berichtete von Morddrohungen und Eingriffen in ihre Privatsphäre: »Ich hatte mich über die Bedeutung von biologischer Geschlechtlichkeit [Sex] geäußert und muss seitdem den Preis dafür zahlen. Ich war transphob, ich war eine Fotze, eine Schlampe, eine TERF, ich verdiente Cancellation, Schläge und den Tod.«[19] Eine Person habe sogar zu ihr gesagt, sie sei Voldemort – der hitlerartige Schurke der Romane.

Dieser eigentümliche Versuch, die Autorin mit einer Figur aus ihrem eigenen Roman zu diskreditieren, verweist auf die Verwirrtheit des ästhetischen Konfliktes, der sich um das Harry-Potter-Universum herum angelagert hat. Für zahlreiche Fans der Bücher erscheint das politische Engagement der Autorin als existentielle Bedrohung. Die Kluft zwischen den eigenen politischen Überzeugungen und denen der Autorin des geliebten Werkes wurde zur Quelle einer schmerzhaften Verlustangst. Konnte man die Bücher jetzt überhaupt noch lesen?

Diese Frage transportiert konkrete Befürchtungen: Was bedeuteten die als monströs wahrgenommenen Ansichten der Urheberin für das eigene Verhältnis zu den Figuren, die sie geschaffen hat? Das Entsetzen über diese Ansichten färbt die persönliche Bindung zu Charakteren wie Harry, Hermine oder Ron, bedroht das narrative Heimatgefühl, das man zu einem Ort wie Hogwarts entwickelt hat. Rowlings rätselhafte politische Besessenheit musste für einen Teil ihres Fandoms wie der klassische Fall eines vergifteten Paratextes wirken, gerade weil die Bücher für junge Menschen, die sich aufgrund von Fremdheitsgefühlen in einer Gesellschaft, die ihre kulturellen und geschlechtlichen Identitäten nicht anerkennen will, ein wichtiges Identifikationspotential bereitstellten.

Vor diesem Hintergrund entwickelten sich erbitterte Machtkämpfe um die *Werkherrschaft* (Kapitel 1). So meldeten sich etwa einige der Schauspieler:innen aus den Verfilmungen zu Wort, um sich von den Ansichten Rowlings zu distanzieren. Dazu gehörten Daniel Radcliffe, Rupert Grint und Emma Watson, die die Hauptfiguren in der Reihe spielten. Auch in diesem Fall kam es also zu Vermischungen zwischen der Ebene der fiktionalen Welt und der Realität. Zwar fand diese Distanzierung nicht – wie bei Kevin Spacey – im Kostüm der Charaktere statt, die sie verkörperten, aber die Nähe von Schauspieler:in und Figur wird gerade bei extrem populären Filmreihen als so eng wahrgenommen, dass man durchaus den Eindruck bekommen konnte, die Figuren würden sich von ihrer Urheberin distanzieren.

Weitere Versuche, die Autorin zu entmachten, fanden vor allem auf der Ebene der Rezeption statt. Besonderes Aufsehen erregte eine Aktion, in der Leser:innen tausendfach die

Schlachtrufe #harrypotterhasnoauthor und #RIPJKRowling in den Sozialen Medien posteten. Die Autorin wurde also kurzerhand für tot erklärt – ein brachialer Versuch, die Urheberin eines geliebten Werkes aus der literarischen Kommunikation auszuschließen. Was in der Literaturwissenschaft unter dem Motto ›Tod des Autors‹ seit Jahrzehnten als theoretische Debatte geführt wird, wurde in diesem Fall als konkreter Angriff auf die Integrität der ästhetischen Urheberschaft durchgeführt. Um die eigene Rezeption vor dem vergifteten Paratext der politischen Ansichten Rowlings zu schützen, musste ihr das eigene Werk symbolisch weggenommen werden.

Die Frage, wem das Werk eigentlich gehört, eskalierte zu einem Akt offener antiauktorialer Gewalt. Diese Gewalt schien aus der Perspektive der Fans gerechtfertigt, da die Autorin mit ihrem politischen Engagement das eigene Werk kontaminiert hatte. Es waren in diesem Fall keine ästhetischen Entscheidungen, die zum Konflikt führten, im Gegenteil: Das Werk selbst schien zunächst unproblematisch und schützenswert. Was die Rezeption zu verderben drohte, waren die werkexternen Äußerungen der Autorin.

Ob es sich bei dem Versuch, die Autorschaft Rowlings öffentlich zu leugnen, um eine effektive Strategie handelt, eine geliebte ästhetische Erfahrung vor vergifteten Paratexten zu schützen, bleibt fraglich. Die Verbindung von Autorschaft und Werkherrschaft ist in modernen Kulturen zu stark etabliert, um durch eine konzertierte Aktion der Rezipient:innen vollständig gekappt werden zu können. Man kann eine Autorin nicht vollumfänglich enteignen. Die schiere Tatsache, dass diese Person die Romane geschrieben hat, zu denen man ein tiefes und emotional aufgeladenes Verhältnis aufgebaut hat, lässt sich nicht vergessen machen.

Zudem bleibt die unhintergehbare ökonomische Tatsache bestehen, dass die Rezeption des Werkes einen finanziellen Vorteil für die Urheberin besitzt. Indem man den Romanen Aufmerksamkeit zollt, indem man sie kauft, die Filme schaut oder die Computerspiele spielt, unterstützt man die Autorin, die aufgrund moderner urheberrechtlicher Regeln Anspruch auf einen Teil der Einkünfte hat, die ihr Werk generiert. Allein dieser Umstand ist politisch und ethisch aufgeladen. Wer die Autorin durch die Rezeption unterstützt, unterstützt auch ihre Agenda.

Die Konflikte um J. K. Rowling zeigen, wie prekär der Status von Autorschaft und Rezeption in Gegenwartskulturen ist. Es kann dabei zu einer regelrechten Akkumulation vergifteter Paratexte kommen, die dazu geeignet sind, die Rezeption eines Werkes nachhaltig zu beschädigen. Im Fall der Filmreihe *Fantastic Beasts*, die die historische Vorgeschichte des Harry-Potter-Universums erzählt, vermengte sich die Kontroverse über Rowlings politische Ansichten mit den Vorwürfen häuslicher Gewalt, die gegen einen der Stars, Johnny Depp, erhoben wurden. Depp musste das Studio, in dem die Filme produziert wurden, verlassen und wurde im dritten Teil der Reihe als Schurke Gellert Grindelwald durch Mads Mikkelsen ersetzt. Zu diesem Zeitpunkt geriet auch der Schauspieler Ezra Miller, der in *Fantastic Beasts* eine wichtige Nebenrolle spielte, wegen Vorwürfen körperlicher Gewalt in die Kritik.

Im Fall des Computerspiels *Hogwarts Legacy*, das 2023 veröffentlicht wurde, kam es dann zu einem offenen Boykottaufruf. Es wurde also nicht mehr versucht, das Werk von der Autorin zu trennen, sondern direkt gefordert, von einer Rezeption vollständig abzusehen. Influencer und Medien, die trotzdem über das Spiel berichteten und es rezensierten, wurden teilweise heftig angefeindet. Die Debatte um *Hogwarts Legacy* markierte eine weitere Eskalationsstufe im Konflikt zwischen der Autorin und ihren Fans. Dieser Konflikt zeichnete sich bereits auf der Ebene der Produktion ab. Die Hersteller des Spiels versicherten öffentlich, Rowling sei an der Produktion nicht beteiligt gewesen; im Spiel selbst gibt es auch eine trans Figur.

Solche Signale der Distanzierung verweisen auf die Fragilität der Werkherrschaft im Fall von großen popularkulturellen Universen. Diese Fragilität kann dazu führen, dass sich Schauspieler:innen oder Computerspielproduzenten von der Person distanzieren, die die Figuren und Welten, an denen sie mitarbeiten, doch ursprünglich eigentlich geschaffen hat. Auf eine ähnliche Art und Weise war bereits bei der *Fantastic-Beasts*-Reihe der Name der Autorin immer mehr aus dem Paratext der Filme verschwunden. Wie ein Artikel im *Guardian* spöttisch feststellte, war Rowling in den beiden ersten Filmen noch prominent zu Werbezwecken eingesetzt worden: »Als es an der Zeit war, den Appetit auf den dritten Teil zu wecken, war sie zum schmutzigen Geheimnis in *The Secrets of Dumbledore* geworden und wurde in das Kleingedruckte am unteren Rand des Bildschirms verbannt.«[20]

Der Konflikt um das Harry-Potter-Universum ist eines der eindrücklichsten Beispiele für die Macht des vergifteten Paratextes in der Kultur des 21. Jahrhunderts. Die Trennung von Werk und Autor erscheint nicht nur als akademisches Gedankenspiel, sondern als existentielles Problem der alltäglichen Rezeption. Das Werk muss, um einen ästhetischen Komplettverlust zu verhindern, vor der eigenen Autorin geschützt werden, die es durch den vergifteten Paratext ihrer politischen Aussagen zu zerstören droht. Moral und

Ästhetik erweisen sich als untrennbar verknüpfte Ansprüche an das Kunstwerk. Werkexterne Aspekte lassen sich aus dem Diskurs über die gelungene oder misslungene Rezeption nicht verbannen – und dazu gehört eben vor allem die Person hinter der Kunst. Das Private ist ästhetisch. Was Autor:innen, Schauspieler:innen, Musiker:innen tun, sagen und denken, hat Einfluss auf die Wahrnehmung ihrer Werke und kann diese Werke – wie ich gezeigt habe – vergiften.

Eine Frage, die ich am Ende dieses Kapitels stellen möchte, ist: Lässt sich die kontaminierende Wirkung vergifteter Paratexte loswerden? Bis zu einem gewissen Grad ist diese Wirkung unhintergehbar, allerdings scheint sie – zumindest auf lange Sicht – eine gewisse Halbwertszeit zu besitzen. Der Genuss der Gemälde Caravaggios wird heute wohl nicht mehr durch die Tatsache eingeschränkt, dass er ein Mörder sein soll. Das Irritationspotential dieser Vergehen wurde im Verlauf einer langen Rezeptionsgeschichte vollständig abgeschliffen.

Im Fall von Künstlern wie Richard Wagner oder Louis-Ferdinand Céline, deren politische Vergehen zwar länger zurückliegen, allerdings noch immer große gesellschaftliche Bedeutung besitzen, wird die Rezeption durch einen Apparat kultureller Reflexion legitimiert. Man erkennt an, dass es sich in beiden Fällen um obsessive Antisemiten handelte – ein Umstand, der ausgiebig erforscht und historisiert wurde. Der ästhetische Genuss wird also problematisiert und dadurch legitimiert. Diese Form der Rezeption ist allerdings nur deshalb möglich, weil es durch eine zeitliche Distanz von den Vergehen zu einer diskursiven Abkühlung gekommen ist.

Heilt die Zeit also auch im Verhältnis von Ästhetik und Moral alle Wunden? Macht erst der historische Abstand zu

einer Debatte die Trennung von Werk und Autor möglich?
Hört das Gift des vergifteten Paratextes irgendwann auf zu wirken? Wird es etwa eine Zukunft geben, in der die Erinnerung an die Vorwürfe gegen Woody Allen oder Kevin Spacey verblasst sind, ihre Filme aber weiter rezipiert werden? Antworten auf diese Fragen lassen sich kaum generalisieren, weil die Reaktionen auf einen vergifteten Paratext von Rezipient:in zu Rezipient:in unterschiedlich sind. Es gibt sicherlich Menschen, die nie in ihrer Rezeption gestört wurden, andere, die schon nach kurzer Zeit einen Film oder ein Buch wieder konsumieren können, ohne dass die werkexternen Mitteilungen über ein Fehlverhalten an den Figuren klebt; und wiederum andere, für die das paratextuelle Wissen die Rezeption für immer unmöglich gemacht hat.

Es handelt sich bei der Historisierung vergifteter Paratexte um einen volatilen Prozess, der in beide Richtungen gehen kann. Denn Informationen über das Leben der Künstler:in können auch in der historischen Rückschau wieder mit kontaminierendem Potential aufgeladen werden, wenn sich der Zeitgeist verändert. Paul Gauguin etwa, dessen Bilder des Südseelebens lange Zeit als unangefochtene Meisterwerke der Moderne galten und sich auch bei einem breiten Publikum großer Beliebtheit erfreuten, wird seit einiger Zeit ins Zwielicht ethischer und politischer Vorwürfe gestellt. Dazu gehört zum einen der kolonialistische Blick, der den Bildern unterstellt werden kann, zum anderen die bekannte Tatsache, dass Gaugin sexuelle Beziehungen zu minderjährigen polynesischen Mädchen unterhielt. Vor diesem Hintergrund fragte ein Artikel in der *New York Times* von 2019 in seiner Online-Version anlässlich einer Ausstellung in der National Gallery in London: »Ist es Zeit, Gaugin zu canceln?«[21]

 Ähnliche Probleme haben sich auch in Bezug auf die Rezeption Pablo Picassos ergeben, dessen Status als Klassiker der Moderne in den letzten Jahren aufgrund seines oft monströsen Umgangs mit Frauen angegriffen wurde. Dieser Umgang wurde lange Zeit als Teil einer konventionellen männlichen Künstlerbiographie ignoriert oder gar heroisiert. In einem wütenden Segment ihrer vielbeachteten Show *Nanette* kritisierte die Satirikerin Hannah Gadsby den Geniekult um Picasso und wie dieser Kult dazu genutzt wurde, um misogynes Gedankengut zu verbreiten und toxische Beziehungen zu legitimieren. Gadsby richtete ihre Wut vor allem auf Picassos Beziehung zu Marie-Thérèse Walter, die 17 Jahre alt war, als der 45-jährige Maler sie kennenlernte. Ihr vernichtendes Urteil über diesen Aspekt der Kunstgeschichte lässt sich in folgendem Witz zusammenfassen: »The history of Western art is just the history of men painting women like they're flesh vases for their dick flowers.«[22] (»Die Geschichte der westlichen Kunst besteht aus Männern, die Frauen gemalt haben, als wären sie nur Fleischvasen für ihre Schwanzblumen.«)

Die zeitgenössischen Kontroversen um Gaugin und Picasso zeigen, wie stark die Wirkung eines vergifteten Paratextes vom historischen Kontext der Rezeption abhängig ist. Welche werkexternen Informationen den Genuss eines Werkes verderben können, lässt also immer auch Rückschlüsse über die moralischen und ästhetischen Obsessionen einer Kultur zu. Gerade deshalb erscheint die strenge Forderung, diese Ebenen im Sinne des modernen Kunstparadigmas säuberlich voneinander zu trennen, unproduktiv und unplausibel. Die politische Wut und moralische Enttäuschung, die Entrüstung über Kunst und die Entrüstung über diese Entrüstung sind existentielle Aspekte der ästhetischen Erfahrung. Wer wissen möchte, welchen Status Kunst in einer Gesellschaft zu einem bestimmten Zeitpunkt besitzt, der muss nach den vergifteten Paratexten dieser Gesellschaft fragen.

11 TROTZREZEPTION – KUNST UND POLITIK

›Keep your politics out of my games!‹

Ein Schlachtruf, der den öffentlichen Diskurs um Computerspiele seit Jahren prägt, lautet: ›Keep your politics out of my games!‹ – ›Verschont meine Spiele mit eurer Politik!‹ Diese wütende Forderung reagiert auf die Befürchtung, dass progressive politische Anliegen – insbesondere mehr Diversität – den Spaß an einem Spiel zu verderben drohen. Dabei geht es oft um die Integration von queeren oder nichtweißen Figuren in die Handlung der Spiele. Eugen Pfister hat darauf hingewiesen, dass eine Verbindung zwischen Computerspielen und Politik von vielen Spieler:innen, aber auch von Entwickler:innen häufig als Problem verstanden wird, welches es zu vermeiden gelte.[1] Pfister zitiert etwa den Präsidenten von Nintendo of America mit den Worten: »Politische Stellungnahmen können andere machen. Wir wollen, dass die Leute lächeln und Spaß haben, wenn sie unsere Spiele spielen.« Das reine Vergnügen wird also gegen den Bereich der politischen Stellungnahme ausgespielt. Auf der einen Seite stehen das Lächeln und der Spaß; auf der anderen Seite die ernste Politik.

Gerade bei vielen Computerspielen erscheint dieses Reinheitsbedürfnis absurd. So versuchte Julian Gerighty, Associate Creative Director der Firma Ubisoft, eine Frage nach dem politischen Gehalt des Spiels *Tom Clancy's The Division* von 2016 mit den Worten abzuwehren: »Letzten Endes ist es ein Videospiel, ein Unterhaltungsprodukt … Es gibt keine besonders politische Botschaft darin.« Bei *The Division* handelt es sich allerdings um einen postapokalyptischen Shooter, in dem nach einer tödlichen Epidemie die soziale Ordnung zusammengebrochen ist. Die Handlung folgt einem Special-Agent, der dafür sorgen soll, dass diese Ordnung wiederhergestellt wird. Die politischen Implikationen dieses Szenarios liegen auf der Hand: die Verherrlichung von Militarismus und Waffengewalt, die Paranoia vor urbanem Chaos etc. Diese Aspekte der Erzählung sind selbst dann augenfällig, wenn man die notorisch reaktionären Ansichten Tom Clancys ignoriert, auf dessen erzählerischem Universum das Spiel beruht.

Trotz des offenkundig politischen Gehalts vieler Spiele herrscht in der Branche und in Teilen der Szene eine Abwehrhaltung, die immer wieder die politische Unschuld des Spielens betont. Lange Zeit, schreibt Rainer Sigl, habe die Industrie geleugnet, »dass ihre Spiele, die so gern die reale, komplexe Welt immer fotorealistischer abbilden, auch politische Aussagen über diese Welt treffen – ob sie es beabsichtigen oder nicht.«[2] Es handelt sich dabei um den hilflosen Versuch, das brodelnde Konfliktpotential des Themas zu befrieden. Die Firmen wollen so viele Spiele wie möglich verkaufen und haben die berechtigte Angst, dass eine politische Stellungnahme einen Teil der Käuferschaft in einen Boykott drängen könnte. Eine politische Botschaft ist ein Faktor, der Rezeption verhindert – eine Kontamination der ästhetischen Erfahrung, die den Genuss an einem Werk verdirbt. Allerdings scheint niemand wirklich klar zu wissen, was den Tatbestand einer ›politischen Botschaft‹ wirklich begründet.

Die Auseinandersetzung um Computerspiele ist nur ein aktuelles Kapitel in einer historischen Debatte, die weit zurückreicht und die unendlich viele Wortmeldungen hervorgebracht hat. In dieser Geschichte wurde sowohl die Trennung der beiden Bereiche streng eingefordert als auch die politische Wirksamkeit von Kunst beschworen. Es handelt sich um eine der großen Streitfragen in der Geschichte der Ästhetik. Lange Zeit war Kunst fast grundsätzlich politisch, insofern sie von Machthabern finanziert wurde, um Herrscher oder religiöse Ideologien zu verherrlichen. Die Kunst gestaltete sich nach dem Willen und Geschmack des Mäzens, der seine Macht in Bezug auf die ästhetische Faktur der Werke geltend machen konnte. Erst mit dem Aufstieg des Bürgertums und der Entwicklung eines modernen Marktes entwickelte sich die Vorstellung von einer autonomen Kunst, die unter anderem frei sein sollte von politischen Begehrlichkeiten.

In diesem Kontext entwickelte sich auch der ästhetische Sauberkeitsdiskurs des Kunstparadigmas (Kapitel 2), der die politische Instrumentalisierung ästhetischer Strategien als Kontamination betrachtet. Ähnlich wie in der Debatte um Moral und Kunst (Kapitel 8) wurde Politik als störender, ja kunstfeindlicher Faktor kritisiert. Diese Kritik gewinnt durch die Geschichte der politischen Instrumentalisierung von Kunst eine gewisse Plausibilität. Die Stalinhymnen oder Hitlergesänge, die die Literaturgeschichte hervorgebracht hat, die Propagandagemälde und Statuen von Tyrannen, die Marschmusik, mit der Armeen in Kriege geschickt wurden – all das berechtigt ein gesundes Misstrauen gegen die politische Inanspruchnahme ästhetischer Strategien.

Von einem solchen historischen Reflexionsgrad ist der Streit um Politik und Computerspiele in der Gegenwart noch weit entfernt. Trotzdem beziehen sich auch die Menschen, die (vor allem im Internet) den politischen Angriff auf »ihre« Spiele mit dem Schlachtruf »Keep your politics out of my games« abzuwehren versuchen, auf diese Tradition des Autonomieparadigmas. Die Forderung nach einem reinen Spielen, reinen Vergnügen, reinen Spaß beruht auf der Vorstellung, dass es sich um luftabgeschlossene Erfahrungen handelt. Diese Erfahrungen sollen einen Schutzraum vor den Wirren der Außenwelt bieten, insbesondere vor der Ernsthaftigkeit politischer Kämpfe. Es handelt sich um eine Vorstellung, die natürlich weit entfernt von den Vorgaben des Kunstparadigmas ist, das – wie sich immer wieder gezeigt hat – ein eher feindseliges Verhältnis zum sinnlichen Vergnügen charakterisiert. Es lassen sich aber durchaus Überschneidungen feststellen, denn auch im Fall der Computerspiele wird die Autonomie der Werke streng eingefordert. Diesmal allerdings im Namen radikaler Sinnlichkeit. Der reine Spaß an der fiktionalen Welt wird gegen spaßexterne Faktoren streng verteidigt.

Ein Fall, der diese Irritation eindrücklich illustriert, war die Kontroverse um das Spiel *The Last of Us Part II.* Das Action-Adventure ist in einer Welt angesiedelt, in der Zombies die Reste einer zusammengebrochenen Zivilisation bedrohen. Der erste Teil des Spiels war – vor allem wegen der psychologisch komplexen Figuren und der filmreifen Handlung – ein großer Erfolg, sowohl bei der Kritik als auch bei den Spieler:innen. Der zweite Teil sorgte dann aber für eine heftige Debatte. Gleich zu Beginn wird der Protagonist des ersten Teils, Joel, überraschend auf eine beiläufige, fast würdelose Art ermordet (mit einem Golfschläger). Danach spielt man seine Ziehtochter Ellie auf ihrem Rachefeldzug, allerdings nicht die ganze Zeit. Denn der narrative Schock von Joels Tod wird im Verlauf der Handlung noch überboten: Ab einem bestimmten Zeitpunkt muss man plötzlich als Abby spielen – Joels Mörderin.

Diese erzählerischen Kunstgriffe wurden von der Kritik als meisterhafter Umgang mit der moralischen Ambivalenz von Figuren gefeiert. Für viele Gamer:innen war das allerdings zu viel des Guten. Was von den einen als Qualitätssteigerung gepriesen wurde, die Computerspiele ein Stück mehr in Richtung hochkultureller Weihen rücken würde, war für die anderen ein Schlag ins Gesicht der einfachen Rezipient:innen, denen man ohne Not eine geliebte Figur geraubt hatte. Die Trauerarbeit um Joel explodierte in ungeheurer Empörung auf das Entwicklerstudio, dem man Verrat an den Figuren und der Handlung und damit Verrat an den Fans vorwarf. Diese Empörung unterlag von Anfang an einer starken Politisierung. In die Wut über den Tod Joels mischte sich ein Verdacht über die politischen Motivationen, die die Entwickler dazu gebracht haben könnten, das Spiel so zu ruinieren.

The Last of Us Part II wurde zum Opfer einer massiven Review Bomb (Kapitel 3), die auf Seiten wie Metacritic zu einer Flut negativer Rezensionen führte. Ein User schrieb etwa im Dezember 2023: »Aufgrund der linken wokeness leider nicht spielbar! Der Protagonist des ersten Teils, welcher von allen geliebt wurde, wird einfach von einem unwichtigen Charakter getötet, von dem man vorher noch nie etwas gehört hat!« Die Beiläufigkeit, mit der Joel von Abby erschlagen wird, erscheint als Angriff auf die Spieler:innen, die im ersten Teil die Welt viele Stunden lang aus der Perspektive dieser Figur erlebt hatten. Hinter diesem erzählerischen Twist vermutet man ›linke Wokeness‹ – vielleicht in dem Sinne, dass ein männlicher Charakter aus Diversitätsgründen Platz für einen weiblichen machen musste.

Ähnliche Deutungen finden sich immer wieder. Ein Kommentator merkt an: »Sie haben so viel Politik in das Spiel gepresst, das hasse ich am meisten.« Ein anderer schreibt: »Es ist nur Propaganda mit fantastischer Grafik. Politik darf keine Rolle in Videospielen spielen.« Immer wieder wird in den Rezensionen beklagt, das Spiel sei durch Wokeness ruiniert worden: »So viel Wokeness, dass ich mich übergeben möchte. Die Leute müssen aufstehen und jedes Werk down-voten, das das Publikum nicht respektiert. Lasst uns die gesamte Film- und Videospielindustrie wieder großartig [»great again«] und frei von Politik machen.«

Es handelt sich um den klassischen Fall eines Konflikts zwischen der Ebene der Rezeption und der Ebene der Produktion. Wie ich in Kapitel 1 gezeigt habe, stellt ästhetische Enttäuschung eine tiefe Quelle kollektiver Wut dar. Die digitale Öffentlichkeit begünstigt die unmittelbare Vergemeinschaftung dieser Wut. Man findet nicht nur schnell Gleichgesinnte, die die eigene emotionale Reaktion auf ein Kunstwerk legitimieren, sondern man findet auch eine Community, die sich gegen die Enttäuschung zur Wehr setzen kann, die nicht machtlos ist und die im Kampf um die geliebten Erzählungen eine gewisse Agency besitzt. Ein Spieler schreibt auf Metacritic über *The Last of Us Part II*: »Gebt ihm eine Null, einfach, um ihnen zu zeigen, dass du keine Politik in deinen Spielen willst.« (»Give this a zero just to tell them you don't want politics in your games.«)

Diese Transformation ist typisch für den Streit über Kunst und ihre Rezeption in der Gegenwart. Als Beweis für die ›woke‹ Agenda der Entwickler:innen wurden unter anderem die queeren Charaktere im Spiel herangezogen. Ellie etwa entwickelt im Verlauf der Handlung eine Liebesbeziehung zu einer Frau. In einem Teil der notorisch reaktionären Gamer-Community hätte das allein schon für einen Sturm der Empörung ausgereicht. In der Kontroverse um *The Last of Us Part II* vermengte sich die Paranoia darüber, der Spaß könne durch Politik kontaminiert werden, zusätzlich mit der Wut über den Tod Joels zu einer volatilen Mischung.

Kunst und Kunstgeschmack sind ungemein effektive politische Triggerpunkte. Wie Steffen Mau, Thomas Lux und Linus Westheuser in ihrem Buch *Triggerpunkte. Konsens und Konflikt in der Gegenwartsgesellschaft* gezeigt haben, gibt es in der Gegenwartsgesellschaft »sensible Bereiche des öffentlichen Diskurses«, in denen »Menschen stark und affektiv reagieren«. Diese Bereiche sind mit dem »Auftreten starker Pro- und Kontra-Reaktionen« verbunden.[3] In diesem Kapitel möchte ich zeigen, dass die Triggerfähigkeit kultureller und ästhetischer Fragen besonders hoch ist.

Die Gründe, die in *Triggerpunkte* als Ursprung affektpolitischer Aktivierung aufgeführt werden, sind vielfältig: wahrgenommene Ungleichheit (*Sie* wollen *uns* etwas wegnehmen), Entgrenzungserfahrung (Wenn man *das* nicht mehr darf, was kommt als Nächstes?) und – vielleicht in erster Linie – Verhaltenszumutungen (Man will uns vorschreiben, wie wir zu leben haben). Die daraus entstehenden Emotionen sind, wie Mau, Lux und Westheuser zeigen, ein gefundenes Fressen für »Polarisierungsunternehmer«, die die Wut, die durch die Bedrohung einer ästhetischen Verlusterfahrung entsteht, nutzen, um die eigene Agenda in den Diskurs zu drängen.

Zur Debatte um den Zusammenhang von Politik und Ästhetik gehört ein äußerst unscharfer Begriff des Politischen. Dieses wird vor allem als eine vage Bedrohung der eigenen ästhetischen Erfahrung betrachtet. Selten wird offengelegt, was damit eigentlich gemeint ist. Eine Einführung in die Politikwissenschaft definiert *Politik* als »soziales Handeln, das auf Entscheidungen und Steuerungsmechanismen ausgerichtet ist, die allgemein verbindlich sind und das Zusammenleben von Menschen regeln«.[4] Schon diese basale Definition macht deutlich, dass eine Trennung von Kunst und Politik auf einer grundsätzlichen Ebene kaum möglich sein kann. Es lässt sich nicht bestreiten, dass Produktion und Rezeption von Kunst in so gut wie allen Fällen zutiefst gesellschaftliche Angelegenheiten sind.

Streit um Geschmack entsteht ja gerade deshalb, weil die Frage danach, was wir lesen, hören, sehen, auch eine ständige Machtfrage darstellt. Das Phänomen der *Pflichtrezeption* etwa, zu der wir durch Institutionen wie Schule und Universität oder kulturellen Druck gezwungen werden (Kapitel 6), ist im Wesentlichen politisch, da es Regeln betrifft, die das Gemeinwesen aufgestellt hat. Wenn man aber anerkennt, dass Kunst – wie alle anderen Lebensbereiche auch – immer politisch ist, muss man sich die Frage stellen, welches Politikverständnis der Forderung zugrunde liegt, Kunst müsse vor Politisierung geschützt werden.

Politik wird immer dort besonders sichtbar, wo Menschen den Eindruck haben, sie würde auf ihre Kosten gemacht. Das betrifft nicht nur die äußeren Umstände der Rezeption – was wir konsumieren können und dürfen –, sondern auch Inhalt und Form der Werke: Was gezeigt werden darf, ist abhängig von gesellschaftlichen Regeln, die in einem ständigen Kampf immer neu ausgehandelt werden. Die Allgegenwart von Politik in Bereichen des Ästhetischen bedeutet allerdings nicht, dass die Menschen, die sich, wie bei *The Last of Us Part II* über die Kontamination von Politik beklagen, einfach falschliegen. Die Erfahrung der verdorbenen Rezeption besitzt eine unhintergehbare emotionale Realität. Man kann niemandem absprechen, dass sein Vergnügen an einem Kunstwerk ruiniert wurde, auch wenn man die Gründe dafür politisch und moralisch abwegig findet. Es gibt zwar keine unpolitischen ästhetischen Phänomene; das heißt aber nicht, dass die falsche Politik (je nach Rezipient:in) eine Erfahrung nicht sabotieren kann.

Der politische Gehalt von Kunst wird oft dann verleugnet, wenn die Politik des Werkes den eigenen Wertvorstellungen entspricht oder ihnen zumindest nicht widerspricht. Ein Shooter, der dem Militarismus huldigt, erscheint so lange unpolitisch, solange man mit Militarismus kein Problem hat. Für andere gehören queere Figuren zur Normalität der Welt und damit selbstverständlich in den Bereich des Darstellbaren. Politisch erscheinen diese Figuren erst aus der Perspektive einer Irritation. Was für den einen Ausdruck einer unpolitischen Fiktion darstellt, ist für die andere offensichtliche Propaganda. Das Reinheitsgebot des modernen Kunstparadigmas, das Kunst vor ihrer Politisierung schützen will, beruht auf einer Form der *politischen Unschuld*, die ideologische Verbohrtheit immer nur in der Kunst der anderen zu erkennen vermag.

Es gehört zu den Paradoxien des Kunstparadigmas und seines Reinheitsgebots, dass die Forderungen nach einer unpolitischen Kunst zu einem effektiven Instrument im politischen Kampf geworden sind. Gerade seit den 2010er

Jahren ist die Klage wieder geläufig, Kunst und der Umgang damit sei zu politisch geworden. Gemeint ist in den meisten Fällen ein Angriff progressiver Anliegen, die von ihren Gegnern unter Kampfbegriffen wie »woke«, »politisch korrekt«, »Cancel Culture« zusammengefasst werden. Heftige Kontroversen hat etwa die Integration von People of Color in die serielle Neuauflage des »Herr-der-Ringe«-Universums auf Amazon Prime erzeugt oder die Anpassung von *James-Bond*-Romanen an den ›Zeitgeist‹, was bedeutet, dass frauenfeindliche, rassistische oder antisemitische Passagen getilgt oder angepasst wurden. Diese Prozesse erzeugen heftige Gegenwehr, die als Sorge um den Zustand der Kunstfreiheit artikuliert wird. Salman Rushdie etwa kritisierte die Bereinigung von Neuausgaben der Bücher Roald Dahls als »absurde Zensur«.[5]

Wie ich in Kapitel 8 gezeigt habe, stehen die Konflikte, die in den letzten Jahren um das Verhältnis von Kunst, Moral und Politik geführt wurden, in der Tradition einer Zensurdebatte, die die ästhetische Verlustangst politisiert, die mit der Vorstellung einhergeht, Kunstwerke könnten einem weggenommen oder verdorben werden. Es handelt sich um eine Furcht, die dem Gemeinwesen unterstellt, Regeln aufzustellen, die in den Alltag der Rezeption auf eine destruktive Art eingreifen. Wer die Unschuld der Kunst gegen neue Regeln verteidigt, der verteidigt oft auch die Gesellschaft gegen übergeordnete Veränderungen. Das ist der Grund, warum das Autonomie-Paradigma in der Gegenwart einer konservativen Politisierung unterliegt. Wie Wolfgang Ullrich in seinem Buch *Feindbild werden* von 2020 zeigt, ist es in Reaktion auf feministische und antirassistische Kritik am Kanon der Moderne zu einer »Rechtsverschiebung der Idee autonomer Kunst« gekommen. Ullrich schreibt:

»Die paradoxe Folge davon ist, dass die Idee eines Freiheitsprivilegs für Kunst, nachdem sie über mehrere Generationen hinweg gerade von aufgeklärten, emanzipatorischen und liberalen Strömungen stark gemacht worden war, nun nicht mehr von progressiven Milieus, sondern verstärkt von Rechten reklamiert wird. Denn vor allem sie sind es, die ihre Schwierigkeiten mit Minderheiten, Fremden und Feminismus haben. Für sie gehört die Freiheit der Kunst auf einmal wie Weihnachten oder der Bikini zur Identität jener westlich-modernen Kultur, die sie vor zu viel Globalisierung, Multikulturalismus und Islamisierung schützen wollen.«[6]

Auch die Beschwerden über die angebliche Kontamination von Computerspielen sprechen zwar vordergründig eine Sprache der Reinheit, artikulieren aber eigentlich eine deutlich politische Forderung: Wir wollen keine starken Frauen oder queeren Charaktere in unseren Spielen. Der Fall zeigt, wie eng ästhetische und politische Ressentiments zusammenhängen. Die Wut darüber, dass die Kunst, die unseren Alltag bestimmt, die unsere Identität prägt und die Gemeinschaft stiftet, zerstört werden soll, ist das perfekte trockene Stroh für den Zündfunken der Politisierung.

Gerade scheinbar individuelle Vorlieben eigenen sich besonders gut, um soziokulturelle Aversionen zu aktivieren, weil diese Aversionen sich unter dem Deckmantel der politischen Unschuld entwickeln können. Man verteidigt doch nur den Schutzraum des privaten, des subjektiven Geschmacks, man möchte doch nur in Bezug auf die Dinge, die man in seiner Freizeit liest, schaut oder hört, in Ruhe gelassen werden! Wenigstens die harmlosen Hobbys, das friedliche Nerdtum sollen vor den erhobenen Zeigefingern der Gesellschaft bewahrt bleiben. Diese Haltung einer aggressiven Unschuld verschleiert die politische Prägung, die gerade dort stattfindet, wo man glaubt, besonders unpolitisch zu sein.

Der autonomistische Schlachtruf »Keep your politics out of my games« ist eng verbunden mit der Gamergate-Bewegung, die seit den 2010er Jahren stetig an Macht gewonnen hat. Dabei handelt es sich um die rechte Politisierung eines Teils der Computerspiel-Community, die sich aus der moralischen Panik speiste, die Spiele könnten auf eine unangemessene Art politisiert werden. Vor allem die Youtube-Videoreihe »Tropes vs. Women« der Kommunikationswissenschaftlerin Anita Sarkeesian wurde zum Ausgangspunkt einer heftigen Gegenwehr. Sarkeesians kritische Videoessays zeigen anhand zahlreicher Beispiele, wie beliebte Spiele eine ganze Reihe von sexistischen Tropes (Mustern) reproduzierten – von der *Damsel in Distress* bis hin zu Frauen als Belohnung für den Helden. Es handelt sich um klassisch feministische Kultur- und Kunstkritik, wie sie in Bezug auf Literatur oder bildende Kunst schon lange existiert. In der Gamer-Community setzte diese Kritik allerdings eine rasende Wut frei. »Diese *pleasant meadow* einer konsumistischen Subkultur«, schreibt Simon Strick, »die auch ein breites Spektrum an Männlichkeitsperformances erlaubte, sah sich durch ein mediales Ereignis jäh gestört.«[7]

Diese Störung führte dazu, dass Frauen wie Sarkeesian gezielt mit Hass-Postings und Gewaltdrohungen tyrannisiert wurden, bis sie sich aus dem öffentlichen Diskurs zurückziehen mussten. In diesem Kontext bildete sich eine maskulinistisch codierte Identität des Gamers aus, die sich durch die ständige Bedrohung einer Außenwelt definiert, gegen die man sich mit allen Mitteln verteidigen muss.

Diese politische Radikalisierung wurde störrisch unter dem Motto einer Abwehr von Politisierung vorangetrieben. Aus Sicht der Gamer griff, wie Strick schreibt, »ein universitär und konzerngestützter Feminismus denunzierend in ihre friedliche Parallelwelt aus Militärshootern, Super Mario Land und Mittelalter-Simulationen ein«.[8]

Die #Gamergate-Bewegung zeigt: Bestimmte ästhetische Erfahrungen lassen sich schnell und nachhaltig politisieren. Es scheint allerdings kein konkretes inhaltliches Kriterium dafür zu geben, wann eine solche Politisierung explodiert. Die erzählerischen Entscheidungen, die bei *The Last of Us Part II* für einen Skandal gesorgt hatten, wären bei anderen Kunstformen (in einem Roman etwa) möglicherweise unproblematisch gewesen. Eine queere Figur in einer Erzählung wird je nach historischem und kulturellem Kontext als politisch oder selbstverständlich wahrgenommen. Diese Kontextabhängigkeit macht das Verhältnis von Politik und Ästhetik so schwer bestimmbar.

Im Jahr 2022 sorgten die Klimaaktivist:innen der Letzten Generation für große Aufregung, weil sie bekannte Bilder in Museen mit Farbe (oder Kartoffelbrei) attackierten. Die Opfer dieser Aktionen reichten von Claude Monets *Les Meules* bis hin zu Gustav Klimts *Tod und Leben*. Eine ästhetisch motivierte Auswahl konnte man diesen Aktionen allerdings nicht ablesen. Die Bilder wurden nicht in erster Linie deswegen attackiert, weil sie etwa eine den Klimawandel betreffende politische Botschaft enthalten. Stattdessen zielte das Resonanzkalkül der Aktivist:innen vor allem darauf ab, dass es sich um wertvolle Bilder berühmter Maler handelte, die in mächtigen kulturellen Institutionen an der Wand hingen. Was hier politisiert wurde, war das schiere Prestige kanonischer Kunst.

Gleichzeitig wurde aber auch das Kunstparadigma selbst attackiert. Zwar blieben die Bilder dank ihrer Schutzverglasung unbeschädigt, aber allein die Tatsache, dass es eine politisch motivierte Attacke auf ein Kunstwerk gegeben hatte, sorgte für allgemeines Entsetzen. Der Oberbürgermeister von Potsdam etwa sprach von »Kulturbarbarei« und griff damit auf die rhetorischen Reaktionsmuster zurück, die ein Angriff auf Kunst in der Moderne fast automatisch herausfordert.[9] Dieses Entsetzen speiste sich aus der geläufigen Vorstellung, dass Kunst vor Politik geschützt werden muss. Die politische Unschuld der Kunst ermöglichte auch in diesem Fall (auf beiden Seiten) ihre effektive Politisierung.

Agonale Rezeption

So wie es keine unpolitische Kunst gibt, gibt es auch keine unpolitische Rezeption. Selbst die privatesten Vorlieben partizipieren an einer Form der sozialen Kommunikation. Jemand hat die Kunst, die man konsumiert, gemacht, und mit dieser Person oder Gruppe steht man in einem Verhältnis. Das beginnt mit der einfachen Tatsache, dass man in den meisten Fällen die Künstler:in, deren Kunst man rezipiert, auch unterstützt – durch Geld, Aufmerksamkeit und Prestige. Dieses Problem treibt etwa die Fans der Harry-Potter-Reihe zur Verzweiflung, die die Bücher zwar nicht aufgeben, allerdings durch ihre Rezeption auch nicht die transfeindlichen Positionen der Autorin unterstützen wollen (Kapitel 10). Jeder Kunstgenusses bewirkt eine soziale Verstricktheit der Konsument:in.

Ein Beispiel für die effektive Politisierbarkeit des Kulturkonsums ist die *agonale Rezeption*. Gemeint ist eine Form der feindseligen Rezeption, die sich bewusst und offen gegen eine andere Gruppe richtet (das griechische Wort »Agon« bedeutet Wettkampf). Es handelt sich um eine Form der Rezeption, die ihre Attraktivität nicht nur aus dem Genuss des ästhetischen Artefakts gewinnt, sondern auch aus der Freude über die Irritation, die diese Rezeption bei anderen Menschen auslöst. Dieser Umgang mit Kunst ist charakteristisch für Jugendbewegungen, die eine bestimmte Ästhetik als Vehikel ihrer Rebellion nutzen.

Das Phänomen beschränkt sich allerdings nicht auf 15-Jährige, die laute, gewalttätige Musik in ihrem Zimmer aufdrehen oder betont frauenfeindlichen Hip-Hop auf dem Schulhof hören. Spottlieder und Schlachtgesänge etwa beruhen nicht nur inhaltlich auf der Polemik gegen einen Feind, sie müssen auch durch performative Produktion und Rezeption verbreitet werden. Wenn bei einem Fußballspiel die gegnerischen Fans durch ein Lied verspottet werden, dann handelt es sich um eine Form der politischen Polemik, deren Erfolg darauf beruht, dass die andere Seite zur Rezeption gezwungen wird. Es geht dabei um die Macht in einem Raum, der von vielen Menschen geteilt wird – und damit um eine politische Handlung.

Diese Möglichkeit, den öffentlichen Raum durch agonale Rezeption zu besetzen, wurde auch in der Geschichte der transgressiven Kunst immer wieder genutzt. Indem man Bilder wie Gustave Courbets *Der Ursprung der Welt* oder Henry Millers *Im Wendekreis des Krebses* ostentativ bewundert und so mit Relevanz ausstattet, indem man diese Werke in die Institutionen der Wertzuschreibung (Museen, Universitäten etc.) hineindrängt, kann man der Rebellion gegen eine als spießig und oppressiv, als hierarchisch und statisch empfundene Gesellschaft höhere kulturelle Weihen verleihen. Man zwingt diese Gesellschaft, die eigene Kunst wahrzunehmen, und bringt sie so dazu, den soziokulturellen Anliegen, die mit den Werken verbunden sind, Aufmerksamkeit zu zollen. Ein Kunstwerk kann noch so provozierend sein, solange es niemand wahrnimmt, wird diese Provokation ungehört und ungesehen verhallen. Erst in der aggressiven Rezeption solcher Werke wird ihr Transgressionspotential manifest.

Im Sommer 2023 wurde der Song *Rich Men North of Richmond* des bis dahin unbekannten Sängers Oliver Anthony zu einem viralen Phänomen. Der Song verbreitete sich durch die Sozialen Medien so schnell, dass er nur wenige Tage später die Nummer 1 der Billboard Hot 100 erreichte. Der Grund für diesen Erfolg war die unmittelbare Politisierung des Liedes, das vor allem von rechten und rechtsradikalen Stimmen in den USA als Ausdruck einer authentischen Wut über die allgemeine politische Lage gelesen wurde.

Der Country-Folksong nimmt die Perspektive einer Sprecherinstanz ein, die zu den gesellschaftlich Benachteiligten gehört. Der Sprecher muss für wenig Geld (»bullshit pay«) hart arbeiten. Er ertränkt seine Sorgen in Alkohol und beklagt den Zustand der Welt. Im Video des Songs, das auf Youtube schnell über fünf Millionen Klicks ansammeln konnte (im Winter desselben Jahres waren es schon annähernd 100 Millionen), steht Anthony allein, nur mit einer Gitarre und einem Mikrophon im Wald. Der lange rote Bart und das einfache T-Shirt verstärken den Eindruck des Nicht-Inszenierten: Hier singt sich jemand die Wut und Verzweiflung von der Seele über eine Welt, die ihn zurückgelassen hat.[10]

Anschlussfähig für eine rechte Politisierung wurde der Song vor allem deshalb, weil sich im Text einige Anspielungen auf Versatzstücke populistischer Rhetorik finden. Mit den titelgebenden »Rich Men North of Richmond« sind die politischen Machthaber gemeint, die Washington, D.C., die Hauptstadt der USA, bevölkern. Diese Männer wollen totale Kontrolle (»Lord knows they all just wanna have total control«), verwalten einen Überwachungsstaat und unterdrücken die kleinen Leute durch hohe Steuern. Sie interessieren sich mehr für »minors« als für »miners«, also mehr für Minderjährige als für hart arbeitende Minenarbeiter. Dieses Wortspiel evoziert zum einen den Skandal um den Milliardär Jeffrey Epstein, der über Jahre hinweg Dutzende von jungen Mädchen missbraucht hatte, andererseits die in der amerikanischen Rechten populäre Verschwörungstheorie einer pädophilen Machtelite (»Pizzagate«). Gleichzeitig werden durch Verwünschungen gegen übergewichtige Menschen, die sich vom Staat aushalten lassen, rassistische Vorurteile anzitiert.

Diese Melange von Ressentiments und Andeutungen, verbunden mit der emotional effektiven Inszenierung, erklärt, wie der Song zu einer politischen Hymne der US-amerikanischen Rechten aufsteigen konnte. Der Fall zeigt allerdings auch, wie machtlos Künstler:innen gegen kollektive Interpretationen ihrer Werke sein können. Anthony selbst äußerte sich wenig später kritisch über die Instrumentalisierung seines Liedes. Als der Song bei einer öffentlichen Debatte von republikanischen Präsidentschaftskandidaten auf der Bühne gespielt wurde und sich diese jeweils dazu äußern mussten, was der Song für sie bedeutet, reagierte der Sänger mit einem Video, in dem er beteuerte, das Lied sei ja gerade geschrieben worden, um die Menschen auf dieser Bühne zu kritisieren. Es sei belastend, wie stark eine politische Agenda mit seinem Lied verbunden worden wäre, wie stark es als Waffe in fremden Konflikten verwendet würde.

Was den Fall zu einem Musterbeispiel agonaler Rezeption machte, war die Tatsache, dass es ein politisches Anliegen wurde, das Lied auch finanziell erfolgreich zu machen. In einem Artikel der *New York Times* heißt es, der Song sei durch konzertierte Aktionen auf die Charts gebracht worden, etwa durch Käufe auf der Plattform iTunes, die zwar im Zeitalter des Streaming stark an Bedeutung verloren hat, allerdings nach wie vor einen gewissen Einfluss auf die Chartplatzierung eines Songs besitzt. Massenhafte Käufe auf dieser Plattform können die Viralität eines Songs stark begünstigen. Im Artikel heißt es:

»Obwohl Streaming inzwischen mehr als 80 Prozent des gesamten Musikkonsums ausmacht, werden bezahlte Downloads in den Charts stärker gewichtet – eine Eigenart, die regelmäßig von Pop-Superfans ausgenutzt wird, die sich Acts wie Taylor Swift oder der südkoreanischen Gruppe BTS verschrieben haben. In oft koordinierten Bemühungen nutzen sie Downloads, um ihre Unterstützung zu zeigen und Meilensteine in den Charts zu erreichen, die wie Siege im Sport oder bei politischen Wahlen gefeiert werden.«[11]

iTunes-Käufe sind für die meisten Menschen, die Musik streamen können, überflüssig. Sie erscheinen als bewusste Geste der Unterstützung für einen Künstler, der die eigene politische Haltung wie ein Megaphon verstärkt. Im Artikel wird auch auf den Countrysänger Jason Aldean verwiesen, der kurz zuvor mit seinem Song *Try That in A Small Town* für Furore gesorgt hatte. Aldeans Song ist eine offene politische Kampfansage an den progressiven Teil der Gesellschaft. Die angebliche Gewalt und Kriminalität von Großstädten werden gegen die Ordnung und den sozialen Zusammenhalt ausgespielt, der in den ländlichen Regionen der USA angeblich herrschen soll. Diese transparente politische Polemik wird durch das Video (48 Millionen Views auf Youtube) noch verstärkt, wo chaotische Szenen bei politischen Demonstrationen gezeigt werden – eine klare Anspielung auf die Black-Lives-Matter-Bewegung. Diese Bilder werden mit Bildern von Militär, Polizei und der klassischen Familie zusammengeschnitten.[12]

Der Song löste nach seinem Erscheinen heftige Empörung aus. Es erschien als besonders unappetitlich, dass das Video vor einem Gerichtsgebäude gefilmt wurde, das in den 1920er Jahren zum Schauplatz eines rassistischen Lynchmordes geworden war. Allerdings sorgte die Empörung über den Song auch dafür, dass die Verkaufszahlen auf iTunes nach oben schnellten. In der Woche bevor *Try That in a Small Town* zum Schauplatz eines Kulturkrieges wurde, hatte der Song dort nur knapp über 800 Verkäufe erzielt. Danach verkaufte der Song sich laut *New York Times* mehr als 220 000 Mal. Die politische Provokation des Sängers wurde so zum Vehikel einer Provokation, an der sich jede Rezipient:in durch den Kauf beteiligen konnte.

Während man also bei politisch missliebigen Kunstwerken wie *The Last of Us Part II* versucht, die digitalen Wertungsmöglichkeiten zu nutzen, um deren Ansehen zu beschädigen, indem man sie mit negativen Rezensionen bombardiert, geht es bei Songs wie *Rich Men North of Richmond* oder *Try That in A Small Town* darum, durch kollektive Aufwertung einem Kunstwerk mehr Prestige und Relevanz zukommen zu lassen. Was diese Beispiele zeigen: Ästhetische Erfahrungen können zu Schlachtfeldern politischer Aggression werden, auf denen der Erfolg der eigenen Kunst zu einer Niederlage für diejenigen wird, die diese Kunst verachten. Gemeinsam hergestellte Popularität soll dafür sorgen, dass der Song große Sicht- und Hörbarkeit in der Kultur gewinnt.

Die politische Wirksamkeit dieser Strategie beruht darauf, dass Kunst und ihre Rezeption in einem geteilten gesellschaftlichen Raum stattfindet, in dem man der Rezeption anderer Menschen ausgeliefert ist. Man kann sich die Verärgerung und Frustration gut ausmalen, die damit einhergehen, dass man im Alltag von einem Song, dessen Inhalt man politisch aus tiefster Seele ablehnt, ständig verfolgt wird. In solchen Fällen wird die *ästhetische Verachtung* der anderen Seite politisiert. Den Song in den öffentlichen Diskurs zu drängen, im Sinne einer effektiven kulturellen Lärmbelästigung, erscheint als Etappensieg im Machtkampf um den öffentlichen Raum.

Diese politische Kontamination wirkt umso stärker, da sie als Musik im Gewand einer Erfahrung daherkommt, die man liebt. Es ist doppelt verletzend, wenn ein bestimmter Stil oder ein Genre, das man eigentlich genießt, benutzt wird, um politische Vorstellungen zu feiern, die man verachtenswert findet. Dem steht auf der anderen Seite ein Gefühl des Triumphs gegenüber, das man empfindet, wenn die andere Seite eine bestimmte ästhetische Erfahrung machen muss. Die Vorstellung, dass Menschen aus dem verfeindeten politischen Lager bestimmte Songs hören, bestimmte Texte lesen, bestimmte Bilder sehen müssen, ist mit einer Genugtuung verbunden, die *agonale Rezeption* zu einem effektiven Instrument politischer Parteinahme macht. Beispielhaft für diese Haltung kann ein Kommentar unter dem Video von *Try That in a Small Town* zitiert werden: »Ich höre nicht so viel Country. Und Jason Aldean habe ich noch nie gehört. Aber dass die Linken wegen dieses Liedes ihren Verstand verloren haben, hat mich dazu gebracht, es kennen und lieben zu lernen.«

Kulturkonsum des ›Jetzt-erst-recht‹

Eine Sonderform der *agonalen Rezeption* ist der Kulturkonsum, der aus der Wut über ein angeblich drohendes Verbot entsteht. Aus der Befürchtung heraus, dass man etwas nicht mehr lesen, hören oder anschauen darf, geht ein störrisches Bedürfnis hervor, es trotzdem zu tun – auf eine besonders sichtbare und aggressive Art und Weise. Gerade im Kontext der neuen Zensurdebatte, die seit den 2010er Jahren intensiv geführt wird, hat sich eine Form des Kulturkonsums etabliert, die man als *Trotzrezeption* bezeichnen kann. Es handelt sich um eine Form der Rezeption, die auf die Kritik an einem Kunstwerk damit reagiert, dass es noch einmal mit besonderem Engagement gefeiert wird. Auch diese Trotzrezeption hat eine klare politische Stoßrichtung. Samira El Ouassil führt das Phänomen auf einen in der Gegenwart weitverbreiteten »Trotzstolz« zurück, eine kindliche Pose des »Jetzt-erst-recht«, die aus der Kränkung heraus entsteht, dass einem etwas verboten werden soll.[13] *Trotzrezeption* ist der öffentlich sichtbare Kulturkonsum des »Jetzt-erst-recht«.

Der Trotz, der dieser Rezeption zugrunde liegt, entsteht aus einer Kränkung des eigenen Geschmacks – einer Kränkung, die sich noch dadurch potenziert, dass sie sich mit politischen Vorwürfen vermischt. Im Jahr 2020 entwickelte sich erst in den USA und dann auch im deutschsprachigen Raum eine erbitterte Kontroverse um den Roman *American*

Dirt von Jeanine Cummins. Dem Thriller, der die gefahrvolle Flucht einer Frau und ihrer Tochter aus Mexiko in die USA erzählt, wurde vorgeworfen, mit rassistischen Stereotypen zu arbeiten und ein klischeebeladenes Bild der mexikanischen Gesellschaft zu zeigen – ein Versagen, das unter anderem auf das Problem kultureller Aneignung zurückgeführt wurde. Der Vorwurf lautete, dass sich eine weiße Autorin der kenntnislosen narrativen Ausbeutung einer ihr fremden Kultur schuldig gemacht habe. Dadurch sei nicht nur ein schlechtes, sondern auch politisch schädliches Buch entstanden.

In Deutschland wurde die Diskussion vor allem im Rahmen der neuen Zensurdebatte geführt. In der *Welt* etwa lobte ein Autor die ›makellose‹ Prosa des Romans und fragte entnervt: »Aber warum müssen wir solche Debatten über Literatur überhaupt führen?« Diese Entnervtheit prägte den Ton der gesamten Diskussion.[14] Den Kritiker:innen des Romans wurde im Sinne des Kunstparadigmas ein strenger Verweis erteilt: Literatur müsse doch frei sein von den Zumutungen der politischen Korrektheit! Die Kritik am Roman galt als weiteres Anzeichen für das Aufziehen einer Verbotsgesellschaft. Im *Stern* wurde der Skandal auf eine Art und Weise kommentiert, die vielen Rezipient:innen aus der Seele gesprochen haben dürfte: »Wer ›American Dirt‹ atemlos durchgelesen hat«, schreibt der erboste Autor dort, »möchte den Authentizitätswächtern, noch mit gelesenem Geschmack von Reis, Tortillas und Wüstensand im Mund, zurufen: Selbst wenn es ein Eskimo geschrieben hätte, es hat mich durchgewühlt!«[15]

Was hier verteidigt wird, ist der ästhetische Genuss, der sich nicht durch einen politischen Einwand das Buch verderben lassen möchte. Das doppelte Verletzungspotential der ästhetischen Abwertung kommt deutlich zum Ausdruck. In den Augen der Kritik erscheinen Leser:innen, die den Roman genossen haben, automatisch als Menschen, die nicht nur einen schlechten Geschmack besitzen, sondern auch blind zu sein scheinen für dessen politische Probleme. Das möchte man sich als Rezipient:in aber ungern gefallen lassen. Für den *Stern*-Autor bleibt die ›atemlose‹ Rezeption, das Durchgewühlt-worden-Sein eine valide ästhetische Erfahrung. Die Realität des individuellen literarischen Vergnügens wird gegen die Angriffe der ›Authentizitätswächter‹ ausgespielt und die politische Gleichgültigkeit gegen den Rassismusvorwurf durch die Verwendung des wiederum rassistischen Begriffs (»Eskimo«) bockig unterstrichen.

Wie sich im Verlauf dieses Buches immer wieder gezeigt hat, ist einer der Gründe, warum durch negative Bewertungen von Kunstwerken Wut entsteht, dass niemals nur das Werk selbst kritisiert wird, sondern immer auch seine Rezipient:innen. Wer über einen Roman oder einen Film sagt, sie seien schlecht, der kritisiert automatisch auch den Geschmack und Kunstverstand von Menschen, die davon hingerissen waren. Dieses Verletzungspotential potenziert sich natürlich, wenn man eine solche negative ästhetische Wertung zusätzlich politisch auflädt. Indem man zum Beispiel unterstellt, die Figuren in einer Erzählung entsprächen rassistischen Stereotypen, verbindet man die ästhetische Abwertung (unrealistisch) mit einer klaren ethischen Wertung (beleidigend und schädlich).

Den Rezipient:innen wird damit im Wesentlichen der Vorwurf gemacht, sie seien nicht nur literarisch inkompetent, sondern auch politisch kenntnislos. Schlimmer noch, wer sich, wie der Autor des *Stern*, in eine Erzählung versenkt hat und von ihr durchgewühlt wurde, der macht sich im Fall eines Rassismusvorwurfs verdächtig, vielleicht selbst ein Rassist zu sein. Dieser Vorwurf allein wäre schon ausreichend, um viele Menschen in Wut zu versetzen. Er verstärkt sich aber noch zusätzlich durch das emotionale Investment, das mit der begeisterten Rezeption einhergeht. Wenn unser Kunstgeschmack ein wichtiger Teil unserer existentiellen Selbsterzählung ist, dann trifft ein politischer Angriff auf die Kunst, die wir lieben, den Kern unserer Identität. So erklärt sich der oft rasende Ärger, den die politische Kritik an Romanen, Filmen oder Computerspielen freisetzen kann. Was für Außenstehende wie eine massive, oft reichlich rätselhafte Überreaktion erscheint, ist für die begeisterten Anhänger:innen einer ästhetischen Erfahrung die notwendige Abwehr einer ungeheuerlichen Attacke.

Die politischen Emotionen, die durch ästhetische Verletzungserfahrungen freigesetzt werden, finden Ausdruck in Trotzrezeption. Man möchte den Menschen, die die eigene Rezeption politisch abwerten, zeigen, dass man sich diesem Urteil nicht unterwerfen wird, dass man – im Gegenteil – die kritisierte Kunst jetzt erst recht feiert. Schauplatz einer solchen Trotzrezeption war die Debatte um das Gedicht *ciudad (avenidas)* von Eugen Gomringer (Kapitel 8), das wegen des Vorwurfs, es würde eine sexistische Perspektive einnehmen, von der Fassade der Alice-Salomon-Universität in Berlin entfernt wurde. Die Übermalung und die Ersetzung hatten zur Folge, dass das Gedicht an mehreren anderen Hauswänden wieder angebracht wurde. Der Rat des oberfränkischen Rehau etwa (Einwohnerzahl ca. 9350) beschloss, das Gedicht aus Protest an die Fassade des städtischen Museums anzubringen.[16] Im Wikipedia-Artikel der Stadt heißt es dazu: »In Rehau wurde damit ein Zeichen gesetzt, ein Zeichen der Unterstützung von Eugen Gomringer, der in Rehau seit vielen Jahren sein Zuhause hat.«[17]

Der Wohnort Gomringers war allerdings nicht der einzige Ort, wo das Gedicht wieder an einer Fassade erschien. Auch auf der Außenwand der Jugendstil-Villa von Marcus und Helen Knauf – Unternehmensberater:innen aus Bielefeld – wurde der Text, wie *Monopol* berichtete, angebracht. Marcus Knauf wird im Artikel mit den Worten zitiert: »Der Sexismus-Vorwurf ist aus meiner Sicht absurd. Wer sich an solchen Zeilen aufhängt, ohne sich um die echten Probleme zu kümmern, diskreditiert das Anliegen von Feminismus geradezu.«[18] Schließlich wurde das Gedicht von der Wohnungsgenossenschaft »Grüne Mitte« auch in Berlin wieder, unweit der Alice-Salomon-Hochschule, an der Fassade angebracht – in einer leuchtenden Version, die 24 Stunden lang zu sehen sein sollte. Auch in diesem Fall berichteten die Medien. Im *Tagesspiegel* etwa wurde ein Statement der Genossenschaft zitiert, in dem es hieß: »In dieser Stadt gibt es die Diktatur der Schreihälse, Politik und Bildung haben Angst vor diesen.«[19]

Was zunächst wie ein kulturgeschichtliches Kuriosum wirkt, erscheint bei näherem Hinsehen als eindrucksvolles Beispiel für *agonale Rezeption*. Es war ja gerade der Ausgangspunkt der studentischen Kritik gewesen, dass man im öffentlichen Raum dazu gezwungen sei, das Gedicht zu sehen, zu lesen, darüber nachzudenken. An keiner Stelle wurde verlangt, den Text etwa aus Textbüchern zu streichen oder aus dem Verkauf zu nehmen. Das Problem war also nicht in erster Linie das Gedicht, sondern der Ort des Gedichtes, der die Lektüre zur *Pflichtrezeption* machte (Kapitel 6). Indem man den Text nun öffentlichkeitswirksam an unterschiedlichen Hauswänden wieder anbrachte, wurde

das Signal gesendet, dass man diesen Text lesen muss.
Agonale Rezeption will nicht nur den eigenen Geschmack verteidigen, sondern diesen Geschmack auch anderen Menschen aufzwingen. Die Kämpfe, die hier ausgefochten werden, sind Kämpfe um ästhetische Dominanz.

Ein karnevaleskes Echo fand dieser Kampf in der Auseinandersetzung um den Partyschlager *Layla*. Das Lied ist ästhetisch und kulturell von Gomringers Gedicht denkbar weit entfernt. Und doch weisen die Skandalereignisse, die sich um beide Texte entwickelten, faszinierende Ähnlichkeiten auf. Im Sommer 2022 wurde bekannt, dass die Stadt Würzburg mit den Betreiber:innen des Kiliani-Volksfestes vereinbart hatte, dass *Layla* dort nicht gespielt werden würde. Grund war der Vorwurf, der Text sei sexistisch.

Layla erzählt von einem Besuch im Rotlichtmilieu, bei dem eine Prostituierte von einem Bordellbesitzer angepriesen wird: »Ich hab' 'n Puff / Und meine Puffmama heißt Layla / Sie ist schöner, jünger, geiler.« Es war vor allem dieser Refrain, der auf eine musikalisch eingängige Art vorgetragen wird und der sich – schlagerspezifisch – auch sehr gut vom Publikum mitsingen lässt, der in der Diskussion um das Lied für Empörung sorgte. Zu diesem Zeitpunkt hatte *Layla* schon mehrere Wochen auf Platz 1 der deutschen Charts gestanden und war innerhalb der Schlagerszene auch bereits kritisch diskutiert worden.

In den Medien wurde aus der Diskussion darüber, wie man den gemeinsam geteilten öffentlichen Raum eines Volksfestes für alle Beteiligten angenehm gestalten kann, ein weiteres Kapitel in der neuen Zensurdebatte gemacht. Diese Debatte gipfelte in einem Artikel, den einer der Produzenten des Songs unter seinem Pseudonym Ikke Hüftgold in der *Zeit* veröffentlichen durfte und in dem er empört mit den Feinden der Kunst- und Meinungsfreiheit ins Gericht ging, die *Layla* angeblich verbieten lassen wollten. Dem Text ist eine kurze Biographie beigefügt, in der es unter anderem heißt: »Sein Durchbruch als Mallorca-Barde gelang ihm 2014 mit dem Lied ›Dicke Titten, Kartoffelsalat‹.«[20] Hier verteidigte der Dichter von ›Dicke Titten, Kartoffelsalat‹ nun den Schlager *Layla* (»Die schöne Layla, die geile Layla / Das Luder Layla, unsre Layla«) mit denselben Argumenten des Kunstparadigmas, die auch in der Verteidigung von Balthus oder Gomringer zum Einsatz kamen – in Bezug auf ein Lied, das zu diesem Zeitpunkt schon einen ungeheuren Erfolg und die damit verbundene kulturelle Allgegenwärtigkeit erreicht hatte.

Diese Mischung aus wahrgenommener Unterdrückung und tatsächlicher kultureller Macht ist ein fruchtbarer Boden für politisierte Trotzrezeption. Das öffentliche Grölen von *Layla* markiert nicht nur eine inhaltliche Zustimmung, sondern auch den Anspruch auf Dominanz im öffentlichen Raum. Für besonderes Aufsehen sorgte ein Auftritt des Ministerpräsidenten von Schleswig-Holstein Daniel Günther, der das Lied bei einem Auftritt auf dem Volksfest »Kieler Woche« laut mitsang.[21] Dass dieses Mitsingen zu einem Medienereignis werden konnte, zeigt die gesellschaftliche Volatilität öffentlicher Rezeption. Man möchte den politischen Widersachern die eigene Kunst ins Gesicht brüllen, zeigen, dass man sich nichts verbieten lässt, dass man sich einer möglichen Verschiebung in den Regeln, die das gesellschaftliche Zusammenleben möglich machen, mit allen Mitteln entgegenstemmen wird.

Es handelt sich um eine populistische Version dessen, was Wolfgang Ullrich als ›Siegerkunst‹ bezeichnet hat. Für Ullrich handelt es sich dabei vor allem um Kunst, die von den gesellschaftlichen Eliten dazu genutzt wird, um ihren Status zu untermauern, wofür sich bei Topmanagern oder Politikern natürlich Kunstwerke im Hochpreissegment am besten eignen.[22] Das Dominanzgebaren der ›Siegerkunst‹ gibt es allerdings auch – wie die Beispiele aus diesem Kapitel zeigen – aus der Perspektive einer konstruierten Mehrheitsgesellschaft, die die Nase voll hat von den Verboten, die ihnen eine moralisch-politische Minderheit aufzuzwingen versucht. Gegen diese »Diktatur der Schreihälse«, von der die Stellungnahme der Wohngenossenschaft »Grüne Mitte« spricht, muss durch Trotzrezeption ein sichtbares Zeichen gesetzt werden – sei es durch ein riesiges Gedicht an einer Hauswand oder durch das öffentliche Absingen eines frauenfeindlichen Schlagers.

Es handelt sich um Erscheinungsformen der »gekränkten Freiheit«, wie Carolin Amlinger und Oliver Nachtwey sie analysiert haben. Die politische Gegenwart zeichnet sich demnach durch ein »libertäres Freiheitsverständnis« aus, das »gewandelte gesellschaftliche Übereinkünfte als äußere Beschränkungen betrachtet, die die eigene Selbstverwirklichung auf illegitime Weise eingrenzen«.[23] Ein Beispiel wäre etwa der panische Kampf gegen geschlechtergerechte Sprache, die auf ein gesellschaftliches Bedürfnis nach mehr Inklusion zu reagieren versucht. Diese Inklusion und die damit verbundenen linguistischen Veränderungen werden nun als schwere Kränkung des eigenen Freiheitsbedürfnisses angesehen, die dringend abgewehrt werden müssen – eine Abwehr, die in ihrer oft mehrheitsgestützten Gewalt einen autoritären Charakter annehmen kann.

Trotzrezeption erscheint vor diesem Hintergrund als triumphale Geste, die den eigenen Kulturkonsum als heroischen Akt verklärt. Geschmack wird zu einem Schauplatz des politischen Widerstandes. Diese Form der Rezeption ist von der Vorstellung eines reflektierten, individuellen Wohlgefallens, das den Menschen erheben soll, denkbar weit entfernt. Der Streit über Kunst und die Politisierung dieses Streites zeigen, wie gewaltvoll die Auseinandersetzungen über ästhetische Erfahrungen werden können, wie stark sie von Ressentiments, von Aggression oder gar Hass geprägt sind. Kaum ein Ereignis illustriert diese dunklen Seiten der öffentlichen Rezeption besser als der Skandal um die Band Rammstein und ihren Sänger Till Lindemann aus dem Jahr 2023.

Lindemann war bereits 2020 zum Gegenstand einer Debatte geworden, nachdem sein Gedicht *Wenn du schläfst* für heftige Kritik gesorgt hatte. In diesem Gedicht, das in der Sammlung *100 Gedichte* bei Kiepenheuer & Witsch veröffentlicht wurde, geht es um einen Akt sexualisierter Gewalt, den sich die Sprecherinstanz liebevoll ausmalt: »Etwas Rohypnol im Wein (etwas Rohypnol ins Glas). / Kannst dich gar nicht mehr bewegen…« In diesem Fall war der Autor noch stark verteidigt worden, vor allem unter Verweis auf die Trennung von Werk und Autor und die Kunstfreiheit. In einer Stellungnahme auf der Internetseite des Verlags heißt es: »Die moralische Empörung über den Text dieses Gedichts basiert auf einer Verwechslung des fiktionalen Sprechers, dem sogenannten ›lyrischen Ich‹, mit dem Autor Till Lindemann.«[24]

Diese Verteidigung im Sinne des Kunstparadigmas schien spätestens im Mai 2023 hinfällig, als mehrere Frauen darüber berichteten, nach Konzerten zum Opfer von übergriffigem Verhalten geworden zu sein. In den Medien war von einem fast industriellen System der sexualisierten Ausbeutung die Rede.[25] Diese Vorwürfe wirkten auf einen Teil des Fandoms wie ein *vergifteter Paratext* – eine Information, die die Freude an einem Kunstwerk oder Künstler verdirbt (Kapitel 10). Ein Artikel auf der Internetseite des *Focus* war überschrieben mit: »Ich bin Rammstein-Fan – und plötzlich absolut ratlos.«

Darin wurde von dem verwirrten Entsetzen vieler Fans berichtet, die nicht mehr wissen, wie sie angesichts der Vorwürfe mit ihrer Begeisterung für die Musik umgehen sollten: »Seit einigen Tagen fühlt es sich nicht mehr richtig an, meine Rammstein-Playlist am Handy zu öffnen. Nicht, weil sich die Musik verändert hat. Nicht, weil sich mein Geschmack verändert hat. Sondern, weil sich mein Bild von Sänger Till Lindemann verändert hat.«[26] In eine ähnliche Richtung ging auch ein Artikel von Marlene Knobloch in der *Süddeutschen Zeitung*, die die Zwiegespaltenheit verzweifelter – vor allem weiblicher – Fans beschreibt: »Ihre zwei größten Ängste waren: dass die jungen Frauen ihrer Lieblingsband schaden. Und dass ihre Lieblingsband jungen Frauen geschadet hat. Willkommen in der Dialektik eines Fan-Herzens.«[27]

Dieser Haltung, die den Verlust einer geliebten Kunst vor allem als Anlass für Trauerarbeit begreift, stand allerdings ein viel größerer Teil des Fandoms gegenüber, der mit heftiger Trotzrezeption reagierte. Die Besucherzahlen der Konzerte von Rammstein und Lindemann blieben konstant hoch. In einem Artikel im *Tagesspiegel*, der über die Folgen der Vorwürfe berichtet, heißt es: »Jedes Mal finden sich 70.000 oder 80.000 oder 90.000 Menschen ein, um die Show zu sehen und die Band zu feiern.« Zudem wird von einer »Wagenburg-Mentalität« unter den Fans berichtet, eine »Wir-gegen-die-Stimmung«. Diese Stimmung sei politisch aufgeladen, zunächst als medienkritische Paranoia, die davon ausgeht, dass etablierte Berichterstattung eh nur aus Lügen besteht, dann aber vor allem auch geschlechterpolitisch: »Die Rammstein-Fangemeinde repräsentiert einen nicht kleinen Teil der Gesellschaft, für den die MeToo-Bewegung keine größere Bedeutung hat. Der Besuch eines dieser Konzerte ist ein Statement.«[28]

Nachdem die Vorwürfe gegen Lindemann bekannt geworden waren, versammelten sich bei den Konzerten immer wieder kleinere Gruppen von Menschen, die gegen den Sänger protestierten. Diese Protestierenden wurden von den Fans beschimpft und angegriffen.[29] Die Demonstrant:innen riefen dem Publikum Parolen wie »Keine Show für Täter« zu. Der Protest traf also nicht nur die Band, sondern auch die Besucher:innen, die durch ihre Rezeption diese Show überhaupt erst möglich machten. Deutlicher kann man die Komplizenschaft der Fans kaum behaupten. Die Abwehr gegen diesen Vorwurf schlägt wiederum in politisch motivierten Hass um. Man will sich von den lügenden Frauen, von den lügenden Medien den geliebten Sänger nicht wegnehmen lassen. Was das für die Atmosphäre der Rezeption bedeutet, hat Julia Encke eindrucksvoll in Bezug auf ein Solokonzert Lindemanns in Leipzig beschrieben. Die Bühnenperformance habe alle Grenzen des Geschmacks gesprengt. Lindemann sei der Mund zugenäht worden, man habe Frauen gesehen, die sich Würste in den Mund schieben und sich übergeben, dazu überall weibliche Genitalien. Encke stellt sich an dieser Stelle die Frage nach der Motivation des Publikums:

»Und die Fans? Was machen die Fans? Sie strecken die Arme hoch und wippen im Takt mit. Aber was bejubeln sie eigentlich? Sie sehen zumindest nicht aus wie 12 000 Sex-Maniacs, die sich nicht sattsehen können an Schamlippen in Großaufnahmen. Sie jubeln, weil alles so bleibt und bleiben soll, wie es ist, und sie ihren Lindemann behalten dürfen, wie er immer war. Er ist der Verbrennermotor, die alte Geschlechterordnung, die Ölheizung, ihre alte Welt, an der sie für immer festhalten wollen. Das ist die Stimmung, die Trotz-Geste. Darum scheint es hier zu gehen. Lindemann steht für sie für eine Art Widerstand gegen eine gefühlte Bevormundung durch das, was sie den ›Zeitgeist‹, ›die da oben‹, ›die Woken‹ nennen, die ihnen angeblich vorschreiben, wie sie zu leben und zu sprechen haben. Sie sind ihm treu verbunden, solidarisieren sich aber hier auch noch einmal aus einem Affekt heraus, der der Ablehnung dieser Bevormundung entspringt.«[30]

Was Encke beschreibt, ist die spektakuläre Verbindung von ästhetischer Loyalität und politischem ›Trotzstolz‹. Das Beispiel zeigt, wie stark Trotzrezeption auf der Furcht beruht, soziale Sicherheiten könnten zerstört werden. Die stabile Lebenswirklichkeit wird von außen angegriffen und muss verteidigt werden. Die Statusangst, die hier zum Ausdruck kommt, stellt allerdings keine abstrakte Verblendung von Menschen dar, die nicht in der Lage sind, ihre Privilegien zu hinterfragen. Sie setzt sich zusammen aus einer Reihe von alltäglichen Praktiken, die das Leben auf eine bedeutsame Art bestimmen. Identität kommt ja nicht zustande, indem Menschen morgens in den Spiegel schauen und sich sagen: ›Ich gehöre zum gehobenen Mittelstand‹, oder: ›Ich bin Autohausbesitzer und Rammsteinfan.‹ Die meisten Menschen hören Musik in alltäglichen Situationen, im Auto auf dem Weg zur Arbeit, gemeinsam bei Partys. Der Besuch auf einem Konzert ist eine soziale Praxis, die Freundschaften stiftet und stabilisiert. Identitäten entstehen durch die ständige Akkumulation von Erfahrungen und Erinnerungen.

Das gilt für den Rammsteinfan genauso wie für den Professor, der seit 20 Jahren die Werke von Peter Handke unterrichtet, der vielleicht schon als Student in begeisterten Gesprächen mit den Kommilitonen bis tief in die Nacht über Handkes Werke gefachsimpelt hat. Was so lange den sozialen und professionellen Alltag bestimmt, wird zu einem bedeutenden Teil der eigenen Identität. Die Vorstellung, es könnte problematisch oder minderwertig sein, erscheint als Angriff auf diese Identität. Die Verlustangst, die mit einer ästhetischen und politischen Umwertung von Kunst einhergeht, bezieht sich nicht nur darauf, dass man einen Song nicht mehr hören oder einen Roman nicht mehr lesen darf, es geht auch um die existentielle Frage, ob das im Alltag gelebte Leben auf eine schmerzhafte Art und Weise revidiert werden muss.

Weinen um Winnetou

Das explosive Gemisch aus Nostalgie, Ideologie und Identität, das in den Konflikten über Kunst und Kunstgeschmack zusammenkommt, führte im Sommer 2022 zu einem Skandal, der die politische Volatilität der Trotzrezeption perfekt zum Ausdruck bringt. Der Ravensburger Verlag (bekannt für seine Puzzle und Kinderbücher) hatte anlässlich einer neuen filmischen Adaption des Winnetou-Stoffes von Karl May mehrere Bücher für junge Leser:innen veröffentlicht (*Der junge Häuptling Winnetou. Das Buch zum Film; Der junge Häuptling Winnetou. Das Erstlesebuch zum Film*). Die Ankündigung dieser Bücher auf Instagram provozierte eine Reihe kritischer Kommentare. Dem Verlag wurde vorgeworfen, durch die Publikation die rassistischen Stereotypen der Vorlage zu reproduzieren. Diese Kritik führte dazu, dass Ravensburger die Bücher wieder aus dem Sortiment nahm und sich in einer zerknirschten Stellungnahme entschuldigte: »Die Entscheidung, die Titel zu veröffentlichen, würden wir heute nicht mehr so treffen. Wir haben zum damaligen Zeitpunkt einen Fehler gemacht und wir können euch versichern: Wir lernen daraus!«[31]

Diese Entscheidung führte wiederum zu einem Sturm der Entrüstung. Wieder hatte der Geist der politischen Korrektheit dafür gesorgt, dass ein Buch aus dem Verkehr gezogen wurde. Die Wut über den angeblich verbotenen Winnetou kochte an vielen verschiedenen Orten im Internet hoch. Das Thema erwies sich als ungemein effektiver politischer Triggerpunkt im Sinne von: ›*Sie* wollen *uns* etwas wegnehmen‹. Unter einem Beitrag der *Tagesschau* etwa (Titel: «Winnetou-Bücher vom Markt genommen«) versammelten sich unzählige wutschäumende Stellungnahmen: »So ein Blödsinn! Was soll das? Ewig gabs des schon, mit diesen Geschichten sind wir aufgewachsen! Grüner Bullshit nur noch!« »Die Nazis haben auch Bücher verbrannt die nicht in ihre Ideologie gepasst haben …« »Es ist einfach nur noch krank und gefährlich diese wahnhafte linksgrüne Ideologie. Werden die Bücher jetzt verbrannt?« »Erbärmlicher geht's nicht! Weil ein paar linke Ideologen im Internet Rassismus oder kulturelle Aneignung schreien, zieht der Ravensburger Verlag gehorsam seine Bücher zurück.« »Ihr lasst auch nichts heil an unserer Kindheit.«[32]

Diese Liste ließe sich beliebig lange fortsetzen und vermittelt einen repräsentativen Eindruck vom Ton der Empörung, mit der auf den Rückzug der Bücher reagiert wurde. Dabei spielte es keine Rolle, dass es sich nur um die Begleitbücher zu einem Film handelte, der unbehelligt weiter in den Kinos lief und dessen Vorlage – die Romane Karl Mays – weiter überall verfügbar waren. Der Eindruck, der sich in diesen Kommentaren verdichtete, war, dass der gesamte Stoff verboten, zensiert, zerstört werden sollte. Die Wut darüber hatte bereits eine stark politische Aufladung, als Wut über einen »linken«, »woken«, »grünen« Zeitgeist, der Bücher vernichten will.

Das Ereignis war ein naheliegender Anlass für einige Protagonist:innen des politischen Lebens, die emotionale Stimmung aufzugreifen. Zu diesen »Polarisierungsunternehmern«[33] gehörte etwa der ehemalige Vizekanzler Sigmar Gabriel, der sich auf Twitter mit einer empörten Stellungnahme zu Wort meldete: »Als Kind habe ich Karl Mays Bücher geliebt, besonders #Winnetou. Als mein Held starb, flossen Tränen. Zum Rassisten hat mich das ebenso wenig gemacht wie Tom Sawyer & Huckleberry Finn. Und deshalb bleibt Winnetou im Bücherregal für meine Kinder. Und den Film schauen wir uns auch an.«

Gabriel kanalisierte in diesem Tweet das allgemeine Missbehagen an der Winnetou-Kritik. Seine Stellungnahme ist beispielhaft für die Mischung aus Nostalgie und Konservatismus, die in entgeisterten Kommentaren wie »Ewig gabs des schon, mit diesen Geschichten sind wir aufgewachsen!« zum Ausdruck kommt. Der Kern des Problems liegt darin, dass der junge Sigmar geweint hat, als Winnetou sterben musste. Die Wortwahl ist zentral: »Als mein Held starb, flossen Tränen.« Das Possessivpronomen charakterisiert das Verhältnis des Kindes zur literarischen Figur, die man durch Identifikation zu seinem Besitz gemacht hat. Winnetou ist *sein* Held, eine starke emotionale und moralische Bindung also, die durch die geflossenen Tränen beglaubigt wird.

Die Vorstellung, dass die unschuldige Rezeptionserfahrung des Kindes etwas politisch Sinistres an sich haben sollte, wird als absurd vorgeführt und durch den Verweis auf die Figuren Tom Sawyer und Huckleberry Finn direkt in eine Tradition von Jugendbüchern gestellt, die heute ebenfalls als problematisch gelten. Der Vorwurf des Rassismus gegen diese Bücher wird durch den Verweis auf die Unschuld der unmündigen Rezipient:innen abgewehrt: Die Tränen waren nicht rassistisch! Auf diese Verteidigung der Kindheit folgt dann unmittelbar das Bekenntnis zur Trotzrezeption: »Und *deshalb* bleibt Winnetou im Bücherregal für meine Kinder. Und den Film schauen wir uns auch an.« Das Wort »deshalb« leistet in diesem Kontext eine Menge Arbeit, denn es ist nicht unmittelbar einleuchtend, warum die Tränen des kindlichen Sigmar begründen sollten, dass auch seine Kinder die Winnetou-Romane lesen müssen. Dahinter steht die trotzige Behauptung: Was damals nicht schädlich für mich war, ist auch für meine Kinder gut.

Andere Politiker äußerten sich ebenfalls. Thomas Kemmerich, der 2020 im Mittelpunkt eines Skandals gestanden hatte, weil er sich mit den Stimmen der AfD zum Ministerpräsidenten von Thüringen hatte wählen lassen, postete ein Bild von sich, wie er, im Sonnenschein auf einer Parkbank sitzend, in einer alten Karl-May-Ausgabe liest. Überschrieben ist das Bild mit: »Am Ende von #Winnetou 3 haben wir alle geweint … Winnetou ging in die ewigen Jagdgründe ein und dennoch ist er unsterblich. Winnetou lebt weiter in unseren Herzen.« Versehen war dieser Tweet mit dem Hashtag #woke, um direkt anzuzeigen, wer der Feind sein sollte, der die Erinnerung an die emotionale Erschütterung bei der Lektüre der Bücher beschmutzen will. Auch in diesem Fall wird das eigene Weinen ins Feld geführt und eine emotionale Bindung zu einer fiktiven Figur beteuert (»Winnetou lebt weiter in unseren Herzen«). Diese Tränen stehen im Dienst einer politischen Botschaft: Eine »woke« Bewegung will Winnetou quasi ein zweites Mal ermorden, aus den Herzen der Menschen vertreiben. Im Hintergrund dieser Aktion steht die berechtigte Hoffnung, durch die Aktivierung der ästhetischen Verlustangst auch politische Verlustängste freizusetzen.

Die Politisierung dieser Gefühle funktioniert deshalb so gut, weil es sich um Gefühle handelt, die sicherlich jeder kennt, der als Jugendlicher für bestimmte Figuren und Erzählungen gebrannt hat. Man muss sich vorstellen, was es bedeutet, wenn Helden der Kindheit in der Gegenwart des Erwachsenenalters auf einmal als politisch verwerflich kritisiert werden. Plötzlich steht die unschuldige jugendliche Rezeption in einem politischen Zwielicht, die hingerissene Identifikation, die man mit einer Figur wie Winnetou empfunden hatte, das rückhaltlose Hineinleben in die fiktionale Welt. Man hat mit diesen Figuren mitgelitten, mitgefiebert, man hat vielleicht sogar die Szenarien nachgespielt, sich Namen aus den Erzählungen gegeben, die moralische Begeisterung für die Helden zum Ausgangspunkt der eigenen sich gerade entwickelnden sozialen Selbsterzählung gemacht. Man *war* Winnetou, man *war* Old Shatterhand.

Ein politischer Angriff auf diese Werke ist ein Angriff auf die eigene Identität, die durch die jugendliche Rezeption geprägt wurde. Aufgrund dieser existentiellen Prägung sind diese Werke Objekte einer intensiven Nostalgie. Viele Menschen erinnern sich mit einer gewissen Wehmut an eine Zeit, in der man noch hemmungslos rezipieren konnte, in der man nicht durch die Zumutungen des Erwachsenenlebens oder intellektuelle Abgeklärtheit vom Lesen, Schauen, Hören abgehalten wurde. Man blickt auf diese Zeit zurück und imaginiert sich einen Idealzustand der Rezeption, ein Paradies ästhetischer Unmittelbarkeit. Die Unschuld der Kindheit vermischt sich mit der Unschuld der ästhetischen Erfahrung, wie sie das Kunstparadigma einfordert.

Diese doppelte Unschuld lässt sich besonders gut politisieren, denn Angriffe auf die Kunst, die man in dieser Zeit konsumiert hat, erzeugen schnell eine empörte Abwehrhaltung: Man war doch ein Kind! Wie kann die Freude an Figuren und Welten, an Melodien und Bildern, die man in seiner Jugend konsumiert hat, politisch fragwürdig gewesen sein? Was die intensive ästhetische Nostalgie oft verschleiert, ist die Beobachtung, dass es kaum einen Bereich gibt, der stärker politisch reglementiert wird als die jugendliche Rezeption. Kinder und Jugendliche gelten als besonders manipulierbar, als schutzlos gegenüber den Einflüssen zerstörerischer ästhetischer Erfahrungen.

Es ist deshalb auch nicht verwunderlich, dass sich viele der politischen Kontroversen um Kunst in der Gegenwart um Kinder- und Jugendbücher drehen. Dazu gehört die Debatte um Roald Dahl genauso wie die Kontroverse darüber, ob man rassistische Begriffe aus den Werken von Astrid Lindgren, Michael Ende oder Otfried Preußler tilgen sollte. Das Händeringen der Erwachsenen über die Gefahren des Medienkonsums durchzieht jede Frühphase einer Rezeptionsbiographie. Eltern und Schule haben Einfluss auf den gesamten Bereich dessen, was man lesen oder anschauen darf. Man unterliegt einer strengen Form der Pflichtrezeption. Eine Zeit, die im Nachhinein als Paradies der ästhetischen Freiheit imaginiert wird, ist objektiv betrachtet der Höhepunkt der Unfreiheit.

Das ändert nichts an der politischen Wirksamkeit der Nostalgie, die mit frühen Rezeptionserfahrungen verbunden wird. Die Trotzrezeption erscheint als Akt des Widerstandes gegen die Feinde der kulturellen Unschuld, die noch die letzten Bastionen des befreiten Genusses schleifen wollen. Es geht um die Abwehr eines Zeitgeistes, der die prägenden Erfahrungen der eigenen Identität im Namen eines falsch verstandenen Fortschritts beschmutzen will. Bald richtet sich die Verteidigung der Kindheit dann eben auch gegen die Inhalte dieses Fortschrittsdenkens. Geht der gesellschaftliche Kampf gegen Rassismus und Sexismus nicht zu weit, wenn er selbst schon Winnetou und Pippi Langstrumpf ausmerzen möchte?

Diese Politisierung erreicht ihren Siedepunkt im Konflikt um die retromanische Tendenz der Gegenwartskultur, die durch unzählige Remakes, Reboots und andere Formen der Neuauflagen geprägt ist. Man hat den Eindruck, dass es kaum ein ehemals beliebtes Kulturprodukt gibt, das nicht abgestaubt und neu verkauft wurde. Fernsehshows etwa wie *That '70s Show*, *Full House* oder *Frasier* bekommen aufwendig produzierte Fortsetzungen, oft mit einem Teil der damaligen Besetzung. Vor allem aber Kinder- und Jugenderzählungen wie *Star Wars* oder *Indiana Jones* werden in immer neuen Schleifen der Wiederverwertung ausgeschlachtet. Diese Neuauflagen sind doppelt adressiert, zum einen an die Kinder und Jugendlichen der Gegenwart, auf deren frische Begeisterung man hofft, zum anderen an ihre erwachsenen Eltern, an deren Nostalgie man anknüpfen möchte. Aus dieser Doppeladressierung ergibt sich ein naheliegendes Konfliktpotential, weil die Lebenswelten und Wünsche dieser beiden Rezipientenkreise – wenig überraschend – nicht vollständig übereinstimmen. Die Jugendlichen von damals erwarten von einer Neuauflage etwas anderes als die Jugendlichen von heute.

Die Neuauflagen versprechen eine Rekonstruktion der unschuldigen Kindheitserfahrung, die allerdings durch die notwendige Gegenwärtigkeit der Erzählungen ständig irritiert wird. Diese neuen Versionen stehen vor der Herausforderung, die Werke und Stoffe an den Zeitgeist anzupassen. Das bedeutet eine ästhetische Angleichung nicht nur an Moden und Trends des Gegenwartserzählens, sondern auch an die herrschenden moralischen und politischen Vorstellungen. Das ist im Wesentlichen gemeint, wenn davon die Rede ist, dass etwas ›nicht mehr zeitgemäß‹ sei. Ein frauenfeindlicher Witz, eine Figur, die durch eine Behinderung verhöhnt werden soll, ein antisemitisches Klischee – all das sind Aspekte des Erzählens, die in der Vergangenheit für Freude und Gelächter gesorgt haben, die in der Gegenwart aber vor allem Irritation erzeugen. ›Zeitgemäß‹ ist in diesen Fällen keine rein moralische Kategorie, die über ein kunstgemäßes Vergnügen gestülpt wird, sondern die Voraussetzung einer gelungenen ästhetischen Erfahrung. Ein Witz, über den Menschen nicht (mehr) lachen, ist ein misslungener Witz. Um (finanziell) erfolgreich zu sein, müssen die Neuauflagen das moralische Stolpern vermeiden, das eine ästhetische Erfahrung für die Rezipient:innen verderben kann.

Neuauflagen konfrontieren die alten Werke mit dem Problem des ›Zeitgemäßen‹. Man könnte sagen, dass erst die Retromanie der Gegenwart überhaupt zu einer ständigen politischen Überprüfung der Werke geführt hat, an die man so viele schöne Erinnerungen knüpft. Es hat deshalb auch etwas Tragisches: Die Gier nach Nostalgie zerstört die Erfahrungen, an die sich diese Nostalgie gefesselt hat. So haben die Änderungen am ursprünglichen Material immer das Potential, als Vorwurf an dieses Material angesehen zu werden. Wenn die Neuauflage von *Ghostbusters* (2016) rein weiblich besetzt wird, ist das nicht als Kritik an der rein männlichen Besetzung des Originals von 1984 zu verstehen? Hier schleicht sich die Angst ein, eine politische Agenda könnte am Werk sein, die den jugendlichen Genuss einer ästhetischen Erfahrung abstrafen möchte. Statt als Ort, an dem man in einer schönen Erinnerung schwelgen kann, wird die Neuauflage zu einer Bedrohung. Ein Schlachtruf, der in diesem Zusammenhang immer wieder kursierte, war, der Film habe die eigene Kindheit »ruiniert«.

Die damit verbundenen starken Emotionen lassen sich umstandslos politisieren. In diesem Fall war es vor allem die Schwarze Darstellerin Leslie Jones, die im Konflikt um den Film aufs Übelste rassistisch und frauenfeindlich beleidigt und bedroht wurde. Die Forderung, Computerspiele bitte vor Politik zu verschonen, die fiktiven Helden der Kindheit in Ruhe zu lassen, die Filme, die man in seiner Jugend geliebt hat, nicht zum Schauplatz progressiver Neuauflagen zu machen – all diese Abwehrbewegungen zeigen, dass ästhetische Nostalgie eine notwendig konservative Tendenz hat, die anschlussfähig ist für das, was Simon Strick »Rechte Gefühle« genannt hat. Es ist schwer, einem Kunstwerk, das wir einmal geliebt haben, die Gefolgschaft zu kündigen, weil diese Liebe zu den Selbsterzählungen gehört, die unsere Identität stabilisieren. Angriffe gegen diese Kunst entwickeln deshalb schnell eine politisierte Wut, die sich gegen die gesellschaftlichen Veränderungen richtet, die diesen Angriff angeblich begünstigen.

In diesem Zusammenhang werden die eigenen ästhetischen Vorlieben dann oft unter Verweis auf die Autonomie der Kunst verteidigt. Allerdings handelt es sich um eine Form der Autonomie, die von dem avancierten Konzept der modernen Avantgarde oder akademischen Theoriebildung denkbar weit entfernt ist. Kunstfreiheit bedeutet in diesem Fall: Man legitimiert das hemmungslose Grölen sexistischer Lieder, den schuldbefreiten Genuss fiktionaler Welten, das befreite Lachen über einen brutalen Witz mit Argumenten, die aus einem theoretischen Umfeld stammen, das diesen Erfahrungen feindselig gegenübersteht. Die Konflikte, die ich in diesem Kapitel beschrieben habe, machen deutlich, was Autonomie für den Alltag der Rezeption eigentlich bedeutet: Romane, Filme, Serien, Musik erscheinen hier als Schutzraum des Eskapismus, als Orte, die frei von Schuldgefühlen sind, an denen man sich versenken kann, ohne vom erhobenen Zeigefinger gesellschaftlicher Anforderungen gestört zu werden.

SCHLUSS – DIE PRODUKTIVITÄT DES KONFLIKTS

Im Frühjahr 2024 beschäftige eine brutale Fehde zweier Künstler die Welt. Ende April veröffentlichte der Rapper Kendrick Lamar den Song *Euphoria*, in dem er den Konflikt mit seinem Kollegen Drake eskalieren ließ. Darin heißt es unter anderem: »Ich hasse, wie du gehst, wie du sprichst, wie du dich anziehst« (»I hate the way that you walk, the way that you talk, I hate the way that you dress«). Der Streit zwischen den beiden extrem populären Musikern hatte schon lange geschwelt, brach nun allerdings mit heftiger Erbitterung aus. Lamar warf Drake in mehreren Songs vor, ein pädophiler Gewalttäter zu sein, Drake wiederum unterstellte Lamar, er würde seine Frau schlagen. In diesem Konflikt wurde aufgefahren, was die Kultur an vernichtenden Vorwürfen zu bieten hat – ein ganzes Lexikon zeitgenössischer Charakterlosigkeit.

In der Fehde kulminieren alle Aspekte der digitalen Konfliktkultur, die ich in diesem Buch analysiert habe. Eine Geschmacksfrage – wer ist der bessere Musiker – entwickelte sich zu einem Konflikt, der Millionen von Menschen beschäftigte, sie in unterschiedliche Lager einer ästhetischen Feindschaft drängte, gleichzeitig aber auch eine ungeheure diskursive Energie freisetzte. Denn das eigentlich Faszinierende an diesem Konflikt ist, wie er rezipiert wurde. Unzählige Menschen nutzen die publizistische Infrastruktur des Internets, um die komplexen, anspielungsreichen Texte auseinanderzunehmen. In einem philologischen Großaufgebot wurde jede Referenz in den Songs aufgedeckt und fieberhaft diskutiert. Ort dieser Interpretationen war etwa eine Plattform wie Genius.com, die dazu dient, detaillierte Stellenkommentare zu populären Songs zu erstellen. Die Fandoms erscheinen hier nicht als emotionalisierter Mob ästhetischer Hooligans, der über die Fans einer anderen Musik unkontrolliert herfällt, sondern als interpretationsgierige Gelehrtenrepublik.

Damit deutet sich eine Antwort auf die Frage an, die diesem Buch zugrunde liegt. Warum streiten wir über Kunst? Weil es so viel Spaß macht! Diese Antwort mag zunächst überraschend erscheinen. Ein Streit über die Frage, was guter und was schlechter Geschmack ist, kann sehr verletzend werden und destruktive Folgen haben. Diese Beobachtung war der Ausgangspunkt meiner Analyse. Wut und Wertung gehören vor allem deshalb zusammen, weil ein Angriff auf die Musik, die wir lieben, auf die Filme und Serien, in die wir uns hineingegraben haben, auf die Romane, bei deren Lektüre wir vielleicht in Tränen ausgebrochen sind, als Angriff nicht nur auf unsere soziale Identität wahrgenommen wird, sondern auf das, was unsere Persönlichkeit im tiefsten Inneren ausmacht.

Das Panorama der Konflikte, das ich hier gezeichnet habe, sollte zeigen, wie produktiv dieses Verletzungspotential sein kann. Konflikte sind der wichtigste Motor der Kulturgeschichte. Die fortlaufende Kontroverse über die Frage, was eigentlich Kunst ist, Kunst sein darf, bestimmt den Alltag der Produktion und Rezeption bis heute. Drake etwa wurde vorgeworfen, er sei nur ein ›Entertainer‹, kein ernsthafter Rapper. Lamar singt in *Euphoria*: »Ich mache Musik, die aufrüttelt, du machst Musik, die beruhigt.« (»I make music that electrify 'em, you make music that pacify 'em«).

In dieser Gegenüberstellung von Entertainer und echtem Künstler spiegelt sich die Geschichte des Kunstparadigmas, das die rein hedonistischen Bedürfnisse eines Massenpublikums immer abgewertet hat. Die Kunst, die dieses Bedürfnis nach Eskapismus befriedigt, ist demnach nicht nur ästhetisch minderwertig, sondern schläfert auch den kritischen Geist des Publikums ein. Drake wiederum macht sich die Argumente des ästhetischen Populismus zu eigen, der sich gegen das prätentiöse Selbstbild des großen politischen Künstlers zur Wehr setzt. In *Family Matters* spottete er darüber, Lamar klinge immer so, als würde er bald die Sklaven befreien (»Always rappin' like you 'bout to get the slaves freed«).

Während ein Konflikt wie der zwischen Kendrick Lamar und Drake eine hohe Reibungsenergie erzeugt, hat sich in Teilen des offiziellen Diskurses über Kultur, der in den Feuilletons oder an Universitäten gepflegt wird, in den letzten Jahrzehnten eine wintrige Melancholie eingeschlichen: Kaum noch jemand interessiere sich für anspruchsvolle Kunst; die Lesefähigkeit junger Menschen sei auf einem Tiefstand; die Gruppe derjenigen, die sich für Theater und Oper begeistern können, schmelze immer weiter zusammen; die Studierendenzahlen in den Geisteswissenschaften gingen zurück etc.

Es war ein Ziel dieses Buches, dieser Klage, die schon lange zum Arsenal einer historisch erstaunlich stabilen Kulturkritik gehört, etwas entgegenzusetzen. Es mag paradox anmuten, dass eine Untersuchung, die sich den negativen Emotionen widmet, die im Zusammenhang mit Kunst und Kultur entstehen, eine optimistische Sicht auf die Kultur vertritt. Aber gerade in den Konflikten, die ich analysiert habe, zeigt sich der unbeirrbare Lebensgeist einer Kultur, deren

Energie nicht verlorengeht, wenn Menschen weniger Hochliteratur lesen oder Kunstfilme schauen, sondern die sich nur verschiebt. Die Perspektive, die ich in diesem Buch eingenommen habe, ist die einer Kulturwissenschaft, die nicht den Tod bestimmter kultureller Praktiken beklagt, sondern nach den Feldern sucht, in denen diese Kultur am Leben ist.

Die Digitalisierung und der fortschreitende Zusammenbruch der Hierarchie von Hoch- und Massenkultur haben einen Schub an Teilhabe erzeugt, dessen Folgen man zwar kritisieren kann (und sollte), dessen Relevanz sich allerdings nicht bestreiten lässt. Die zahllosen Kommentare und Memes, die der Streit zwischen Lamar und Drake erzeugt hat, illustrieren die Leistungsfähigkeit einer Partizipationskultur, die vor allem durch die Konflikthaftigkeit des kulturellen Feldes angetrieben wird. Der Produzent und DJ Metro Boomin, der auch in die Fehde hineingezogen wurde, richtete seine Intervention vollständig auf diese Partizipationskultur aus. Er stellte im Internet einen Beat mit dem Titel *BBL Drizzy* zur Verfügung (eine Anspielung darauf, dass Drake sich angeblich der Schönheitsoperation eines Brazilian Butt Lift unterzogen habe). Dieser Beat sollte der Community dazu dienen, eigene Songs gegen Drake zu produzieren. Es handelt sich also um ein direktes und erfolgreiches Crowdsourcing des ästhetischen Konflikts. Die Schwarmintelligenz des eigenen digitalen Wertungskollektivs wurde auf den Kontrahenten losgelassen.

Der Konflikt zwischen Drake und Kendrick Lamar ist ein weiteres Beispiel dafür, dass – wie ich gezeigt habe – der Hass auf die Kunst der anderen eine wichtige Triebfeder der Rezeption darstellt. Indem wir uns obsessiv mit ›schlechter‹ Kunst beschäftigen, sie sammeln, ausstellen, auseinandernehmen, werden wir uns unserer eigenen Vorlieben bewusst, schaffen eine Geschmacksidentität, finden uns zu Wertungskollektiven zusammen. Ästhetische Verachtung kann dabei ausgesprochen produktiv sein, gerade dann, wenn sie den Charakter der Schadenfreude annimmt. Die Fans der verfeindeten Musiker arbeiten hart an der Verspottung des Geschmacks der anderen Seite, was eine ernsthafte und intensive Auseinandersetzung mit deren Geschmack voraussetzt. Diese Intensität erscheint deshalb gerechtfertigt, weil Gewinnen und Verlieren in solchen Konflikten darüber entscheidet, wer in den Kanon der anerkannten Kunst aufgenommen wird und wer daraus verschwinden muss.

Die Fallhöhe dieser Konflikte führt dazu, dass alle Register der ästhetischen Aggression gezogen werden. Man versucht, die eigene Kunst in den öffentlichen Raum zu drängen. Sie muss besonders eingängig, besonders brillant sein, um sich durchzusetzen. Einige der Songs, die aus der Fehde zwischen Drake und Lamar hervorgingen, kletterten schnell auf die höchsten Plätze der Charts und erreichten eine fast allgegenwärtige kulturelle Verbreitung. Sie werden damit zu effektiven Waffen einer agonalen Rezeption, die darauf ausgelegt ist, die andere Seite zu demütigen. Das gelingt natürlich am besten, wenn der feindselige Song im Radio oder in Clubs gespielt wird oder aus Autofenstern oder Wohnungen dröhnt.

Gleichzeitig versucht man mit allen Mitteln, die Rezeption der anderen Seite zu sabotieren – etwa, indem man Informationen über die angeblichen Verbrechen der Künstler:innen in den Diskurs einspeist. Diese vergifteten Paratexte können die Freude an einem Kunstwerk verderben. Der Vorwurf, ein Künstler sei pädophil oder ein Frauenschläger, ist darauf ausgelegt, die Rezeption seiner Kunst zu stören, indem man Bilder erzeugt, die sich vor den Genuss seiner Kunst schieben, oder den Rezipient:innen den Eindruck vermittelt, sie seien Komplizen dieser Verbrechen. Die so attackierten Fans wollen sich das natürlich nicht gefallen lassen und feiern die Musik ihres Idols – im Sinne einer Trotzrezeption – erst recht.

Es sind diese destruktiven Impulse, die die digitale Konfliktkultur der Gegenwart zuweilen als einen ziemlich dunklen Ort erscheinen lassen. Was ich in diesem Buch zeigen wollte, ist, dass solche Fälle – bei aller Irritation, die sie auslösen können – vor allem unter Beweis stellen, wie bedeutungsvoll die Frage, was wir lesen, hören, schauen, für die Gesellschaft sein kann. Der Streit über Kunst verweist auf ihre Relevanz. Zudem ist dieser Streit auch ästhetisch produktiv. Nicht nur brachte die Fehde zwischen Drake und Lamar neue Songs hervor, sie produzierte auch eine Flut von Diskurs, heizte das große Gespräch über Kunst und Kultur an, das zu den wichtigsten Aspekten der Rezeption gehört. Wir hören Musik, um gemeinsam dazu zu tanzen, aber auch, um darüber zu reden, uns darüber zu verständigen oder zu entzweien. Diese Form der Anschlusskommunikation herauszufordern ist eine wichtige Funktion aller Künste.

Geschmackskonflikte sind allerdings nicht alle gleichermaßen produktiv. Es gibt auch in diesem Fall gravierende Niveauunterschiede. So erzeugt gerade die neue Zensurdebatte, die in den letzten Jahren am Beispiel der Kunst um die Frage geführt wird, was man überhaupt noch sagen darf, inzwischen vor allem diskursive Langeweile. Wenn etwa erbitterte und ernsthafte Diskussionen darüber geführt werden, ob die Ausladung der Kabarettistin Lisa Eckhart von einem Literaturfestival oder ein angeblich drohendes Verbot des Schlagers *Layla* die Kunstfreiheit bedroht, muss man sich schon die Frage nach der intellektuellen Redlichkeit stellen, mit der diese Kontroversen angestoßen werden.

Das hohe Prestige der Kunst wertet jede Debatte auf. Man könnte sagen, dass nicht nur die Kunst politisiert wird, sondern auch die Politik ästhetisiert. Wer die Freiheit, antisemitische Witze zu erzählen oder sexistische Lieder zu grölen, verteidigen möchte, der tut das lieber unter dem edlen Baldachin der Kunstfreiheitsdebatte als im hässlichen Hinterhof politischer Handgemenge. So erlaubt der Kunstdiskurs ein Alibi für Debatten und Ressentiments, die mit ästhetischen Fragen eigentlich nicht mehr viel zu tun haben. In dem Moment, in dem ein bewusst vulgärer Schlager mit der gleichen Intensität und pompösen Ernsthaftigkeit verteidigt wird wie die Kunstfreiheit Peter Handkes oder Pablo Picassos, muss man sich vielleicht eingestehen, dass einem die Fragen des Ästhetischen eigentlich egal sind.

Man hat den Eindruck, dass in der diskursiven Atmosphäre der politischen ›Culture Wars‹ einfach nur gierig nach Fällen gesucht wird, die eine angeblich herrschende progressive Verbotskultur unter Beweis stellen sollen. Das bewirkt vor allem eine bleierne Müdigkeit, weil sich die Debatten in ihrer Struktur ständig wiederholen. Ob es nun um ein angebliches Sushi-Verbot an einem amerikanischen College geht oder darum, dass einer Band ihre Dreadlocks zum Verhängnis wurden, oder eben darum, dass ein Winnetou-Film kritisiert oder ein rassistischer Begriff aus einem Kinderbuch gestrichen wird – immer laufen die Konflikte auf den verbissenen Austausch der gleichen Argumente hinaus. All diese Fälle werfen interessante Fragen auf, die aber in den Debatten, die allein darauf ausgerichtet sind, das Empörungspotential der Fälle abzugreifen, selten wirklich verhandelt werden. Stattdessen verteidigt man in der Autonomie der Kunst störrisch die politische Unschuld der eigenen Ressentiments.

Eine Zweckentfremdung ästhetischer Konflikte zeigt sich allerdings auch dort, wo der Kunst ein besonderes kritisches Potential zugeschrieben wird – eine Widerstandskraft gegen eine herrschende Kultur etwa. Ein Beispiel für diese Position liefert die Politikwissenschaftlerin Chantal Mouffe, die dafür plädiert, dass kulturelle und künstlerische Praktiken einen Beitrag »zu dem gegenhegemonialen Projekt leisten, bei dem es darum geht, die neoliberale Hegemonie zu hinterfragen«.[1] Wie sich in diesem Buch gezeigt hat, ist es allerdings ein Charakteristikum des politischen Streits um Kunst, dass so gut wie alle Kombattanten selbstverständlich davon ausgehen, unterdrückte Widerstandskämpfer zu sein. Hegemonie verkörpern immer nur die anderen. In dieser Tradition sehen sich dann eben auch die Menschen, die einen rechtsradikalen Song auf Platz 1 der iTunes-Charts bringen, oder die Rammstein-Fans, die die Lieder ihrer Band gegen die hegemoniale Kultur der Political Correctness anbrüllen.

Die Vorstellung, dass einer bestimmten Kunst ein kritisches Potential zukommt, ist in solchen Fällen vor allem darauf ausgelegt, den eigenen Geschmack nicht nur ästhetisch, sondern auch politisch zu adeln. Dazu gehört etwa die Vorstellung, dass besonders hermetische und komplexe Kunst besonders subversiv ist, weil sie die Sprache des kapitalistischen Systems deautomatisiert und herausfordert. So versucht man als Rezipient:in einen doppelten Distinktionsgewinn einzufahren: Man wertet sich zum einen ganz klassisch im Sinne eines überlegenen ästhetischen Geschmacks auf, kann diesen Geschmack aber zusätzlich noch als Akt der politischen Subversion verstehen – was auch dem Vorwurf des Elitismus wieder den Stachel zieht.

Wenn man allerdings die tatsächlich politische Frage nach den gesellschaftlich-ökonomischen Voraussetzungen der Produktion und Rezeption dieser Kunst stellt, zeigt sich in den meisten Fällen, dass es sich um eine Kunst handelt, die in den elitären Institutionen des Bildungsbürgertums stattfindet. Was genau die konkrete Wirkung dieser Kunst am Ende sein soll, bleibt dann meist sehr vage und abstrakt. Auch in diesem Fall handelt es sich um eine Vorstellung ästhetischer Konflikte, die an der Realität konkreter ästhetischer Erfahrungen vorbeigeht. Das Prestige der Kunst wird in eine Selbsterzählung eingemeindet, die die eigene Rezeption politisch aufwerten möchte. Mouffe fordert, künstlerische Praktiken sollten sich an der »Destablisierung der vorherrschenden Hegemonie« beteiligen.[2] Als Beispiel nennt sie die Werke von Alfredo Jaar, der allerdings als vielfach ausgezeichneter und ausgestellter Künstler längst zu den zeitgenössischen Klassikern des Kunstparadigmas gehört.

So versuchen die einen, populäre Formate wie Schlager und Winnetou zu autonomen Kunstwerken aufzuwerten, die gegen eine wild gewordene ›Cancel Culture‹ verteidigt werden müssen, während die anderen die elitäre Ästhetik des Kunstparadigmas zu einem Instrument effektiver politischer Interventionen adeln wollen. In beiden Fällen wird das Prestige des Ästhetischen missbraucht, um eine heroische Selbsterzählung zu konstruieren. Diese Selbsterzählungen haben oft nicht mehr viel mit dem Alltag konkreter Rezeptionserfahrungen zu tun. Produktive Konflikte über Wut und Wertung spielen sich aber – wie ich gezeigt habe – dort ab, wo sie reale ästhetische Erfahrungen betreffen, wo Hingerissenheit und Verlustangst sich abwechseln, wo das Lesen, Hören, Sehen tatsächlich stattfindet und zu Verwerfungen führt.

ANMERKUNGEN UND QUELLEN

Übersetzungen stammen, wenn nichts anderes angegeben ist, vom Autor.

Prolog – Tote und Verletzte

1 Lawrence W. Levine: Highbrow/Lowbrow. The Emergence of Cultural Hierarchy in America, Cambridge, Massachusetts, 1988, S. 64. Der Fall wird auch erzählt in James Shapiro: Shakespeare in a Divided America. What His Plays Tell Us About Our Past and Future, New York 2020, S. 121–149.

2 Levine: Highbrow/Lowbrow, S. 4.

1. Streit, Schuld und Enttäuschung – Wie entstehen Konflikte über Kunst

1 Pierre Bourdieu: Die feinen Unterschiede. Kritik der gesellschaftlichen Urteilskraft, übersetzt von Bernd Schwibs und Achim Russer, Frankfurt am Main 2023, S. 105.

2 Rita Felski: The Limits of Critique, Chicago 2015, S. 17.

3 Immanuel Kant: Kritik der Urteilskraft. Werkausgabe Band X, Frankfurt am Main 2018, S. 125.

4 Kant: Kritik der Urteilskraft, S. 126.

5 Zu einer aktuellen Diskussion vgl. Moritz Baßler und Heinz Drügh: Gegenwartsästhetik, Göttingen 2021, S. 43–57.

6 Howard S. Becker: Art Worlds. 25th Anniversary Edition. Updated and Expanded, Berkeley 2008, S. 135.

7 Becker: Art Worlds, S. 132–133.

8 Wolfgang Ullrich: Gesucht: Kunst! Phantombild eines Jokers, Berlin 2007, S. 121.

9 Wolfgang Ullrich: Siegerkunst. Neuer Adel, teure Lust, Berlin 2018, S. 45.

10 Bianca Bosker: A Trove of ›Lost Basquiats‹ Led to a Splashy Exhibition. Then the FBI Showed Up. In: The Atlantic (31. Januar 2024). https://www.theatlantic.com/magazine/archive/2024/03/orlando-art-museum-basquiat-forgeries/677171.

11 Becker: Art Worlds, S. 134.

12 Christina Dongwoski: Von Schrottwert zu Meisterwerk und zurück.

Über Kunstfälschung. In: 54books.de (1. Juli 2020). https://54books.de/von-schrottwert-zu-meisterwerk-und-zurueck-ueber-kunstfaelschung.

13 Heinrich Bosse: Autorschaft ist Werkherrschaft. Über die Entstehung des Urheberrechts aus dem Geist der Goethezeit. Neue, mit einem Nachwort von Wulf D. v. Lucius versehene Auflage, Paderborn 2014.

14 Change.org: Remake Game of Thrones Season 8 with competent writers. https://www.change.org/p/hbo-remake-game-of-thrones-season-8-with-competent-writers.

15 Jacob Sarkisian: ›Game of Thrones‹ star Carice van Houten says she loved the ›randomness‹ and ›clumsiness‹ of season 8, and doesn't think the writers deserved the backlash. In: Business Insider (17. März 2020). https://www.businessinsider.com/carice-van-houten-randomness-clumsiness-game-of-thrones-season-eight-2020-5.

16 Michael Schulman: The Force Is with Them. In: The New Yorker (16. September 2019).

17 Henry Jenkins: Textual Poachers. Television Fans and Participatory Culture, New York 1992.

18 Jenkins: Textual Poachers, S. 23–24.

19 George RR Martin on His Problems With Fan Fiction. In: Youtube (1. Februar 2019). https://www.youtube.com/watch?v=u5g9-pfIImw.

20 John Koblin: Can ›House of the Dragon‹ Be HBO's Next ›Game of Thrones‹? In: The New York Times (10. August 2022). https://www.nytimes.com/2022/08/10/arts/television/house-of-the-dragon-hbo-got.html.

21 Antoine Hennion: Pragmatics of Taste. In: The Blackwell Companion to the Sociology of Culture, hrsg. von Mark D. Jacobs und Nancy Weiss Hanrahan, Malden, Massachusetts, 2005, S. 131–144, hier S. 137.

22 John Carey: What Good Are The Arts? London 2005, S. XI.

23 Kaspar Maase: Schönes alltäglich erleben. Über die Ästhetisierung der Kultur, Bielefeld 2022, S. 10.

24 Kaspar Maase: Die Erforschung des Schönen im Alltag. Sechs Thesen. In: Die Schönheit des Populären. Ästhetische Erfahrung der Gegenwart, hrsg. von dems., Frankfurt am Main 2008, S. 42–57, hier S. 44.

25 Gerhard Schulze: Die Erlebnisgesellschaft. Kultursoziologie der Gegenwart, Frankfurt am Main 2005, S. 55.

26 Andreas Reckwitz: Die Erfindung der Kreativität. Zum Prozess gesellschaftlicher Ästhetisierung, Frankfurt am Main 2014.

27 Maase: Schönes alltäglich erleben, S. 43.

28 Rita Felski: Hooked. Art and Attachment, Chicago 2020, S. VIII.

29 Bourdieu: Die feinen Unterschiede, S. 756–757.

1 Johann Wolfgang von Goethe: Faust. Eine Tragödie. In: Hamburger Ausgabe in 14 Bänden, Band 3: Dramatische Dichtungen I, textkritisch durchgesehen und kommentiert von Erich Trunz, München 1998, S. 10–15.

2 Pierre Bourdieu: Die feinen Unterschiede. Kritik der gesellschaftlichen Urteilskraft, übersetzt von Bernd Schwibs und Achim Russer, Frankfurt am Main 2023, S. 60–65.

3 E. M. Forster: Aspects of the Novel, New York 1985, S. 27.

4 Forster: Aspects of the Novel, S. 25.

5 Alain Robbe-Grillet: Pour un Nouveau Roman, Paris 2013, S. 34.

6 Thomas Hecken: Das Populäre als Kunst? Fragen der Form, Werturteile, Begriffe und Begründungen, Berlin 2024.

7 Friedrich Schiller: Brief an Goethe vom 25. Juni 1799. In: Schiller/Goethe Briefwechsel, hrsg. von Emil Staiger, revidierte Neuausgabe von Hans-Georg Dewitz, Frankfurt am Main 2005, S. 770.

8 Richard A. Peterson: Understanding audience segmentation. From elite and mass to omnivore and univore. In: Poetics 21.4 (1992), S. 243–258.

9 Wolfgang Ullrich: Gesucht: Kunst! Phantombild eines Jokers, Berlin 2007, S. 24.

10 Carolin Amlinger: Schreiben. Eine Soziologie literarischer Arbeit, Berlin 2021.

11 Amlinger: Schreiben, S. 671.

12 Pierre Bourdieu: Die Regeln der Kunst. Genese und Struktur des literarischen Feldes, übersetzt von Bernd Schwibs und Achim Russer, Frankfurt am Main 2001.

13 Richard Kämmerlings: Ein Balzac für unsere Zeit. In: Frankfurter Allgemeine Zeitung (8. Mai 2010).

14 Jonathan Franzen: Mr. Difficult. William Gaddis and the problem of hard to read books. In: The New Yorker (30. September 2002).

15 Franzen: Mr. Difficult.

16 Boris Kachka: Hothouse. The Art of Survival and the Survival of Art at America's Most Celebrated Publishing House, Farrar, Straus, and Giroux, New York 2014, S. 298.

17 David Gates: American Gothic. In: New York Times Book Review (9. September 2001).

18 Kachka: Hothouse, S. 303.

19 Ken Follett im Gespräch mit Gina Thomas: Mein Nobelpreis ist mein Maserati. In: Frankfurter Allgemeine Zeitung (13. November 2010).

20 Hecken: Das Populäre als Kunst, S. 2.

21 Dwight Macdonald: Masscult and Midcult. Essays against the American Grain, New York 2011, S. 3.

22 Macdonald: Masscult and Midcult, S. 18.

23 Macdonald: Masscult and Midcult, S. 11.

24 John Carey: Haß auf die Massen. Intellektuelle 1880–1939, übersetzt von Siegfried Kohlhammer, Göttingen 1996, S. 29.

25 Carey: Haß auf die Massen, S. 33.

26 Gerhard Schulze: Die Erlebnisgesellschaft. Kultursoziologie der Gegenwart, Frankfurt am Main 2005, S. 146.

27 Lawrence W. Levine: Highbrow/Lowbrow. The Emergence of Cultural Hierarchy in America, Cambridge, Massachusetts, S. 4.

28 Levine: Highbrow/Lowbrow, S. 182.

29 Svenja Reiner: Lässt es sich falsch hören? Eine historisch-kulturwissenschaftliche Kontextualisierung von Hör-Idealen im Neue Musik-Konzert. In: Gender und Neue Musik. Von den 1950er Jahren bis in die Gegenwart, hrsg. von Vera Grund und Nina Noeske, Bielefeld 2021, S. 315–331.

30 Levine: Highbrow/Lowbrow, S. 188–189.

31 Levine: Highbrow/Lowbrow, S. 185–186.

32 Levine: Highbrow/Lowbrow, S. 208.

33 Levine: Highbrow/Lowbrow, S. 31.

34 Levine: Highbrow/Lowbrow, S. 195.

35 Theodor W. Adorno: On Popular Music. In: Cultural Theory and Popular Culture. A Reader, hrsg. von John Storey, Athens, Georgia, 1998, S. 197–209, hier S. 205.

36 Dan Kois: Eating Your Cultural Vegetables. In: New York Times (29. April 2011). https://www.nytimes.com/2011/05/01/magazine/mag-01Riff-t.html.

37 Albrecht Koschorke: Lesesucht/Zeichendiät. Die Weimarer Klassik als Antwort auf die Medienrevolution des 18. Jahrhunderts. In: Neue Vorträge zur Medienkultur, hrsg. von Claus Pias, Weimar 2000, S. 115–136, hier S. 119.

38 Maren Lickhardt: Binge Watching, Berlin 2023.

39 Koschorke: Lesesucht/Zeichendiät, S. 116–117.

40 Kois: Cultural Vegetables.

41 Noël Carroll: A Philosophy Of Mass Art, Oxford 1998, S. 250–251.

42 Immanuel Kant: Kritik der Urteilskraft. Werkausgabe Band X, Frankfurt am Main 2018, S. 138.

43 Bourdieu: Die feinen Unterschiede, S. 757.

44 Manohla Dargis und A. O. Scott: In Defense of the Slow and the Boring. In: New York Times (3. Juni 2011). https://www.nytimes.com/2011/06/05/movies/films-in-defense-of-slow-and-boring.html.

45 Dargis und Scott: Slow and the Boring.

46 Dargis und Scott: Slow and the Boring.

47 Macdonald: Masscult and Midcult, S. 30.

48 Macdonald: Masscult and Midcult, S. 33.

49 Umberto Eco: Apokalyptiker und Integrierte. Zur kritischen Kritik der Massenkultur, übersetzt von Max Looser, Frankfurt am Main 1984, S. 89.

50 Moritz Baßler: Der neue Midcult. Vom Wandel populärer Leseschaften als Herausforderung der Kritik. In: Pop. Kultur und Kritik 18 (2021), S. 132–149, hier S. 137.

51 Moritz Baßler: Populärer Realismus. Vom International Style gegenwärtigen Erzählens, München 2022, S. 95.

52 Baßler: Populärer Realismus, S. 96.

3. Digitale Gegenwart – Die Emanzipation des Publikums

1 Jürgen Habermas: Überlegungen und Hypothesen zu einem erneuten Strukturwandel der politischen Öffentlichkeit. In: Ein neuer Strukturwandel der Öffentlichkeit?, hrsg. von Martin Seeliger und Sebastian Sevignani, Baden-Baden 2021, S. 470–500, hier S. 489.

2 Chris Bail: Breaking the Social Media Prism. How to Make Our Platforms Less Polarizing, Princeton 2021.

3 Metacritic: Star Wars: Episode VIII – The Last Jedi. https://www.metacritic.com/movie/star-wars-episode-viii---the-last-jedi.

4 Thomas Hecken: Das Populäre als Kunst? Fragen der Form, Werturteile, Begriffe und Begründungen, Berlin 2024, S. 55–66.

5 Döring et al. verwenden für diesen Prozess die Bezeichnung »Umkehr der Beweislast«. Jörg Döring, Niels Werber, Veronika Albrecht-Birkner, Carolin Gerlitz, Thomas Hecken, Johannes Paßmann, Jörgen Schäfer, Cornelius Schubert, Daniel Stein, Jochen Venus: Was bei vielen Beachtung findet. Zu den Transformationen des Populären. In: Kulturwissenschaftliche Zeitschrift 6.2 (2021), S. 1–24, hier S. 4.

6 Hannah Bethke im Gespräch mit Korbinian Frenzel: Rettet das Feuilleton. In: Deutschlandfunk Kultur (12. Dezember 2022). https://www.deutschlandfunkkultur.de/studio-9-tag-hannah-bethke-journalistin-feuilleton-rettung-100.html.

7 Sigrid Löffler: Machen Blogger die Literaturkritik kaputt? In: Deutschlandfunk Kultur (16. Juli 2020). https://www.deutschlandfunkkultur.de/sigrid-loeffler-ueber-amateure-vs-profis-machen-blogger-die-100.html.

8 Moritz Baßler: Der neue Midcult. Vom Wandel populärer Leseschaften als Herausforderung der Kritik. In: Pop. Kultur und Kritik 18 (2021), S. 132–149, hier S. 135.

9 Baßler: Der neue Midcult, S. 140.

10 Gerhard Lauer: Lesen im digitalen Zeitalter, Darmstadt 2020, S. 125–158.

11 Alan Rusbridger: Breaking News. The Remaking of Journalism and Why It Matters Now, Edinburgh 2019, S. 107.

12 Margarete Stokowski: Die Tollen sind selten laut. In: Spiegel Online (22. August 2017). https://www.spiegel.de/kultur/gesellschaft/online-kommentare-die-tollen-sind-selten-laut-a-1163996.html.

13 Johannes Franzen: Wertungsautorität und Wertungskonkurrenz. Nutzerkommentare als feuilletonistische Kommunikation. In: Small Critics. Transmediale Konzepte feuilletonistischer Schreibweisen der Gegenwart, hrsg. von Oliver Ruf und Christoph H. Winter, Würzburg 2021, S. 69–84.

14 Rusbridger: Breaking News, S. 118–119.

15 Andrea Diener: Meine Tage im Hass. In: Frankfurter Allgemeine Zeitung (11. Juli 2014).

16 Thorsten Quandt: Dark Participation. In: Media and Communication 6.4 (2018), S. 36–48.

17 Marshal Fine: The Dark Knight Rises – A Dissenting View. In: Huffpost (16. Juli 2012). https://www.huffpost.com/entry/movie-review-ithe-dark-kn_b_1676367.

18 Matt Singer: ›Dark Knight Rises‹ Critic Receives Death Threats. In: Indie Wire (16. Juli 2012). https://www.indiewire.com/news/general-news/dark-knight-rises-critic-receives-death-threats-129612.

19 Matt Singer: Marshall Fine On the Reaction to His ›Dark Knight Rises‹ Review. In: Indie Wire (17. Juli 2012). https://www.indiewire.com/news/general-news/marshall-fine-on-the-reaction-to-his-dark-knight-rises-review-its-part-of-the-job-129610.

20 A. O. Scott: Superheroes, Super Battles, Super Egos. In: The New York Times (3. Mai 2012). https://www.nytimes.com/2012/05/04/movies/robert-downey-jr-in-the-avengers-directed-by-joss-whedon.html.

21 Samuel L. Jackson: Tweet vom 3. Mai 2012. https://twitter.com/SamuelLJackson/status/198098839478091776?s=20.

22 Ben Beaumont-Thomas: Hardcore pop fans are abusing critics – and putting acclaim before art. In: The Guardian (3. August 2020). https://www.theguardian.com/music/2020/aug/03/taylor-swift-folklore-hardcore-pop-fans-abusing-critics-stan.

23 Chris Panella: Taylor Swift fans sent me death threats, doxxed my family, and accused me of being a pedophile after I criticized her Eras Tour. In: Business Insider (22. Juni 2023). https://www.businessinsider.com/harassment-taylor-swift-fan-base-worse-than-far-right-hate-2023-6.

24 Henry Jenkins: Textual Poachers. Television Fans and Participatory Culture, London 2013.

25 Joli Jenson: Fandom as Pathology. The Consequences of Characterization. In: The Adoring Audience. Fan Culture and Popular Media, hrsg. von Lisa A. Lewis, London 1992, S. 9–29.

26 Jenson: Fandom as Pathology, S. 19.

27 Care2 Petitions: Let Ke$ha have creative freedom. https://www.thepetitionsite.com/de-de/815/027/678/let-keha-have-creative-freedom.

28 Johannes Paßmann und Cornelius Schubert: Digitale Praktiken der Geschmacksbildung. Die feinen Unterschiede ästhetischer Bewertung mit sozialen Medien. In: Mittelweg 36 1 (2021), S. 46–70.

4. Verachtung und Erziehung – Der Hass auf schlechte Kunst

1 Carl Wilson: Let's Talk About Love. A Journey to the End of Taste, New York 2011.

2 Wilson: Let's Talk About Love, S. 4.

3 Jonathan Gray: New audiences, new textualities. Anti-fans and non-fans. In: International journal of cultural studies 6.1 (2003), S. 64–81.

4 Jonathan Gray: Dislike-minded. Media, Audiences, and the Dynamics of Taste, New York 2021, S. 3.

5 Gray: Dislike-minded, S. 4.

6 Wilson: Let's Talk About Love, S. 5.

7 Momus: Hell Is Other People's Music. In: Wired (11. April 2006). https://www.wired.com/2006/04/hell-is-other-peoples-music.

8 Momus: Hell Is Other People's Music.

9 Hans Magnus Enzensberger: Ein musikalisches Opfer. In: Der Spiegel (7. September 1997).

10 Enzensberger: Ein musikalisches Opfer.

11 Enzensberger: Ein musikalisches Opfer.

12 Kaspar Maase: Die Kinder der Massenkultur. Kontroversen um Schmutz und Schund seit dem Kaiserreich, Frankfurt am Main 2012, S. 13.

13 Jochen Venus: Du sollst nicht töten spielen. Medienmorphologische Anmerkungen zur Killerspiel-Debatte. In: Zeitschrift für Literaturwissenschaft und Linguistik 37.146 (2007), S. 67–90.

14 Gustav E. Pazaurek: Geschmacksverirrungen im Kunstgewerbe. Führer dieser Abteilung im Landes-Gewerbe-Museum Stuttgart, Stuttgart 1919, S. 8.

15 Gustav E. Pazaurek: Guter und schlechter Geschmack im Kunstgewerbe, Stuttgart 1912, Vorwort.

16 Pazaurek: Guter und schlechter Geschmack, S. 9.

17 Pazaurek: Guter und schlechter Geschmack, S. 9.

18 Pazaurek: Geschmacksverirrungen, S. 17–18.

19 Wolfgang Braungart: Kitsch. Faszination und Herausforderung des Banalen und Trivialen. In: Kitsch. Faszination und Herausforderung des Banalen und Trivialen, hrsg. von dems., Tübingen 2002, S. 1–24, hier S. 2–4.

20 Fritz Karpfen: Der Kitsch. Eine Studie über die Entartung der Kunst, Hamburg 1925, S. 11.

21 Karpfen: Kitsch, S. 11 und S. 16.

22 Karpfen: Kitsch, S. 13–14.

23 Pierre Bourdieu: Die feinen Unterschiede. Kritik der gesellschaftlichen Urteilskraft, übersetzt von Bernd Schwibs und Achim Russer, Frankfurt am Main 2023, S. 757.

24 Zitiert aus Thomas Anz: Literaturkritik unter dem NS-Regime und im Exil. In: Literaturkritik. Geschichte – Theorie – Praxis, hrsg. von dems. und Rainer Bassner, München 2005, S. 130–143, hier S. 135.

25 Tibor Fischer: Someone needs to have a word with Amis. In: The Telegraph (5. August 2003).

26 Marcel Reich-Ranicki: … und es muß gesagt werden. In: Der Spiegel (20. August 1995).

27 Oskar Negt (Hg.): Der Fall Fonty: ›Ein weites Feld‹ von Günter Grass im Spiegel der Kritik, Göttingen 1996.

28 Marcel Reich-Ranicki im Gespräch mit M. Schreiber und V. Hage: »Kritiker sind einsam«. In: Der Spiegel (3. Oktober 1993).

29 Dale Peck: The Moody Blues. In: The New Republic (1. Juli 2002).

30 Dale Peck: Hatchet Jobs. Writings on Contemporary Fiction, New York 2004, S. 1–2.

31 Marcel Reich-Ranicki: Lauter Verrisse. Mit einem einleitenden Essay, erweiterte Neuausgabe, München 1992, S. 37 und S. 24.

32 Reich-Ranicki: Lauter Verrisse, S. 24–25.

33 Zitiert aus Simon Sahner: Der Wirklichkeit verfallen. Deutsche Beat- und Undergroundliteratur 1960-1980, Bielefeld 2022, S. 135.

34 Thomas Anz: Zwei »Feinde«. Marcel Reich-Ranicki und Peter Handke. In: Literaturkritik.de (24. Dezember 2022). https://literaturkritik.de/zwei-feinde-reich-ranicki-peter-handke,29327.html.

35 Frank Schirrmacher: Tod eines Kritikers. In: Frankfurter Allgemeine Zeitung (29. Mai 2002).

36 Johann Wolfgang von Goethe: Da hat' ich einen Kerl zu Gast. In: Hamburger Ausgabe in 14 Bänden, Band 1: Gedichte und Epen I, textkritisch durchgesehen und kommentiert von Erich Trunz, München 1998, S. 62.

37 Jacques Peretti: »You are a bad man trying to do bad things to Vincent«. In: The Guardian (14. November 2003). www.theguardian.com/film/2003/jun/05/news2.

38 Alison Flood: Richard Ford's literary honour questioned by peers after history of aggressive behaviour. In: The Guardian (5. November 2019). https://www.theguardian.com/books/2019/nov/05/richard-ford-literary-honour-questioned-by-peers-paris-review-hadada-prize.

39 The Editors: Designated Haters. The New Republic. In: N+1 (Sommer 2004). https://www.nplusonemag.com/issue-1/the-intellectual-situation/designated-haters.

40 Nach Attacke mit Hundekot: Marco Goecke rudert zurück. In: NDR.de (14. Februar 2023). https://www.ndr.de/kultur/buehne/Nach-Attacke-mit-Hundekot-Marco-Goecke-rudert-zurueck,goecke130.html.

41 Sibylle Berg: Tweet vom 14. Februar 2023. https://x.com/SibylleBerg/status/1625567264719179789?s=20.

42 Elke Heidenreich: Immer mehr Kritiker sind sehr eitel. In: Deutschlandfunk Kultur (15. Februar 2023). https://www.deutschlandfunkkultur.de/lebenslanges-lesen-elke-heidenreich-wird-80-jahre-alt-dlf-kultur-c2979384-100.html.

5. Ästhetische Schadenfreude – Lachen über schlechte Kunst

1 Friederike Kempner: Dichterleben, Himmelsgabe. Sämtliche Gedichte, hrsg. von Nick Barkow und Peter Hacks, Berlin 1989, S. 179 und S. 163.

2 Paul Lindau: Sommerliche Briefe. In: Die Gegenwart 26 (1880), S. 410–412, hier S. 412.

3 Knowyourmeme.com: Morbius. https://knowyourmeme.com/memes/-subcultures/morbius-2022-film.

4 Thorsten Logge: Zur medialen Konstruktion des Nationalen. Die Schillerfeiern 1859 in Europa und Nordamerika, Göttingen 2014, S. 11.

5 Rebecca Black: Friday. In: Youtube (17. September 2011). https://www.youtube.com/watch?v=kfVsfOSbJYo.

6 Mark O'Connell: Epic Fail. Bad Art, Viral Fame, and the History of the Worst Thing Ever, San Francisco 2013.

7 The Room BEST and FUNNIEST Live Audience Theater Reaction. In: Youtube (9. Januar 2018). https://www.youtube.com/watch?v=3Ko-8v6YD_bM&t=237s.

8 O'Connell: Epic Fail.

9 O'Connell: Epic Fail.

10 Anne Gilbert: Hatewatch with Me. Anti-fandom as Social Performance. In: Anti-fandom. Dislike and Hate in the Digital Age, hrsg. von Melissa A. Click, New York 2019, S. 62–80.

11 Emily Nussbaum: Hate-Watching ›Smash‹. In: Newyorker.com (2012). https://www.newyorker.com/culture/culture-desk/hate-watching-smash.

12 Moritz Baßler: Stilgemeinschaften. In: Der Stil der Literaturwissenschaft. Sonderhefte der Zeitschrift für deutsche Philologie 140 (2022), S. 325–336, hier S. 327.

6. Pflichtrezeption – Kanon und Druck

1 James F. English: Prestige, Pleasure, and the Data of Cultural Preference. »Quality Signals« in the Age of Superabundance. In: Western Humanities Review 70.3 (2016), S. 119–139.

2 Simone Winko: Kanon, literarischer. In: Metzler Lexikon Literatur- und Kulturtheorie, hrsg. von Ansgar Nünning, Stuttgart 2008, S. 344–345.

3 Amy Hungerford: Making Literature Now, Stanford 2016, S. 149.

4 Aaron Couch: ›Shang-Chi‹ Team on Their Emotional Journey and Continuing the Story. In: hollywoodreporter.com (10. Dezember 2010).

5 Andrea Geier: Wer braucht einen europäischen #Kanon? In: geschichtedergegenwart.ch (13. März 2019).

6 Winko: Kanon, S. 344.

7 Adrian Daub: Cancel Culture Transfer. Wie eine moralische Panik die Welt erfasst, Berlin 2023.

8 Harold Bloom: The Western Canon, New York 1994, S. 3.

9 Bloom: Western Canon, S. 517–519.

10 Daub: Cancel Culture, S. 135.

11 Janice A. Radway: A Feeling for Books. The Book-of-the-Month Club, Literary Taste, and Middle-Class Desire, Chapel Hill 1997, S. 2–3.

12 Shyon Baumann: Hollywood Highbrow. From Entertainment to Art, Princeton 2007.

13 Johannes Franzen: Tweet vom 18. August 2023. https://twitter.com/Johannes42/status/1692453705856037044?s=20.

14 Fridtjof Küchemann: Schweigt vom Lesen! In: faz.net (23. April 2003). https://www.faz.net/aktuell/feuilleton/welttag-des-buches-schweigt-vom-lesen-158297.html.

15 Stephanie Probst: Wahl oder Qual. In: Süddeutsche Zeitung (16. März 2016).

16 Erinnerungen an Bücher, die man damals im Unterricht las – und die heute noch zählen und quälen. In: Der Tagesspiegel (13. Januar 2019).

17 Bloom: Western Canon, S. 520.

18 Sigrid Löffler: Machen Blogger die Literaturkritik kaputt? In: Deutschlandfunk Kultur (16. Juli 2020). https://www.deutschlandfunkkultur.de/sigrid-loeffler-ueber-amateure-vs-profis-machen-blogger-die-100.html.

19 Susan Sontag: As Consciousness Is Harnessed to Flesh. Journals and Notebooks, 1964–1980, New York 2012, S. 144–145.

20 ZDF Magazin Royal: Letzte Stunde vor den Ferien: Effi Briest. In: Youtube (22. Juni 2017). https://www.youtube.com/watch?v=e4NlbsPY1pQ.

21 Berit Glanz: Memes als Wertungen von Literatur in den sozialen Medien. In: Unterstellte Leseschaften, hrsg. von Moritz Baßler, Hannah Engelmeier und Andrea Geier, Essen 2020, S. 1–14.

22 Melanie Walsh und Maria Antoniak: The Goodreads »Classics«. A Computational Study of Readers, Amazon, and Crowdsourced Amateur Criticism. In: Journal of Cultural Analytics 6.2 (2021), S. 243–287.

7. Lyrik als Demütigung – Rezeption und Rache

1 Cornelius Pollmer: Krise, Bruder, Krise. In: Süddeutsche Zeitung (31. Mai 2023).

2 Sascha Kokot: Das Grollen in den Träumen. In: Titel Kulturmagazin (27. Oktober 2019). https://titel-kulturmagazin.net/2019/10/27/lyrik-sascha-kokot-zwei-gedichte.

3 Pollmer: Krise.

4 Pollmer: Krise.

5 Paul Jandl: Die Rache am Gedicht. In: Neue Zürcher Zeitung (18. Juli 2023).

6 Heinrich Mann: Professor Unrat, Frankfurt am Main 1994, S. 13.

7 Mann: Professor Unrat, S. 15.

8 Amazon.de: Lektüreschlüssel zu Heinrich Mann: Professor Unrat. https://www.amazon.de/Lekt%C3%BCreschl%C3%BCssel-Heinrich-Mann-Professor-Universal-Bibliothek/dp/3150154014.

9 SWR Kultur: Facebook-Post vom 28. Januar 2023. https://www.facebook.com/SWRKultur/posts/judith-zander-erh%C3%A4lt-den-diesj%C3%A4hrigen-peter-huchel-preis-f%C3%BCr-deutschsprachige-ly/10160136928221077/.

10 Christian Metz: Poetisch denken. Die Lyrik der Gegenwart, Frankfurt am Main 2018.

11 Total Normal: Hurz! In: Youtube (30. November 2009). https://www.youtube.com/watch?v=MJ7jbQJXF68.

12 Maria Goeth: Musik und Humor. Strategien – Universalien – Grenzen, Hildesheim 2016, S. 89.

13 Andreas Platthaus: Lyrikliederlich. In: Frankfurter Allgemeine Zeitung (7. Februar 2023).

14 SWR Kultur: Warum sich »schwere Lyrik« lohnt. In: swr.de (10. Februar 2023). https://www.swr.de/swr2/literatur/schwere-lyrik-kritik-an-peter-huchel-preistraegerin-100.html.

15 Judith Zander im Gespräch mit Nora Karches: Die Schmähungen sind »erbärmlich«. In: Deutschlandfunk (3. Februar 2023). https://www.deutschlandfunk.de/eine-neue-lyrikdebatte-judith-zander-antwortet-auf-kritik-dlf-acf004e4-100.html.

16 Jandl: Rache.

17 Julia Engelmann: 5. Bielefelder Hörsaal-Slam. In: Youtube (1. Juli 2013). https://www.youtube.com/watch?v=DoxqZWvt7g8&t=84s.

18 Lena Greiner: »Es bleibt wichtig, Gedichte zu lernen«. In: Spiegel Online (14. Januar 2015). https://www.spiegel.de/lebenundlernen/schule/wanka-ueber-naina-schuelerin-tweet-gedichtsanalyse-oder-alltagswissen-a-1012981.html.

19 Alexander Armbruster: Mehr Wirtschaft in die Schule! In: faz.net (13. Januar 2015). https://www.faz.net/aktuell/wirtschaft/menschen-wirtschaft/allgemeinbildung-mehr-wirtschaft-wagen-in-der-schule-13367493.html.

20 Naina K.: Uff. Und was machen wir jetzt? In: Zeit Online (16. Januar 2015). https://www.zeit.de/gesellschaft/zeitgeschehen/2015-01/twitter-nainablabla-schule-diskussion.

1 Care2 Petitions: Metropolitan Museum of Art: Remove Balthus' Suggestive Painting of a Pubescent Girl, Thérèse Dreaming. https://www.thepetitionsite.com/de-de/157/407/182.

2 Jonathan Jones: Arguing over art is right but trying to ban it is the work of fascists. In: The Guardian (7. Dezember 2017). https://www.theguardian.com/artanddesign/2017/dec/07/arguing-over-art-is-right-but-trying-to-ban-it-is-the-work-of-fascists.

3 Balthus: Cats and Girls –Paintings and Provocations. https://www.metmuseum.org/press/exhibitions/2013/balthus.

4 Jason Farago: Bizarre Balthus show reveals artist's fixation with cats and young girls. In: The Guardian (21. Oktober 2013). https://www.theguardian.com/artanddesign/2013/oct/21/balthus-cats-girls-paintings-provocations-metropolitan-review.

5 Jonathan Jones: Andres Serrano on Donald Trump: ›I never speak ill of people who've posed for me‹. In : The Guardian (3. April 2016). https://www.theguardian.com/artanddesign/2016/apr/03/andres-serrano-interview-donald-trump-piss-christ.

6 Pressemitteilung: Papst verklagt TITANIC. In: titanic-magazin.de (10. Juli 2012). https://www.titanic-magazin.de/news/pressemitteilung-5068.

7 Sophie Albers Ben Chamo: Ratzingers Entpapstung. In: stern.de (11. Juli 2012). https://www.stern.de/kultur/papst-vs---titanic--ratzingers-entpapstung-3453006.html.

8 Elisabeth Ladenson: Dirt for Art's Sake. Books on Trial from »Madame Bovary« to »Lolita«, Ithaca 2007, S. 11.

9 In Sachen Arno Schmidt. Prozesse 1 & 2, hrsg. von Jan Philipp Reemtsma und Georg Eyring, Zürich 1988, S. 99–100.

10 In Sachen Arno Schmidt, S. 178.

11 Hanno Rauterberg: Ein Mann köpft eine Frau. In: Die Zeit (14. Dezember 2017).

12 Hanno Rauterberg: Wie frei ist die Kunst? Der neue Kulturkampf und die Krise des Liberalismus, Berlin 2019, S. 51 und S. 52.

13 Rauterberg: Wie frei, S. 58.

14 Moritz Baßler und Heinz Drügh: Gegenwartsästhetik, Göttingen 2021, S. 195, S. 202 und S. 204.

15 Wolfgang Ullrich: Gegen den Kanon. Neue Kunstgeschichte oder nach der Kunstgeschichte? In: pop-zeitschrift.de (15. Januar 2019). https://pop-zeitschrift.de/2019/01/15/gegen-den-kanonvon-wolfgang-ullrich15-01-2019.

16 Offener Brief: Stellungnahme zum Gedicht Eugen Gomringers vom 11. April 2016. https://www.ash-berlin.eu/fileadmin/Daten/Einrichtungen/Pressestelle/mehralsfassade/offener_Brief_Gedicht_ohne_Unterschriften.pdf.

17 Michael Lentz: Die Wörter sind nicht die Sachen. In: Frankfurter Allgemeine Zeitung (5. September 2017).

18 Heide Oestreich: Von handelnden Männern, Blumen und schönen Frauen. In: die tageszeitung (24. Januar 2018).

19 Zitiert aus Tobias Rüther: Ornament und Verbrechen. In: Frankfurter Allgemeine Sonntagszeitung (7. Oktober 2018).

20 Bernard-Henri Lévy im Gespräch mit Anne-Catherine Simon: »Kurz ist Macrons Gegenteil«. In: diepresse.com (31. Januar 2019). https://www.diepresse.com/5570205/bernard-henri-levy-kurz-ist-macrons-gegenteil.

21 Markus Gasser: Kindesmissbrauch und Plagiatsverdacht. Der doppelte Skandal um Vladimir Nabokovs »Lolita«. In: Literatur als Skandal. Fälle – Funktionen – Folgen, hrsg. von Stefan Neuhaus und Johann Holzner, Göttingen 2007, S. 64–91.

22 Christina Dongowski: Was hat er, was sie nicht haben? In: Frankfurter Allgemeine Zeitung (30. Januar 2019).

9. Starke Emotionen – Kunst als Empörungsmaschine

1 Joffrey getting slapped in the face by Tyrion 10 hours! In: Youtube (12. September 2019). https://www.youtube.com/watch?v=AFER7zYoDlI&t=-9633s.

2 Joffrey Baratheon's Death Scene. In: Youtube (14. April 2014). https://www.youtube.com/watch?v=MbMFLDb3CbI.

3 Fritz Breithaupt: Das narrative Gehirn. Was unsere Neuronen erzählen, Berlin 2022, S. 25.

4 Adam Bradley: The Poetry of Pop, New Haven 2017, S. 49.

5 J. Alexander Bareis: ›Empathie ist immer gut‹. Literatur, Emotion und imaginative resistance am Beispiel von Vladimir Nabokovs Lolita. In: Sympathie und Literatur. Zur Relevanz des Sympathiekonzeptes für die Literaturwissenschaft, hrsg. von Claudia Hillebrandt und Elisabeth Kampmann, S. 128–152.

6 E.M. Forster: Aspects of the Novel, New York 1985, S. 67–82.

7 Kendall Walton: Fearing Fictions. In: The Journal of Philosophy 75.1 (1978), S. 5–27, hier S. 6.

8 Breithaupt: Gehirn, S. 26–27.

9 Matt McGorry: Instagram-Post vom 21. Juni 2015. https://www.instagram.com/p/4Mprm-O4E_/?utm_source=ig.

10 OITNB-Darsteller von Fans bedroht: »Dein Bein mit einem stumpfen Buttermesser abtrennen«. In: Spiegel Online (22. Juni 2015). https://www.spiegel.de/panorama/leute/orange-is-the-new-black-darsteller-matt-mcgorry-von-fans-bedroht-a-1040141.html.

11 Dalton Ross: Jeffrey Dean Morgan was flipped off for playing Negan. In: ew.com (13. Oktober 2016). https://ew.com/article/2016/10/13/walking-dead-jeffrey-dean-morgan-negan-flipped-off.

12 Shocking Way Fans Treated January Jones Because of Betty. In: abcnews.go.com (4. April 2015). https://abcnews.go.com/Entertainment/mad-men-shocking-fans-treated-january-jones-becaise/story?id=30087418.

13 Laura Bailey: Tweet vom 4. Juli 2020. https://twitter.com/LauraBaileyVO/status/1279173199918292992.

14 Anna Gunn: I Have a Character Issue. In: The New York Times (23. August 2013). https://www.nytimes.com/2013/08/24/opinion/i-have-a-character-issue.html.

15 Emily Nussbaum: I Like to Watch: Arguing My Way Through the TV Revolution, New York 2019, S. 43.

16 Johannes Franzen: Contested Inventions. Fictionality and Ethics. In: Traveling Concepts. New Fictionality Studies, hrsg. von Monika Fludernik und Henrik Skov Nielsen, Berlin 2020, S. 45–68.

17 Roger Ebert: I Hated, Hated, Hated This Movie, Kansas City 2000, S. 287

18 Wolfgang Amadeus Mozart: Die Zauberflöte. Eine große Oper in zwei Aufzügen. Libretto von Emanuel Schikaneder, hrsg. von Hans-Albrecht Koch, mit einem Nachwort von Ulrich Konrad, Stuttgart 2022, S. 56.

10. Verbotene Liebe – Die moralische Verschmutzung der Kunst

1 Tobias Wenzel: Im Geist der Bürgerwehr. In: Deutschlandfunk (9. März 2003); Gregor Dotzauer: Moralische Selbstjustiz. In: Der Tagesspiegel (12. März 2020); Edo Reents: Moral frisst Geist. In: Frankfurter Allgemeine Zeitung (10. März 2020).

2 Der Brief wurde in der *tageszeitung* und in dem von mir mitherausgegebenen Magazin *54books* veröffentlicht: Offener Brief: Woody-Allen-Autobiografie im Rowohlt Verlag. In: 54Books.de (8. März 2020). https://54books.de/offener-brief-woody-allen-autobiografie-im-rowohlt-verlag.

3 Emily Nussbaum: I Like to Watch. Arguing My Way Through the TV Revolution, New York 2019, S. 107–157.

4 Nussbaum: I like to Watch, S. 108.

5 Donald Horton und R. Richard Wohl: Mass Communication and Para-Social Interaction. Observations on Intimacy at a Distance. In: Psychiatry 19.3 (1956), S. 215–229.

6 Joli Jenson: Fandom as Pathology. The Consequences of Characterization. In: The Adoring Audience. Fan Culture and Popular Media, hrsg. von Lisa A. Lewis, London 1992, S. 9–29.

7 Henry Chu: Posters Proclaiming Michael Jackson's Innocence to Be Removed From London Buses. In: variety.com (15. März 2019). https://variety.com/2019/music/news/michael-jackson-leaving-neverland-london-bus-posters-removed-1203164220.

8 Joe Coscarelli: Michael Jackson Fans Are Tenacious. ›Leaving Neverland‹ Has Them Poised for Battle. In: The New York Times (4. März 2019). https://www.nytimes.com/2019/03/04/arts/music/michael-jackson-leaving-neverland-fans.html.

9 Michael Trapson: »F*CK WADE« Wade Robson DISS TRACK. In: Youtube (28. Januar 2019). https://www.youtube.com/watch?v=AfzfAWt2_I8.

10 Thomas Melle: Clowns auf Hetzjagd. In: Frankfurter Allgemeine Sonntagszeitung (20. Oktober 2019).

11 Nora Bossong: Wege des Weltverstehens. In: die tageszeitung (23. Oktober 2019).

12 Johannes Franzen: Indiskrete Fiktionen. Theorie und Praxis des Schlüsselromans 1960–2015, Göttingen 2018, S. 29–40.

13 Gérard Genette: Paratexte. Das Buch vom Beiwerk des Buches, übersetzt von Dieter Horning, Frankfurt am Main 2001, S. 15.

14 Genette: Paratexte, S. 10.

15 Dylan Farrow: An Open Letter From Dylan Farrow. In: The New York Times (1. Februar 2014). https://archive.nytimes.com/kristof.blogs.nytimes.com/2014/02/01/an-open-letter-from-dylan-farrow.

16 Farrow: An Open Letter.

17 Kevin Spacey: Let me be Frank. In: Youtube (24. Dezember 2018). https://www.youtube.com/watch?v=JZveA-NAIDI&t=6s.

18 J. K. Rowling: J. K. Rowling Writes about Her Reasons for Speaking out on Sex and Gender Issues. In: jkrowling.com (10. Juni 2020). https://www.jkrowling.com/opinions/j-k-rowling-writes-about-her-reasons-for-speaking-out-on-sex-and-gender-issues.

19 Rowling: Sex and Gender Issues.

20 Ryan Gilbey: Fantastic Beasts and where to cancel them. How the Wizarding World lost its magic. In: The Guardian (8. April 2022). https://www.theguardian.com/film/2022/apr/08/fantastic-beasts-and-where-to-cancel-them-how-the-wizarding-world-lost-its-magic.

21 Farah Nayeri: Is It Time Gauguin Got Canceled? In: The New York Times (18. November 2019). https://www.nytimes.com/2019/11/18/arts/design/gauguin-national-gallery-london.html.

22 Sebastian Smee: How Hannah Gadsby's evisceration of Picasso helped her change stand-up comedy. In: Washington Post (26. Juli 2018). https://www.washingtonpost.com/entertainment/museums/how-hannah-gadsbys-evisceration-of-picasso-helped-her-change-stand-up-comedy/2018/07/26/ea3adof0-8eaa-11e8-8322-b5482bf5e0f5_story.html.

11. Trotzrezeption – Kunst und Politik

1 Eugen Pfister: Der Politische Mythos als diskursive Aussage im digitalen Spiel. Ein Beitrag aus der Perspektive der Politikgeschichte. In: Digitale Spiele im Diskurs, hrsg. von Thorsten Junge und Dennis Clausen, Hagen 2018, S. 1– 21.

2 Rainer Sigl: Wie viel Politik passt in ein Videospiel? In: Spiegel Online (19. Juni 2021). https://www.spiegel.de/netzwelt/games/battlefield-2042-far-cry-6-wie-viel-politik-passt-in-ein-videospiel-a-dfdf28be-b816-4e90-be7b-33d5863a1c29.

3 Steffen Mau, Thomas Lux, Linus Westheuser: Triggerpunkte. Konsens und Konflikt in der Gegenwartsgesellschaft, Berlin 2023, S. 27.

4 Thomas Bernauer, Detlef Jahn, Patrick M. Kuhn und Stefanie Walter: Einführung in die Politikwissenschaft, Baden-Baden 2013, S. 24.

5 Salman Rushdie kritisiert »absurde Zensur« von Kinderbüchern. In: Zeit Online (20. Februar 2023). https://www.zeit.de/kultur/literatur/2023-02/salman-rushdie-zensur-roald-dahl.

6 Wolfgang Ullrich: Feindbild werden. Ein Bericht, Berlin 2020, S. 16–17.

7 Simon Strick: Rechte Gefühle. Affekte und Strategien des digitalen Faschismus, Bielefeld 2021, S. 218–219.

8 Strick: Rechte Gefühle, S. 220.

9 Sabine Schicketanz, Jana Haase und Christian Müller: Monet mit Kartoffelbrei überschüttet. Klimaaktivisten-Aktion im Museum Barberini. In: Der Tagesspiegel (24. Oktober 2022).

10 Oliver Anthony: Rich Men North Of Richmond. In: Youtube (9. August 2023). https://www.youtube.com/watch?v=sqSA-SY5Hro.

11 Joe Coscarelli und Marc Tracy: How ›Rich Men North of Richmond‹ Reached the Top of the Charts. In: The New York Times (21. August 2023). https://www.nytimes.com/2023/08/21/arts/music/rich-men-north-of-richmond-oliver-anthony.html.

12 Jason Aldean: Try That In A Small Town. In: Youtube (14. Juli 2023). https://www.youtube.com/watch?v=b1_RKu-ESCY.

13 Samira El Ouassil: Nah am Silbersee gebaut. In: Spiegel Online (25. August 2022). https://www.spiegel.de/kultur/winnetou-debatte-aus-trotzstolz-karl-may-lesen-a-62db55fc-e798-47e8-a34a-46d15afd878d.

14 Hannes Stein: Darf die das? In: Die Welt (1. Februar 2020).

15 Jochen Siemens: Ein schmutziges Geschäft. In: Stern (16. April 2020).

16 Neue Heimat für umstrittenes Gomringer-Gedicht. In: Spiegel Online (1. Februar 2018). https://www.spiegel.de/lebenundlernen/uni/avenidas-eugen-gomringer-gedicht-soll-an-museumsfassade-in-rehau-kommen-a-1190877.html.

17 Wikipedia.org: Rehau. https://de.wikipedia.org/wiki/Rehau.

18 Gomringer-Gedicht auf Bielefelder Hausfassade. In: monopol-magazin.de (23. April 2018). https://www.monopol-magazin.de/neue-heimat-fuer-gomringer-gedicht.

19 Ingo Salmen: »avenidas« gegen alles. Eine Genossenschaft rechnet mit Berlin ab. In: Der Tagesspiegel (24. Februar 2019).

20 Ikke Hüftgold: Da hört der Spaß auf! In: Die Zeit (21. Juli 2022).

21 Daniel Günther grölt Partysong ›Layla‹. In: Spiegel Online (23. Juni 2023). https://www.spiegel.de/panorama/gesellschaft/daniel-guenther-groelt-sexistischen-partysong-layla-auf-kieler-woche-a-61f9fec3-701a-4761-b7da-0a308cc8737d.

22 Wolfgang Ullrich: Siegerkunst. Neuer Adel, teure Lust, Berlin 2018.

23 Carolin Amlinger und Oliver Nachtwey: Gekränkte Freiheit. Aspekte des libertären Autoritarismus, Berlin 2022, S. 12.

24 Stellungnahme des Verlags zur Kritik an Till Lindemanns Gedicht »Wenn du schläfst« aus dem Gedichtband »100 Gedichte«. In: kiwi-verlag.de (9. April 2020). https://www.kiwi-verlag.de/magazin/news/stellungnahme-des-verlags-zur-kritik-till-lindemanns-gedicht-wenn-du-schlaefst-aus-dem.

25 Jakob Biazza, Daniel Drepper, Sebastian Erb, Laura Hertreiter, Lena Kampf und Ralf Wiegand: Am Ende der Show. In: Süddeutsche Zeitung (3. Juni 2023).

26 Ich bin Rammstein-Fan – und plötzlich absolut ratlos. In: focus.de (8. Juni 2023). https://www.focus.de/panorama/gedanken-eines-weib-

lichen-fans-ich-bin-rammstein-fan-und-ploetzlich-absolut-ratlos_id_195678747.html.

27 Marlene Knobloch: Das tut so weh. In: Süddeutsche Zeitung (8. Juli 2023).

28 Gerrit Bartels: Rammstein. In: Der Tagesspiegel (25. Juli 2023).

29 Karolin Schaefer: Rammstein-Fans attackieren TV-Moderator bei Konzert – »Wurde richtig aggressiv«. In: fr.de (29. Juli 2023). https://www.fr.de/panorama/oesterreich-till-lindemann-rammstein-konzert-wien-fans-attackieren-tv-moderator-92426320.html.

30 Julia Encke: Jetzt erst recht. In: Frankfurter Allgemeine Sonntagszeitung (12. November 2023).

31 Hitzige Debatte um Rückzug von Ravensburger Winnetou-Kinderbuch. In: ndr.de (24. August 2022). https://www.ndr.de/kultur/buch/Ravensburger-zieht-Winnetou-Buecher-zurueck-Gefuehle-anderer-verletzt,winnetou178.html.

32 Tagesschau: Instagram-Post vom 22. August 2022. https://www.instagram.com/p/Chkp61uKS4p/?hl=de.

33 Mau, Lux und Westheuser: Triggerpunkte, S. 375.

Schluss – Die Produktivität des Konflikts

1 Chantal Mouffe: Agonistik. Die Welt politisch denken, übersetzt von Richard Barth, Berlin 2014, S. 140.

2 Mouffe: Agonistik, S. 141.

REGISTER

A

A Feeling for Books (Radway) 203–206
A Horrible Experience of Unbearable Length (Ebert) 151
Academy of Motion Picture Arts and Sciences 198
Adams, Douglas 246 f.
Adorno, Theodor W. 74, 85, 282
Akerman, Chantal 96
Aldean, Jason 369–372
Alice-Salomon-Hochschule 272–276
All in the Family (Sitcom) 298
All the Money in The World (Film) 335
Allen, Woody 15, 308–310, 313–315, 317, 319 f., 325 f., 330–332, 349
Alles, was wir geben mussten (Ishiguro) 194 f.
Amazon 105 f., 188, 192–195, 211, 213–216, 225, 235 f., 361
AMC (Sender) 295
American Dirt (Cummins) 372–374
Amis, Martin 151 f.
Amlinger, Carolin 64 f., 379
Andersen, Hans Christian 239, 244
Ansichten des Romans (Forster) 57 f., 285
Anthony, Oliver 367–369
Art Worlds (Becker) 28 f., 33 f.
Assassin's Creed Unity (Computerspiel) 164 f.
Astor-Place-Theater 9–12
Atlantic, The 32
Avant-Garde and Kitsch (Greenberg) 74

B

Bach, Johann Sebastian 137
Bail, Chris 107
Bailey, Laura 293 f.
Balthus 255, 257–259, 268 f., 271, 277 f.
Balthus: Katzen und Mädchen – Bilder und Provokationen (Ausstellung im Jahr 2013) 258–260
Basquiat, Jean-Michel 32
Baßler, Moritz 102–104, 111 f., 185, 270
Baudelaire, Charles 262 f.
BBL Drizzy (Beat) 397
Becker, Howard 28 f., 33 f.
Beethoven, Ludwig van 56
Beltracchi, Wolfgang 32
Benedikt XVI. 261
Berg, Sibylle 159
Bethke, Hannah 110 f.
Beyoncé 123
Black, Rebecca 168 f., 175, 178
Bloom, Allan 199
Bloom, Harold 200–203, 207, 213
Blue Jasmine (Film) 330
Bluesky 106
Blur 46

Böhmermann, Jan 220 f.
Boldini, Giovanni 100 f.
Book of the Month Club 98
Börsenverein der Deutschen Buchhändler 144
Bosse, Heinrich 37
Bourdieu, Pierre 18 f., 53, 65, 71, 91, 148, 256
Bourgeois, Louise 278
Bradley, Adam 283
Braungart, Wolfgang 145
Breaking Bad (Serie) 294–298
Breaking News (Rusbridger) 113 f.
Breaking the Social Media Prism (Bail) 107
Breithaupt, Fritz 282, 286
Bride of the Monster (Film) 179
Brinkmann, Rolf-Dieter 156
Bryant, Anita 119 f.
BTS (K-Pop-Band) 48, 369
Burton, Tim 179 f.

C

C. K., Louis 309, 317
Cancel Culture Transfer (Daub) 202
Caravaggio 348
Carey, John 49, 77 f.
Carré, John le 204
Carroll, Noël 90
Céline, Louis-Ferdinand 348
Cervantes, Miguel de 200
Cézanne, Paul 278
Citizen Kane (Film) 96, 197
ciudad (avenidas) (Gomringer) 272–274, 278, 375–377
Clancy, Tom 353
Confessions of the Human Shield (Nussbaum) 313–315
Conrad, Joseph 194 f.
Courbet, Gustave 366
Cosby, Bill 332
Cummins, Jeanine 372–374

D

da Vinci, Leonardo 34
Dahl, Roald 284, 361, 389
Dante Alighieri 200
Dargis, Manohla 94–96
Das Lied von der Glocke (Schiller) 253
Das narrative Gehirn (Breithaupt) 282, 286
Das Populäre als Kunst? (Hecken) 59
Daub, Adrian 202
DC Comics 46, 318
De Groft, Aaron 33
De Niro, Robert 316
Dean, James 176
Denkschrift über die Nothwendigkeit einer gesetzlichen Einführung von Leichenhäusern (Kempner) 162
Depp, Johnny 179, 346
Der alte Mann und das Meer (Hemingway) 98
Der Graf von Monte Christo (Dumas) 284 f.
Der Kaufmann von Venedig (Shakespeare) 305
Der Kitsch. Eine Studie über die Entartung der Kunst (Karpfen) 147–149
Der neue Midcult (Baßler) 111 f.
Der Schimmelreiter (Storm) 211
Der Schrei (Gemälde) 174

Der Turm der Kathedrale (Golding) 72
Der Ursprung der Welt (Gemälde) 366
Des Kaisers neue Kleider (Andersen) 244
Deutsche Akademie für Sprache und Dichtung 265, 274
Deutsche Dichtergedächtnisstiftung 143 f.
Deutschlandfunk 110, 159, 249, 308
Dialektik der Aufklärung (Adorno/Horkheimer) 74
Dickens, Charles 207, 284
Die Blumen des Bösen (Baudelaire) 263
Die Dornenvögel (McCullough) 204
Die drei ??? (diverse Autoren) 191
Die Elenden (Hugo) 284
Die feinen Unterschiede (Bourdieu) 18 f., 57
Die Jungfrau von Orleans (Schiller) 234–236
Die kleine Hexe (Preußler) 306
Die Korrekturen (Franzen) 66–72
Die Lehre der Sainte-Victoire (Handke) 155 f.
Die Nachtwache (Gemälde) 209
Die Physiker (Dürrenmatt) 220
Die Regeln der Kunst (Bourdieu) 65, 71
Die Säulen der Erde (Follett) 72
Die sieben Samurai (Film) 197
Die Struktur des schlechten Geschmacks (Eco) 100 f.
Die Vermessung der Welt (Kehlmann) 66, 102
Die Verwandlung (Kafka) 220
Die Zauberflöte (Oper) 305 f.
Diener, Andrea 115 f.
Dion, Céline 132, 148
Dix, Otto 149
Dongowski, Christina 34, 277 f.
Dostojewski, Fjodor 207, 257
Dr. Luke 128–131
Drake 394–399
Dressed to Kill (Film) 303
Drügh, Heinz 270
Duchamp, Marcel 266
Dumas, Alexandre 284 f.
Dürerbund 143–147
Dürrenmatt, Friedrich 220

E

Ebert, Roger 151, 157, 302 f.
Eckhart, Lisa 399
Eco, Umberto 100 f.
Ed Wood (Film) 179
Effi Briest (Fontane) 14, 188 f., 191–193, 195, 209, 211–217, 219–224, 228
Eichendorff, Joseph von 176
Ein musikalisches Opfer (Enzensberger) 137
Ein weites Feld (Grass) 153
Einhundert Gedichte (Lindemann) 380
El Ouassil, Samira 372
Eliot, George 202
Eliot, T. S. 125
Eminem 124
Empire (Film) 95
Encke, Julia 382 f.
Ende, Michael 306, 389
Engelmann, Julia 250–252
English, James F. 194 f., 203

Entartete Kunst (Ausstellung im Jahr 1937) 149, 267
Enzensberger, Hans Magnus 137–139, 143, 148
Epic Fail (O'Connell) 173–175
Epstein, Jeffrey 368
Ernst, Max 149
Eugenides, Jeffrey 66
Euphoria (Lied) 394–396

F

Facebook 106, 236–238, 240 f., 246, 249, 252, 295
Family Matters (Lied) 396
Fandom as Pathology (Jenson) 124 f.
Fantastic Beasts-Filmreihe 346
Farrow, Dylan 308, 329–332
Farrow, Mia 315, 320
Faulkner, William 204
Faust (Goethe) 55–57, 60, 86, 220, 253
Fearing Fictions (Walton) 286
Feindbild werden (Ullrich) 361 f.
Felski, Rita 20 f., 53
Fine, Marshall 118–120
Fischer, Tibor 151 f.
Flaubert, Gustave 262 f.
Florence Foster Jenkins (Film) 180–183
Focus 381
Folklore (Musikalbum) 123
Follett, Ken 72 f.
Fondation Beyeler 277
Fontaine (Ready-made) 266
Fontane, Theodor 153, 188 f., 221, 228
Ford, Richard 157
Forrest, Edwin 9 f.
Forster, E. M. 57–59, 92, 285
Foster Jenkins, Florence 180–183
Fraiser (Fernsehshow) 390
Franco, James 177
Frankfurter Allgemeine Zeitung 67, 116, 157 f., 211, 249, 253 f., 274, 308, 325
Franzen, Jonathan 66–73, 67, 69, 93, 102 f.
Frauen I *Lyrik* (Gedichtanthologie) 199
Freytag, Gustav 304
Friday (Lied) 168
Frisch, Max 211
Full House (Fernsehshow) 390

G

Gabriel, Sigmar 386 f.
Gadsby, Hannah 350
Gallo, Vincent 157
Game of Thrones (Serie) 38–45, 280 f.
Gamergate 363 f.
Gauguin, Paul 349 f.
Gegenwart, Die 162
Gegenwartsästhetik (Baßler/Drügh) 270
Genette, Gérard 327–329
Genius.com 395
Gerighty, Julian 352 f.
Germany's Next Topmodel (Serie) 190
Geschlossene Gesellschaft (Sartre) 136
Geschmacksverirrungen im Kunstgewerbe (Ausstellung im Jahr 1909) 141 f., 144
Gesucht: Kunst! (Ullrich) 63 f.
Getty, J. Paul 335

Ghostbusters (Film) 392
Gilbert, Anne 184
Gilligan, Vince 297
Gleeson, Jack 281
Goebbels, Joseph 150
Goecke, Marco 158 f.
Goeth, Maria 243
Goethe, Johann Wolfgang von 55 f., 60 f., 157, 207, 212, 220, 253
Goethebund 143 f.
Golding, William 72
Gomringer, Eugen 272–274, 278, 375–377
Goodreads 106, 113, 188, 194 f., 221, 223–225
Grand Central Palace 266
Grant, Hugh 180
Grand Theft Auto (Computerspiel) 301, 333
Grass, Günter 153
Gray, Jonathan 134 f.
Greenberg, Clement 74
Grint, Rupert 344
grundlegende (Zander) 236–242, 247–249, 250–252
The Guardian 113, 123, 255, 259, 347
Gunn, Anna 294–296
Günther, Daniel 378
Guter und schlechter Geschmack im Kunstgewerbe (Pazaurek) 142–144, 146, 149

H

Habermas, Jürgen 106 f.
Hachette (Verlag) 308 f.
Hagemann, Achim 243–245
Handke, Peter 42, 155 f., 325 f., 384, 400
Hangover 2 (Film) 95
Harry Potter-Reihe (Rowling) 43, 223, 283 f., 341–343, 346 f., 365
Haß auf die Massen (Carey) 77 f.
Hatchet Jobs (Peck) 154, 158
Hecken, Thomas 59, 74, 109
Heidenreich, Elke 159
Hein, Christoph 274
Heine, Heinrich 175 f., 230
Helms, Jesse 260 f.
Hemingway, Ernest 98
Hennion, Antoine 45
Herr der Ringe, Der (Filmtrilogie) 218, 361
Hessel, Katy 199
Highbrow/Lowbrow (Levine) 80–84
Hogwarts Legacy (Computerspiel) 346 f.
Homo faber (Frisch) 211
Horkheimer, Max 74
House of Cards (Serie) 334–340
Hugo, Victor 284
Hungerford, Amy 196 f.
Hurz!-Aktion 243–246, 248

I

I Hated, Hated This Movie (Ebert) 151
Ikke Hüftgold 377 f.
Im Wendekreis des Krebses (Miller) 264, 366
Indiana Jones-Filmreihe 390
Indie Wire 118
Instagram 106, 112, 287 f., 292, 384
Iphigenie auf Tauris (Goethe) 212
Irons, Jeremy 276

Irrungen, Wirrungen (Fontane) 221
Ishiguro, Kazuo 194 f.
iTunes 369 f.

J

Jaar, Alfredo 402
Jackson, Michael 15, 48, 309, 313, 317, 319–325
Jackson, Samuel L. 121 f.
James, Henry 204
James Bond-Romane 361
Jandl, Ernst 249
Jandl, Paul 249 f.
Jeanne Dielman, 23, quai du Commerce, 1080 Bruxelles (Film) 96 f.
Jenkins, Henry 42
Jenson, Joli 124 f.
Jim Knopf-Reihe (Ende) 306
Johnson, Samuel 202
Jones, January 289
Jones, Jonathan 255, 260
Jones, Leslie 392
Joyce, James 56, 78, 200
Justice League (Film) 127 f.

K

Kachka, Boris 68–70
Kafka, Franz 220
Kaléko, Mascha 207
Kant, Immanuel 23 f., 90 f.
Karpfen, Fritz 147–149
Kasack, Hermann 265 f.
Kaur, Rupi 112
Kehlmann, Daniel 66, 102
Keller, Gottfried 207
Kelly, R. 310
Kemmerich, Thomas 387 f.
Kempner, Friederike 162 f., 166–169, 175 f., 178, 251
Kerkeling, Hape 243–246
Ke$ha 128–131
Kiepenheuer & Witsch Verlag 380
Kiliani-Volksfest 377
King, Stephen 124 f.
Klee, Paul 149
Klett Verlag 235
Klimt, Gustav 364
Knauf, Helen 376
Knauf, Marcus 376
Knausgård, Karl Ove 103
Knobloch, Marlene 381
Kois, Dan 86, 88 f., 92, 94 f., 103
Kokot, Sascha 226–232, 234, 237, 252
Koschorke, Albrecht 87 f.
Kritik der Urteilskraft (Kant) 23, 90 f.
Kunstwart, Der 147

L

Lady Chatterleys Liebhaber (Lawrence) 264
Lamar, Kendrick 394–399
Landesgewerbemuseum Stuttgart 141
Lauer, Gerhard 113
Lauter Verrisse (Reich-Ranicki) 155
Lawrence, D. H. 77, 264
Layla (Lied) 377 f., 399
Le Sacre du printemps (Ballett) 266
Leaving Neverland (Dokumentation) 320–323
Lenz (Schneider) 212

Lenz, Michael 274
Les Demoiselles d'Avignon (Gemälde) 78
Les Meules (Gemälde) 364
Lesen im digitalen Zeitalter (Lauer) 113
Lessing, Gotthold Ephraim 155
Let's Talk About Love (Wilson) 132 f.
Leto, Jared 165, 167
Letzte Generation 364 f.
Levine, Lawrence 80–84
Lévy, Bernard-Henri 276
Lewis, Jerry 316
Life is Strange: True Colors (Computerspiel) 105
Lindau, Paul 162 f.
Lindemann, Till 380–384
Lindgren, Astrid 389
Löffler, Sigrid 111, 216
Logge, Thorsten 166
Lolita (Nabokov) 257, 276
Lord Jim (Conrad) 194 f., 203, 212
Loriot 247 f.
Lux, Thomas 358

M

Maase, Kaspar 50, 52, 140
Macdonald, Dwight 74–77, 84 f., 97–101
Machine Gun Love (Lied) 129 f.
Macready, William 9–11
Mad Men (Serie) 289, 296
Madame Bovary (Flaubert) 262 f.
Mann, Heinrich 234 f.
Martin, George R.R. 43 f.
Marvel 46, 127, 318
Masscult and Midcult (Macdonald) 74–77, 97–101
Mastodon 106
Matilda (Dahl) 284
Mau, Steffen 358
Maxim 133
May, Karl 384–386
McCullough, Colleen 204
McGorry, Matt 287 f., 292
Meek's Cutoff (Film) 86, 88, 94, 96
Menasse, Eva 276
Metacritic 105 f., 108, 356 f.
Metropolitan Museum of Art 255, 258
Metropolitan Opera 181
Metro Boomin 397
Middlesex (Eugenides) 66
Mikkelsen, Mads 346
Miller, Ezra 346
Miller, Henry 264, 366
Min kamp (Knausgård) 103
Minaj, Nicki 48
Misery (King) 124 f.
Momus 136 f., 139
Monet, Claude 364
Monopol 376
Moody, Rick 154
Morbius (Film) 165, 167, 169
Morgan, Jeffrey Dean 289
Mörike, Eduard 230
Mouffe, Chantal 401 f.
Mozart, Wolfgang Amadeus 305 f., 318
Mr. Difficult (Franzen) 67, 69
Munch, Edvard 174
My Crazy Beautiful Life (Serie) 129
My Heart Will Go On (Lied) 132 f., 135, 148

N

n+1 158
Nabokov, Vladimir 257, 276
Nachtwey, Oliver 379
Naina (Schülerin) 253 f.
Nanette (Show) 350
National Gallery London 349
NDR 158
Neue Zürcher Zeitung 231, 249
New Republic, The 154, 158
New York Times Book Review, The 71 f.
New Yorker, The 41, 88, 184
New York Times 86, 92, 94, 121, 323, 330, 349, 369 f.
Nintendo of America 352
Nolan, Christopher 118
Nussbaum, Emily 184, 298, 313–315, 320

O

Oasis 46
O'Connell, Mark 169, 173, 175, 179
Odyssee (Homer) 207
Of Mice and Men (Steinbeck) 224
Olympia Press (Verlag) 276
On Popular Music (Adorno) 85
Open Casket (Gemälde) 270 f.
Orange is the new Black (Serie) 287 f., 290–294, 296
Orlando Museum of Art 33

P

Palma, Brian de 303
Panella, Chris 123
Pappa ante portas (Film) 247 f.
Pazaurek, Gustav 141–144, 146, 149
Peck, Dale 154, 158
PEN-Zentrum Deutschland 274
Peppa Wutz (Serie) 191
Per Anhalter durch die Galaxis (Adams) 246–248
Persona (Film) 197
Peter-Huchel-Preis 236, 241, 249
Peterson, Richard 62
Pfister, Eugen 352
Picasso, Pablo 56, 78, 350, 400
Pinard, Ernest 263 f., 267
Pindar 200
Piss Christ (Fotografie) 260 f., 303
Plan 9 from Outer Space (Film) 179 f.
Platon 90, 140
Playboy 101
Plummer, Christopher 335
Pour un nouveau roman (Robbe-Grillet) 59
Presley, Elvis 125
Presse, Die 276
Preußler, Otfried 306, 389
Professor Unrat (Mann) 234–236
Prom Night (Film) 302 f.
Proust, Marcel 146, 328
Pulitzer-Preis 68

Q

Quandt, Thorsten 116

R

Radcliffe, Daniel 344
Radway, Janice A. 203–206
Rammstein 380–384
Rapp, Anthony 334
Rauterberg, Hanno 268 f.
Ravensburger Verlag 384 f.

Rebel Without a Cause (Film) 176
Reclam Verlag 199, 235 f.
Red Dead Redemption (Computerspiel) 333
Reddit 106
Reed, Dan 322 f.
Reents, Edo 308
Reich-Ranicki, Marcel 153–157
Reichardt, Kelly 88
Rembrandt 174, 209
Renaissance (Film) 123
Rezensent (Goethe) 157
Rich Men North of Richmond (Lied) 367–369
Rieu, André 64
Robbe-Grillet, Alain 59, 282
Robson, Wade 320, 323
Rockwell, Norman 75
Roth, Philip 133
Rotten Tomatoes 39 f., 105 f., 119
Rowling, J. K. 309 f., 341–348, 365
Rowohlt Verlag 308 f.
Rusbridger, Alan 113–115, 117
Rushdie, Salman 361

S

Safechuck, James 323
Sátántangó (Film) 95
Salvator mundi (Gemälde) 34 f.
Sarkeesian, Anita 363
Sartre, Jean-Paul 136
Saussure, Ferdinand de 237
Saw-Filmreihe 333
Schiller, Friedrich 60–62, 166, 234–236, 253
Schirrmacher, Frank 156 f.
Schlegel, Friedrich 155 f.
Schmidt, Arno 264–266
Schneider, Peter 212
Scho, Sabine 237
Schönes alltäglich erleben (Maase) 50, 52
Schreiben (Amlinger) 64 f.
Schubert, Mike 365
Schulze, Gerhard 79 f.
Schutz, Dana 270
Scorsese, Martin 316
Scott, A. O. 92–94, 121
Seelandschaft mit Pocahontas (Schmidt) 264–266
Seghers, Anna 155
Serrano, Andres 260 f.
Sestero, Greg 177
Shakespeare, William 9 f., 81, 83 f., 200, 305, 318
Sight and Sound 96, 197
Sigl, Rainer 353
Smash (Serie) 184
Snyder, Zack 127 f.
Sokrates 140
Solaris (Film) 89
Soll und Haben (Freytag) 304
Sontag, Susan 219
Spacey, Kevin 15, 309, 334–341, 349
Spiegel, Der 137, 153 f., 208
Spotify 110
Staatsoper Hannover 158
Stan (Lied) 124
Star Wars-Filmreihe 108 f., 390
Steam 110
Steinbeck, John 224
Stern 373 f.
Stokowski, Margarete 114 f.
Storm, Theodor 211
Strawinski, Igor 266
Streep, Meryl 180

Strick, Simon 363 f., 392
Süddeutsche Zeitung 211, 226, 228, 231, 381
Südwestdeutscher Rundfunk (SWR) 236 f., 239–242, 246
Sundance Festival 322
Swift, Taylor 48, 123, 126, 369

T

Tagesschau 385
Tagesspiegel 211 f., 308, 376, 381 f.
tageszeitung, die 325 f.
Tarkowski, Andrei 89
Tarr, Béla 95
Tartt, Donna 133
Thalia Buchhandlung 207
That '70s Show (Fernsehshow) 390
The Avengers (Film) 121 f., 127
The Bill Cosby Show (Serie) 332
The Black Veil (Moody) 154
The Brown Bunny (Film) 157
The Closing of the American Mind (Bloom, A.) 199
The Dark Knight Rises (Film) 118 f.
The Disaster Artist (Film) 177–179, 183
The Eras Tour (Film) 123
The King of Comedy (Film) 316 f.
The Last of Us Part II (Computerspiel) 293 f., 296, 355–358, 360, 364, 370
The Last Jedi (Film) 108 f.
The Limits of Critique (Felski) 20 f.
The Poetry of Pop (Bradley) 283
The Room (Film) 170–173, 175–177, 183, 185
The Secrets of Dumbledore (Film) 347
The Sopranos (Serie) 66 f., 296
The Story of Art without Men (Hessel) 199
The Super Mario Bros. Movie (Film) 108
The Walking Dead (Serie) 289
The Western Canon (Bloom, H.) 200–203, 207, 213
The Wire (Serie) 67
Thérèse, träumend (Gemälde) 255–258, 260 f., 268–271, 277 f., 303
Thomas, Theodore 82
Threads 106
TikTok 227
Till, Emmett 270
Titanic (Film) 134
Titanic (Magazin) 261
Titel (Magazin) 227
Tod eines Kritikers (Walser) 156 f.
Tod und Leben (Gemälde) 364
Tolstoi, Lew 200
Tom Clancy's The Division (Computerspiel) 352 f.
Total Normal (Fernsehsendung) 245
Trapson, Michael 323 f.
Triggerpunkte (Lux / Mau / Westheuser) 358
Try That in A Small Town (Lied) 369–372
Tucholsky, Kurt 155
Tumblr 106
Twilight-Romane (Meyer) 43
Twitter (X) 106, 121, 159, 184, 211, 253 f., 293, 386 f.

U

Ubisoft 352
Ullrich, Wolfgang 31, 63 f., 71, 193, 271, 361 f., 378 f.
Ulysses (Joyce) 54, 78

V

Vatileaks (Spitzelaffäre) 261
Venus, Jochen 111 f.
Verbrechen und Strafe (Dostojewski) 257
Vertigo (Film) 96 f., 197

W

Wagner, Richard 82, 348
Wallace, David Foster 196 f.
Walser, Martin 155–157
Walter, Marie-Thérèse 350
Walton, Kendall 286, 300
Wanka, Johanna 253 f.
Warhol, Andy 95
Watson, Emma 344
Wattpad 113
Welt, Die 373
Wenn du schläfst (Lindemann) 380
Westheuser, Linus 358
What Good Are the Arts? (Carey) 49
Whedon, Joss 127 f.
Wie frei ist die Kunst (Rauterberg) 268 f.
Wikipedia 251, 375 f.
Wilke, Insa 249
Wilson, Carl 132 f., 135 f.
Winfrey, Oprah 68–72, 93, 103
Winko, Simone 196
Winnetou-Geschichten (May) 384–388, 400, 402
Wiseau, Tommy 171 f., 177 f., 180 f.
Wood, Ed 179 f.
Woolf, Virginia 77, 146
Wright, Robin 335

Y

Yellow Dog (Amis) 151 f.
Your Movie Sucks (Ebert) 151
Youtube 110, 168, 220 f., 246, 250, 280, 323, 338, 363, 367, 370

Z

Zack Snyder's Justice League (Film) 127 f.
Zander, Judith 236–242, 246–252
Zeit, Die 254, 268, 377 f.